	終止形						連体形・体言		已然形	特殊	
	推量				伝聞推定	打消推量	断定		完了	比況	
	べし	らむ［らん］	らし	めり	なり	まじ	なり	たり	り	ごとし	やうなり
	推量（〜ダロウ）意志（〜ヨウ）可能（〜コトガデキル）当然・義務（〜ハズダ・〜ベキダ・〜ネバナラナイ）適当・勧誘（〜ガヨイ）命令（〜セヨ・〜ナサイ）	現在推量（今ゴロ〜テイルダロウ）原因推量（ドウシテ〜ノダロウ）伝聞・婉曲（〜ソウダ・〜ヨウナ）	推定（〜ラシイ）	推定（見タトコロ〜ヨウダ）婉曲（〜ヨウダ）	伝聞（〜トイウ・〜ソウダ）推定（聞イタトコロ〜ヨウダ）	打消推量（〜ナイダロウ・〜マイ）打消意志（〜マイ・〜ナイツモリダ）不可能（〜デキソウモナイ）打消当然（〜ハズガナイ）不適当・禁止（〜ナイノガヨイ・〜テハナラナイ）	断定（〜ダ・〜デアル）所在・存在（〜ニアル・〜ニイル）	断定（〜ダ・〜デアル）	存続（〜テイル・〜テアル）完了（〜タ・〜テシマッタ）	比況（〜ヨウダ・〜ト同ジヨウダ）例示（〜ヨウナ・〜ナド）	比況（〜ヨウダ）例示（〜ヨウダ・〜ナド）様子・状態（〜様子ダ・〜状態ダ）婉曲（〜ヨウダ）
	（べく） べから	○	○	○	○	（まじく） まじから	なら	たら	ら	（ごとく）	やうなら
	べく べかり	○	○	（めり）	（なり）	まじく まじかり	なり に	たり と	り	ごとく	やうなり やうに
	べし	らむ［らん］	らし	めり	なり	まじ	なり	たり	り	ごとし	やうなり
	べき べかる	らむ［らん］	らし（らしき）	める	なる	まじき まじかる	なる	たる	る	ごとき	やうなる
	べけれ	らめ	らし	めれ	なれ	まじけれ	なれ	たれ	れ	○	やうなれ
	○	○	○	○	○	○	なれ	たれ	れ	○	○
型	形容詞（ク活用）型	四段型	無変化型	ラ変型		形容詞（シク活用）型	形容動詞型		ラ変型	形容詞（ク活用）型	形容動詞型
	活用語の終止形に接続 ラ変型の活用語には連体形に接続						体言・活	体言に接	四段の已 ある）・サ	活用語の「の」に接	活用語の連体形・助詞「が」「の」に接続

即戦ゼミ　入試頻出

新国語問題総演習

四訂版

桐原書店編集部 編

桐原書店

目次

各章ごとに、プログレスバー付き。進捗が分かるから、最後まで頑張れる!

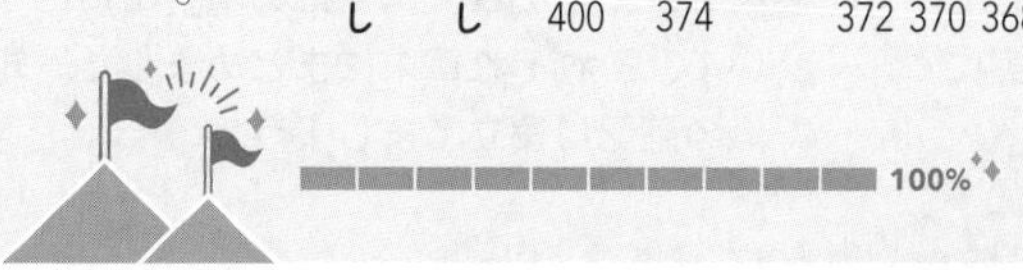

本書で学習する皆さんへ

①各課の冒頭に学習するに当たっての注意点を簡潔に示しました。

②第5章～第9章には、本文の現代語訳が確認できるページに飛ぶQRコードが各見開きに付いています。

③設問番号が赤で表示されているものは特に重要な項目が設問化されていることを示します。

④解答はチェックシートで隠せるようになっています。また第１章「漢字問題」３課では、解答の下に設問箇所の漢字表記を示してあります。

⑤赤い 共通 マークが付してあるものは、共通テスト形式（共通テストプレテスト第１回・第２回、センター試験）の問題であることを示します。

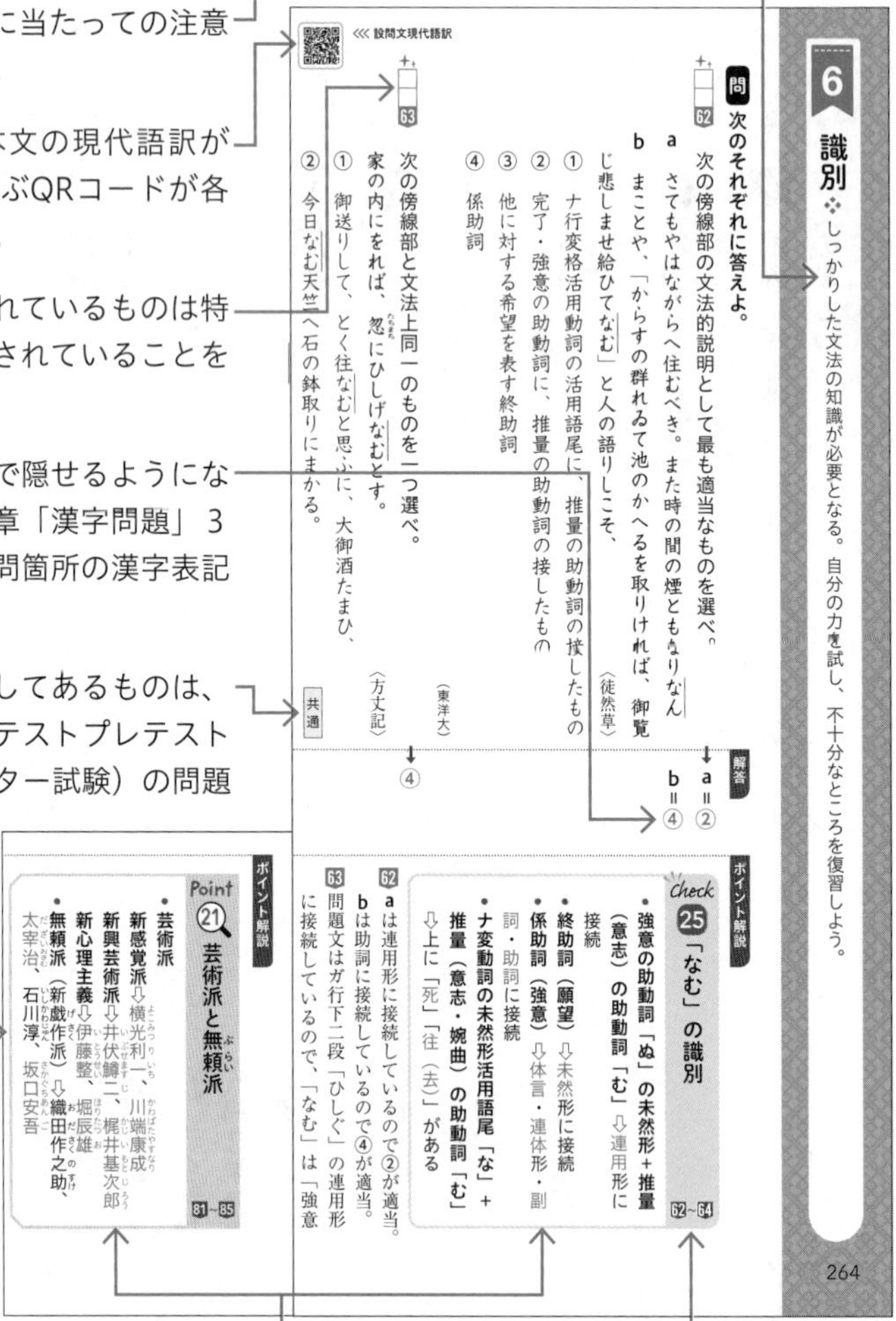

6 識別 しっかりした文法の知識が必要となる。自分の力を試し、不十分なところを復習しよう。

設問文現代語訳

問 次のそれぞれに答えよ。

62 次の傍線部の文法的説明として最も適当なものを選べ。

a さてもやはながらへ住むべき。また時の間の煙ともなりなん

b まことや、「からすの群れゐて池のかへるを取りければ、御覧じ悲しませ給ひてなむ」と人の語りしこそ、〈徒然草〉

① ナ行変格活用動詞の活用語尾に、推量の助動詞の接したもの
② 完了・強意の助動詞に、推量の助動詞の接したもの
③ 他に対する希望を表す終助詞
④ 係助詞

（東洋大）

63 次の傍線部と文法上同一のものを一つ選べ。

家の内にをれば、忽《たちまち》にひしげなむとす。〈方丈記〉

① 御送りして、とく往なむと思ふに、大御酒たまひ、
② 今日なむ天竺へ石の鉢取りにまかる。

共通

解答

a＝②
b＝④

④

ポイント解説

Check 25 「なむ」の識別 62～64

- 強意の助動詞「ぬ」の未然形＋推量（意志）の助動詞「む」⇩連用形に接続
- 終助詞（願望）⇩未然形に接続
- 係助詞（強意）⇩体言・連体形・副詞・助詞に接続
- ナ変動詞の未然形活用語尾「な」＋推量（意志・婉曲）の助動詞「む」⇩上に「死」「往（去）」がある

62 aは連用形に接続しているので②が適当。bは助詞に接続しているので④が適当。

63 問題文はガ行下二段「ひしぐ」の連用形に接続しているので、「なむ」は「強意

264

ポイント解説

Point 21 芸術派と無頼《ぶらい》派 81～85

- 芸術派
新感覚派⇩横光利一《よこみつりいち》、川端康成《かわばたやすなり》
新興芸術派⇩井伏鱒二《いぶせますじ》、梶井基次郎《かじいもとじろう》
新心理主義⇩伊藤整《いとうせい》、堀辰雄《ほりたつお》
- 無頼派（新戯作《げさく》派）⇩織田作之助《おださくのすけ》、太宰治《だざいおさむ》、石川淳《いしかわじゅん》、坂口安吾《さかぐちあんご》

⑥第6章「古典常識問題」、第10章「文学史問題」では、ポイント解説に「Point① ポイント」を設けています。該当する設問に関して覚えておきたい項目をまとめたものですので、確実に覚えましょう。

⑦第４章「口語文法問題」、第７章「古典文法問題」、第８章「古文解釈問題」、第９章「漢文問題」では、ポイント解説に「Check ❶ チェック」を設けています。該当する設問に関しての文法・句形の重要事項ですので、確実に理解しましょう。

⑧「Point① ポイント」「Check ❶ チェック」では、覚えておきたい重要項目を赤字で示しています。チェックシートを使って確実に覚えるようにしましょう。

●第６章、第７章、第９章の重要事項について、それぞれ章末にまとめました。知識の確認に役立てましょう。

第1章

漢字問題

❖ この章では、ほとんどの大学で出題される漢字の知識を問う問題を扱う。自分の力がどの程度あるのかを試し、確実な知識を身につけよう。

❖ 注意すべきは選択肢問題。記述問題よりもやりやすいという意識で適当に選ぶのではなく、一つ一つの漢字をしっかりと書いてみる練習をしていこう。

1 読み①（選択肢問題）

❖漢字はまず読みが大切。選択肢は楽だという意識を捨て一つ一つ正確に答える練習をしよう。

問 次の漢字の読みとして最も適当なものを選べ。

1
a 僥倖
① げんごう ② ぎょうこう ③ ぎこう ④ げこう
b 強靭
① きょうべん ② きょうじん ③ ごうべん ④ ごうとう
（神奈川大）

2
a 稀有
① けう ② きゆう ③ こゆう ④ くう
b 杜撰
① とせん ② じそん ③ しゃせん ④ ずさん
（神田外語大）

3
a 誤謬
① ごびょう ② ごびゅう ③ ごりょう ④ ごみょう ⑤ ごりゅう
b 開墾
① かいそ ② かいこん ③ かいさく ④ かいたく ⑤ かいびょう
（関西学院大）

4
氾濫
① はんかん ② はんらん ③ ほんかん ④ ほんらん
（神奈川大）

5
平仄
① へいじん ② へいそく ③ ひょうじん ④ ひょうそく ⑤ ひょうし
（桃山学院大）

6
明晰
① めいかい ② あきらか ③ みょうぜき ④ めいせき ⑤ みょうせき
（獨協大）

問 次の傍線部の読みとして最も適当なものを選べ。

7
近代国民国家の屋台骨が脅かされるのです。

解答と解説

1 a ② b ②
a「**僥倖**」は偶然の幸運。b「**強靭**」は強く粘りのあるさま。

2 a ① b ④
a「**稀有**」はめったにないこと。b「**杜撰**」はいい加減で手落ちが多いこと。

3 a ② b ②
a「**誤謬**」は「あやまり」の意。b「**開墾**」は荒れ野を切り開くこと。

4 ②
「**氾濫**」は水があふれること。洪水になること。

5 ④
「**平仄が合わない**」で「つじつまが合わない」の意。

6 ④
「**明晰**」は明らかではっきりしていること。

7 ②

① おどろかされる
② おびやかされる
③ うごかされる
④ みすかされる
（神奈川大）

8 動物の毛皮外套を着ている人間

① ゲドウ ② ゲソク
③ ガイトウ ④ ガイケン
⑤ ガイカ
（関西学院大）

→ ③

「**外套**（がいとう）」とは「防寒用のコート」のこと。

9 境界線の引き方によって象られているのだ。

① カタドられて
② ノットられて
③ フチドられて
④ イロドられて
⑤ ナゾられて
（関西学院大）

→ ①

「**象る**（かたどる）」は「象徴する」の意。

10 薫風の季節を迎える

① かふう ② くんぷう
③ こうふう ④ じゅうふう
（神田外語大）

→ ②

11 冷戦終焉と政治改革の時代

① しゅうれん ② しゅういつ
③ しゅうけつ ④ しゅうきょく
⑤ しゅうえん
（獨協大）

→ ⑤

「**終焉**」は生命や物事が終わること。

12 世間のきまりを遵守する

① きんしゅ ② じゅんしゅ
③ ちょくしゅ ④ そんしゅ
⑤ りゃくしゅ
（青山学院大）

→ ②

「**遵守**（じゅんしゅ）」は「順守」とも書く。守ること。

13 まさに脆弱性の原因でもある

① ぜいじゃく ② ぼうじゃく
③ きじゃく ④ だじゃく
⑤ なんじゃく
（獨協大）

→ ①

「**脆弱性**」はもろくて弱いさま。

14 仕事が滞る

① とどこお ② あま
③ はかど ④ たま
（神田外語大）

→ ①

15 寝酒を嘗めながら、

① なめながら ② ほめながら
③ ながめながら
④ みつめながら
⑤ あたためながら
（関西学院大）

→ ①

「**嘗める**」は「舐める」とも書く。

16 冊子を頒布する

① りょうふ ② ぶんぷ
③ はんぷ ④ こうふ
（神田外語大）

→ ③

問 次の傍線部と同じ読みの漢字を含む熟語を一つ選べ。

17 押印
① 愛猫　② 殴打　③ 執着
④ 表象　⑤ 摘記　（拓殖大）

18 仮借のない抵抗
① 仮釈放　② 仮初め
③ 仮眠　④ 仮病
⑤ 仮契約　（立正大）

19 ディフェンスの間隙をつかれた。
① 仰天　② 境内　③ 数寄
④ 劇薬　⑤ 迎春　（拓殖大）

20 将来のためにいま克己努力し、学業や仕事にはげもう、
① 健気　② 毀損　③ 誇示
④ 刻苦　⑤ 妙味　（専修大）

21 索引は付録にあります。
① 懸命　② 石膏
③ 錯乱　④ 思惟　（京都外国語大）

22 デモを扇動したという罪。
① 暫時　② 横着　③ 漸次
④ 染毛　⑤ 老翁　（拓殖大）

解答と解説

17 → ②
「**押印**（おういん）」は印を押すこと。

18 → ③
「**仮借**（かしゃく）」はかりること、見逃すこと。「仮借ない」で「見逃したり許したりしない」の意。

19 → ④
「**間隙**（かんげき）」とはすきまのこと。

20 → ②
②「**毀損**」は壊すこと。損なうこと。

21 → ③

22 → ④

---

23 聴聞会
① 旧聞　② 異聞　③ 風聞
④ 外聞　⑤ 未聞　（東京理科大）

24 道化師
① 化学　② 化身　③ 感化
④ 化物　⑤ 気化　（東京理科大）

25 必定
① 選定　② 定例　③ 定石
④ 定款　⑤ 確定　（東京理科大）

26 瀕する
① 推量　② 兵糧　③ 敏活
④ 便箋　⑤ 貧困　（立正大）

問 次のそれぞれに答えよ。

27 「概して」の「概」の訓読みを選べ。
① いささか　② おおむね
③ やおら　④ やや
⑤ とかく　（南山大）

28 「重箱読み」に当たるものを次から一つ選べ。
① 家庭　② 料理
③ 台所　④ 包丁　（名城大）

23 → ⑤

24 → ②

25 → ③

26 → ⑤
「ひんする」、⑤が「ひんこん」で傍線部が同じ。

27 → ②

28 → ③
「重箱読み」とは上の字が音、下の字が訓の熟語のこと。

2 読み②（記述問題）

訓読みの出題には特に要注意。送り仮名にも気をつけて、ミスなく答えるように心がけよう。

問 次の傍線部の読みを答えよ。

解答と解説

29 互の感情的軋轢（立教大） → あつれき

30 自然そのものの肥沃度をかえって劣化させてしまう。（東京経済大） → ひよく

31 人生に倦み疲れ、（南山大） → う（む）

32 漢字の言霊（成城大） → ことだま

33 胸襟を開いて話をする。（明治学院大） → きょうきん

34 懸念すべき材料は多いが、（明治学院大） → けねん

35 掟に縛られている（西南学院大） → おきて

36 妥当性についても、（二松學舍大） → だとう

37 消費意欲を煽る宣伝広告（北海学園大） → あお（る）

38 日本原産の八弁の鉄線を「かざぐるま」と呼ぶのは風情がある。（青山学院大） → ふぜい

「**軋轢**」は仲が悪くなること。車輪がきしる意からいう。

39 できるだけナマなものは払拭し、浄化させ、濾過し、沈殿させる（立命館大） → ふっしょく

40 流浪の旅（明治学院大） → るろう

41 安逸な生を食傷するほど貪って（南山大） → あんいつ

42 隣人に疎まれる。（明治学院大） → うと（まれる）

43 声高に叫びだした。（愛知大） → こわだか

44 抗いようもなく引きずり込まれる。（北海学園大） → あらが（う）

45 餌食（摂南大） → えじき

46 一縷の望み（成蹊大） → いちる

47 a 遡ってみれば、 → さかのぼ（る）
b 共同幻想に破綻が生じてくる（獨協大） → はたん

48 夥しい言葉の断片（立命館大） → おびただ（しい）

49 闊達とは到底いえない雰囲気を持っている（愛知大） → かったつ

50 翻訳論の範疇で論じる。（立命館大） → はんちゅう

「**払拭**」は払いぬぐい去ること。すっかり取り除くこと。

「**安逸**」は何もしないで気楽に過ごすこと。

「**一縷**」は、「一本の細い糸」の意から、わずかにつながっているさまを表す。

「**闊達**」とは心が広く小さなことにこだわらないさま。

「**範疇**」とは「カテゴリー」の訳語。

問 次の傍線部の読みを答えよ。

51 雑駁なテキストが、深く顧みられることもなく（立命館大）
52 a 「葛藤」という概念
b 「治療依存症」を作る元凶（大阪産業大）
53 暫くぶりで一緒に漁に出て、（南山大）
54 a 拙い
b 凌駕（北星学園大）
55 台詞に応じて声音を変えて、（玉川大）
56 揶揄の的だった（名城大）
57 市井の人びともこれを歓迎する。（立命館大）
58 無人の塔からの「視線」に怯えながら、（日本大）
59 自分を一旦劣位にあるものへと貶めた。（関西学院大）
60 きわめて貪欲な仕方で吸収したことはよく知られている。（西南学院大）

解答と解説

51 → ざっぱく
52 a → かっとう
52 b → げんきょう
53 → しばら（く）
54 a → つたな（い）
54 b → りょうが
55 → せりふ
56 → やゆ
57 → しせい
58 → おび（える）
59 → おとし（める）
60 → どんよく

「雑駁」は雑然とまとまりのないこと。

b **「元凶」**は「悪事を企てた張本人・諸悪の根源」の意。

b **「凌駕」**は上回り越えること。「凌」の訓は「しの（ぐ）」。

「揶揄」は皮肉を言ってからかうこと。

「市井」は「町とそこに住む人」のこと。

「貶める」は見下げること。

---

61 驕る（西南学院大）
62 これはドイツ警察が捏造した虚偽ではないかとすら考えた。（北海学園大）
63 嘲笑（北星学園大）
64 純真無垢（学習院大）
65 あらゆる欺瞞、偽善、詭弁に対して隙だらけなのだ。（大阪産業大）
66 自己自身に余計な桎梏を課する意識そのものにほかならない。（関西学院大）
67 熾烈な権力争い（成蹊大）
68 「人間」概念の崩壊を直視することには正直怯む。（関西学院大）
69 築地の河岸（中京大）
70 硬貨が道を遮り（中京大）
71 世に流布している「国民性」幻想（大阪産業大）
72 衆議院議員が砂糖事件で賄賂を取った。（南山大）

61 → おご（る）
62 → ねつぞう
63 → ちょうしょう
64 → むく
65 → ぎまん
66 → しっこく
67 → しれつ
68 → ひる（む）
69 → かし
70 → さえぎ（る）
71 → るふ
72 → わいろ

「捏造」は事実と異なるものを事実であるように作り上げること。

「嘲笑」はあざけり笑うこと。「嘲」の訓は「あざけ（る）」。

「欺瞞」はあざむき、だますこと。

「桎梏」は自由な行動を束縛するもの。

「怯む」は「気力がくじける」こと。

「流布」は世間に広まり行き渡ること。

3 書き取り①（選択肢問題）

❖最近の入試ではこの形式の出題が主流。紛らわしい選択肢が多いので注意しよう。

問 次の傍線部と同じ漢字を用いるものを一つ選べ。

73 われわれの眼をアザムくまやかしでしかなかった。

① キョギの申告を罰する
② ギタイ語を多用する
③ ギシン暗鬼の念
④ 悪質なサギ行為
⑤ ギフンに駆られる

74 アッカンの筆力で、入り組んだ論理を疾走しながら次々と概念を生成していく、 共通

① カンジョウ道路の工事。
② ソウカンが見られる二つの測定値。
③ ソウカンな景色。
④ 船のカンパンに出る。
⑤ 雑誌のカントウ言を書く。

（武蔵大）

解答と解説

73 → ④

▼欺（く） ▼虚偽 ▼擬態 ▼疑心 ▼詐欺 ▼義憤

③「**疑心暗鬼**」は疑いだすと何でもないことまで不安になること。

74 → ⑤

▼圧巻 ▼環状 ▼相関 ▼壮観 ▼甲板 ▼巻頭

「**圧巻**」とは最も優れた部分のこと。

75 全国をアン脚し、この思想を人々に広めた。

① この映画の興ギョウ収入は過去最高である。
② シュ相は米国大統領との会談に臨む。
③ いいアンばいに晴れてきた。
④ この寺は平アン時代に建てられた。
⑤ 学問の奥義をキワめた。

（京都外国語大）

76 イサイは面談で決定します。

① 会議を欠席するのでイニン状を書く。
② イタケダカな態度で命令する。
③ 多数派の意見にドウイする。
④ 駅からのイドウ手段が何もない。

（神戸学院大）

75 → ①

▼行脚 ▼興行 ▼首相 ▼塩ばい ▼平安 ▼究（める）〈窮〉

「**行脚**」は各地をめぐり歩くこと。

③「**塩ばい**（あんばい）」は昔、塩と梅酢で料理の味付けをしたことから、味加減のこと。転じて「程合い」の意。漢字では「塩梅」と書く。

76 → ①

▼委細 ▼委任 ▼居丈高 ▼同意 ▼移動

「**委細**」は「詳細」と同じく、こまごまとした事情のこと。

問　次の傍線部と同じ漢字を用いるものを一つ選べ。

77　言葉自体はイ然として旧のままである。

① 他者へのイ存
② イ識の改革
③ イ国の文化
④ イ前の恋人

（明治大）

解答と解説

→ ①

依然

依存
意識
異国
以前

78　生活をイヤオウなく左右する

① 使節団のトオウ
② オウセイな食欲
③ 独裁者のセンオウ
④ コオウする形
⑤ 電車のオウライ

（名古屋外国語大）

→ ④

否応

渡欧
旺盛
専横
呼応
往来

79　大きなイロウを認めなければなるまい、

① 機密費のロウエイ問題
② 彼はその姿を見てロウバイした
③ 会社のロウドウ組合
④ カロウで倒れた
⑤ 大学受験でロウニンした

（獨協大）

→ ①

遺漏

漏洩
狼狽
労働
過労
浪人

「**遺漏**」はもれや落ちのあること。
①「**漏洩**」は水や秘密がもれること。
②「**狼狽**」はうろたえ騒ぐこと。

80　異様なインショウが強く私の心に刻み込まれている。

① ショウソウ気鋭
② 雲散ムショウ
③ ドウショウ異夢
④ 森羅バンショウ

（京都産業大）

→ ④

印象

少壮
霧消
同床
万象

「**印象**」の「象」を「像」と誤らないこと。

81　書物のエツラン

① 橋のランカンにもたれる
② シュツランの誉れ
③ ランセの英雄
④ イチランに供する
⑤ 事態はルイランの危うきにある

（共通）

→ ④

閲覧

欄干
出藍
乱世
一覧
累卵

「**閲覧**」の「覧」は「欄」と誤りやすいので注意すること。

82　東京にエンセイする。

① 有無を言わさずキョウセイ的に提出させる。
② 首都における動乱のチンセイ化をはかる。
③ 自分に刃向かう勢力をセイバツする。

→ ③

遠征

強制
沈静
征伐

④ 相手をイッセイに非難する声が起こった。（神戸学院大）

▼一斉

83 ミシェル・フーコーの「アルケオロジー」の手法をエンヨウすることにしたい。

① 鉄道のエンセンに住む
② キュウエン活動を行う
③ 雨で試合がジュンエンする
④ エンジュクした技を披露する

→ ②

▼援用 ▼沿線 ▼救援 ▼順延 ▼円熟

「**援用**」とは自説のために他の文献などを用いること。

84 両者の間に少しずつ接触とオウ来が行われるようになった。 共通

① 既オウ
② オウ収
③ オウ断
④ オウ諾
⑤ オウ義

（早稲田大）

→ ①

▼往来 ▼既往 ▼押収 ▼横断 ▼応諾 ▼奥義

②「**押収**」は証拠となるものを差し押さえること。

85 注文の品を取引先にオサめてきました。

① 君臨すれどもトウチせず。
② シュウギョウ規則を守って仕事をしてください。

→ ③

▼納(める) ▼統治 ▼就業

「**おさめる**」は「納める」の他に「収める」「治める」「修める」などの同訓異義語が多い言葉なので、とくに注意すること。

③ 父は役場のスイトウ係を長くやっておりました。
④ 食うか食われるか、だますかだまされるかのシュラ場だ。（京都外国語大）

▼出納 ▼修羅

86 どうカイヒするか、という戦い

① 決勝戦に向けてヒサクを練る。
② 洪水で甚大なヒガイを受ける。
③ 表面だけのヒソウな見方。
④ 警報が出たので高台にヒナンする。
⑤ 予算に占める人件費のヒジュウが高い。

（関西大）

→ ④

▼回避 ▼秘策 ▼被害 ▼皮相 ▼避難 ▼比重

87 擬人化がカジョウになされている作品。

① ジョウチョウな文章
② 予算のジョウヨ金
③ 汚れをジョウカする
④ ジョウキを逸する

共通

→ ②

▼過剰 ▼冗長 ▼剰余 ▼浄化 ▼常軌

問 次の傍線部と同じ漢字を用いるものを一つ選べ。

88 能力がカタヨって特定の作業所に依存してしまい、学校から作業所へという流れの外に出ることができなくなる。

① 雑誌をヘンシュウする
② 世界の国々をヘンレキする
③ 図書をヘンキャクする
④ 国語のヘンサチが上がった
⑤ 体にヘンチョウをきたす

89 定義にガッチする 共通

① チメイ的な失敗
② 火災ホウチ器
③ チセツな表現
④ チミツな頭脳
⑤ 再考のヨチがある

90 世のなか全体がカト的な時代に入って 共通

① 事件のカガイ者
② 建築のニンカ
③ 研究のカダイ
④ 不動産のジョウト
⑤ トテイ制度

（東洋大）

91 国民国家からの離脱は必ずしもガンイされていない。

① コウガン無恥
② ガンシュウの色を浮かべる
③ ガンケンな身体
④ イチガンとなって戦う

（近畿大）

92 人間の心に不安と恐怖をカンキする。

① 証人としてショウカンされる
② 優勝旗をヘンカンする
③ 勝利のエイカンに輝く
④ 意見をコウカンする

93 レジリエンスは、ある種のガンケンさを意味し、脆弱性とは回復力の不十分さを意味する。 共通

① タイガンまで泳ぐ

解答と解説

88 → ④ 偏る
① 編集 ② 遍歴 ③ 返却 ④ 偏差値 ⑤ 変調

89 → ① 合致
① 致命 ② 報知 ③ 稚拙 ④ 緻密 ⑤ 余地

90 → ④ 過渡
① 加害 ② 認可 ③ 課題 ④ 譲渡 ⑤ 徒弟

「**過渡**」は古いものから新しいものに移りゆく途中。④「**譲渡**」は譲り渡すこと。

91 → ② 含意
① 厚顔 ② 含羞 ③ 頑健 ④ 一丸

「**含意**」は「意味として含むこと」の意。

92 → ① 喚起
① 召喚 ② 返還 ③ 栄冠 ④ 交換

93 → ⑤ 頑健
① 対岸

② 環境保全にシュガンを置く　▸主眼
③ ドリルでガンバンを掘る　▸岩盤
④ 勝利をキガンする　▸祈願
⑤ ガンキョウに主張する　▸頑強

94 情報や知識はしばしば創造にカンショウする。 共通

① ドラマとはいえ時代コウショウはおろそかにしていない。
② 今回の昇任人事は論功コウショウの意味合いが強い。
③ 粘り強い外交コウショウの結果、条約が締結された。
④ 通俗的な題材を用いつつ、コウショウな主題を展開している。
⑤ その週刊誌の発行部数はコウショウ二十万部だ。

→ ③
▸干渉
▸考証
▸行賞
▸交渉
▸高尚
▸公称

95 ネット時代の基本動向について折に触れてガン蓄ある発言を続けている。 (武蔵大)

① 愛ガン
② 請ガン
③ ガン祖
④ ガン有

→ ④
▸含蓄
▸愛玩
▸請願
▸元祖
▸含有

96 私たちの脳に貼りついた水路づけは、ここまでガン迷なものなのである。 (明治大)

① ガン固な性格
② ガン有量を計る
③ ガン金を計算する
④ ガン力を磨く

→ ①
▸頑迷
▸頑固
▸含有量
▸元金
▸眼力

「**頑迷**」は頑固で考えがかたくななさま。「**頑冥**」とも書く。

97 心がキズついたよだかが、それでもなお羽虫を食べるという行為を無意識のうちになしていることに気がつき (明治大)

① 入会をカンショウする
② 音楽をカンショウする
③ カンショウ的な気分になる
④ 箱にカンショウ材を詰める 共通

→ ③
▸傷
▸干渉
▸鑑賞
▸感傷
▸緩衝

問 次の傍線部と同じ漢字を用いるものを一つ選べ。

98 貧困と格差がこの社会のキッ緊の問題になろうとはつゆ思うところではなかった。

① キッ祥
② キッ甲
③ キッ符
④ キッ茶
⑤ キッ粋

（立命館大）

99 この二つの例が現代芸術にとって画期的な〈作品〉であるとされるのも、そこにあるのが単なるキバツな思いつきではなくて、それをこえたものだからであろう。

① 人生のキロに立たされる。
② 店の商売がキドウに乗る。
③ それはキジョウの空論だ。
④ コウキシンが旺盛である。
⑤ キショウな植物が見られる。

（名古屋外国語大）

解答と解説

98 ④ ▼喫緊

▼吉祥 ▼亀甲 ▼切符 ▼喫茶 ▼生粋

「**喫緊**」は差し迫っていること。

99 ④ ▼奇抜

▼岐路 ▼軌道 ▼机上 ▼好奇心 ▼希〈稀〉少

---

100 「確実に白」でないのなら黒かもしれないとして、キヒされがちになる。

① 捜査のシキを執る
② チキを頼って上京する
③ キタンなく述べる
④ キケツ事項を見直す
⑤ 当然のキケツとなる

（名古屋外国語大）

101 農地を豊かにする落ち葉などのキョウキュウ地でもあり、日本の山村の代名詞でもある。

① キョウジュンの意を表する。
② キョウジュツ調書をとる。
③ アパートのキョウエキ費を払う。
④ ハクランキョウキな人。

（日本大）

102 「ぼくは専門でないので、どこがどう違うのかわからないんですよ」と問い合わせてきたときはギョウテンした。

解答と解説

100 ③ ▼忌避

▼指揮 ▼知己 ▼忌憚 ▼既決 ▼帰結

「**忌避**」はきらって避けること。
③「**忌憚**」は遠慮することで、後に打消の語を伴うことが多い。

101 ② ▼供給

▼恭順 ▼供述 ▼共益 ▼博覧強記

102 ② ▼仰天

① 人の流れをヨクセイする
② シンコウ心の厚い人
③ 世論にゲイゴウする
④ 任務をスイコウする
⑤ 一点をギョウシする

▼抑制 ▼信仰 ▼迎合 ▼遂行 ▼凝視

103 自分自身へのキョウミ（法政大）

① カタミが狭い
② 日時はミテイだ
③ ミカクを刺激する
④ ミドコロがある若者
⑤ ミワク的な笑顔

→ ③
▼興味 ▼肩身 ▼未定 ▼味覚 ▼見所 ▼魅惑

104 毀誉ホウ貶（名城大）

① ホウ美
② 模ホウ
③ ホウ輩
④ 裁ホウ
⑤ ホウ棄
⑥ ホウ芽

→ ①
▼褒貶 ▼褒美 ▼模倣 ▼朋〈傍〉輩 ▼裁縫 ▼放棄 ▼萌芽

「**毀誉褒貶**」はほめたりけなしたりする世間の評価。

105 壊れやすくクちやすく燃えやすい木の家（北星学園大）

→ ⑤
▼朽（ちやすい）

---

① 真相をキュウメイする
② 試験にキュウダイする
③ カイキュウ差別をなくす
④ 問題がフンキュウする
⑤ フキュウの名作

▼究明 ▼及第 ▼階級 ▼紛糾 ▼不朽

①「**究明**」は道理、真理をきわめること。
⑤「**不朽**」は「後世まで残る」の意。

106 一挙にクツガエされる身体の感覚がある。 共通

① 全プクの信頼を置く
② 船が転プクする
③ 地下に潜プクする
④ 友達の言葉に立プクする

→ ②
▼覆（される） ▼全幅 ▼転覆 ▼潜伏 ▼立腹

107 自然科学分野との権エキの分捕り合戦のなかには、できるだけ立ち入らないでいたい。（日本大）

① 説教に辟エキする
② 無エキな論争
③ エキ病の流行
④ 兵エキを免れる
⑤ エキ晶画面

（関西学院大）

→ ②
▼権益 ▼辟易 ▼無益 ▼疫病 ▼兵役 ▼液晶

問 **次の傍線部と同じ漢字を用いるものを一つ選べ。**

108 専門家にケアの方針を決定するケンゲンが渡された。

① マラソンを途中でキケンする
② ケンゴな意志を持つ
③ ケンギを晴らす
④ 実験の結果をケンショウする
⑤ セイリョクケンを広げる

共通

解答と解説

→ ①
▼権限
① ▼棄権
② ▼堅固
③ ▼嫌疑
④ ▼検証
⑤ ▼勢力圏

109 レジリエンスで目指されているのは、ケンコウな*ダイナミズムである。

*ダイナミズム＝動きのあること。

① ショウコウ状態を保つ
② 賞のコウホに挙げられる
③ 大臣をコウテツする
④ コウオツつけがたい
⑤ ギコウを凝らした細工

共通

→ ①
▼健康
① ▼小康
② ▼候補
③ ▼更迭
④ ▼甲乙
⑤ ▼技巧

110 存在意味のゲンセンを生活世界を構成する事物の間主観的知覚可能性に求めた。

① センザイイチグウのチャンス。
② 地中からわき出したコウセン。
③ センガクヒサイの身。
④ 考えをジッセンに移す。
⑤ センレンされた文章。

（関西大）

→ ②
▼源泉
① ▼千載一遇
② ▼鉱泉
③ ▼浅学非才
④ ▼実践
⑤ ▼洗練

③「**浅学非才**」は学問、知識が浅く、才能も乏しいこと。

111 社会の背景には文化システムがゲンゼンと横たわっていることも事実だ。

① この運用方法ではガンポンが保証されない。
② 待遇改善にシュガンを置くことにした。
③ 仏堂の中はソウゴンな雰囲気だった。
④ 昨日の件に関してタゴンは無用です。

→ ③
▼厳然
① ▼元本
② ▼主眼
③ ▼荘厳
④ ▼他言

「**厳然**」とは「いかめしいさま」の意。

⑤ 悪事を働いたというケンギがかかる。（成蹊大）

112 経費がコウ除される

① 判決に不服でコウ訴した
② コウ弁の余地がある
③ コウ序良俗
④ 消化コウ素（神田外語大）

113 防御の手段のコウじ方

① 教育のコウザイを論じる
② 社会にコウケンする
③ コウリョクを持たない発言
④ 新理論をコウチクする
⑤ コウドウで卒業式を行う（立教大）

114 同じ細胞が作られ、体細胞のコウシンが可能になるし、

① コウイ的に解釈する
② 大臣をコウテツする
③ 意見をコウカンする
④ コウミョウな手口（近畿大）

115 人間をコウ直した鋳型に嵌《は》め込むシステム

① コウ涼とした風景
② 強コウな姿勢を貫く
③ コウ紀粛正
④ 身柄をコウ束する（龍谷大）

116 自身にとってコウテイ的なものであれ、否定的なものであれ、

① ゲンコウを校正する
② コウオツつけ難い
③ 考古学をセンコウする
④ シュコウし難い話
⑤ 大きなコウセキを上げる

117 「能力」という言葉が非常にコウハンに使用されているにもかかわらず、それを直接に測定することが難しい（獨協大）

① できるハンイで協力する
② 三回ハンソクして失格になった
③ 豪雨で川がハンランした
④ 無罪のハンケツを下す
⑤ 子孫がハンエイする（法政大）

▼嫌疑

112 → ①
▼控除 ▼控訴 ▼抗弁 ▼公序良俗 ▼酵素

「**控除**」は一定の金額・数量などを差し引くこと。

113 → ⑤
▼講（じ方） ▼功罪 ▼貢献 ▼効力 ▼構築 ▼講堂

「**講じる**（**講ずる**）」は「問題を解決するために方法を考えて行う」の意。

114 → ②
▼更新 ▼好意的 ▼更迭 ▼交換 ▼巧妙

②「**更迭**」はある役目についている人を、ほかの人に代えること。

115 → ②
▼硬直 ▼荒涼 ▼強硬 ▼綱紀 ▼拘束

③「**綱紀**」は国を治める上での規律。

116 → ④
▼肯定 ▼原稿 ▼甲乙 ▼専攻 ▼首肯 ▼功績

117 → ①
▼広範 ▼範囲 ▼反則 ▼氾濫 ▼判決 ▼繁栄

問 **次の傍線部と同じ漢字を用いるものを一つ選べ。**

118 農村における過剰人口もとうとうコカツしてしまった。

① 経済にカツリョクを与える
② 勝利をカツボウする
③ 大声でイッカツする
④ 説明をカツアイする
⑤ ホウカツ的な議論を行う

解答と解説

→ ②

▼枯渇
▼活力
▼渇望
▼一喝
▼割愛
▼包括

④「**割愛**」は惜しみながら省くこと。⑤「**包括**」は一つにまとめること。

119 共通

彼らに極限的な悪をなした者というコク印を永遠に背負ってもらわなければならない。

① 成果を報コクする
② コク物を収穫する
③ コク選弁護人
④ 会議に遅コクする
⑤ コク色火薬

（関西学院大）

→ ④

▼刻印
▼報告
▼穀物
▼国選
▼遅刻
▼黒色

120 タブー意識をコクフクし、

① キフクの多い地形
② 話がチョウフクする
③ 敵にフクシュウする
④ 薬をフクヨウする
⑤ 不安がゾウフクする

（名古屋外国語大）

→ ④

▼克服
▼起伏
▼重複
▼復讐
▼服用
▼増幅

121 私たちひとりひとりをコユウの「生きる意味」を持った存在であると捉《とら》え、

① コダイ広告
② 壁に棚をコテイする
③ コジンを偲《しの》ぶ
④ ユウモウ果敢
⑤ ユウビな舞

（東洋大）

→ ②

▼固有
▼誇大
▼固定
▼故人
▼勇猛
▼優美

122 孤立無エンの境遇

① エン談が成立し、結婚にいたった。
② 先祖をトウトぶ心を大切にしよう。
③ 恋人たちが寄りソうように座っている。
④ 困っていたところへ強力なエン軍が到着した。
⑤ 会場は駅からトオい。

（京都外国語大）

→ ④

▼無援
▼縁談
▼尊(ぶ)
▼添(う)
▼援軍
▼遠(い)

「**無援**」は助けのないことの意。「無縁」と誤らないこと。

123 コンワクして立往生する

① コンザツの緩和
② イコンを抱く
③ 諸悪のコンゲン
④ ギワクの人物
⑤ 予算のワクグミ

→ ④
▼困惑
▼混雑
▼遺恨
▼根源〈元〉
▼疑惑
▼枠組(み)

124 自動車の価格をサ定する。（東洋大）

① サ術めいたやり方に怒る。
② 新たな調サの結果に驚く。
③ 示サに富んだ話を聞く。
④ 首相を補サする役職に就く。
⑤ 喫サの習慣が人々に広まる。

→ ②
▼査定
▼詐術
▼調査
▼示唆
▼補佐
▼喫茶

125 神社に参ケイする（駒澤大）

① ケイ薄な行動
② 美術への造ケイが深い
③ 順番に休ケイを取る
④ 厳重にケイ備する

→ ②
▼参詣
▼軽薄
▼造詣
▼休憩
▼警備

126 オーラの純粋なるサンジ（神田外国語大）

① ジコを起こす
② ジイを表明する
③ ジアイに満ちる
④ 武力をコジする
⑤ 方針をケンジする

→ ②
▼賛辞
▼事故
▼辞意
▼慈愛
▼誇示
▼顕示

127 ザンテイ的な失業から、職探しを何度も試みているうちに（摂南大）

① ザンシンなアイデア
② アンザンで答えを出す
③ 書類をカイザンする
④ ザンジお待ち下さい
⑤ ザンギャクな行為

→ ④
▼暫定
▼斬新
▼暗算
▼改竄
▼暫時
▼残虐

③「**改竄**」は字や語句を変えること。特に、不正に変えるときに用いる。

128 私たちはポスト・モダンと呼ばれる弛カンした状況の渦中に置かれている。（獨協大）

① カン急をつける
② 対象そのものをカン照する
③ カン大な処置で済ます
④ 超過分をカン付する
⑤ カン満の差が大きい
（早稲田大）

→ ①
▼弛緩
▼緩急
▼観照
▼寛大
▼還付
▼干満

問 次の傍線部と同じ漢字を用いるものを一つ選べ。

129 シキサイを描写する
① 雑誌をシュサイする。
② サイムとサイケン。
③ ショウジンケッサイ。
④ 文学史上にイサイを放つ。
⑤ フンコツサイシン。
（関西大）

130 意図的な身体支配から離れようとする態度が基本にあることを示サする。
① 学歴サ称
② 会計監サ
③ 殺人を教サする
④ 誤サの範囲内
（龍谷大）

131 行動のシシン
① 試合にシンショウする
② 考え方がシントウする
③ シンヨウ樹からなる森
④ 配置転換をダシンする
⑤ 家を新たにフシンする
（獨協大）

解答と解説

129 ④
▼色彩 ▼主宰 ▼債務 ▼精進潔斎 ▼異彩 ▼粉骨砕身
③「**精進潔斎**」は肉食などを断ち心身を清めること。

130 ③
▼示唆 ▼詐称 ▼監査 ▼教唆 ▼誤差
①「**詐称**」は身分、氏名などをいつわること。③「**教唆**」は他人をそそのかすこと。

131 ③
▼指針 ▼辛勝 ▼浸透 ▼針葉 ▼打診 ▼普請

---

132 精神シッ患の種類に応じて複数の技法を使う治療者が増えているのだ。
① シッ走
② シッ布
③ シッ正
④ シッ妬
⑤ シッ墜
（立命館大）

133 実キョウ中継を見る
① 鉄道でキョウ谷を渡る
② 望キョウの思いにかられる
③ 満員の盛キョウだった
④ 被疑者のキョウ述

134 自分自身のやり方で了解し、ジトクしている人々なのだ。
（神田外語大）
① ジカンに遅れる
② クンジを述べる
③ ジアイにあふれる
④ 資格のシュトク
⑤ トクメイの手紙
（東洋大）

135 一応、話は聞いたがシャクゼ

132 ①
▼疾患 ▼疾走 ▼湿布 ▼叱正 ▼嫉妬 ▼失墜

133 ③
▼実況 ▼峡谷 ▼望郷 ▼盛況 ▼供述

134 ④
▼自得 ▼時間 ▼訓辞 ▼慈愛 ▼取得 ▼匿名
「**自得**」は経験を通じて自ら悟ること。

135 ①
▼釈然

ンとしないものがある。

① 文章の内容をカイシャクする。

② 物事をはかるシャクドが必要だ。

③ 家を買う金がないので、シャクヤ住まいをしている。

④ 酒の席でシャクをする。

（拓殖大）

136 何かを学習し、シュウジュクしていく過程で大事なこと

① 私の推測は、あり得ないとイッシュウされた。

② この作品は、シュウイツな出来と評価されるだろう。

③ スタジアムのカンシュウは沸き立った。

④ 時にはカンシュウにとらわれない行動が大切だ。

⑤ 明日はいよいよセンシュウラクだ。

（武蔵大）

137 シュウチの通りである

① シュウ撃

② シュウ積

③ シュウ旋

④ シュウ納

⑤ シュウ理

（大阪産業大）

138 ジュウナン性やレジリエンス（回復力）に欠ける

① アンジュウの地を求める。

② 部下をカイジュウする。

③ 大陸をジュウダンする。

④ 交通ジュウタイに巻き込まれる。

⑤ 人員をホジュウする。

（名古屋外国語大）

139 作業にジュクレンしている。

① 鉄をセイレンする。

② 今度の事件は以前ここで起きた事故にカンレンがある。

③ 水泳のレンシュウで疲れてしまった。

④ この製品は品質のわりにレンカである。

（拓殖大）

135
▼解釈 ▼尺度 ▼借家 ▼酌

136 ↓④
▼習熟 ▼一蹴 ▼秀逸 ▼観衆 ▼慣習 ▼千秋楽

137 ↓③
▼周知 ▼襲撃 ▼集積 ▼周旋 ▼収納 ▼修理

③「**周旋**」は当事者の間に立って取り持つこと。

138 ↓②
▼柔軟 ▼安住 ▼懐柔 ▼縦断 ▼渋滞 ▼補充

139 ↓③
▼熟練 ▼精錬 ▼関連 ▼練習 ▼廉価

①「**精錬**」は鉱石などから混入物を取り除き純度の高い金属にすること。また、よく訓練して鍛え上げること。

問 次の傍線部と同じ漢字を用いるものを一つ選べ。

140 二つの手の行為がジュンカンし、

① サーカスが地方をジュンギョウする
② シツジュンな環境を好む動物
③ 雨で運動会がジュンエンとなる
④ ジュンアイを描いたドラマを見る
⑤ 消極的でインジュンなやり方 共通

141 環境や状況に簡単にジュンノウして、

① ジュンプウに帆を上げる
② リジュンを上げる
③ 条約をヒジュンする
④ 法令にジュンキョする （京都産業大）

142 自分の生き方をみずから選びとってショウジンしている

① 番号をショウゴウする
② 彼はデブショウだ
③ ショウトウの時間だ
④ 以下ショウリャク
⑤ 経歴詐ショウ （名城大）

143 過度にジョウチョウであったり、

① ジョウブな体を作る。
② ジョウダンで笑う。
③ 自意識カジョウになる。
④ 大幅にジョウホする。
⑤ 液体をジョウリュウする。 共通

144 本書がショウテンをあわせるのは、ビデオゲーム作品によって表されるものとしての虚構世界である。

① 外国文学のショウヤクを読む
② 地球環境保全をテイショウする

解答と解説

140 → ⑤ 循環
① 巡業
② 湿潤
③ 順延
④ 純愛
⑤ 因循

⑤「**因循**」は思い切りが悪くぐずぐずしているさま。

141 → ① 順応
① 順風
② 利潤
③ 批准
④ 準拠

142 → ② 精進

「**精進**」とはひたすら修行に励むこと。

① 照合
② 出不精
③ 消灯
④ 省略
⑤ 詐称

143 → ② 冗長
① 丈夫
② 冗談
③ 過剰
④ 譲歩
⑤ 蒸留

144 → ③ 焦点
① 抄訳
② 提唱

③ 戦火で都市がショウドと化す
④ 資料をショウリョウする
⑤ 人心を巧みにショウアクする （獨協大）

145 **優れた文学が既成の価値観をショウヨウする**
① 景気フヨウ策を講ずる
② ヨウツウに悩む
③ 人権をヨウゴする
④ 日本ブヨウを習う
⑤ ボンヨウな歌と酷評される

146 **自分もその問いにショウワできるかどうかを想像していない。** （名城大）
① 彼はたちまち権力をショウアクした。
② ショウカとは明治から終戦時にかけて学校教育用につくられた歌である。
③ 旧藩時代からの伝統を引き継いでショウブの気風が人々

▼焦土
▼渉猟
▼掌握

145 → ①
▼称揚
▼浮揚
▼腰痛
▼擁護
▼舞踊
▼凡庸

「**称揚**」はほめたたえること。

146 → ②
▼唱和
▼掌握
▼唱歌
▼尚武

③「**尚武**」は武道・軍事を重んじること。

に行き渡っている。
④ ショウガイに一度の博打《ばくち》を打つ。
⑤ ここぞというときに彼はショウキを逸した。 （桃山学院大）

147 **ショクシが動く。**
① 小説にショクハツされる。
② 室内をブッショクする。
③ センショク家になる。
④ ホウショクの時代を生きる。
⑤ キョショクに満ちた人生。

148 **そうした可能性がショクハツされ、** （玉川大）
① リショクの才にたける。
② 湿地のショクセイを調査する。
③ 病原体にセッショクする。
④ 形容詞は体言をシュウショクする。
⑤ ショクモツレンサの頂点に立つ。 （関西大）

▼生涯
▼勝機

147 → ④
▼食指
▼触発
▼物色
▼染織
▼飽食
▼虚飾

「**食指**」はひとさし指のこと。興味関心を向けることを「食指が動く」と表現する。

148 → ③
▼触発
▼利殖
▼植生
▼接触
▼修飾
▼食物連鎖

問 次の傍線部と同じ漢字を用いるものを一つ選べ。

149 子どもたちを一緒に育ててくれる若者とショタイを持つことだろう。

① アクタイをつく
② 新たな勢力のタイトウ
③ タイマンなプレー
④ 家庭のアンタイを願う
⑤ 秘書をタイドウする 共通

150 信頼感の獲得は非常に困難であり、簡単なショホウセンはない。

① ビンセンに思いを綴る
② 土地をセンユウする
③ 選手を代表してセンセイする
④ 戦へと民衆をセンドウする
⑤ センガクにして非才の身 (名古屋外国語大)

151 高められるようなシロモノではない。

① いい加減に本当のことをハクジョウしろ。
② 明石はジョウカマチとして栄えた。
③ ダイキンの支払いは月末で結構です。
④ この物質はスデで触ると危険だ。 (神戸学院大)

152 はるかにジンソク正確に、

① 仏道にショウジンする
② ジンゴに落ちない
③ フンジンの活躍
④ ジンダイな影響
⑤ ジンヨウを整える

153 言文一致体が教育現場に広くシントウした 共通

① 客のシンビガンに訴える。
② シンスイカオク。
③ 領空をシンパンする。
④ シンザンユウコク。
⑤ シンシュクジザイ。 (関西大)

解答と解説

149 → ⑤ 所帯
① 悪態 ② 台頭 ③ 怠慢 ④ 安泰 ⑤ 帯同

150 → ① 処方箋
① 便箋 ② 占有 ③ 宣誓 ④ 扇動 ⑤ 浅学

「処方箋」および①「便箋」の「箋」は書物に貼り付けて注解などを記しておくもの。転じて、手紙などを書くのに用いる小幅の美しい紙のことも指す。

151 → ③ 代物
① 白状 ② 城下町 ③ 代金 ④ 素手

152 → ③ 迅速
① 精進 ② 人後 ③ 奮迅 ④ 甚大 ⑤ 陣容

②「人後に落ちない」は他人に劣らないの意。③「奮迅」は激しく奮い立つこと。

153 → ② 浸透
① 審美眼 ② 浸水家屋 ③ 侵犯 ④ 深山幽谷 ⑤ 伸縮自在

④「深山幽谷」は奥深い自然を指す。

154 あたかも全地球をセイハしているように思っているが、

① 深山をトウハする
② ハキがない
③ シラハの矢を立てる
④ ハモンが広がる
⑤ 問題がハセイする
⑤ 作業工程のショウリョク化をはかる

→ ②

▼制覇　▼踏破　▼覇気　▼白羽　▼波紋　▼派生　▼省力

②「**覇気**」は盛んな意気込みのこと。③「**白羽**」は矢につける白い鳥の羽。「白羽の矢を立てる」は多くの中から特に選び出すこと。

155 栄養をセッシュする食行動が、（名古屋外国語大）

① セツレツな文章
② 自然のセツリに従う
③ 試合に勝ってセツジョクを果たす
④ 訪問者にオウセツする
⑤ クッセツした思いをいだく

→ ②

▼摂取　▼拙劣　▼摂理　▼雪辱　▼応接　▼屈折

156 共通 人間は環境とのセッショウの中で新たな戦略を手に入れた。

① 依頼をショウダクする
② 事実をショウサイに調べる
③ 意見がショウトツする
④ 外国とコウショウする

→ ③

▼折衝　▼承諾　▼詳細　▼衝突　▼交渉

「**折衝**」は交渉の相手と駆け引きをすること。

157 共通 システム構造それ自体をシンサしたとみることができます。

① 留学のビザをシンセイする。
② 防犯のためにフシン者に注意する。
③ 古くなった家をフシンする。
④ 医師が患者の自宅を訪問シンリョウする。
⑤ 事のシンソウをつきとめる。

→ ②

▼審査　▼申請　▼不審　▼普請　▼診療　▼真相

158 こうした折チュウ主義の治療者が、「治れば特定の技法にこだわらない」というスタンスをとっている（関西大）

① チュウ象
② チュウ裁
③ チュウ告
④ 苦チュウ
⑤ チュウ造（立命館大）

→ ④

▼折衷　▼抽象　▼仲裁　▼忠告　▼苦衷　▼鋳造

問 次の傍線部と同じ漢字を用いるものを一つ選べ。

159 先取り意識をそう先エイ化させる必要はないが、
① エイ遠の別れ
② エイ枯盛衰
③ 詩歌を朗エイする
④ エイ利な刃物
⑤ エイ生環境が悪い

解答と解説

→ ④ ▼先鋭
▼永遠 ▼栄枯盛衰 ▼朗詠 ▼鋭利 ▼衛生

「**先鋭**」は先がとがって鋭いこと。また思想・行動が急進的なこと。「**尖鋭**」とも書く。

160 中でも、批判の先ジンを切ったのが、自然写真家のゲイラン・ローウェルである。（大阪経済大）
① 激ジン
② 布ジン
③ ジン問
④ ジン選
⑤ ジン術

→ ② ▼先陣
▼激甚 ▼布陣 ▼尋問 ▼人選 ▼仁術

161 このニつの特徴がゼン進的な改変を繰り返すことを可能にし、それを長い時間続けることで、生命も科学も大きく発展してきた。（立命館大）
① 慈ゼン
② 営ゼン
③ ゼン次
④ ゼン譲
⑤ ゼン貌

→ ③ ▼漸進
▼慈善 ▼営繕 ▼漸次 ▼禅譲 ▼全貌

「**漸進**」はだんだん進むこと。

162 この疑問に答えるゼンテイ（立命館大）
① 旅のコウテイヒョウ
② 景気のテイタイ
③ テイボウの決壊
④ 土地へのテイチャク
⑤ 他社とのテイケイ

→ ⑤ ▼前提
▼行程表 ▼停滞 ▼堤防 ▼定着 ▼提携

163 異星人にソウグウしたらさらに問われるべき問題かもしれません。（名古屋外国語大）
① 膨大な資料をハクソウする。
② 気温が下がりソウガイを被ったので出荷量が減少した。
③ 湖底にソウルイが繁殖する。
④ サンガクソウナンの事例を報告する。

→ ④ ▼遭遇
▼博捜 ▼霜害 ▼藻類 ▼山岳遭難

⑤ 姫は晩年出家しニソウになった。　▼尼僧
（甲南大）

164 それくらいはゾウサもない
① 見栄をはりたくて経歴をサショウする。　▼詐称
② 目のサッカクを利用しただまし絵を描く。　▼錯覚
③ 危機的な状況なのに経営陣はムイムサクだ。　▼無為無策
④ 小説を滅多に発表しないカサクな作家だ。　▼寡作
（神戸学院大）

→ ④ ▼造作

「**造作**」を「ぞうさく」と読まないこと。④「**寡作**」とは作品を少ししか作らないこと。

165 ソウじて社会からの要請に答えられない「生徒」は、「教室」から出て行ってもらうことになるのだ。
① 過去のことをカイソウする。　▼回想
② あくまでヒョウソウ的な問題だ。　▼表層
③ これはセソウを映す事件だ。　▼世相
④ 大統領の人柄が窺えるソウワ。　▼挿話
⑤ 参加者のソウイをはかる。　▼総意
（名古屋外国語大）

→ ⑤ ▼総（じて）

166 ソウゼツな体験
① 滋養キョウソウ　▼強壮
② 階級トウソウ　▼闘争
③ ソウゴンな式典　▼荘厳
④ ブッソウな世の中　▼物騒
（近畿大）

→ ① ▼壮絶

167 そのはたし方と内容をソウ体的に判断して評価する
① ソウ合的な課題学習を行う　▼総合的
② ソウ関係数を計算する　▼相関
③ ソウ迎車が街路灯に衝突　▼送迎車
④ 中生代の地ソウ　▼地層
⑤ 進化論とソウ造説　▼創造説
（立正大）

→ ① ▼総体的

「**総体**」は物事の全体、すべて。

168 気まずさをゾウフクさせてしまう
① コウフク感を味わう　▼幸福
② フクシュウを誓う　▼復讐
③ 拡フク工事　▼拡幅
④ クウフクに耐える　▼空腹
（神奈川大）

→ ③ ▼増幅

問　次の傍線部と同じ漢字を用いるものを一つ選べ。

169　発展成長する動的過程をソクシンするための性質

① 組織のケッソクを固める
② 距離のモクソクを誤る
③ 消費の動向をホソクする
④ 自給ジソクの生活を送る
⑤ 返事をサイソクする

→ ⑤
▼促進　▼結束　▼目測　▼捕捉　▼自足　▼催促

共通

170　「言語的」な意思ソツウ

① ソボクな青年
② カソ化が進んだ町
③ 物をソマツにする
④ 病気の進行をソシする
⑤ 経費削減のソチをとる

→ ②
▼疎通　▼素朴　▼過疎　▼粗末　▼阻止　▼措置

「**疎通**」は両者の意見が互いに通じ合うこと。「疏通」とも書く。

（立教大）

171　彼はそれをタイケイ化することなく、世を去った。

① 現場からチュウケイする
② イッケイを案ずる
③ 重いケイバツを科する
④ 一族のケイズをたどる
⑤ ゼッケイに見とれる

→ ④
▼体系　▼中継　▼一計　▼刑罰　▼系図　▼絶景

「**体系**」は筋道を立ててまとめた知識・理論の全体のこと。システム。②「**一計**」は「一つの計画」の意。

共通

172　行動する個体として環境にタイジしてきた動物は、

① 社長にタイジンを迫る
② 本のタイシュツを禁じる
③ タイボウの瞬間が訪れる
④ 慎重なタイショを求める
⑤ 菌にタイセイが生じる

→ ④
▼対峙　▼退陣　▼帯出　▼待望　▼対処　▼耐性

「**対峙**」は対立してにらみ合うこと。②「**帯出**」は備え付けの物品を持ち出すこと。

（名古屋外国語大）

173　新たな権力がタイ頭しつつあり、国家とともにあった境界はいまやズタズタになっている。

① タイ動
② タイ却
③ タイ惰
④ タイ風
⑤ タイ謝

→ ④
▼台頭　▼胎動　▼退却　▼怠惰　▼台風　▼代謝

（立命館大）

174　財産のタカに応じて、

① ゴウカな食事を満喫した
② 筋肉に少しずつフカをかける

→ ③
▼多寡　▼豪華　▼負荷

「**多寡**」は多少のこと。

③ カモクな人が珍しく発言した
④ カモツを載せて走行する
⑤ カブンな賛辞に恐縮する

175 タクエツした文学作品 共通

① 住宅　② 開拓
③ 托鉢　④ 卓球
⑤ 択一

176 チュウショウ概念 (国士舘大)

① バイショウ責任がある。
② 偉人のショウゾウ画。
③ 他の文献をサンショウする。
④ 事件のショウコとなる遺留物。
⑤ さまざまなジショウを勘案する。

177 チョウ発に乗る (関西大)

① 不況のチョウ候を示す
② チョウ罰を加える
③ 記録にチョウ戦する
④ チョウ旗を掲げる

▼寡黙
▼貨物
▼過分

175 ④
▼卓越

176 ⑤
▼抽象
▼賠償
▼肖像
▼参照
▼証拠
▼事象

177 ③
▼挑発
▼兆〈徴〉候
▼懲罰
▼挑戦
▼弔旗

④「**弔旗**」はとむらいの旗。

---

178 それが、デカルトのチョウメイな「我惟うゆえに我あり」 (神田外語大)

① 理想主義にキョウメイする
② 心にメイキすべき言葉
③ ショメイのうえ捺印する
④ 政局がコンメイする (成蹊大)

179 「生きる意味」をツムぎ出していくことである。

① ロボウの人
② ボウスイ形をした魚
③ 人体カイボウ
④ ヨウボウにこたえる
⑤ セキネンの願い (東洋大)

180 自分の考え方や価値観をツラヌこうとすれば、

① カンビな香りのする花
② 基本練習がカンジンだ
③ 相手の意図をカンパする
④ 初志をカンテツする
⑤ 悪にカンゼンと立ち向かう (獨協大)

---

178 ③
▼著名
▼共鳴
▼銘記
▼署名
▼混迷

②「**銘記**」は心に深く刻みつけること。

179 ②
▼紡（ぐ）
▼路傍
▼紡錘
▼解剖
▼要望
▼積年

②「**紡錘**」は糸をつむぐときにその糸を巻きつける心棒。「**紡錘形**」は、それに似て円柱形の両端が細くなる形。

180 ④
▼貫（く）
▼甘美
▼肝心〈腎〉
▼看破
▼貫徹
▼敢然

問 次の傍線部と同じ漢字を用いるものを一つ選べ。

181 西洋の政治意識のテイリュウにあって、いわば「精神の習慣」になってしまっている。

① 商品の在庫がフッテイする
② 裁判のためホウテイへ向かう
③ バスのテイリュウジョへ歩いて行く
④ 首相カンテイを警備する

解答と解説

→ ①
▼底流
▼払底
▼法廷
▼停留所
▼官邸

「**底流**」は表面には現れず、人の心や物事の根底に動く思想や感情をいう。①「**払底**」は、物がすっかりなくなること。

182 もっともテキゴウするもの (成蹊大)

① プロにヒッテキする実力
② テキドに運動する
③ 窓にスイテキがつく
④ ケイテキを鳴らす
⑤ 脱税をテキハツする

→ ②
▼適合
▼匹敵
▼適度
▼水滴
▼警笛
▼摘発

183 谷間の村のデンショウ 共通

① 無駄をハブく
② 用件をウケタマワる
③ ワラい話をする
④ 客をマネく
⑤ 薬をアキナう

→ ②
▼伝承
▼省(く)
▼承(る)
▼笑(い話)
▼招(く)
▼商(う)

「**伝承**」はある社会や集団に受け継がれたしきたりや言い伝えのこと。②「**承る**」は目上の人から、つつしんでお受けするの意。

184 妖怪は、まさにこのような「私」をトウエイした存在としてあらわれるようになるのである。 (愛知大)

① 意気トウゴウする
② トウチ法を用いる
③ 電気ケイトウが故障する
④ 強敵を相手にフントウする

→ ①
▼投影
▼投合
▼倒置
▼系統
▼奮闘

185 忘我的なトウスイ 共通

① 飛行機のトウジョウ券
② 議論がフットウする
③ トウベンを求められる
④ 亡き人をアイトウする
⑤ 恩師からクントウを受ける

→ ⑤
▼陶酔
▼搭乗
▼沸騰
▼答弁
▼哀悼
▼薫陶

「**陶酔**」はうっとりとその気分に浸ること。⑤「**薫陶**」は立派な人間に育てること。

186 急に変身をトげる 共通

① 過去の事例からルイスイする
② キッスイの江戸っ子

→ ④
▼遂げる
▼類推
▼生粋

③ マスイをかける
④ 計画をカンスイする

187 ナットクしやすいのである。 共通
① ギノウ
② ノウム
③ ノウヒン
④ クノウ
⑤ ノウギョウ （追手門学院大）

188 ハクシャをかける。
① ハクリョクに欠ける
② ハクジョウな態度をとる
③ ハクシュを送る
④ ハクシキを誇る
⑤ ハクジョウさせられる

189 バク然たる予感 共通
① バクマツ遣外使節
② 意見にハンバクする
③ バクダイな資産
④ バクチを打つ
⑤ サバクのオアシス （立正大）

▼麻酔 ▼完遂

→③ ▼納得 ▼技能 ▼濃霧 ▼納品 ▼苦悩 ▼農業

→③ ▼拍車 ▼迫力 ▼薄情 ▼拍手 ▼博識 ▼白状

→⑤ ▼漠然 ▼幕末 ▼反駁 ▼莫大 ▼博打 ▼砂漠

②「**反駁**」は他人の意見や攻撃に対し逆に論じ返すこと。

190 本来持っている意味をハク奪され、新たな観念と結びつく。
① ハク日のもとに晒す
② ハク氷を踏む
③ 名ハク楽の目にとまる
④ ハク真の演技
⑤ ハク離骨折 （関西学院大）

191 いちはやく目を中華の国の古代の聖賢から転じてハンを西洋近代に求めようとしたのは日本であった。
① ハン問
② 規ハン
③ 諸ハン
④ ハン罪
⑤ 同ハン （早稲田大）

192 地面はまったくバンジャクではなかった
① ヨワブクみに推移する
② スズメの涙ほどだ
③ ワカゲの至り
④ イシダタミの坂道 （神奈川大）

→⑤ ▼剥奪 ▼白日 ▼薄氷 ▼伯楽 ▼迫真 ▼剥離

→② ▼範 ▼反問 ▼規〈軌〉範 ▼諸般〈藩〉 ▼犯罪 ▼同伴

→④ ▼盤石 ▼弱含(み) ▼雀 ▼若気 ▼石畳

問 **次の傍線部と同じ漢字を用いるものを一つ選べ。**

193 ヒッゼツに尽くしがたいトラウマ

① ヒッケイの書物
② プロにヒッテキする技術
③ タッピツをふるう
④ ホルモンのブンピツ (近畿大)

194 外套はモロッコ狐の上等品だとフイチョウしているのが聞こえる。

① スイホウに帰する
② キッスイ線
③ フイの出来事
④ スイソウ楽団
⑤ 日本文化のスイ (名城大)

195 腹ゾウない間柄

① 愛ゾウ品
② ゾウ悪の念
③ ゾウ器移植
④ ゾウ与税 (龍谷大)

196 先富論は、その意味で貧しい社会がフジョウするほとんど唯一の選択肢であった

① 立候補へのフセキを打つ
② 相互フジョの精神
③ 財政再建にフシンする
④ 軽佻《けいちょう》フハクな行動だ
⑤ 証言と事実がフゴウする (獨協大)

197 神社、ブッカクや威厳を重んじる

① 鋭くカクシンを突く
② チカク変動が起こる
③ 新カクリョウの名簿
④ 顔のリンカクを描く
⑤ カクネンで開催する (獨協大)

198 二人の子供をフ養する

① 単身フ任を命ぜられる
② 二人の言葉がフ合した
③ 相互フ助の精神
④ 政治家としての自フ心 (神田外国語大)

199 塩をフって試食してみる。

解答と解説

193 ③ ▼筆舌 ▼必携 ▼匹敵 ▼達筆 ▼分泌

194 ④ ▼吹聴 ▼水泡 ▼喫水線 ▼不意 ▼吹奏楽団 ▼粋

②「**喫水線**」は船が浮かんでいるときの、船体の水面と接する線。

195 ① ▼腹蔵 ▼愛蔵 ▼憎悪 ▼臓器 ▼贈与

「**腹蔵ない**」は「考えを包み隠さない」の意。

196 ④ ▼浮上 ▼布石 ▼扶助 ▼腐心 ▼浮薄 ▼符合

197 ③ ▼仏閣 ▼核心 ▼地殻 ▼閣僚 ▼輪郭 ▼隔年

198 ③ ▼扶養 ▼赴任 ▼符合 ▼扶助 ▼自負

199 ⑤ ▼振(る)

① 母屋が手狭になり、離れをフシンした。
② 彼は会社を再建すべくフシンした。
③ 最近の彼女の挙動はフシンだ。
④ 政治に対するフシン感が募る。
⑤ 彼は成績フシンで二軍に落とされた。（国士舘大）

▼普請
▼腐心
▼不審
▼不信
▼不振

200 複数の論文で再反論し、議論はいっそうフンキュウした。
① 傷病者をキュウゴする
② 失職でキュウボウする
③ 殺人はキュウキョクの悪だ
④ 汚職をキュウダンする
⑤ キュウユウと再会した

④
▼紛糾
▼救護
▼窮乏
▼究極
▼糾弾
▼旧友

201 ブンスイ嶺《れい》を越え、（法政大）
① 率先スイハンする
② 改革をスイシンする
③ 山紫スイメイの地

③
▼分水
▼垂範
▼推進
▼水明

①「**率先垂範**」はみずから進んで手本を示すこと。③「**山紫水明**」は自然の美しい風景の形容。

④ 要点をバッスイする（近畿大）

▼抜粋

202 テレビのヘイ害をあげつらう
① ヘイ凡
② 横ヘイ
③ ヘイ発
④ 語ヘイ
⑤ 紙ヘイ（亜細亜大）

④
▼弊害
▼平凡
▼横柄
▼併発
▼語弊
▼紙幣

203 ヘイゼイの心掛け
① 隠蔽　② 併用
③ 急性　④ 成功
⑤ 生命（南山大）

⑤
▼平生

204 家来は城主にヘイフクして謝った。
① 高校では、スイソウガク部に入った。
② 今度の震災では大きな被害をコウムった。
③ この祭りにはヤマブシの装束を着た人が出る。
④ ハラが立ったからといって、人を殴ってはいけない。（京都外国語大）

③
▼平伏
▼吹奏楽
▼被（る）
▼山伏
▼腹

問 次の傍線部と同じ漢字を用いるものを一つ選べ。

205 時間をヘダてることで大きく変貌してしまうのだ。

① 敵をイカクする
② 施設のカクジュウをはかる
③ 外界とカクゼツする
④ 海底のチカクが変動する

共通

206 ヘンキョウな合理主義

① 食べ物にヘンショクがある人。
② 四国へおヘンロに向かう。
③ ヘンペンたる小舟が浮かぶ。
④ 都市のシュウヘン。
⑤ 電気のヘンアツ装置。

（関西大）

207 人間を守るためのボウエイ反射のようなプログラム

① 宇宙ユウエイを試みる
② 世相をハンエイした事件
③ 支店長にエイテンする
④ 自然の美にエイタンする
⑤ 人工エイセイを打ち上げる

（獨協大）

208 著しく専門化された研究にボウサツされている科学者たち

① 戦死者のボウレイ
② オウボウな態度
③ ボウゼン自失となる
④ ハンボウな職務に就く
⑤ ムボウな試みを企てる

（法政大）

209 今年のホウ負を述べる

① 病人を介ホウする
② 武器を手にホウ起する
③ 今年は米がホウ作だ
④ シダ類の植物はホウ子で増える

（神田外語大）

210 人物の確かさをホショウする。

① コショウシャを修理する。
② ショウニンとして法廷に立つ。
③ 貴重なダイショウ行為だ。
④ アイショウの悪い組み合わ

解答と解説

205 → ③
▼隔（てる）
▼威嚇
▼拡充
▼隔絶
▼地殻

206 → ①
▼偏狭
▼偏食
▼（お）遍路
▼片片（たる）
▼周辺
▼変圧

③「**片片たる**」とは細かい断片が散る様子。

207 → ⑤
▼防衛
▼遊泳
▼反映
▼栄転
▼詠嘆
▼衛星

208 → ④
▼忙殺
▼亡霊
▼横暴
▼茫然
▼繁忙
▼無謀

「**忙殺**」は非常に忙しいこと。「殺」は意味を強める字。

209 → ①
▼抱負
▼介抱
▼蜂起
▼豊作
▼胞子

210 → ②
▼保証
▼故障車
▼証人
▼代償
▼相性

せだ。
⑤ 攻撃のタイショウとする。

（文教大）

→ ▼対象

211

妖怪はそもそも、日常的理解を超えた不可思議な現象に意味を与えようとするミンゾク的な心意から生まれた

① 楽団にショゾクする
② カイゾク版を根絶する
③ 公序リョウゾクに反する
④ 事業をケイゾクする

→ ③
▼民俗
▼所属
▼海賊
▼良俗
▼継続

「**民俗**」は人々のならわしのこと。

212

行ったことのないメイショウ地 共通

① 関係者をショウタイする
② 室内装飾にイショウを凝らす
③ 実権をショウアクする
④ シュショウな態度を取る

（京都産業大）

→ ④
▼名勝
▼招待
▼意匠
▼掌握
▼殊勝

213

モウゼンと迫ってくる。

① 建物がモウカに包まれる
② モウソウにふける傾向がある
③ すべての可能性をモウラする
④ 出場できてホンモウだ
⑤ 体力をショウモウする

→ ①
▼猛然
▼猛火
▼妄想
▼網羅
▼本望
▼消耗

214

辞書モウラ観は健在なのである。 共通

① 亡　② 網
③ 望　④ 耗

→ ②
▼網羅

215

モロハの剣となった。

（龍谷大）

① 板ショ
② ショ悪
③ ショ轄
④ ショ期化
⑤ ショ民

（北海学園大）

→ ②
▼諸刃
▼板書
▼諸悪
▼所轄
▼初期化
▼庶民

「**諸刃の剣**」は両辺に刃のついた剣で、一方では非常に役に立つが、その一方で大きな危険を伴うことをいう。

216

「自分だけはユウグウしろ」という節度なき利己心

① ユウシュウの美をかざった。
② ユウジュウ不断でつかみどころがない。
③ ユウキュウの時を生きる。
④ 銀行からユウシをうける。
⑤ 大学キャンパスで部活のカンユウにいそしむ。

（武蔵大）

→ ②
▼優遇
▼有終
▼優柔
▼悠久
▼融資
▼勧誘

問 **次の傍線部と同じ漢字を用いるものを一つ選べ。**

217 **ユウ然と構える**

① ユウ久の昔を思う
② 事件のユウ因
③ 余ユウのある態度
④ ユウ玄の美を求める

（神田外語大）

218 **いかにも逍遥というような、悠ヨウ迫らぬ、しかも何かに常に耐えるような足取りで**

① 抑ヨウをつけて話す
② 凡ヨウな作品
③ 旧友を抱ヨウする
④ 捕らぬ狸の皮算ヨウ
⑤ 前途ヨウ々

（関西学院大）

219 **身を挺《てい》してヨウゴしてくれる。**

① チュウヨウの道を説く
② 武器のシヨウを禁じる
③ 候補をヨウリツする
④ 失敗をヨウニンする
⑤ 内心のドウヨウを隠す

共通

解答と解説

217 → ①
▼悠然 ▼悠久 ▼誘因 ▼余裕 ▼幽玄

「**悠然**」は落ち着いて動じない様子。①「**悠久**」は「永遠・永久」の意。②「**誘因**」はある作用・状態を引き起こす原因。④「**幽玄**」は物事の趣が奥深くはかりしれないこと。

218 → ①
▼悠揚 ▼抑揚 ▼凡庸 ▼抱擁 ▼皮算用 ▼洋々

「**悠揚**」はゆったりとして落ち着いているさま。

219 → ③
▼擁護 ▼中庸 ▼使用 ▼擁立 ▼容認 ▼動揺

「**擁護**」はかばい守ること。③「**擁立**」は周囲から盛り立てて高い位や役などに就かせること。

---

220 **容シャない攻撃**

① ロケットを発シャする
② シャ断機が下りる
③ シャ免を請う
④ 被害者にシャ罪する

（神田外語大）

221 **拷問にさらされるときも、身を「売る」ことをヨギなくされるときも、**

① 江戸の奉行とヨリキ
② ギアンを提出する
③ ギシキを執り行う
④ ヨチ能力がある
⑤ 検査をギシに依頼する

（中央大）

222 **塞翁が落タンしているだろう**

① タンジュンな問題
② タンラクテキな考え
③ ノウタンをつける
④ ダイタンな発想
⑤ タンガンショを提出する

（立正大）

220 → ③
▼容赦 ▼発射 ▼遮断機 ▼赦免 ▼謝罪

③「**赦免**」は罪や過ちを許すこと。

221 → ③
▼余儀（なく） ▼与力 ▼議案 ▼儀式 ▼予知 ▼技師

「**余儀**」とはほかの方法のこと。

222 → ④
▼落胆 ▼単純 ▼短絡的 ▼濃淡 ▼大胆 ▼嘆願書

②「**短絡的**」は複雑な関係の物事を単純に結びつけて論ずること。

223 リュウホ条件を必要とする

① シュリュウダンが爆発する
② カキトメで送る
③ その件はリョウショウしました
④ 今年度のルイセキ赤字額
⑤ 隅田川のシリュウの水質

（獨協大）

→ ②
▼留保 ▼手榴弾 ▼書留 ▼了承 ▼累積 ▼支流

224 買い物のリレキから見ず知らずのスーパーが突然ベビー用品のクーポンを送りつける

① 役職をヘイリのごとく捨てる。
② 愛する人とのリベツを悲しむ。
③ リメン工作により事態を解決する。
④ 集めたお金をカンリする。
⑤ エイリな刃物で切りつける。

（関西大）

→ ①
▼履歴 ▼弊履 ▼離別 ▼裏面 ▼管理 ▼鋭利

225 これは、言うならば詩のリンリである。

① 政界の実力者としてクンリンする。
② 事件のリンカクが浮かび上がる。
③ ジンリンにもとる行為だ。
④ リンジンを愛するべきだ。

（日本大）

→ ③
▼倫理 ▼君臨 ▼輪郭 ▼人倫 ▼隣人

問 次の傍線部に当てはまる漢字を一つ選べ。

226 イギョウをなす

① 威 ② 異 ③ 遺 ④ 意 ⑤ 偉

（専修大）

→ ⑤
▼偉業

⑤「**偉**」は「優れている・見事な」の意。

227 イチジョとして役立つ

① 一叙 ② 一除 ③ 一助 ④ 一序 ⑤ 一如

（文教大）

→ ③
▼一助

「**一助**」は「少しの助け・何かの足し」の意。

228 難敵に一シを報いる

① 死 ② 射 ③ 打 ④ 矢 ⑤ 刀

（東京経済大）

→ ④
▼一矢

「**一矢を報いる**」とはわずかでも反撃すること。

229 健康リスクをオカして

① 侵 ② 犯 ③ 冒 ④ 浸

（西南学院大）

→ ③
▼冒（す）

問 次の傍線部に当てはまる漢字を一つ選べ。

解答と解説

230 専門職業が社会の中で占める重要な位置に関して西欧近代社会とヒケンされうるものとして、せいぜいローマがあるにすぎない。

① 立件 ② 両肩 ③ 実験 ④ 卑屈 ⑤ 批准 （南山大）

→ ② ▸ 比肩

「**比肩**」とは匹敵すること。

231 大学院で経済学をオサめた。

① 治 ② 納 ③ 収 ④ 修 ⑤ 抑 （拓殖大）

→ ④ ▸ 修（める）

232 歴史的に配列してガイカンする

① 既観 ② 概観 ③ 慨観 ④ 概感 ⑤ 慨感 （法政大）

→ ② ▸ 概観

「**概観**」は全体をざっと見ること。

233 ガンとして認めない。

① 岩 ② 頑 ③ 眼 ④ 玩 ⑤ 丸 （武蔵大）

→ ② ▸ 頑（として）

234 キ成の事実

① 岐 ② 寄 ③ 基 ④ 規 ⑤ 既 （拓殖大）

→ ⑤ ▸ 既成

235 彼らの業セキ

① 積 ② 績 ③ 籍 ④ 跡 ⑤ 責 （大東文化大）

→ ② ▸ 業績

236 キョクタンかもしれませんが、

① 単 ② 短 ③ 端 ④ 反 （神奈川大）

→ ③ ▸ 極端

237 破壊されてしまう危険にケイショウを鳴らしたのです。

① 継承 ② 鶏唱 ③ 軽笑 ④ 警鐘 （神奈川大）

→ ④ ▸ 警鐘

「**警鐘**」は警告のために鳴らす鐘で、「**警鐘を鳴らす**」は危機的状況を予告すること。

238 眼光紙ハイに徹し、その意を悟る

① 牌 ② 肺 ③ 這 ④ 裴 ⑤ 背 （東京経済大）

→ ⑤ ▸ 紙背

「**紙背**」とは文章の奥に含まれている意義のこと。

239 「シレン」が与えられる。

① 思 ② 志 ③ 史 ④ 師 ⑤ 試 （追手門学院大）

→ ⑤ ▸ 試練

240 彼女の初期の代表作『参加と民主主義理論』は、人々が政治からソガイされている現実に対する政治理論からの批判的応答

→ ③ ▸ 疎外

であり、同書は参加民主主義の基本書とみなされている。

① 阻害　② 疏効　③ 疎外　④ 措害　⑤ 阻外　（青山学院大）

241 チナみに

① 加みに　② 補みに　③ 足みに　④ 付みに　⑤ 因みに　（愛知学院大）

→ ⑤ ▸因（みに）

242 損失をホ償する。

① 歩　② 保　③ 褒　④ 報　⑤ 補　（京都外国語大）

→ ⑤ ▸補償

243 人間のボンノウ

① 能　② 納　③ 悩　④ 脳　⑤ 濃　（大阪学院大）

→ ③ ▸煩悩

「**煩悩**」は心身を悩ますいっさいの迷いの心。

244 ミャクラクを断たれて

① 落　② 酪　③ 洛　④ 格　⑤ 絡　（専修大）

→ ⑤ ▸脈絡

「**脈絡**」は一貫した筋道のこと。

245 援助を要セイする。

① 請　② 性　③ 成　④ 正　⑤ 制　（拓殖大）

→ ① ▸要請

問 次の空欄に入る適当な漢字を一つ選べ。

246 勝って兜《かぶと》の緒を［　］めよ。

① 絞　② 閉　③ 締　④ 占　⑤ 染　（亜細亜大）

→ ③ ▸締（めよ）

「**勝って兜の緒を締めよ**」は「戦いに勝っても油断することなく自重せよ」の意。

問 次の傍線部に当てはまる二字熟語を完成させよ。

247 シンイを確かめる

① 心　② 神　③ 真　④ 新　⑤ 衣　⑥ 位　⑦ 異　⑧ 意　（武蔵大）

→ ③⑧ ▸真意

問 次の傍線部と同じ漢字を用いるものを一つ選べ。

248 このような変化が何をケイキとして生じ、どのような結果をもたらしつつあるのか

① 子どもがキゲンを損ねる
② キショウ価値のある作品
③ 仕事の負担をケイゲンする
④ 自然のケイカンが失われる
⑤ 彼の性格は内ベンケイだ
（成蹊大）

→ ① ▸契機

▸機嫌　▸希少　▸軽減　▸景観　▸弁慶

「**契機**」はきっかけの意で、「動機」とほぼ同義。

問 次の傍線部を漢字にする場合、使用する文字と同じ漢字を用いるものを一つ選べ。

249 同等のシカクをもつ。

① ブッシの輸送
② シユウを決する
③ 論文のヨウシ
④ ナイカクの辞職
⑤ 裏面でカクサクする (東洋大)

250 「私的なもの」を持ち込んではならないというシンネン。

① 従業員のシンキ採用を行う
② 草野球でシンパンを務める
③ 国会でショシン表明演説を行う
④ たくさんのネンガジョウを出す (成蹊大)

251 共和主義精神のソウダイなりレーを描いたような書物

① 部活動でダイヒョウを務める
② 避暑地にベッソウを購入する
③ 年齢を重ね青年期からソウネンキへ移る
④ 大きなソウゴウ病院で検査を受ける (成蹊大)

解答と解説

249 → ①
▼資格 ▼物資 ▼雌雄 ▼要旨 ▼内閣 ▼画策

250 → ③
▼信念 ▼新規 ▼審判 ▼所信 ▼年賀状

251 → ③
▼壮大 ▼代表 ▼別荘 ▼壮年期 ▼総合

252 「相互行為の相互行為」をそれ自体としてハアクするのでなくてはならない。

① 党内のハケンを争う
② 社員をハケンする
③ ハカクの安値
④ アクエキが流行する
⑤ 政権をショウアクする (東洋大)

→ ⑤
▼把握 ▼覇権 ▼派遣 ▼破格 ▼悪疫 ▼掌握

「**把握**」はつかむことで、⑤「掌握」とほぼ同義。

問 次の傍線部に当たる漢字二字のうち一字を含む語を一つ選べ。

253 運命をカンジュする

① 樹立 ② 教授
③ 一環 ④ 甘言
⑤ 感性 (南山大)

→ ④
▼甘受

「**甘受**」は甘んじて受け入れること。

254 考え方はザンシンであった

① 暫時 ② 維新
③ 散見 ④ 侵攻
⑤ 漸進 (南山大)

→ ②
▼斬新

4 書き取り②（記述問題）

❖ 漢字の能力が最も端的に試される形式。「はね」や「とめ」などに注意して正確に書くこと。

問 次の傍線部を漢字に直せ。

255 算盤《そろばん》の名人であったというイツワもある。（東京理科大）

256 日本文学の研究家として日米をオウカンしながら（摂南大）

257 話はカキョウに入る。（立命館大）

258 カキュウ的速やかに（法政大）

259 考えてみるに足るカキュウの問い（早稲田大）

260 文筆カギョウの全時期（立命館大）

261 カンキョウも何も一時に吹っ飛んで迷惑不愉快この上もない。（立教大）

262 大雨で道路がカンスイし、（明治学院大）

263 人に会い、お喋りし、カンダンし、（玉川大）

264 国家の機構もまだ整わず、カンリョウも組織されてなかった。（国士舘大）

265 「運動の自由」のギセイのうえに築かれる。（関西大）

解答と解説

255 逸話
256 往還
257 佳境
258 可及
259 火急
260 稼業
261 感興
262 冠水
263 歓談
264 官僚
265 犠牲

「**佳境**」は興味深い場面のこと。

「**可及的**」は「できるだけ」の意。

「**火急**」は事態が差し迫っていること。

「**感興**」は「おもしろみ」の意。

266 女工ギャクタイの実例は（立教大）

267 「原子論」が再びキャッコウを浴びたのは、（東京理科大）

268 この親子のキョウグウや運命について（国士舘大）

269 グリフィン山麓のキョウコクの道（早稲田大）

270 キョウシュウがそこはかとなく漂う（広島修道大）

271 眼に血をさしたむごいギョウソウ（中京大）

272 世界と自分自身とのあいだの或るキレツを核として（上智大）

273 まずこの句についてギンミしてみましょう。（東北学院大）

274 機械製品の規格化は、機械の持つこのグチョクさの結果だ（早稲田大）

275 戦国の世はグンユウカッキョの時代だった。（成蹊大）

276 質素とケンヤク（西南学院大）

266 虐待
267 脚光
268 境遇
269 峡谷
270 郷愁
271 形相
272 亀裂
273 吟味
274 愚直
275 群雄割拠
276 倹約

「**脚光を浴びる**」は世間の注目の的となること。

「**形相**」は激しい感情が表れた顔つき。

「**吟味**」は味わうこと、調べること。

「**愚直**」は融通がきかない正直さのこと。

問 次の傍線部を漢字に直せ。

解答と解説

277 その人のコウケン度がどれほどのものか　(関西大)　→ 貢献

278 彼の趣味はコウショウすぎて私にはついていけない。　(明治学院大)　→ 高尚

279 選手の士気をコブしようと、　(明治学院大)　→ 鼓舞

280 私の家族とコンイなうち　(立教大)　→ 懇意

「**懇意**」は特に親しく仲のよいさま。「懇」の訓は「ねんご(ろ)」。

281 事故や地震などのサイヤクに備える。　(法政大)　→ 災厄

282 訝《いぶか》しがる私の表情をサッチして、　(成城大)　→ 察知

283 街のザットウを歩き、　(二松学舎大)　→ 雑踏

「**雑踏**」とは人ごみのこと。

284 地元の信用金庫がA銀行のサンカに入る。　(法政大)　→ 傘下

285 大事な時期ですからジチョウしてください。　(明治学院大)　→ 自重

286 「着こなし」のシナン役として重宝されたのが、　(法政大)　→ 指南

287 高級料理《オート・クイジーヌ》よりおいしいのだ、と確信させるのは、シナンなことではなかろうか。　(摂南大)　→ 至難

288 新居にはシャコウカーテンを選ぼう。　(明治学院大)　→ 遮光

289 人間のジョウキを逸した願望　(立教大)　→ 常軌

「**常軌**」は「ふつうであること」の意。

290 長い時代の流れの中でジョジョに姿を変え、　(甲南大)　→ 徐徐・徐々(に)

291 国民道徳の確立と科学的精神のシンコウという精神面、　(早稲田大)　→ 振興

292 雨が降ったとき、大地が森林でおおわれているときと畑とではそのシンショクの割合が異なります。　(獨協大)　→ 浸食

293 重化学工業がこの国のスウジク産業である。　(駒澤大)　→ 枢軸

294 自然の恵みを受け、自然を畏れ、自然をスウハイし、　(玉川大)　→ 崇拝

295 落葉したケヤキが凍《い》てついた空に枝々を拡げている光景はセンサイで優雅だが、　(学習院大)　→ 繊細

296 あれこれセンサクしてみたところではじまらないだろう。　(立教大)　→ 詮索

「**詮索**」とは調べ求めること。

297 盛りにある者の驕慢《きょうまん》と衰えつつある者のセンボウ（青山学院大）
↓ 羨望

298 ルーマンのメディア概念の含意を、よりセンメイに引き出す（上智大）
↓ 鮮明

299 川の底をさらったりしてソウサクしていた（獨協大）
↓ 捜索

300 こんなことではソウバン行きづまってしまうよ。（明治学院大）
↓ 早晩

301 最も日本人の心をソコなうものとして（成城大）
↓ 損（なう）

302 ソザツな文章（玉川大）
↓ 粗雑

303 ダラダラとダセイで、これといった生きがいもメリハリもなく暮らしていても、（上智大）
↓ 惰性

304 民話の民衆性はそんなことでは決してチッソクさせられはしなかった。（立教大）
↓ 窒息

305 国際社会の中でツチカった幅広い語学力（立教大）
↓ 培（う）

306 悪性の腫瘍を無事テキシュツした。（明治学院大）
↓ 摘出

307 詫びをテッカイしてしまう（立教大）
↓ 撤回

「**羨望**」はうらやむこと。

「**早晩**」は「いずれいつかは」の意。

「**培う**」とは育て養うこと。

308 未だ深いドウサツのあるものも見出さぬようである。（早稲田大）
↓ 洞察

309 職場のドウリョウと花見に出かけた。（法政大）
↓ 同僚

310 ニュウワな口調（立命館大）
↓ 柔和

311 「恥づかしさ」をバイカイにして（立教大）
↓ 媒介

312 一方、行方不明者のハイグウ者や家族が（関西大）
↓ 配偶（者）

313 能力のハッキにおいて実現されている（広島修道大）
↓ 発揮

314 ハンショクカが強く、管理しやすい（帝塚山学院大）
↓ 繁殖

315 空騒ぎにヒヘイしきって（東海大）
↓ 疲弊

316 身をヒルガエす（学習院大）
↓ 翻（す）

317 ヒンパンに引き合いにだされる（玉川大）
↓ 頻繁

318 いろいろとベンギを図ってくれたからだ。（東京理科大）
↓ 便宜

319 ベンベツ可能な連続性（立教大）
↓ 弁別

320 許しがたいボウキョ（立命館大）
↓ 暴挙

321 憲法でホショウされている（上智大）
↓ 保障

「**柔和**」はやさしくおとなしいこと。

「**媒介**」は両者の仲立ちをすること。

「**疲弊**」は心身が疲れて弱ること。

「**便宜**」は目的のために都合がよいこと。

「**弁別**」とは見分けること。

「**保障**」は責任を持って保護し守ること。

❖漢字に関する知識、語句の意味、誤字脱字の指摘など、漢字の総合的な問題。自分の力を試してみよう。

問 次の傍線部とは異なる意味を持つものを一つ選べ。

322 食べものは、生きものの死によって、つぎの生きものに生を与えるバトンリレーである。

① キョウ与　② ゾウ与
③ カン与　④ ジュ与　共通

解答と解説

→ ③
③の「**関与**」の「与」は「影響などを相手に及ぼす」の意。

323 その微生物たちがあなたを襲い、あなたのなかにある繊維を発酵させます。

① ヤ襲　② セ襲
③ キ襲　④ ライ襲　共通

→ ②
②は「受け継ぐ」という意味の「**世襲**」であり、他と意味が異なる。

問 次の傍線部と同じ意味を持つものを一つ選べ。

324 ル・コルビュジェは、ブエノス・アイレスで行った講演のなかで、

① 行シン　② 行レツ
③ リョ行　④ リ行　共通

→ ④
④「**履行**」の「行」は「おこなう」の意。

325 景色を望むには、むしろそれを限定しなければならない。

① ホン望　② ショク望
③ テン望　④ ジン望　共通

→ ③
③「**展望**」の「望」は「遠くを見る」の意。

問 次のそれぞれに答えよ。

326 傍線のカタカナ部分の漢字の部首名として最も適切なものを次の中から選べ。

私の言う生命のよろこびと同じであるかどうかはシン重に考えないといけない。

① にくづき　② さんずい
③ にんべん　④ りっしんべん

（亜細亜大）

→ ④ ▸慎重

327 次の空欄に入る最も適当な語を選べ。

「エキ」と訓んだ場合には、現代中国で理解されているのと同じように、労働の義務という意味になります。労役とか、苦役、あるいは［　］などという熟語の中での「役」が、それです。

① 上役　② 主役　③ 悪役
④ 使役　⑤ 助役

（大阪学院大）

→ ④
①「**上役**（うわやく）」とは職場の上司のこと。④「**使役**（しえき）」は人に物事をさせること。⑤「**助役**（じょやく）」は長や主任を助ける人のこと。

第2章

慣用表現・常識語問題

- この章では、主に文学的文章（小説・随筆など）の読解に必要な語句を扱う。慣用句や故事成語を中心に、自分の語彙力を試してみよう。
- 共通テストや私大入試で、小説の中の語句の知識を問う問題は頻出。問題文から類推する方法だけでは限界がある。辞書的な意味を覚えていこう。

「二字＋一字」の構成のものが最も多い。「的・化・性」などの接尾語にも注意して意味をつかもう。

問 次のそれぞれに答えよ。

1 次の傍線部の意味として最も適当なものを選べ。

ここで私にとって面白く思われるのは、こういう鎌倉時代後期の歌の場合、平安時代の歌とは違って、歌の内容をパラフレーズする必要がほとんどなくなっているということです。つまり、詩のことばは一義的になり、表面の意味の背後に別の隠された意味を探る必要がないのです。

〈大岡信「日本の詩歌」〉

① 単調で深みがないこと。
② 無意識に表出されること。
③ 意味が一つに限定されること。
④ 理性的で安定していること。
⑤ 翻訳できない特殊性を帯びていること。

（青山学院大）

2 次の空欄に入る最も適当な語を選べ。

着色といった操作によって生み出された像の内因的像行為を通じて、データとモデルが［　　］した像による代替的行為の作用が一定方向に強化されるのである。

〈田中純の文章による〉

① 冗長化　② 一体化　③ 流動化
④ 有機化　⑤ 可視化

（早稲田大）

3 次の傍線部の意味として最も適当なものを選べ。

解答

1 → ③
2 → ②
3 → ①

ポイント解説

1 一義的（いちぎてき）
「一義的」は「多義的」の対義語。「意味が一種類しかないようす」を表している。したがって③が適当。

2 一体化（いったいか）
「一体化」は「複数のものが合わさって一つになるようす」の意で、②が適当。

3 大雑把（おおざっぱ）

私の意識や感覚が、日本という風土によって育まれたと考えるのも、また大雑把すぎるのかもしれない。〈内山節「『里』という思想」〉

① 粗略　② 怠慢　③ 淡白　④ 入念　⑤ 便利　〈大阪産業大〉

問 次の空欄に入る最も適当な語を選べ。

4 無論、それはコンピュータのプログラムで、人間の音声応答のパターンを入力して［　］に行っている機能であり、さらに使い手に合わせた反応をしたり、学習機能を組み込んだものもあるようです。〈納富信留「対話の技法」〉

① 感覚的　② 擬似的　③ 献身的　④ 個性的　⑤ 恣意的　〈甲南大〉

→ ②

5 時代の風を感じ、新しい自分を見つけることが、大事なはずなのに、古い時代の古い自分を持続していてはつまらぬ。学校で学んだことの持続というのは幻想であることを知りながら学校に通う。このちょっと［　］な気分が、学校の面白いところ。〈森毅「時代の寸法」〉

① 逆説的　② 象徴的　③ 幻想的　④ 懐疑的　⑤ 挑発的　〈神戸学院大〉

→ ①

6 絶対的な基準がないため、［　］的に自分の試験結果を評価することができず、〈安田雪「大学生の就職活動」〉

① 公式　② 批評　③ 積極　④ 理論　⑤ 客観　⑥ 観念　〈追手門学院大〉

→ ⑤

「大雑把」は「細かいことにこだわらないさま」を表す。これと同義なのが①「粗略」。

4 擬似的（ぎじてき）
「擬似的」とは「本物によく似ているようす」の意。②が適当。

5 逆説的（ぎゃくせつてき）
「逆説的」とは「普通とは逆の言い回しで物事を説明するさま」で、①が適当。「学校で学んだことの持続というのは幻想であること」を知りながら「学校に通う」という事態が普通とは逆になっている。

6 客観的（きゃっかんてき）
本来は「絶対的な基準」に基づき⑤「客観」的に自分を評価するべきだ、という文脈を読み取る。「客観的」とは「主観から独立して存在し、誰もが同意する普遍性を持っていること」という意。

問　次の空欄に入る最も適当な語を選べ。

7　贈与の前から返礼が義務的儀礼的になされることが暗黙の前提となっている。つまり［　　］されているということだ。このような交換は「贈与交換」と呼ばれてきた。

〈矢野智司「越境する動物がもたらす贈物《ギフト》」〉（関西学院大）

①　権利化　②　機械化　③　合法化
④　制度化　⑤　明文化

8　新旧さまざまな建物や事物によって織りなされる都市の景観には、そこに暮らす人々の過去の記憶が［　　］に堆積している。時代の変化の中で古いものが消え、新しいものが作られてゆくにつれて、人々の記憶もまた、自分では気づかないうちに少しずつ書き換えられてゆく。

〈渡辺裕「まちあるき文化考」〉（青山学院大）

①　重層的　②　階層的　③　間欠的
④　幻想的　⑤　総合的

問　次のそれぞれに答えよ。

9　次の傍線部の意味として最も適当なものを選べ。

この勇壮なる姿の中に、寂寥、憂愁をこっそり忍び込ませるのが、作家としての父の<u>真骨頂</u>なのである。

〈藤原正彦「数学者の言葉では」〉

①　特にすぐれている性情
②　隠されているそのものの真実の姿
③　これ以上はない、最高の地点

解答

7　③
8　①
9　④

ポイント解説

7　合法化（ごうほうか）
「合法化」とは「法律に従っているようす」の意。③が適当。

8　重層的（じゅうそうてき）
「重層的」とは「いくつもの層が重なっているさま」を表す。①が適当。

9　真骨頂（しんこっちょう）
「真骨頂」とは、「それの真価である本来の姿」のこと。「真骨頂を発揮する」という形で使われることが多い。したがって④が適当。

④ そのものの本来の価値を発揮した姿
⑤ うそや飾りのない、本当のことがら 〈武蔵大〉

10 次の空欄には、「外からは見えない状態で存在するさま」という意味の言葉が入る。その言葉として最も適当なものを選べ。

たとえば、どんなモノでも［　］には制度によって芸術になりうるとしても、私たちは特定の「芸術（のようなモノ）」を前にしたときに生じるゾクゾクした感じや、うっとりとした感じを知っている。 〈渡辺文「モノと芸術」〉

① 体系的　② 暫定的　③ 確定的
④ 断片的　⑤ 潜在的 〈青山学院大〉

→ ⑤

11 次の傍線部の内容に最も近いものを選べ。

言語が異なれば認識も異なるとは言っても、 〈鍋倉健悦「異文化間コミュニケーション入門」〉

① 積極性　② 主体性　③ 相対性
④ 背離性　⑤ 透過性 〈京都外国語大〉

→ ③

12 次の傍線部の意味に最も近いものを選べ。

労働の義務は、他律的に国家その他の権力によって賦課されるもの 〈尾藤正英「江戸時代とはなにか」〉

① 他《ほか》とは違って　② 他から影響されず
③ 他から強制されて　④ 他のものを排除して
⑤ 他にどうしようもなく 〈大阪学院大〉

→ ③

10 潜在的（せんざいてき）
「潜在的」は「外に現れずに存在するようす」の意。⑤が適当。

11 相対性（そうたいせい）
「言語」と「認識」の二つが相関関係にあることが書かれているので、③「相対性」が適当。「相対性」とは「ほかとの関連で初めてそのものが存在するさま」のこと。対義語は「絶対性」。

12 他律的（たりつてき）
「他律的」は「自分の意志でなくほかからの圧力や強制によって動くさま」の意。したがって③が適当。対義語は「自律的」。

問　次の傍線部の意味として最も適当なものを選べ。

13　日本人の生活とその感覚がどのように変化したかを、豊富な事実例と深い洞察力とをもって記した名著です。〈見田宗介「社会学入門」〉

① 事実を細かく推察できる能力
② 現実を丁寧に観察できる能力
③ 未来の出来事を予見する能力
④ 隠れている本質を見抜く能力
⑤ 真相を感覚で言い当てる能力

（國學院大）

解答　④

14　受容的であるように見えてそうではなく、能動的に自然に定型的な意味を付与する傾向が強い。〈中島義道「日本人を〈半分〉降りる」〉

① 物事に行動的で社交的なさま
② 自から他へ作用を及ぼすさま
③ 物事が体に作用を及ぼすさま
④ 他から作用が及ぼされるさま
⑤ 物事が心に作用を及ぼすさま

（広島修道大）

解答　②

問　次のそれぞれに答えよ。

15　次の空欄に入る最も適当な語を選べ。

そのような上からの学問の動きとは別の動き、あるいはそのような官学の流れに抵抗するような学問の動きも、一方で同時代的に［　　］として生まれてくる。〈菅豊「『新しい野の学問』の時代へ」〉

解答　③

ポイント解説

13 洞察力（どうさつりょく）
「洞察力」は「物事を見抜く力」を表す。④が適当。

14 能動的（のうどうてき）
「能動的」とは「自分から他にはたらきかけること」の意。「受動的」が対義語。したがって②が適当。

15 反作用（はんさよう）
「反作用」は「ある動きに対して、それとは反対の動きが生じること」の意。③が適当。

① 決定論　② 対抗策　③ 反作用
④ 多様性　⑤ 集大成　⑥ 対処法
（立命館大）

16 「塞翁が馬」という故事について述べた次の文章の空欄に入る最も適当な語を選べ。

塞翁の予見は、たまたま偶然に当たったのではない。われわれ人間が偶然と考えるもののほとんどは、われわれには見えない［ a ］因果連結の帰結であって、塞翁はそれを［ b ］に知っている。
〈森下伸也「逆説思考」〉

a　① 突発的　② 直線的　③ 情緒的
　④ 論理的　⑤ 必然的

b　① 比喩的　② 連続的　③ 間接的
　④ 直感的　⑤ 例外的
（立正大）

→ a＝⑤　b＝④

17 次の傍線部の意味として最も適当なものを選べ。

攘夷思想からの彼らの日和見的転向に対しては、一片の不信感を抱き続けた。
〈鈴木直「輸入学問の功罪」〉

① 和風尊重から洋風尊重へ、思想を転換させること
② 穏やかな転換をはかろうと、八方美人になること
③ 情勢を見て、有利な方向につくよう態度を変えること
④ ファナティックな要素を弱めながら、思想を展開すること
⑤ 事前の準備を放棄して、その場の直感で行動を決定すること
（成蹊大）

→ ③

16 **a必然的**（ひつぜんてき）
直前の「偶然」の対義語「必然」（＝必ずそうなるさま）を選ぶ。⑤が適当。
b直感的（ちょっかんてき）
「塞翁」が未来を知るわけは理屈で説明できるものではないので④「直感的」が適当。「直感」とは「証明や推理を経ずに感覚的に感じ取ること」の意。

17 **日和見**（ひよりみ）
「日和」は「その日の空模様」の意で、「日和見」は、船頭がその日の天気を見て船を出すかどうかを決めたことから、「情勢を見極めながら有利な方につくこと」をいう。したがって③が適当。

問 次のそれぞれに答えよ。

18 次の傍線部の読みと意味の組み合わせとして最も適当なものを選べ。

未曽有の発展を遂げた陰で、

〈山口創「皮膚感覚の不思議」〉

① （読み）みっそうの　（意味）かつてあった
② （読み）まっそうの　（意味）二度とない
③ （読み）すえそゆうの　（意味）あとであり得る
④ （読み）みぞうの　（意味）今までにない

解答 ④

19 次の文章の表現が適切な場合はAを、不適切な部分がある場合はBを書け。〈京都外国語大〉

部長に選ばれた友人は、「私のような未熟者では部長として役不足ですが、がんばりますので、どうぞよろしくお願いします」と挨拶した。〈法政大〉

解答 B

20 次の空欄に入る最も適当な語を選べ。

それぞれの社会は貧しい人々に対して［　　］な態度を取る。つまり、一方では恐怖心と嫌悪感、他方では憐れみと同情が不自然な形で交じり合った態度を。

〈ジグムント・バウマン「新しい貧困」〉

① 批判的　② 両義的
③ 道徳的　④ 妥協的
⑤ 融和的

〈北星学園大〉

解答 ②

ポイント解説

18 未曽有（みぞう）

「曽」は漢文で「かつて」と訓読する。「未曽有」は「いまだかつてあらず」と訓読し、「今まで一度も起こったことがないこと」の意。したがって④が適当。くれぐれも「みぞゆう」とは読まないこと。

19 役不足（やくぶそく）

「役不足」は「（自分の力量に対して）割り当てられた役が不足している」という意味なので、この文では自分の力量を誇る言い方になってしまっている。ここのような場合は「力不足」と言うべき。したがって不適切な部分があること（B）となる。

20 両義的（りょうぎてき）

空欄部の後に「一方では～、他方では～」と二つの態度が書かれているので、②「両義的」が適当。「両義」とは「ふたつの意味」の意。

2 四字熟語

❖ 最頻出の語句の問題は四字熟語に関するもの。漢字・読み・意味の三つをきちんと確認していこう。

問 次のそれぞれに答えよ。

21 次の空欄に入る最も適当な漢字を選べ。

一期一□

① 回　② 得　③ 衣　④ 生　⑤ 会

〈拓殖大〉

22 次の傍線部の意味として最も適当なものを選べ。

一攫千金を夢見た向こう見ずの航海者たち

〈玉村豊男「世界の野菜を旅する」〉

① 困難を克服して権力を手に入れること。
② いっときに巨大な利益を得ること。
③ 思いがけない幸運から大きな富を築くこと。
④ 貧しい境遇からはい上がること。
⑤ 少しの資金で苦労して大もうけをすること。

〈名古屋外国語大〉

23 次の空欄に入る最も適当な語を選べ。

「塞翁が馬」ということわざは、人生どう転ぶかわからないから、［　］しても仕方がない、というような意味で用いられる。

〈森下伸也「逆説思考」〉

① 喜怒哀楽　② 悪戦苦闘　③ 一意専心
④ 試行錯誤　⑤ 一喜一憂

〈立正大〉

解答

21 ⑤
22 ②
23 ⑤

ポイント解説

21 一期一会（いちごいちえ）
一生に一度かぎりの意。

22 一攫千金（いっかくせんきん）
「一攫千金」は「一つかみで大金を得ること」で、「大金を一度にもうけること」を表す。したがって②が適当。

23 一喜一憂（いっきいちゆう）
⑤「一喜一憂」は「状況の変化に応じて喜んだり心配したりすること」の意。①「喜怒哀楽」は「喜び、怒り、悲しみ、楽しみなどさまざまな人間の感情のこと」の意。②「悪戦苦闘」とは「困難な状況の中で苦しみながら努力すること」の意。③「一意専心」は「ひたすら一つの事に心を集中すること」の意。④「試行錯誤」は「失敗しながらだんだんと適応すること」の意。

問 次のそれぞれに答えよ。

24 次の四字熟語の意味として最も適当なものを選べ。

右顧左眄

① 周囲の人々から大いに信頼されること。
② 右にも左にも尊敬すべき人が控えていること。
③ 大勢の先輩から多くの指導を受けること。
④ 人の評価や思惑を気にしてためらうこと。
⑤ 高山の頂上のように見晴らしのよいこと。

（法政大）

25 次の空欄に入る最も適当な漢字を選べ。

雲散□消

① 無　② 霧　③ 武　④ 夢　⑤ 露

（名城大）

26 次の四字熟語の意味として最も適当なものを選べ。

それは、哲学専門家なるものがすでにあって、その哲学専門家たちが、自分たちでも見のがしている問題もいろいろあるかも知れぬと反省して、岡目八目的な助言を、哲学の外にいる人に求めたわけである。

〈鶴見俊輔「プラグマティズムと日本」〉

① 細かい点にわたって検討する。
② 少しの違いはあるが、本質的には同じである。
③ 手がかりのないものをさがしもとめる。
④ 第三者には、当事者よりもわかることがある。
⑤ きわめて短い時間で、非常に迅速に行動できる。

（名城大）

解答

24 ④
25 ②
26 ④

ポイント解説

24 右顧左眄（うこさべん）

「右顧左眄」は「右を見たり左を見たりする」の意で、転じて「人の意見ばかり気にかけること」。したがって④が適当。

25 雲散霧消（うんさんむしょう）

「雲散霧消」は「物事が消えてなくなること」を表す。②が適当。

26 岡目八目（おかめはちもく）

「岡目八目」は、「傍目八目」とも書く。囲碁で局外から勝負を見ると、打っている人よりも形勢がよくわかることから生まれた言葉。したがって④が適当。

27 画竜点睛（がりょうてんせい）

① 「金科玉条」は「自分の主張や立場を

27 次の文の内容を表す最も適当な四字熟語を選べ。
物事の最も肝心な部分のこと。
① 金科玉条　② 画竜点睛《せい》　③ 大器晩成
④ 竜頭蛇尾　⑤ 壺《こ》中之天
（名城大）

28 次の空欄に入る最も適当な漢字を選べ。
a 起死□生
① 改　② 戒　③ 回　④ 会
b 才気煥□
① 発　② 起　③ 元　④ 言
（神田外語大）

29 次の空欄に入る最も適当な漢字一字をそれぞれ答えよ。
a 堅忍不□
b 主□転倒
c 率先□範
（名城大）

問 次の空欄に入る最も適当な語を選べ。

30 正典の内容は、会議で決定されるはるか以前に、人びとの信仰と経験の歴史の中で、すでに固まっていた。いかに強大な権力も、いかに権謀［　　］に長《た》けた政治家も、その内容を恣意的に変更することはできない。
〈森本あんり「異端の時代」〉
① 暗鬼　② 与奪　③ 錬磨
④ 遠慮　⑤ 術数
（大阪学院大）

31 社長の座を虎視□々と狙っている。
① 端　② 反　③ 眈　④ 単　⑤ 淡
（京都外国語大）

---

27 → ②
28 → a＝③　b＝①
29 → a＝抜　b＝客　c＝垂
30 → ⑤
31 → ③

守るための絶対のよりどころ」の意。③「大器晩成」は「大人物は年を取ってから大成する」の意。④「竜頭蛇尾」は「始めは盛んで終わりのふるわないこと」の意。⑤「壺中之天」は「俗世間から離れた別天地」の意。②「画竜点睛」は「物事の最も肝心なこと」の意でこれが適当。

28 **a 起死回生**（きしかいせい）
死にかけたものを生き返らせること。
b 才気煥発（さいきかんぱつ）
頭の働きがきわめて優れているさま。

29 **堅忍不抜**（けんにんふばつ）
a かたくこらえて心がぐらつかないこと。
主客転倒（しゅかくてんとう）
b 人の立場や順序などが逆になること。
率先垂範（そっせんすいはん）
c 先に立って模範を示すこと。

30 **権謀術数**（けんぼうじゅっすう）
「権謀術数」は「巧みに人をあざむくたくらみ」のこと。⑤が適当。

31 **虎視眈眈**（こしたんたん）
「虎視眈眈」は「虎が鋭い目つきで獲物をねらっているさま」で、「じっと機会をねらっているさま」を表す。したがって③が適当。

問32 「言語道断」と同じような意味の言いまわしを一つ選べ。

① 秘中の秘　② 以ての外　③ 言葉のあや
④ 言わずもがな　⑤ 知るよしもなし
（成蹊大）

問33 次の空欄に入る最も適当な漢字を選べ。

a 山紫□明　b □風駘蕩　c 信□必罰
① 水　② 温　③ 心　④ 秋　⑤ 賞
⑥ 春　⑦ 知　⑧ 東　⑨ 清　⑩ 仁
（亜細亜大）

34

a 自家□着　b 才色兼□　c 月下□人
d 有□転変　e 意気□昂
① 備　② 識　③ 心　④ 陽　⑤ 氷
⑥ 軒　⑦ 建　⑧ 為　⑨ 撞　⑩ 賢
（亜細亜大）

問35 次のそれぞれに答えよ。

次の空欄に入る最も適当な四字熟語を選べ。

おまけに農本的な幕府の公式道徳は［　　］であり、これに正面から反抗することは難しかった。都会人たる江戸っ子がここで逆説的な逸脱を見せようとすれば、あえて無意味なやせ我慢を誇示するほかなかった。風呂の「熱つ湯好き」、「宵越しの銭を持たない」意地、蕎麦のつゆを半分しかつけない趣味など、やせ我慢のしかたは多岐にわたった。

〈山崎正和「大停滞の時代を超えて」〉

① 質実剛健　② 平身低頭　③ 捲土重来
④ 晴耕雨読　⑤ 衆人環視
（東京経済大）

解答

32 ②
33 a ①　b ⑥　c ⑤
34 a＝⑨　b＝①　c＝⑤　d＝⑧　e＝⑥
35 ①

ポイント解説

32 **言語道断**（ごんごどうだん）
「言語道断」は「とんでもないこと・もってのほか」の意で②が同義。

33 a **山紫水明**（さんしすいめい）
b **春風駘蕩**（しゅんぷうたいとう）
c **信賞必罰**（しんしょうひつばつ）
a 「山紫水明」は「自然の景色が清らかで美しいこと」。①が適当。
b 「春風駘蕩」は「のどかで温和なこと」。⑥が適当。
c 「信賞必罰」は「功績のある者は賞し、罪を犯した者は罰すること」。⑤が適当。

34 a **自家撞着**（じかどうちゃく）
「自家撞着」は「同じ人物の発言がくいちがって矛盾していること」。
b **才色兼備**（さいしょくけんび）
「才色兼備」は「優れた才能を持ち、顔かたちも美しいこと」。
c **月下氷人**（げっかひょうじん）
「月下氷人」は「男女の縁を取り持つ人」。
d **有為転変**（ういてんぺん）
「有為転変」は「この世の中の事物は仮に存在しているもので、つねに移り変わり、はかないもの」。

36 次の空欄に入る最も適当な漢字を選べ。

実力□仲

① 白　② 迫　③ 伯　④ 拍

〈神田外語大〉

→ ③

37 次の傍線部の四字熟語の意味として最も適当なものを選べ。

けれども、これはニュートンという個人が首尾一貫していなかった、というだけで片づく問題ではない。

〈村上陽一郎「近代科学を超えて」〉

① 煩悩を打破し、悟りを得ること
② 考えや態度などが矛盾なく終始すること
③ 物事を滞りなくすすめること
④ 始めから終わりまで、ひとびとを飽きさせないこと
⑤ 頭の先から爪の先まで、身なりをきちんと整えること

〈獨協大〉

→ ②

38 次の空欄に入る最も適当な四字熟語を選べ。

なんと微細な陰影にあふれた光景でしょう。生き物たちのいのちの鼓動が、いまにも聞こえてきそうです。《［　　］がこうしてこの地上世に現に実在していることの地肌のような感触》が、静かにギラッとひかるようです。

〈古東哲明「瞬間を生きる哲学」〉

① 未来永劫　② 栄枯盛衰　③ 酔生夢死
④ 森羅万象　⑤ 輪廻転生

〈専修大〉

→ ④

---

e 意気軒昂（いきけんこう）
「意気軒昂」は「意気込みが盛んな様子」。

35 質実剛健（しつじつごうけん）
「質実剛健」は「まじめでしっかりしていること」を表す。①が適当。

36 実力伯仲（じつりょくはくちゅう）
「実力伯仲」は「互いに力がつり合っていて優劣をつけがたいこと」。

37 首尾一貫（しゅびいっかん）
「首尾一貫」は「初めから終わりまで矛盾なく貫かれていること」の意。したがって②が適当。

38 森羅万象（しんらばんしょう）
「生き物たちのいのちの鼓動が、いまにも聞こえてきそう」な光景についての表現なので、「宇宙に存在するすべてのもの」の意の④「森羅万象」が適当。①「未来永劫」は「未来にわたる非常に長い年月」の意。②「栄枯盛衰」は「栄えたり衰えたりすること」の意。③「酔生夢死」は「一生を無為に過ごすこと」の意。⑤「輪廻転生」は「迷いの世界で何度も生まれ変わること」の意。

問 次のそれぞれに答えよ。

39 次の空欄に入る最も適当な語を選べ。
千載［　　］
① 万別　② 復古　③ 三絶
④ 暮改　⑤ 一遇
（法政大）

40 次の傍線部には続く二字の熟語が省略されている。それを答えよ。
前代、珍しき事ぞ
〈本朝二十不孝〉
（明治学院大）

41 次の空欄に入る最も適当な語を選べ。
a「［　　］直入に言うが、君の案は不採用だ」
① 寛大　② 誠実　③ 尊大
④ 単刀　⑤ 短刀
b あの人は物事を針小［　　］大に言うくせがある。
① 亡　② 某　③ 棒　④ 暴　⑤ 膨

42 次の四字熟語の意味として最も適当なものを選べ。
朝三暮四
① 代わりばえのしない毎日を送ること。
② 決まりごとが絶えず変わって定まらないこと。
③ 目先の違いばかりにこだわること。
④ 少しの食事で満足すること。
（拓殖大）
（亜細亜大）

解答

39 ⑤
40 未聞
41 a＝④　b＝③
42 ③

ポイント解説

39 **千載一遇**（せんざいいちぐう）
「千載一遇」は「千年に一度しかないようなめったにないこと」の意。⑤が適当。

40 **前代未聞**（ぜんだいみもん）
これまでに聞いたことがないこと。

41 **a 単刀直入**（たんとうちょくにゅう）
前置きや婉曲表現抜きで直接本題に入ること。「短刀～」と誤らないこと。
b 針小棒大（しんしょうぼうだい）
針ほどのものを棒のように言う意で、物事をおおげさに言うこと。

42 **朝三暮四**（ちょうさんぼし）
「朝三暮四」は「目先の違いに気を取られて実際は同じであるのに気づかないこと」で③が適当。

43 次の空欄に入る最も適当な四字熟語を選べ。

現代社会には現実に利益や不利益の不平等分配は数限りなくある。能力主義にもとづく昇進や賃金格差は［　　］にいきわたっている。その場合、人々がそれに対して「差別」だといって批判しないのは、それが「正当な」ものとして社会的に承認されているからである。

〈江原由美子「増補　女性解放という思想」〉

① 適材適所　② 変幻自在　③ 津々浦々
④ 往古来今　⑤ 四通八達

（大東文化大）

→ ③

44 次の傍線部の意味に最も近いものを選べ。

ドリフターズまで歌ったりして、同工異曲の詩句が何種類かあるらしい。

〈藤田敏雄「ミュージカルはお好き？」〉

① 甲乙つけがたい　② ピンからキリまで
③ 似たりよったり　④ 口をそろえて
⑤ 十人十色

（大阪学院大）

→ ③

45 四字熟語の使い方として正しいものを一つ選べ。

① 彼の話は非常に筋が通っていて、本末転倒だ
② あの夫婦は夫唱婦随で、いつも喧嘩ばかりしている
③ 彼には何を言っても聞こうとしない、まるで馬耳東風だ
④ あの人の言うことは嘘と本当がはっきりしていて、虚虚実実だ
⑤ あなたの考えは周りの人から信頼されていて、四面楚歌だ

（専修大）

→ ③

---

43 津々浦々（つつうらうら）

「津々浦々」は「いたるところ」の意。③が適当。

44 同工異曲（どうこういきょく）

「同工異曲」は「見かけは違うようだが、中身は同じであること」の意。したがって③が適当。

45 馬耳東風（ばじとうふう）

③「馬耳東風」は「他人の言うことを聞こうとしないこと」の意なので正しい使い方。なお、①「本末転倒（ほんまつてんとう）」は「根本的なこととささいなことを取り違えること」の意、②「夫唱婦随（ふしょうふずい）」は「夫が言い出し妻が従うこと」を表したもの、④「虚虚実実（きょきょじつじつ）」は「相手の裏をかきすきをつくこと」の意、⑤「四面楚歌（しめんそか）」は「周囲を敵に囲まれ孤立すること」の意なので、それぞれ誤った使い方。

問 **次の空欄に適当な漢字を補い四字熟語を完成させよ。また、それぞれの意味をあとから選べ。**

46 a 博覧□記　b 換骨奪□　c 巧言□色

① 言葉が巧みで、説得力のある人のこと。
② お互いに心にわだかまりがなく、親しい関係。
③ もう二度とめぐってこないような、まれな機会。
④ 例や証拠を数多く引用して、詳しく説明すること。
⑤ 頭の回転が速く、活発で、才能にあふれていること。
⑥ 大勢の人が、入れかわりたちかわりやって来ること。
⑦ 人に気に入られるためにこびへつらう、不誠実な態度。
⑧ ありとあらゆる書物を読み、得た知識をよく覚えていること。
⑨ 死ぬまで努力を続け、くじけることなく、最後までやりとおすこと。
⑩ 先人の詩文の言葉や趣意を生かしつつ、新しい工夫を加え、自分の作品とすること。

（法政大）

問 **次の空欄に入る最も適当な語を選べ。**

47 クララの健康を回復させることでゼーゼマン家に幸福をもたらし、孤独の老医師クラッセン氏に喜びを与え、盲目のペーターのお婆さんの光明となり、遂には、世に背いた老祖父の頑なな心の扉まで開くという、［　　］六臂《び》の活躍を見せるのだ。

〈本田和子「異文化としての子ども」〉

解答

46 a＝強・⑧　b＝胎・⑩　c＝令・⑦

47 ②

ポイント解説

46 **a 博覧強記**（はくらんきょうき）
「広く古今東西の書物を読み、物事をよく覚えていること」の意で⑧が適当。
b 換骨奪胎（かんこつだったい）
単なる焼き直しの意に誤用されるが、本来⑩の意。
c 巧言令色（こうげんれいしょく）
口がうまいことと媚《こ》びる態度で、仁の心に欠けるさまをいうので⑦が適当。

47 **八面六臂**（はちめんろっぴ）
「八面六臂」は「多方面にめざましい手腕を発揮すること」を表す。②が適当。

① 百戦　② 八面　③ 七転
④ 五里　⑤ 三位　（青山学院大）

48 波乱万□
① 状　② 情　③ 丈　④ 常　⑤ 場　（名城大）

→ ③

49 そんな伊沢の意を汲《く》んで、大和田建樹たち、替え歌の作詞者も心得たもので感傷的な美辞［　］で綴《つづ》った。〈藤田敏雄「ミュージカルはお好き？」〉
① 巧言　② 俗語　③ 薄命
④ 繁文　⑤ 麗句　（大阪学院大）

→ ⑤

50 二十世紀後半において、心理療法の世界は［　］の時代に突入し、激しい批判の応酬が繰り広げられたのである。〈山竹伸二「本質論からみた人間心理」〉
① 百花繚《りょう》乱　② 千差万別　③ 日進月歩
④ 百家争鳴　⑤ 千万無量　（立命館大）

→ ④

問 次の四字熟語の意味として最も適当なものを選べ。

51 不倶戴天
① 人の目を気にせず無邪気にふるまうこと。
② 大恩を受けた相手に一身を捧げて仕えること。
③ 生死をともにすることを誓うほど仲が良いこと。
④ 相手を生かしてはおけないと思うほど深く恨むこと。
⑤ 自分より偉い者はこの世にいないとうぬぼれること。　（法政大）

→ ④

---

48 波瀾万丈（はらんばんじょう）
「波瀾万丈」は「変化の激しいこと」を表す。③が適当。

49 美辞麗句（びじれいく）
⑤「美辞麗句」は「うわべを飾った美しい言葉」をいう。内容や誠意がないことを表す。

50 百家争鳴（ひゃっかそうめい）
「百家争鳴」は「多くの学者が自由に自説を発表し、論争すること」の意。④が適当。

51 不倶戴天（ふぐたいてん）
「不倶戴天」は漢文で「倶（とも）に天を戴（いただ）かず」と訓読する。「憎しみ合う間柄」を表す。④が適当。

問 次のそれぞれに答えよ。

52 次の空欄に入る最も適当な四字熟語を選べ。

ドジャーズに在籍。オフにはイリノイ工科大学に通って生物学の学位を取得したから、確かにずっと［　　］であった。

〈樋口浩一「三つの天職」〉

① 身体頑健　② 臥薪嘗胆　③ 七転八倒
④ 文武両道　⑤ 天真爛漫

（愛知学院大）

53 次の空欄に入る最も適当な漢字を選べ。

無病□災

① 即　② 足　③ 則　④ 息

（日本大）

問 次の四字熟語の意味として最も適当なものを選べ。

54 明鏡止水

① 心の平静を乱すものがなく、落ち着いた境地のこと。
② すべてのものを見通せる透徹した目のこと。
③ 学問に励み、多くの書物をそらんじること。
④ 世の中の無常を悟り、仏道に専心する心のこと。
⑤ 静かな池の水面のように、すべてを映し出すこと。

（法政大）

55 滅私奉公

① 自分の個性を社会活動の中で有効に発揮すること
② 公の役に立とうという個人的な信念を持たないこと
③ 一人一人の感情より公約数的な国民感情を重視すること

解答

52 ④　53 ④　54 ①　55 ⑤

ポイント解説

52 文武両道（ぶんぶりょうどう）

④「文武両道」は「学問・芸術と武道・運動両方面」の意。なお、①「身体頑健（しんたいがんけん）」は「体が丈夫で強いこと」の意。②「臥薪嘗胆（がしんしょうたん）」は「目標を果たすために努力を重ねること」の意。③「七転八倒（しちてんばっとう）」は「苦しみのあまりころげまわってもだえ苦しむこと」の意。⑤「天真爛漫（てんしんらんまん）」は「飾りや偽りのない、無邪気なさま」を表す。

53 無病息災（むびょうそくさい）

「無病息災」は「病気もせず健康であること」の意。④が適当。

54 明鏡止水（めいきょうしすい）

「明鏡止水」は「曇りのない鏡と澄み切った水」の意で、転じて「澄み切って静かな心のさま」。したがって①が適当。

55 滅私奉公（めっしぼうこう）

「滅私奉公」は「私欲や私情を捨てて全体や主君のために力を尽くすこと」の意で、⑤が適当。

④ 国家における個人の役割に大きな期待をかけること
⑤ 自分のことを犠牲にして、国家や社会に尽くすこと　（成蹊大）

↓ ①

56 孟《もう》母《ぼ》三遷
① よい環境を選ぶことが大切である
② 平凡な親から優秀な子が生まれることもある
③ 有能な人間はどこででも生きて行ける
④ 自分のおこないを何度も反省する
⑤ 一つのことに集中しなければ立派な仕事はできない　（大阪学院大）

↓ ①

問 次のそれぞれに答えよ。

57 次の空欄に入る最も適当な漢字を選べ。
有職□実
① 口　② 事　③ 堅
④ 写　⑤ 故　（法政大）

↓ ⑤

58 次の傍線部のような行動を言い表した四字熟語として最も適当なものを選べ。
周囲の動きに自分を合わせ、いつのまにかなんとかなっていくのを期待し、なんとかなったら素早くそちらの側に身を置いてしまえば、　〈片岡義男の文〉
① 泰然自若　② 臨機応変　③ 付和雷同
④ 生々流転　⑤ 則天去私　（國學院大）

↓ ②

---

56 孟母三遷（もうぼさんせん）
「孟母三遷」は「孟子の母が孟子の教育のために何度も転居して環境を整えたこと」にちなんだ熟語で、①が適当。

57 有職故実（ゆうそくこじつ）
「有職故実」は「古来の朝廷や武家の礼式などを研究する学問」の意。

58 臨機応変（りんきおうへん）
「周囲の動きに自分を合わせ」までは③「付和雷同（ふわらいどう）」（自分に一定の見識がなく周囲に合わせていくこと）の説明に見えるが、「なんとかなったら素早くそちらの側に身を置いて」から、「その場その場で適切な手段をとっていくこと」すなわち②「臨機応変」であることがわかる。なお、①「泰然自若（たいぜんじじゃく）」は「ゆったりと落ち着いて普段と変わらないさま」の意。④「生々流転（しょうじょうるてん・せいせいるてん）」は「万物が生死を繰り返し移り変わってゆくこと」の意。⑤「則天去私（そくてんきょし）」は「天意に従い、小さな自分を去ること」の意で、夏目漱石が晩年に至った境地。

3 慣用表現①（意味問題）

❖ 慣用表現は日本語の豊かさを表すもの。一つ一つの語を味わう気持ちが大切だ。

問 次の傍線部の意味として最も適当なものを選べ。

59 その中《うち》私も結婚をしたり、子が出来たりして、境遇も次第に前と異《こと》って来て、一層足が遠くなった。

〈加能作次郎「羽織と時計」〉

① 訪れることがなくなった
② 時間がかかるようになった
③ 会う理由がなくなった
④ 行き来が不便になった
⑤ 思い出さなくなった

解答 ①

60 私はW君から貰ったのだということを、妙な羽目からつい言いはぐれて了《しま》って、今だに妻に打ち明けてないのであった。 共通

〈加能作次郎「羽織と時計」〉

① 言う必要を感じないで
② 言う機会を逃して
③ 言うのを忘れて
④ 言う気になれなくて
⑤ 言うべきでないと思って

解答 ②

61 そうかといって、セミの翅をただいたずらに厚く彫ればそれこそ厚ぼったくて、愚鈍で、どてらを着たセミになってしまう。 共通

〈高村光太郎「蟬の美と造型」〉

① 横着に
② 大胆に
③ ふざけ半分に
④ 無駄に
⑤ 力まかせに

（関西学院大）

解答 ④

ポイント解説

59 足が遠くなる（あしがとおくなる）
「足が遠くなる」は「足が遠のく」と同じで、「訪ねるのが間遠になること」を表す。①が適当。

60 言いはぐれる（いいはぐれる）
「言いはぐれる」は「言いそびれる」と同じで、「言う機会を失うこと」を表す。②が適当。

61 いたずらに
「いたずらに」は「徒に」と書き、「意味もなく行うようす」を表す副詞。④が適当。

62 冷笑で一矢を報いずにはいなかった。

〈松村栄子「僕はかぐや姫」〉

① 無視せずには　② からかわずには　③ 反撃せずには　④ 嘆息せずには　⑤ ごまかさずには

共通

→ ③

63 一世を風靡《ふうび》した紅露逍鷗のうち、

〈亀井俊介「わがアメリカ文学誌」〉

① 隆盛をきわめた　② 改革し進歩させた　③ 世間を驚かせた　④ 団結して協力した

〈神田外語大〉

→ ①

64 映像技術が発達し、「緊密かつ遺漏なく日常に経験される諸事物の複製をつくれるようになるにつれて、それだけ今日では外界が映画の中で識《し》った世界のストレートな延長であるかのように錯覚させることは、簡単にできる」のです。

〈吉見俊哉「現代文化論　新しい人文知とは何か」〉

① 滞りなく　② どことなく　③ 手ぬかりなく　④ 絶え間なく　⑤ はばかりなく

〈東海大〉

→ ③

65 いわく言い難い哀《かな》しみが、絡《から》み合う音の底から湧《わ》き上がっていた。

〈中沢けい「楽隊のうさぎ」〉

① 言葉にするのが何となくはばかられる
② 言葉では表現しにくいと言うほかはない
③ 言葉にしてしまってはまったく意味がない
④ 言葉にならないほどあいまいで漠然とした
⑤ 言葉にするとすぐに消えてしまいそうな

共通

→ ②

---

62 **一矢を報いる**（いっしをむくいる）
「一矢を報いる」は「少しだけでも反撃する」こと。したがって③が適当。

63 **一世を風靡する**（いっせいをふうびする）
「一世風靡」は「世の中全体で流行すること」の意。したがって①が適当。

64 **遺漏なく**（いろうなく）
「遺漏」は「行為や仕事にもれや落ちがあること」を表す。③が適当。

65 **いわく言い難い**（いわくいいがたい）
『孟子』の「曰《いわ》く言い難し」が語源で、「言葉では簡単には説明できない」の意。したがって②が適当。

問 次のそれぞれに答えよ。

66 次の傍線部の意味として最も適当なものを選べ。

世間から後ろ指を指されたり、世間に顔向けできなくなることを皆恐れている。〈阿部謹也「『世間』とは何か」〉

① 非難される　② 陰口を言われる

③ 後ろから指差される　④ 悪口を言われる

⑤ 嘲笑される　（愛知大）

→ ②

67 次の説明に当てはまる言葉として最も適当なものを選べ。

人の言うことなどを、よく検討・理解せずにそのまま採り入れること

① 清濁併せ呑《の》む　② 鵜《う》呑《の》みにする

③ 溜飲《りゅういん》が下がる　④ 固唾《かたず》を呑む　（日本大）

→ ②

68 次の傍線部の意味として最も適当なものを選べ。

花も葉も原種のように小さくなるが、かえって盛んな時よりも、秋のうらぶれた花の方が趣がある。〈白洲正子「夕顔」〉

① 財産を失って気持ちがすさむこと

② ひと息ついていること　③ 疲労困憊していること

④ 変色していること　⑤ みじめにしおれていること

（青山学院大）

→ ⑤

69 「子が親に似る」と同様の意味を持つものと反対の意味を持つものの組み合わせとして最も適当なものを選べ。

→ ②

解答

66 ②　67 ②　68 ⑤　69 ②

ポイント解説

66 後ろ指を指す（うしろゆびをさす）

「人を後ろから指して非難すること」で、「陰口・陰で悪口を言うこと」も表す。「陰で」「本人の知らないところで」の要素が入った②が適当。

67 鵜呑みにする（うのみにする）

「鵜呑み」とは「鵜」という鳥が魚を丸呑みにすることから、「物事を十分に理解しないでとり入れること」を言う。②が適当。

68 うらぶれる

「うらぶれる」は「落ちぶれてみじめな様子になること」。したがって⑤が適当。

69 瓜の蔓に茄子は生えぬ（うりのつるになすびははえぬ）

鳶が鷹を生む（とびがたかをうむ）

「子が親に似る」と同様の意味を持つものは、①「親に似ぬ子は鬼子」（＝子は必ず親に似るものであること）、②「瓜の蔓に茄子は生えぬ」（＝平凡な親からは非凡な子は生まれない）、④「蛙の子は蛙」（＝凡人の子はやはり凡人であること）。反対の意味を持つものは、②「鳶が鷹を生む」（＝平凡な親から優秀な子

① 「子を知ること父に如《し》くはなし」と「親に似ぬ子は鬼子」
② 「瓜《うり》の蔓《つる》に茄子《なすび》は生えぬ」と「鳶《とび》が鷹《たか》を生む」
③ 「親が親なら子も子」と「三つ子の魂百まで」
④ 「蛙《かえる》の子は蛙《かえる》」と「子を見ること親に如《し》かず」
⑤ 「親の因果が子に報う」と「親の心子知らず」

〈國學院大〉

問 次の傍線部の意味として最も適当なものを選べ。

70 歴史について語りだす文は、おしなべて物語り文というかたちをとることになるだろう。〈熊野純彦「差異と隔たり」〉

① 仕組みからして ② 概念上は
③ おそらく ④ 総じて

〈成蹊大〉

71 おっとり刀

① 余裕のある体勢 ② 急いでかけつけた様子
③ 弱々しい構え方 ④ もの忘れをすること
⑤ 使い物にならない武器

〈大阪学院大〉

72 人間には各人固有な共感線とでもいうべきものがあり、それから外れると、どんな折紙つきの傑作でも大して面白いとは感じないのが普通である。〈西郷信綱の文〉

① だれもがその価値を実感できること
② 作者の由来がはっきりとしていること
③ 長い歴史が刻まれているものであること
④ 価値が保証されていること
⑤ 正規の方法で鑑定されていること

〈國學院大〉

70 → ④
71 → ②
72 → ④

が生まれる）。したがって②が適当。①「子を知ること父に如くはなし」と④「子を見ること親に如かず」はどちらも「子のことを親（父）ほどよく知る者はいない」。③「親が親なら子も子」は「親がよくないと子もよくないこと」、③「三つ子の魂百まで」は「幼い時の性質は老年まで変わらない」、⑤「親の因果が子に報う」は「親の悪行の報いが子どもに災いとして現れる」、⑤「親の心子知らず」は「親の気も知らず子が勝手なまねをする」の意。

70 押し並べて（おしなべて）
「押し並べて」は「全体にわたって」の意で④が適当。なお、「みな一様に」の意もある。

71 おっとり刀（おっとりがたな）
「おっとり刀」は「押っ取り刀」と書き、「刀を腰に差す間もなく手に持ったまま急いで駆けつけるさま」をいう。したがって②が適当。

72 折紙つき（おりがみつき）
「折紙つき」は「作者や由来などを証明する鑑定書がついているもの」の意で、転じて一般的に「価値に定評があるもの」を表す。したがって④が適当。

問73 次の傍線部の意味として最も適当なものを選べ。

わたしと身体との関係は、対立や齟齬《そご》といった乖離《かいり》状態にあるときもあれば、一方が他方に密着したり埋没したりするときもある

〈鷲田清一「普通をだれも教えてくれない」〉

① 互いがしっかりとくっつき合った状態。
② 互いに切れそうで切れない状態。
③ 互いが縁もゆかりもない状態。
④ 互いがくっついたり離れたりしている状態。
⑤ 互いにそむき離れている状態。

〈名古屋外国語大〉

解答 ⑤

問74 次の傍線部の意味に近い語として最も適当なものを選べ。

尤もその直後には自らの行為の大胆さに気づいて顔を赤くするが。

〈小林幸夫「認知への想像力・志賀直哉論」〉

① 慚愧に堪えない　② 顔見世の二番目　③ 亡羊の嘆
④ 厚顔無恥　⑤ 顔を利かす　⑥ 蟹の念仏

〈北海学園大〉

解答 ①

問75 次の傍線部の意味として最も適当なものを選べ。

詩人は言葉の対象との同一性を信じることができない。彼は言葉のからめ手から現実に到達しようとする。

〈大岡信「現代詩試論／詩人の設計図」〉

① 思いもよらないところ
② 錯綜《さくそう》していて解きほぐしにくい局面
③ 普通の人が行動するには大変厳しい状況

解答 ①

ポイント解説

73 乖離（かいり）
「乖」は「そむく」の意。「乖離」は「そむき離れること」で⑤が適当。

74 顔を赤くする（かおをあかくする）
「顔を赤くする」は、「恥ずかしい気持ち」を表す。この意味に近い語は「自分を恥ずかしく思う」の意である①「慚愧《ざんき》に堪えない」。②「顔見世の二番目」は「雪降りの情景」や「町屋のごたごたしたさま」を表す言葉。③「亡羊の嘆」は「多岐亡羊」と同義で、「学問の道が多くに分かれているため、どこから手をつければよいかわからないこと」の意。④「厚顔無恥」は「あつかましく、恥を恥と思わないさま」の意。⑤「顔を利かす」は「その人が持っている権力で、無理を押し通す」の意。⑥「蟹《かに》の念仏」は、「蟹が口の中でぶつぶつあわをたてるように、くどくどとつぶやくさま」の意。

75 からめ手（からめて）
「からめ手」は「搦手」と書き、「城の裏門」を指す。転じて、「相手が思ってもみなかった弱点や注意の届かない側面」を言う。①が適当。

④ 複雑できらびやかな方法

76

気の置けない、いたって行き届いた人らしいといって賞《ほ》めていた。

〈夏目漱石「彼岸過迄」〉

（日本大）

① 気分を害さず対応できる
② 遠慮しないで気楽につきあえる
③ 落ち着いた気持ちで親しめる
④ 気を遣ってくつろぐことのない
⑤ 注意をめぐらし気配りのある

↓ ②

77 共通

近年、先進国はようやく重い腰を上げ、地球環境の問題を喫緊の国際的な重点課題として挙げ、地球サミットや環境サミットなど環境保全への真剣な取り組みがはじめられるようになりました。

〈三井秀樹「琳派のデザイン学」〉

① 急を要する大切な
② 緊張を強いる特別な
③ 危険が増大する
④ 突然で大規模の
⑤ 一斉に立ち上がった

（獨協大）

↓ ①

78

するとコペル君は「夢からさめた人のような顔をしました。そして、叔父さんの顔を見ると、きまりが悪そうに笑いました」とある。

〈竹内真澄「物語としての社会科学　世界的横断と歴史的縦断」〉

① ふてぶてしく
② 面目が潰されたかのように
③ 無法者のように
④ 野性的に
⑤ 色を失ったように
⑥ あきれはてたように
⑦ 恥ずかしそうに

（北海学園大）

↓ ⑦

76 **気が置けない**（きがおけない）

「気が置けない」は「（配慮や遠慮をする必要のない）親しいさま」のこと。したがって②が適当。なお、対義語は「気が置ける」で、「いろいろ気を遣って接しなければならないさま」を表す。反対に理解している人が多いので注意。

77 **喫緊**（きっきん）

「喫緊」とは「さしせまっていて、大切なこと」の意。したがって①が適当。

78 **きまりが悪い**（きまりがわるい）

「きまり」は「他人に対する面目」の意。「きまりが悪い」という慣用句で「体裁が悪い、恥ずかしい」の意。⑦が適当。

問 次の傍線部の意味として最も適当なものを選べ。

79 二人とも青年訓練所へ通っているらしく、その台所前の狭い空地で、魚芳たちは「*になえつつ」の姿勢を実演して興じ合っているのであった。〈原民喜「翳」〉

*になえつつ＝銃を肩にかけること。また、その姿勢をさせるためにかけた号令でもあった。

① 互いに面白がっている　② 負けまいと競っている
③ それぞれが興奮している　④ わけもなくふざけている
⑤ 相手とともに練習している　共通

80 軌を一にする

① 最初からやり直すこと。
② やり方が同じであること。
③ 幾つかの考えをとりまとめること。
④ 最もすぐれたものになること。〈亜細亜大〉

81 とまあ、そこから夫婦の互いの心の琴線に触れる会話が復活すればめでたしめでたしなのだが、いずれにしても、私が私として愛されているのではなく、ただ交換可能な部品として愛されているのだという感覚は、その人の尊厳を最大限に傷つけるものだ。〈上田紀行「生きる意味」〉

① 深く隠された秘密を明らかにする
② 一線を越えて禁じられた領域に立ち入る

解答

79 → ①
80 → ②
81 → ③

ポイント解説

79 興じ合う（きょうじあう）
「興じる」は「興ずる」が正しい言い方で、「おもしろがって楽しむこと」の意。①が適当。

80 軌を一にする（きをいつにする）
「軌」は「車が通った跡」の意で、「軌を一にする」は「方向や考え方が同じこと」。したがって②が適当。

81 琴線に触れる（きんせんにふれる）
「琴線」は「物事に感動する心情」を琴の糸にたとえたもので、「人間の心の奥深くにある感じやすい心情、感動し、共鳴する心情」を表す。③が適当。

③ 心の奥の他者と共感する気持ちを刺激する

④ 他者には触れられたくない問題に関わる

82 鳥やけものたちが首をもたげて、じっとこちらを見詰めている。（摂南大）

〈三浦哲郎「メリー・ゴー・ラウンド」〉

① 今まで傾けていた首を横にひねって

② 今まで脇《わき》を向いていた頭を元に戻して

③ 今まで下げていた頭を起こして

④ 今まで正面を向いていた顔を上に向けて

⑤ 今まで上に伸ばしていた首をすくめて

→ ③

83 三谷は、怪訝《けげん》そうな顔をした。

〈平野啓一郎「マチネの終わりに」〉 共通

① いぶかしそうな　② 不安そうな

③ 納得したような　④ 合点したような

⑤ 反論ありげな

→ ①

84 はじめ元重役であるからには月給十万円以下では沽券《こけん》にかかわるといっていた（二松學舍大）

〈加賀乙彦「雨の庭」〉

① 自分の今後の立場が悪くなる

② 自分の守ってきた信念がゆらぐ

③ 自分の体面がそこなわれる

④ 将来の自分の影響力が弱くなる

⑤ 長年の自分の信用が失われる

共通

→ ③

---

82 **首をもたげる**（くびをもたげる）

「もたげる」は「持ち上げる」「起こす」の意で③が適当。

83 **怪訝**（けげん）

「怪訝な」は「わけがわからなくて納得できないさま」「不思議に思うこと」の意。したがって①が適当。

84 **沽券に関わる**（こけんにかかわる）

「沽券」は「人前で保ちたい品位・体面」の意。「沽券に関わる」で、「体面に差し支える」の意。したがって③が適当。

問 **次の傍線部の意味として最も適当なものを選べ。**

85 糊口（ここう）をしのぐ

① 必死に怒りをおさえること。
② なんとか生計を立てること。
③ 生死の境をさまようこと。
④ 危険をかえりみないこと。

（亜細亜大）

86 タッチは清潔で粒が揃っており、リズム感もシャープだが杓子定規ではなく、小股が切れ上がってお洒落そのもの。

〈岡田暁生「音楽の聴き方」〉

① すっきりと粋にまとまっていて
② 派手に脚色されていて
③ 手堅く無難にまとまっていて
④ 大胆に省略されていて
⑤ さりげなく潤色されていて

（関西学院大）

87 日本人が日本人としてもっとも考えねばならないことを考えるためには、大学を飛び出し、在野の学者になったり、批評家になったり、さらには、小説家になったりする構造的な必然性があったのである。

① 農民の　② 公務員の　③ 民間の　④ 自営の
⑤ 隠居の　⑥ 政界の

（追手門学院大）

88 三々五々散ってゆく

解答

85 → ②
86 → ①
87 → ③
88 → ⑤

ポイント解説

85 **糊口を凌ぐ**（ここうをしのぐ）
「糊口」は粥《かゆ》を口にすることで、「生活」「暮らし」を表す。「糊口を凌ぐ」は「貧しい暮らしをする」の意で②が適当。

86 **小股が切れ上がる**（こまたがきれあがる）
「小股が切れ上がる」は「女性の足が長くすらりとして粋なからだつきであること」を言う。①が適当。

87 **在野**（ざいや）
「在野」は公職に対する「民間」の意で、③が適当。

88 **三々五々**（さんさんごご）

① 足並みをそろえて分かれていく
② 順序よく方々に散らばっていく
③ 列を乱しながらそれぞれ帰っていく
④ ちりぢりになって離れていく
⑤ 少人数ごとにまばらに去っていく

89
彼の「報復」の対象の選択は、まったく恣意的でした。 共通
〈宇野重規「〈私〉時代のデモクラシー」〉

① 本来の意図とかけ離れているようす
② 本人の気持ちが作用していないようす
③ 行動と気持ちがうらはらであるようす
④ 自分の意図を隠そうとしているようす
⑤ 必然性のない思いついたままのようす
（獨協大）

問 次の言葉の意味として最も適当なものを選べ。

90
獅子身中の虫

① ささいなことを気にしすぎると、実力を十分に発揮できなくなること。
② 信頼していた人から突然裏切られて、ひどい目にあうこと。
③ 味方であるにもかかわらず、その内部から害をもたらす者のこと。
④ たいしたことには見えないものでも、実は必要不可欠な場合もあること。
（亜細亜大）

89 → ⑤
90 → ③

「三々五々」は、もとは「三五三五」で、「少人数ごとにちりぢりになっているさま」を表す。したがって⑤が適当。

89 恣意（しい）
「恣意」は「勝手気ままな思いつき」の意で⑤が適当。

90 獅子身中の虫（しししんちゅうのむし）
「獅子身中の虫」は「ライオンの体内に寄生する害虫」のこと。転じて、「味方でありながら、味方に害をなす裏切り者のこと」を表す。③が適当。

問 次の傍線部の意味として最も適当なものを選べ。

91 死命を制す （亜細亜大）

① 危うく命拾いをすること
② 瀕死の人の命を救うこと
③ 思い続けていた夢が叶うこと
④ 上司の命令に命懸けで従うこと
⑤ 他人の急所を押さえること

92 一時期、人口に膾炙したこの警句は、〈石井洋二郎「フランス的思考」〉

① 広く争われている　② 広く知られている
③ 広く賛美されている　④ 広く育まれている
⑤ 広く非難されている （大阪産業大）

93 辛酸を嘗めねばならなかった 〈ヴァイツゼッカー「荒れ野の40年」〉

① 味の不明瞭なものを味わわされること
② 苦いつらい経験をさせられること
③ 確かめること
④ 非難をあびること
⑤ 辱められること （立正大）

94 もう一つの流行《はやり》唄、「鳥追唄」は政府に対する皮肉な当て付けとしてもっと辛辣《しんらつ》なものであった。

〈E・H・ノーマン「ええじゃないか考―封建日本とヨーロッパの舞踏病」〉

① 陰湿な　② 的を射た　③ 悲観的な

解答

91 → ⑤
92 → ②
93 → ②
94 → ⑤

ポイント解説

91 死命を制す（しめいをせいす）
「死命」は「死ぬか生きるかの急所」の意。それを「制する」（＝支配下に置く）こと。したがって⑤が適当。

92 人口に膾炙した（じんこうにかいしゃした）
「膾炙」は膾《なます》や炙（あぶった肉）のことで、誰の口にも合うもののたとえ。転じて「人口に膾炙する」は「人々の話題に上って広く知られる」の意で②が適当。

93 辛酸を嘗める（しんさんをなめる）
「辛酸」は「つらく苦しいこと」の意。「辛酸を嘗める」は「苦しいことを経験すること」の意。したがって②が適当。

94 辛辣（しんらつ）
「辛辣」は「味がきわめて辛い」の意が転じて「手厳しい」の意となり、⑤が適当。

④ 面白い　⑤ 手厳しい
（追手門学院大）

95 この機能はすこぶる便利で速いが、これだけでメールをやり取りしていたのでは、用を足すだけで、会話にはならない。
〈永田和宏「知の体力」〉

① そこそこ　② わりに　③ 適度に
④ はなはだ　⑤ なおさら
（追手門学院大）

↓ ④

96 この小説などは、実は筋金入りの反左翼的文学ではないでしょうか。
〈倉橋由美子「偏愛文学館」〉

① みせかけの　② よく筋の通った
③ しっかりとした信念をもった　④ 軽薄な
⑤ 計算ずくの
（国士舘大）

↓ ③

97 時として石には躓《つまず》き、また砂を噛《か》む思いもするでしょう。
〈増井元「辞書の仕事」〉

① 甘さがなく美味しくない　② 凡庸でありきたりだ
③ 気まずくていたたまれない　④ 価値がなく役にたたない
⑤ 面白さがなくつまらない
（中京大）

↓ ⑤

問　次の言葉の意味として最も適当なものを選べ。

98 すべからく

① 必ずしもそうではなく　② 残らずすべて
③ 当然のこととして　④ 否応なく
⑤ 中でも特に
（法政大）

↓ ③

---

95 すこぶる
「すこぶる」は「やや多く」の意であったが、最近は「おびただしく」「はなはだ」の意。したがって④が適当。

96 筋金入り（すじがねいり）
「筋金入り」は「身体や考え方が堅固である」の意。したがって③が適当。

97 砂を噛む（すなをかむ）
「砂を噛む」は、砂をかんだように味気のないことから「物の味わいがない」「無味乾燥で興味がわかない」の意。したがって⑤が適当。

98 すべからく
「すべからく」は「当然なすべきこととして」「本来ならば」の意。③が適当。

問 次のそれぞれに答えよ。

99 次の傍線部の意味として最も適当なものを選べ。

『染《そめ》は京都でなくちゃ駄目だからね。』とW君は独りで首肯《うなず》いて、『じゃ早速言ってやろう。』

私は辞退する術《すべ》もなかった。

〈加能作次郎「羽織と時計」〉

① 理由もなかった　② 手立てもなかった
③ 義理もなかった　④ 気持ちもなかった
⑤ はずもなかった

100 次の言葉の意味として最も適当なものを選べ。　共通

掣肘《せいちゅう》を加える

① かたわらから干渉して、人の自由をさまたげること。
② 人が話している最中に、よけいな口をはさむこと。
③ 相手の欠点や縁起でもないことばかりを言いつのること。
④ 人が言ったことやしたことを、ちゃかしたりやじったりすること。

〈亜細亜大〉

101 次の傍線部の意味として最も適当なものを選べ。

当事者でないのに、あたかも当事者のごとく、当事者に同化せよといわれても、せいぜい架空の当事者役割を演じるのが関の山です。

〈白波瀬佐和子「生き方の不平等―お互いさまの社会に向けて」〉

① 解決法　② 最善策　③ 最難関
④ 終着駅　⑤ 精一杯

〈大阪産業大〉

解答

99 → ②
100 → ①
101 → ⑤

ポイント解説

99 術もない（すべもない）
「術」は「なすべき手立て」「手段」「方法」などの意。多くは打ち消しの表現を伴う。②が適当。

100 掣肘を加える（せいちゅうをくわえる）
「掣肘」は中国の故事（呂子春秋）から生まれた語で、「そばから干渉して自由な行動を妨げること」を言う。①が適当。

101 関の山（せきのやま）
「関の山」は、祇園祭の逸話が由来で、三重県の関町から出される山車《だし》が見事で、これ以上立派なものは作れないと評判になったことから、「精一杯」の意となった。したがって⑤が適当。

102 次の傍線部と似た意味の慣用表現として最も適当なものを選べ。

世界平和を訴えたせいで議員たちに背を向けられた最初の大統領はウッドロー・ウィルソンである。

〈内田樹「オバマ氏ノーベル賞受賞の裏を読む」〉

① 足を延ばす　② 首を振る　③ 背中を押す
④ 手を差し伸べる　⑤ 耳を傾ける

（帝京大）

→ ②

103 次の傍線部の意味として最も適当なものを選べ。

生活を双肩に担って

① 生活の苦労を味わって　② 生活の責任を負って
③ 生活に疲れを見せて　④ 生活を重荷に感じて
⑤ 生活を成り立たせて

共通

→ ②

104 次の言葉の意味として最も適当なものを選べ。

相好《そうごう》を崩す

① 思いがけない行為や事態に出くわして、つい当惑を表すようなしぐさをしてしまうこと。
② 心からの喜びが自然に表情に現れて、顔をほころばせてにこやかに笑うなどすること。
③ 常識として求められる礼儀や作法などをこえて、おたがいに遠慮のない付き合いをすること。
④ それぞれが相手を親しく思う気持ちを捨てて、双方とも距離をおいた接し方をしていくこと。

（亜細亜大）

→ ②

---

102 背を向ける（せをむける）
「背を向ける」は「後ろを向く」の意で、転じて「相手の意志に従わない」の意を表す。これと似た意味を持つのは②「首を振る」。なお、「首を振る」は縦に振る場合は賛成の意を表し、横に振る場合は反対の意を表す。

103 双肩に担う（そうけんにになう）
「双肩」は「そのものをしっかり負う両肩」の意で、「責任を負うべき存在」を表す。「双肩に担う」で「重要な任務を引き受ける・責任を背負う」の意となる。したがって②が適当。

104 相好を崩す（そうごうをくずす）
「相好」は「顔つき」「表情」の意。「相好を崩す」で「にこやかな表情になること」を表す。②が適当。

問 次の傍線部の意味として最も適当なものを選べ。

105

トンボには銀ヤンマのような堂々たる者もあり、トウスミトンボのような楚々《そそ》たる者もあり、アカトンボのようなしゃれた者もあって、ちょっと彫刻におもしろそうに思えるが、これがやはり駄目。

〈高村光太郎「蝉の美と造型」〉

① 清らかな　② おどけた　③ そっけない
④ そそっかしい　⑤ しなやかな

（関西学院大）

106

側杖《そばづえ》を食う

① とことんまで付き合うこと
② 関係ない事で思わぬ災難にあうこと
③ 他の勢いの影響を受けること
④ 全国の様々な場所を訪ねて歩くこと
⑤ 人に任せて自分は我慢をすること

（亜細亜大）

107

美しい冒頭の一節は、いまでも空で言える

〈永田和宏「知の体力」〉

① 高唱できる　② 吟唱できる　③ 暗唱できる
④ 復唱できる　⑤ 独唱できる

（追手門学院大）

108

多多ますます弁ず

① 放っておくとどんどん増えること
② おしゃべりがとまらないこと
③ 多数決で少数意見を取り入れないこと
④ 多いものと少ないものを区別すること

解答

105 ①
106 ②
107 ③
108 ⑤

ポイント解説

105 **楚々たる**（そそたる）
「楚々」は「清らかで美しいさま」を表す。①が適当。

106 **側杖を食う**（そばづえをくう）
「側杖を食う」は「他人のけんかのそばにいたためその杖に打たれる」の意から、「無関係のことに巻き込まれて災難に遭う」という意味で使われる。したがって②が適当。

107 **空で言う**（そらでいう）
「空で言う」は、「文字を見ることなく記憶に頼るだけで言うこと」の意。したがって③が適当。

108 **多多ますます弁ず**（たたますますべんず）
「多多ますます弁ず」は「多ければ多いほど都合がいい」の意。したがって⑤が適当。なお、この言葉は『漢書』にある言葉で、韓信が漢の高祖に兵を用いることについて「多ければ多いほどうまく処

⑤　多ければ多いほどよいこと
（亜細亜大）
↓④

109
何かある事業を立ち上げるために別の事業をやめるというのはむずかしい。「足るを知る」。言葉はやさしいが、それを実行するのはむずかしい。
〈鷲田清一「しんがりの思想　反リーダーシップ論」〉

①　少しばかり足りなくても文句を言わない。
②　身のほどをわきまえて不満をもたない。
③　何か欠けているものはないかよく考える。
④　現状に満足し余計なことを考えない。
⑤　満足とはどのようなものかを理解する。
（東海大）
↓③

110
わたしに出来たことと言えば、身のまわりのもの凡て、命あるものとして人間同様に、或《ある》いは、わたし以上にわたしは扱って来た。花は、咲くべき場所に咲かせて来た。智識でも理念でもない、ばかの一つ覚えで、丹誠してきただけだ。
〈中里恒子「家の中」〉

①　愛情を込めて見つめてきた
②　時間をかけて育ててきた
③　真心を込めて世話してきた
④　長い間手元においてきた
（京都産業大）
↓④

111
そこに「アメリカ」という名で設定された新しい空間の特質が端的に示されている。
〈西谷修の文〉

①　難解に　②　一面的に　③　すばやく
④　明確に　⑤　もっともらしく
（國學院大）

理することができる」という意味で言ったもの。

109 **足るを知る**（たるをしる）
「足る」とは「満足すること」。満足することを知るということは、「どこまでいってもきりのない人間の欲望に歯止めをかけること」である。④が適当。

110 **丹誠**（たんせい）
「丹誠」は「心を込めて物事をすること」で③が適当。「丹精」とも書く。

111 **端的**（たんてき）
「端的」は「はっきりと明確なさま」の意で、④が適当。「てっとり早いさま」の意もあるが、③「すばやく」は文脈に合わない。

問　次の傍線部の意味として最も適当なものを選べ。

112　巷の人が手紙でやりとりする言葉が新聞や小説の言葉に近づき、新しい日本語があたりまえなものになるのと同時に、

〈水村美苗「日本語が亡びるとき」〉

① 字を知っている人　② 義務教育修了者
③ 世間一般の人　④ 給与生活者
⑤ 下町に生きる人々　⑥ 大学教育を受けた人

〈追手門学院大〉

113　炊事も出来るし、あの気性では誰からも重宝がられるだろう

〈原民喜「翳」〉

① 頼みやすく思われ使われる　② 親しみを込めて扱われる
③ 一目置かれて尊ばれる　④ 思いのままに利用される
⑤ 価値が低いと見なされる

共通

114　月並みで陳腐、何の意味のない、

〈前登志夫の文〉

① 毎月行う決まりになっていること
② 月の順番通りにものごとを行うこと
③ 理屈っぽくてつまらないこと
④ 平凡でありふれていること
⑤ 古くさくて時代遅れであること

〈國學院大〉

問　次のそれぞれに答えよ。

115　次の傍線部と意味が異なるものを一つ選べ。
それを敢《あえ》てする人は面皮の厚い人とせられている。

解答

112 ③
113 ①
114 ④
115 ②

ポイント解説

112 巷（ちまた）
「巷」は「道が分かれる所」の意で、転じて「世間・町中」の意。したがって③が適当。

113 重宝がる（ちょうほうがる）
「重宝」はもともと「貴重な宝物」の意であったが、転じて、「便利であること」「都合のよいこと」の意となった。①が適当。

114 月並み（つきなみ）
「月並み」は、もとは「毎月決まってそのことをすること」の意。転じて「型にはまって平凡な様子」を表す。したがって④が適当。

115 面の皮が厚い（つらのかわがあつい）・**面皮が厚い**（めんぴがあつい）
「面の皮が厚い」は①「鉄面皮（てつめんぴ）」、③「厚顔（こうがん）」、④「恥知らず」、⑤「破廉恥（はれんち）」と同じ意味。②「汗顔（かんがん）の至り」は、

〈森鷗外「当流比較言語学」〉

① 鉄面皮　② 汗顔の至り　③ 厚顔
④ 恥知らず　⑤ 破廉恥《はれんち》

116 次の言葉の意味として最も適当なものを選べ。

等閑に付す（南山大）

① 物事に動じない　② 物事を公平に見る
③ 物事の本質をとらえる　④ 物事をゆっくり行う
⑤ 物事をいいかげんに放っておく（法政大）

→ ⑤

問 **次の傍線部の意味として最も適当なものを選べ。**

117 とどのつまり、本人が椅子から立とうとすると「危ないから座っていてください」と行動を制止し、本人がどんなに頑張っても立ち上がることができないようなソファーを置いてそこに座らせておいたり、施錠して出て行けないようにしたり、〈伊藤亜紗「手の倫理」〉

① そういうわけで　② よくある話だが
③ 結局のところは　④ ひどい場合には（成城大）

→ ③

118 二足のわらじ

① 大事なものを探し歩くこと
② 十分に準備をしておくこと
③ 値段が安く品質も悪いこと
④ 二つの仕事を掛け持ちすること
⑤ 表面が本心と違っていること（大阪学院大）

→ ④

「恥ずかしい」の意で、これだけがほかと意味が違う。

116 **等閑に付す**（とうかんにふす）
「等閑」とは「物事をいいかげんな気持ちですること」「なおざりにすること」の意。⑤が適当。

117 **とどのつまり**
「とど」はボラという魚が成長したものを言う。ボラは幼魚から成魚になるに従い、多くの名前が付いている、最後に「とど」となることから、「とどのつまり」で「結局、ついに」の意となった。③が適当。

118 **二足のわらじ**（にそくのわらじ）
「二足のわらじ（草鞋）」は「二つの職を兼ねること」の意。もとは、博徒《ばくと》と十手《じって》持ちのように両立し得ない二種の職を兼ねることだった。したがって④が適当。

問119

次の傍線部の意味として最も適当なものを選べ。

ぬきさしならない宗教的脱魂、トランスのうちに、自己のひととしての現実を一挙に無化して、はるかな宇宙のリズムやトーテムとしての鷲へと同化し一体化しようとはかる、すでに狂気や錯乱のあやうさと接する形而上学《けいじじょう》的企てである。

〈西村清和「電脳遊戯の少年少女たち」〉

① すぐに判断できない
② 明確に意識できない
③ 油断できない
④ どうにもできない
⑤ くり返すことができない

（追手門学院大）

問120

「濡れ手で粟」と正解を教えてもらっても、〈山口仲美「日本語の歴史」〉

① 必要ないものがたくさん手に入ってしまうことのたとえ。
② 穀物を植えるときには必ず水が必要だ、ということのたとえ。
③ うまく工夫して好きなものを手に入れることのたとえ。
④ 邪魔が多くて物事がやりにくくなることのたとえ。
⑤ 苦労せずに大きな利益を得ることのたとえ。

（東京経済大）

問121

次のそれぞれに答えよ。

次の言葉の意味として最も適当なものをそれぞれ選べ。

a 薄氷を踏む　b 縦横無尽
c 千載一遇　d 去る者は日日に疎《うと》し
e 寄らば大樹のかげ

① 落ち着きがあって物事に少しも動じないさま

解答

119 ④

120 ⑤

121 a＝⑧　b＝③　c＝⑦　d＝④　e＝⑨

ポイント解説

119 ぬきさしならない

「ぬきさしならない」とは「事態が深刻になること」を表す。元は「身動きがとれない」の意であったが、転じて「どうにもならない」の意となった。

120 濡れ手で粟（ぬれてであわ）

「濡れ手で粟」は「（濡れた手に粟粒がたくさん付いてくることから）労せず利益を得ること」の意。したがって⑤が適当。なお、「粟」を「泡」と混同しないように注意。

121 a 薄氷を踏む（はくひょうをふむ）

「薄氷を踏む」は「薄い氷の上に乗る」の意から「非常に危険な状況に臨む」の意。したがって⑧が適当。

b 縦横無尽（じゅうおうむじん）

「縦横無尽」は「縦にも横にも自在に動くさま」。したがって③が適当。

c 千載一遇（せんざいいちぐう）

「千載一遇」は「（千年に一度出会えると

② 人口が増えすぎて自然の資源が足りなくなること
③ 自由自在に思う存分に行動すること
④ 親しかった相手でも会わなくなると、間柄が遠くなっていくこと
⑤ 人に媚びてことばや態度を取りつくろうこと
⑥ わずかな努力でも何倍もの利益を手にすること
⑦ めったにない絶好の機会
⑧ きわめて危険な場合にのぞむこと
⑨ 人に頼るなら力を持った人間のところにいくのが良いということ
⑩ 物事には見方によって、短所と長所があること

（北星学園大）

122 次の傍線部の意味として最も適当なものを選べ。

半畳を入れる

① 人の言動をからかうこと
② 心のなかでひそかに喜ぶこと
③ 慌てて心が落ち着かないこと
④ 生活する上で最低限の空間が必要なこと
⑤ 相手に泣きついて頼み込むこと

（亜細亜大）

→ ①

123 次の傍線部の「蛮勇を振るう」の意味として最も適当なものを選べ。

日本近代が古い日本の制度や文物のいわば蛮勇を振るった清算の上に建設されたことは、

〈渡辺京二「逝きし世の面影」〉

① 自分勝手にふるまう
② 予想外の行動を見せる
③ 野生の力を発揮する
④ 考えなしに強行する
⑤ 思いきって勇気を出す

（立命館大）

→ ④

いうほどの）めったにない好機」の意。したがって⑦が適当。

d 去る者は日日に疎し（さるものはひびにうとし）

「日々に疎し」は「日にちが過ぎてゆくごとに鈍感になる・疎遠になってゆく」の意。したがって④が適当。

e 寄らば大樹のかげ（よらばたいじゅのかげ）

「大樹」は「大きな樹」つまり「頼りになる人や組織」の意で⑨が適当。

122 半畳を入れる（はんじょうをいれる）

「半畳」は「芝居などで見物人が敷いた小さなござ」のこと。役者の演技に不満な時、見物人がこの敷物を舞台に投げ入れたことから「からかったり非難したりする」の意に使う。したがって①が適当。

123 蛮勇を振るう（ばんゆうをふるう）

「蛮勇」は「考えなしにむやみに振るう勇気」のこと。したがって④が適当。

問 次の傍線部の意味として最も適当なものを選べ。

124 いくら日本の為《ため》を思ったって贔屓《ひいき》の引倒しになる許《ばかり》だ

① 褒めるべきところをけなしてしまうこと
② 気に入った相手にとことん尽くすこと
③ 力添えがすぎてかえって相手を不利にすること
④ 褒めすぎて誤解されること
⑤ 相手が困るようなことを敢えてすること
⑥ 悪気がないのに嫌われること

（追手門学院大）

125 一般に言語というのは、たいへんシンボル性の高い記号であるとみなされている。ひっきょう言語的コミュニケーションというのは、記号性の高い情報の伝達手段とうけとめられがちであるが、

〈正高信男「考えないヒト」〉

① だからこそ　② 結局のところ　③ なぜならば
④ その結果として　⑤ その一方で

（立教大）

126 三四郎は広田先生のことを髭《ひげ》を生やした風采《ふうさい》の上がらない男、四十歳にはなっているだろうに三等に乗っている男、「大きな未来を控えている自分から見ると、何だか下らなく感ぜられる」男だと思っている。

① 金がなさそうな　② 見かけがよくない
③ 人を見下した　④ 出世しそうにない

解答

124 ③
125 ②
126 ②

ポイント解説

124 贔屓の引倒し（ひいきのひきたおし）
「贔屓の引倒し」は「贔屓しすぎて、かえって相手の迷惑になること」。したがって③が適当。

125 畢竟（ひっきょう）
「畢竟」は「結局・つまり」の意。したがって②が適当。

126 風采が上がらない（ふうさいがあがらない）
「風采」は「姿・身なり」の意で、「風采が上がらない」は「姿や身なりがぱっとしない」の意。したがって②が適当。

⑤ 態度に余裕がある　⑥ 能力がなさそうな

（追手門学院大）

127 ノーベル賞を受賞した業績でも、こんなことが起こるのだから、多くの「普通の発見」であれば、誤りであった事例など、実は枚挙にいとまがない。

〈中屋敷均「科学と非科学」〉

① 思い当たることなどない　② ふだんはあらわれない
③ めったに見つからない　④ 数えきれないほど多い
⑤ 例をあげるほどでもない

（大阪学院大）

→ ④

128 十六歳の世をすねたような少女には、先輩のおとなびた言葉よりはずっと尚子の言葉の方が身の丈に合っていた。

〈松村栄子「僕はかぐや姫」〉

① 自分にとってふさわしかった
② 自分にとって魅力的だった
③ 自分にとって都合がよかった
④ 自分にとって親しみが持てた
⑤ 自分にとって興味深かった

共通

→ ①

129 それを言っては、みもふたもない。

〈中沢けい「楽隊のうさぎ」〉

① 現実的でなくどうにもならない
② 大人気なく思いやりがない
③ 露骨すぎて話にならない
④ 計算高くてかわいげがない
⑤ 道義に照らして許せない

共通

→ ③

---

127 **枚挙にいとまがない**（まいきょにいとまがない）

「枚挙」は「一つ一つ数え上げること」。「枚挙にいとまがない」で「あまりに多くて数えるひまがないこと」を表す。④が適当。

128 **身の丈に合う**（みのたけにあう）

「身の丈」は「身長」のこと。「身の丈に合う」は「背伸びすることなく自分の力に合っている」の意。したがって①が適当。

129 **身も蓋もない**（みもふたもない）

「身も蓋もない」は「容器の身も蓋もなく、中身がむき出しになっている」の意で③が適当。

問 次のそれぞれに答えよ。

130 次の傍線部の意味として最も適当なものを選べ。

昔とった杵柄《きねづか》だけが残ってるってのがなんとも哀しいね

〈山田詠美「微分積分」〉

① 昔に身につけた技術
② 昔に取った手柄
③ 昔に受けた傷
④ 昔にやった失敗
⑤ 昔に残された印

131 次の慣用句の意味として最も適当なものを選べ。

（愛知大）

名状しがたい

① 言葉で表すのが難しいこと。
② はっきりとは目に見えないこと。
③ 思いを心中に隠し通すこと。
④ めったにないほど素晴らしいこと。

132 次の言葉の意味として最も適当なものを選べ。

（亜細亜大）

目から鼻へ抜ける

① よいものかそうでないか、物の価値を見きわめる能力がとても高いこと。
② 物事の新しい面や、これまで見えなかったものに気づき、納

解答

130 ①

131 ①

132 ③

ポイント解説

130 昔とった杵柄（むかしとったきねづか）

「杵柄」は餅をつくときに使う杵の握る部分のこと。「昔とった杵柄」は、「年をとっても若い頃に餅をついた腕前を発揮できること」で、転じて「若い頃に身につけた技能」を表す。したがって①が適当。

131 名状しがたい（めいじょうしがたい）

「名状」は「状況を言葉で表現すること」で①が適当。

132 目から鼻へ抜ける（めからはなへぬける）

「目から鼻へ抜ける」は「非常に賢いさま」「すばしこくて抜け目のないこと」の意。③が適当。

得すること。

③ 頭の回転が早くて抜け目がなく、物事の判断などもすばやくて賢いこと。

④ ある特定の物事に心を奪われてしまって、正常な判断ができなくなること。

〈亜細亜大〉

問 次の空欄に入る最も適当な語を選べ。

133 昨今、テレビのコマーシャルなどに流されるコピーやポップスの歌詞などに対して、「何を言っているのかわからない」、「もっと正しい国語の用法を」などと［　　］向きもあるようだ

〈丸山圭三郎「言葉と無意識」〉

① 秋波を送る　② 困惑する

③ 目くじらを立てる　④ 溜飲《りゅういん》を下げる

⑤ 称揚する

〈南山大〉

↓ ③

134 エジプトのアレキサンドリアまでたどりついたスパイスを、世知に長《た》けたフェニキアの商人たちがヨーロッパに持ち込んで富裕階級に売り込む頃には、［　　］ほどの法外な値段になっていた。

〈玉村豊男「世界の野菜を旅する」〉

① のどから手が出る　② 木で鼻をくくる

③ 歯をかむ　④ 目の玉が飛び出る

⑤ 首がまわらない

〈名古屋外国語大〉

↓ ④

133 **目くじらを立てる**（めくじらをたてる）

「目くじらを立てる」は「目尻をつり上げて怒る」ことが転じて「相手を責め立てる」の意で、③が適当。①「秋波を送る」は「色目をつかって、異性の関心をひこうとする」の意。④「溜飲を下げる」は「不平・不満を解消して気を晴らす」の意。⑤「称揚する」は「ほめたたえる」の意。

134 **目の玉が飛び出る**（めのたまがとびでる）

「法外な値段」とあるので、「値段が高くて驚くさま」を表す④「目の玉が飛び出る」が適当。なお、①「のどから手が出る」は「ほしくてたまらないこと」の意。②「木で鼻をくくる」は「そっけない態度で応じる」の意。③「歯をかむ」は「歯をかみしめて残念がる」「歯ぎしりをする」の意。⑤「首がまわらない」は「借金が多くてやりくりができないさま」を表す。

問 135 **次の傍線部の意味として最も適当なものを選べ。**

事件をいささか紋切り型的に、個人的な事情によって説明しようという傾向が少なからず見られました。

〈宇野重規「〈私〉時代のデモクラシー」〉

① 多様な解釈を許さず視野が狭いこと
② 特定の考え方を押し付けていること
③ 決まりきった様式で新味がないこと
④ 複雑な事情を省略してまとめていること
⑤ 一つの原因だけで事象を説明していること

（獨協大）

解答 → ③

問 136 **次の空欄に入る最も適当な語を選べ。**

学校制度が確立するのは近代になってからのことで、六歳を就学年齢としたのは経験的な知恵であろうが、脳の発達が九〇パーセントに達した地点からの開始は大変［　　］ものだといえる。

〈河合雅雄「子どもと自然」〉

① 人にかなった　② 夢にかなった　③ 心にかなった
④ 意にかなった　⑤ 理にかなった

（名古屋外国語大）

→ ⑤

問 137 **次の傍線部の意味として最も適当なものを選べ。**

これはれっきとした日本の花で、古い名前を「思ひ草」といい、『万葉集』にも詠まれている。

〈白洲正子「夕顔」〉

① 知らない人のない　② 姿の美しい　③ 単純明瞭である
④ 広く分布している　⑤ 由緒正しい

（青山学院大）

→ ⑤

ポイント解説

135 紋切り型（もんきりがた）

「紋切り型」は「紋の形を切り抜くための型」の意で、転じて「決まりきっていて新鮮味がないこと」。したがって③が適当。

136 理に適う（りにかなう）

「理に適う」は「理屈や道理に合う」の意で⑤が適当。

137 歴とした（れっきとした）

「歴とした」は「家柄や身分などが高いさま」「由緒正しいさま」の意。したがって⑤が適当。転じて「明白であるさま」の意もある。

4 慣用表現②（その他の問題）

慣用表現に関するさまざまな出題形式に慣れて、実戦で役立てよう。

問 次の空欄に入る最も適当な語を四字で答えよ。

138 大軍の中に飛び込んできた二人の武士を見て、平家方は呆気《あっけ》に［　　］が、

〈寿岳章子「日本語と女」〉（帝塚山学院大）

解答 → とられた

問 次の空欄に入る最も適当な語を選べ。

139 古典文学などでは、どしゃ降りのことを「雨［　　］の如《ごと》く降りて」などと形容したものだが、今は「篠《しの》突く雨」と言う。

〈森田良行「日本語をみがく小辞典」〉（国士舘大）

① 車両　② 車列　③ 車輪　④ 車馬　⑤ 車軸

解答 → ⑤

140 言い得て［　　］な真贋判別法

〈関根清三「本の真贋」〉（日本大）

① 明　② 妙　③ 真　④ 信

解答 → ②

問 次の傍線部の表現が不適切な場合は最も適切なものを選び、適切であれば⑤を選べ。

141 あまりにもひどく批判され、温厚な彼もさすがに怒り心頭に発した。

① 怒り心頭に来た　② 怒り身頭に発した　③ 怒り身頭に達した　④ 怒り心頭に達した　⑤（適切）

（法政大）

解答 → ⑤

ポイント解説

138 **呆気にとられる**（あっけにとられる）
「呆気にとられる」は「意外なことに出会って呆然《ぼうぜん》となる」の意。「呆気」は「驚きあきれた状態」のこと。

139 **雨車軸の如し**（あめしゃじくのごとし）
「車軸」は「車両の車輪の取り付け軸」のこと。「雨滴の太さが車軸ほどの太さもある大雨のこと」を言う表現。⑤が適当。

140 **言い得て妙**（いいえてみょう）
② 「言い得て妙」で「実にうまく言い当てているさま」を表す。

141 **怒り心頭に発する**（いかりしんとうにはっする）
「怒り心頭に発する」で⑤（適切）。「激しく怒る」ことを表す。

問 次のそれぞれに答えよ。

142 次の空欄に入る最も適当な語を選べ。

痛いところを［　　］気がした。〈北村薫「植物採集」〉

① 押された　② 触られた　③ 叩かれた

④ 撫でられた　⑤ 突かれた（愛知大）

143 次の空欄に入る最も適当な語を選べ。

突然の事故の知らせに思わず［　　］を失った。

① 色　② 己　③ 意　④ 義　⑤ 前（拓殖大）

144 次の空欄に漢字一字を入れてことわざを完成させよ。

言わぬが［　　］〈森田良行「日本語の慣用表現辞典」〉（東北学院大）

問 次の空欄に入る最も適当な語を選べ。

145 敵は数が多くても烏合《うごう》の［　　］なので恐れるに足りない。

① 勢　② 衆　③ 陣　④ 利　⑤ 威（大阪学院大）

146 a ［　　］より育ち

① 氏　② 家　③ 学　④ 親

b 後［　　］を拝す

① 刃　② 神　③ 人　④ 塵（神田外語大）

147 いつも派手な身なりをして、そこらをぶらぶら散歩したり、しかも毎晩『すみれ』なんかで酒を飲んでいるようだ。［　　］知れない、へんな男だな。〈梅崎春生「Sの背中」〉

① 奥の　② 底の　③ 正体の

解答

142 ⑤

143 ①

144 花

145 ②

146 a＝①　b＝④

147 ④

ポイント解説

142 痛いところを突く（いたいところをつく）

「痛いところを突く」で「弱点をとらえてせめる」の意。「急所を突く」「弱点を突く」などと同義。⑤が適当。

143 色を失う（いろをうしなう）

「色」は「顔色」のこと。顔の色が血の気を失うことから、「意外な事態に驚くさま」を表す。①が適当。

144 言わぬが花（いわぬがはな）

「言わぬが花」は「口に出して言わないほうが、味わいがあってよい」の意。

145 烏合の衆（うごうのしゅう）

② 「烏合の衆」は「数は多いが規律も統一もない集団」のこと。

146 a 氏より育ち（うじよりそだち）

血筋や家柄よりも生後の環境の方が影響が大きいこと。

b 後塵を拝す（こうじんをはいす）

おくれをとること、あるいは、地位のある人に追従《ついしょう》すること。

147 得体が知れない（えたいがしれない）

④ 「得体の知れない」は「正体のわからない」」の意。

④ 得体の　⑤ お里が　〈愛知大〉

148 ［　　］にも出さない
① 噯《おくび》　② 咎《とが》　③ 頤《おとがい》　④ 鎹《かすがい》　〈神田外国語大〉

149 この見立ては、敗戦後の東京に浮上した様々な営みや語りのなかで機能していたが、その一例を、当時、東京の各地で開かれていた「復興祭」にも［　　］ことができる。〈吉見俊哉「東京復興ならず」〉
① 垣間見る　② 口火を切る　③ 小耳にはさむ
④ 歯が浮く　⑤ 鼻にかける　〈駒澤大〉

150 ひとつの些細な出来事が、歴史上に大きな変化をもたらすという考えは、たしかにわかりやすい主張である。だが、こうした「歴史のｉｆ」は、「［　　］」という日本の諺、あるいはイギリスで古くから伝わるという「釘一本で戦争に負ける話」とどれほど違うのだろうか。〈赤上裕幸「『もしもあの時』の社会学」〉
① 二階から目薬　② 猿も木から落ちる
③ 犬が西むきゃ尾は東　④ 雉も鳴かずばうたれまい
⑤ 風が吹けば桶屋が儲かる　〈同志社大〉

151 彼は人の［　　］を得ることばかり考えている。
① 感心　② 甘心　③ 歓心
④ 関心　⑤ 寒心　〈亜細亜大〉

148 ①
149 ①
150 ⑤
151 ③

148 **噯にも出さない**（おくびにもださない）
「おくび」は「げっぷ」のこと。「おくびにも出さない」で「ある物事を口に出さないこと」の意。①が適当。

149 **垣間見る**（かいまみる）
「垣間見る」とは「物のすきまからひそかに見ること」の意。①が適当。

150 **風が吹けば桶屋が儲かる**（かぜがふけばおけやがもうかる）
風が吹くと砂ぼこりが出て盲人が増え、盲人は三味線を弾くのでそれに張る猫の皮が必要で、猫が減り、そのためにネズミが増えて桶をかじるので桶やが繁盛するという意味。「思わぬ結果が生じること」を表す。⑤が適当。

151 **歓心を得る**（かんしんをえる）
③「歓心を得る」で「人に気に入られるようにする」の意。①「感心」は「深く心に感じること」の意。②「甘心」は「満足すること」の意。④「関心」は「ある物事に興味を持ち、気にかけること」の意。⑤「寒心」は「心配や恐れで肝を冷やすこと」の意。

問 次の空欄に入る最も適当な語を選べ。

152 資金調達もでき、いよいよ新事業立ち上げの［　　］が熟した。

①機　②期　③刹　④潮　⑤時

（拓殖大）

153 画家たちの自画像を主題とした本を書いてみようと思い立ったことがあった。（中略）他の仕事に追われてなかなか書き出せないでいるうちに、別の著者による自画像についての本が出た。もちろん他の人の本が出たところで、私は私で書けばいいようなものだが、やはり何となく［　　］ものだ。

〈粟津則雄「沈黙に向きあう」〉

①気がとがめる　②気が進まない　③気が置けない　④気がそがれる　⑤気を取られる

（大阪経済大）

154 「歴史のｉｆ」とは何かという問いに対峙しようとする時、その答えは、歴史学において手に負えなかった厄介なものとなるかもしれない。読者のなかには、なんてつまらないテーマを扱っているのだ、「歴史のｉｆ」なんて単なる［　　］にすぎないではないか、こんなものに一六〇〇円もの対価を払う人がいるのか――。そう思う人がいたとしても私は気にしない。

〈赤上裕幸「『もしもあの時』の社会学」〉

①邯鄲の夢　②他山の石　③氷山の一角　④机上の空論　⑤怪我の功名

（同志社大）

解答

152 → ①
153 → ④
154 → ④

ポイント解説

152 機が熟す（きがじゅくす）
「機が熟す」は「物事を始めるのにちょうどよい時となること」の意。①が適当。

153 気がそがれる（きがそがれる）
「書いてみようと思い立った」のに「別の著者による自画像についての本が出た」ので、書こうとするモチベーションを失った、意気込みがくじかれたという文脈。④「気がそがれる」（＝何かをしようという意気込みがくじかれる）が適当。

154 机上の空論（きじょうのくうろん）
「机上の空論」は「机の上の考えだけで、実際には役に立たない考え」のこと。④が適当。

155 疑心暗鬼を生ず（ぎしんあんきをしょうず）
「疑心暗鬼を生ず」とは「疑う心があるために、何でもないことも恐ろしく感じたり疑ったりすること」を表す。④が適

155 疑心［　］鬼を生ず

① 善　② 幽　③ 悪　④ 暗　⑤ 赤　（名城大）

問 次のそれぞれに答えよ。

156 慣用句の空欄を補う語が後の語群にないものを、次から選べ。

① 苛政は［　］よりも猛し
② ［　］脚をあらわす
③ 木によりて［　］を求む
④ ［　］馬の労をとる
⑤ 君子は［　］変す

［語群］虎　馬　犬　猿　牛　蛇　豹　羊　（専修大）

157 次の空欄に入る最も適当な語を答えよ。

a ［　］死に一生を得る
b 石の上にも［　］年　（名城大）

問 次の空欄に入る最も適当な語を選べ。

158 私の瞳《ひとみ》は活字の上に［　］付けにされた。〈藤田正勝「西田幾多郎」〉

① 膠《にかわ》　② 当て　③ 釘《くぎ》　④ 焼き　⑤ 糊《のり》　（大阪学院大）

159 ライバル校との試合で、またも苦杯を［　］した。

① 組　② 呈　③ 喫　④ 察　⑤ 浴　（亜細亜大）

---

155 ④
156 ③
157 a＝九　b＝三
158 ③
159 ③

当。

156 **木によりて魚を求む**（きによりてうおをもとむ）
「木によりて魚を求む」は「方法を間違えると成功できないこと」。語群に「魚」がないので③が適当。①は「苛政は虎よりも猛し」。②は「馬脚をあらわす」。④は「犬馬の労をとる」。⑤は「君子は豹変す」。

157 **a 九死に一生を得る**（きゅうしにいっしょうをえる）
九分通り助からない命がかろうじて助かること。

b 石の上にも三年（いしのうえにもさんねん）
辛抱すれば必ず成功すること。

158 **釘付け**（くぎづけ）
③「釘付け」は「動かない状態になる（する）こと」の意。

159 **苦杯を喫す**（くはいをきっす）
「苦杯」とは「にがい酒をいれたさかずき」の意。転じて「にがい経験」を言う。「喫す」は「飲む」「味わう」の意。「苦杯を喫す」で「にがい経験をすること」を表す。③が適当。

問 次のそれぞれに答えよ。

160 次の傍線部は「おもしろみがない」という意味の慣用句である。空欄に入る最も適当な語を選べ。

いささか［　　］がなさすぎる

① 芸　② 華　③ 目　④ 手　⑤ 色　（愛知学院大）

161 次の空欄に入る最も適当な漢字を選べ。

鶏口となるも□後となる勿れ

① 牛　② 虎　③ 馬　④ 鷹　⑤ 鹿　（法政大）

問 次の空欄に入る最も適当な語を選べ。

162 われわれも、友人が家族が恋人が（中略）言を［　　］にしたり、突然違う事を言い出すことを歓迎はしない。〈酒井潔「自我の哲学史」〉

① 内外　② 上下　③ 左右　④ 天地　⑤ 前後　（成蹊大）

163 ［　　］↔虎穴に入らずんば虎児をえず

① 山にハマグリを求む　② 君子危うきに近よらず　③ 毒をもって毒を制す　④ 君子豹変　⑤ 鹿を追う者は山を見ず　（北海学園大）

164 陰暦十月ごろぽかぽかと暖かいお天気の日を「［　　］日和」というが、春の日和を念頭に置いたうまいネーミングだ。〈森田良行「日本語をみがく小辞典」〉

① 陽春　② 去春　③ 暮春

解答

160 → ①
161 → ①
162 → ③
163 → ②
164 → ⑤

ポイント解説

160 芸がない（げいがない）
①「芸がない」は「工夫がなくてつまらない」の意。

161 鶏口牛後（けいこうぎゅうご）
「鶏口」は「小さい組織の長」、「牛後」は「強者につき従って使われる者」を表す。

162 言を左右にする（げんをさゆうにする）
③「言を左右にする」は「あいまいなことばかり言う・ごまかす」の意。

163 虎穴に入らずんば虎児を得ず（こけつにいらずんばこじをえず）
「虎穴に入らずんば虎児を得ず」は「危険を冒さなければ功名はあげられない」の意で、対義語は②「君子危うきに近よらず」で、「君子は身を慎んで危険を避ける」の意である。

164 小春日和（こはるびより）
「小春」は「冬の初めの、春に似た温暖な気候のこと」を表す。⑤が適当。なお「陰暦十月のこと」を言う場合もある。

④ 三春　⑤ 小春
（国士舘大）

165 現代の科学信仰をささえている「自然の合法則性」がこのような虚構にすぎないとしたら、その上に基礎をおくいっさいの合理性は［　］だということになってしまう。そのような合理的世界観は、それがいかにみずからの堅固さを妄信しようとも、意識の底においてはつねに、みずからの圧殺した自然本来の非合理性の痛恨の声を聞いているに違いない。
〈木村敏「異常の構造」〉

① 質実剛健　② 深山幽谷　③ 砂上の楼閣
④ 諸行無常　⑤ 大山鳴動して鼠一匹
（法政大）

→ ③

166 たとえば、「原因」と「理由」が原理的には異なっていることを示す例として、それゆえ「原因」と「理由」がどのように関わっているのかを検討する［　］として、よく知られている「ソプラノ問題」というものがある。
〈一ノ瀬正樹「原因と理由の迷宮『なぜならば』の哲学」〉

① 片道切符　② 踏み絵　③ 分水嶺
④ 終着駅　⑤ 試金石
（関西学院大）

→ ⑤

167 「出［　］の誉れ」とは弟子が師よりも優れていることを讃えて言う言葉である。

① 精　② 藍　③ 世　④ 郷　⑤ 人
（法政大）

→ ②

---

165 砂上の楼閣（さじょうのろうかく）
「砂上の楼閣」とは「砂の上に建てた高い建物」のことで、「一見立派だが、基礎がもろくて長く維持できないこと」、あるいは「実現不可能なこと」をたとえる。ここでは「実現不可能なこと」の意。③が適当。

166 試金石（しきんせき）
「試金石」は「貴金属の純度や品位などを判定するための硬い石」のこと。転じて、「物の価値や人物の能力などを評価するために試みる物事」の意。⑤が適当。

167 出藍の誉れ（しゅつらんのほまれ）
「出藍の誉れ」は「青は藍より出でて藍より青し」と同義で、「弟子が先生の能力を超えること」を表す。②が適当。

問 次の空欄に入る最も適当な語を選べ。

✦ 168 辛［　］をなめる

①辣　②酸　③味　④甘　⑤肝 （法政大）

169 進退［　］まり、動きがとれない。

①際　②究　③窮　④治　⑤収 （亜細亜大）

✦ 170 ［　］魚の交わり

①金　②人　③鮮　④水　⑤木 （名城大）

✦ 171 好きこそものの上手なれ ↔ ［　］

①下手の横好き　②蓼食う虫も好き好き

③餅は餅屋　④下手の道具立て

⑤上手の手から水が漏れる （北海学園大）

172 雑誌の方から、メロンの［　］分けがあった。誌上で紹介した農家から送って来たのだという。〈北村薫「植物採集」〉

①いたみ　②やま　③おすそ

④切り　⑤株 （愛知大）

問 次の空欄に入る適当な語を答え（ひらがなでもよい）、その意味として最も適当なものを選べ。

173 そうは問屋が［　］ない

①お金さえあれば思うがままにどうにでもなる。

②見当をつけた値の半分くらいを考えれば大体当たる。

③後になって後悔しないように早くやった方がよい。

解答

168 → ②

169 → ③

170 → ④

171 → ①

172 → ③

173 → 卸さ・④

ポイント解説

168 **辛酸をなめる**（しんさんをなめる）

「辛酸をなめる」で「苦しいことを経験すること」を表す。②が適当。

169 **進退窮まる**（しんたいきわまる）

「進退窮まる」で「どうすることもできないで窮地に追い詰められること」の意。③が適当。

170 **水魚の交わり**（すいぎょのまじわり）

「水魚の交わり」とは「水と魚のような関係」「親密で離れがたいこと」を表す。④が適当。

171 **好きこそものの上手なれ**（すきこそもののじょうずなれ）

「好きこそものの上手なれ」は「好きならば熱心に努力するからその道の上手になる」の意。対義語は①「下手の横好き」で、「下手なのにそのことに熱心なこと」の意である。

172 **裾分け**（すそわけ）

③「おすそ分け」は「もらい物や利益を分配すること」の意。

173 **そうは問屋が卸さない**（そうはとんやがおろさない）

「そうは問屋が卸さない」は「そう簡単

④ 相手の言い分ばかりに応じるわけにはいかない。

問

174 **次の空欄に入る最も適当な語を選べ。**

ここはひとつ［　］の見物といこうじゃないか。（帝塚山学院大）

① 極み　② 後見　③ 風見　④ 中味　⑤ 高み

→ ⑤

175 わざわざ尾鰭《ひれ》を付けよとか脱線しろとまでは言わないが、そこでは回り道や枝分かれが好まれる。完璧には知りようのないことを話しているのだ。あまり［　］でやると、見てきたような嘘を言うと思われる。場合によっては訥《とつ》々と話すほうが信用される。（亜細亜大）

① 絵に描いた餅　② 蛙の面に水　③ 仏の顔も三度まで　④ 河童の川流れ　⑤ 立て板に水（早稲田大）

→ ⑤

問 **次のそれぞれに答えよ。**

176 次の空欄に身体の部位を表す漢字一字を入れ、ことわざを完成させよ。

［　］に火をともす（東北学院大）

→ 爪

177 次の空欄に入る最も適当な語を選べ。

大きな夕日が地平線のかなたにぐんぐん、つるべ［　］に沈んでゆく。〈五木寛之「五木寛之全紀行3」〉

① 返し　② 投げ　③ 揚げ　④ 落とし（摂南大）

→ ④

に思うようにはいかない（いかせない）」の意。したがって④が適当。

174 **高みの見物**（たかみのけんぶつ）
「高みの見物」は「関係のない気楽な立場から成り行きを傍観すること」の意。

175 **立て板に水**（たていたにみず）
「訥々と」（＝つかえつかえに話すさま）との対比で考える。⑤「立て板に水」は「よどみなく話すさま」のこと。①「絵に描いた餅」は「役に立たないものごと」の意。②「蛙の面に水」は「どんな仕打ちを受けても平気なこと」の意。③「仏の顔も三度まで」は「どんな温和な人でも無法なことをたびたびされれば怒ること」の意。④「河童の川流れ」は「その道の達人もときには失敗することがある」の意。

176 **爪に火を点す**（つめにひをともす）
「爪に火を点す」は、「ろうそくの代わりに爪に火を点すこと」で、「生活の貧しさ」を表す。

177 **つるべ落とし**（つるべおとし）
④「つるべ落とし」は「つるべを井戸に落とすようにまっすぐ早く落ちること」の意で、転じて「秋の日が暮れやすいこと」をいう。

問 次のそれぞれに答えよ。

178 次の空欄に入る適当な語を答え（ひらがなでもよい）、その意味として最も適当なものを選べ。

でる［　］は打たれる

① 物事の解決手段が全く見つからなくなってしまう。
② 面倒をみていた者に裏切られ害を加えられてしまう。
③ 才能があって頭角をあらわす者はとかく憎まれる。
④ 意外な場所でまた筋違いのことで昔の恨みを晴らす。

〈帝塚山学院大〉

179 次の空欄に入る最も適当な語を漢字一字で答えよ。

「天高く［ a ］肥ゆる」と「［ b ］深く燈火親しむ」がミックスされて「天高く燈火親しむ季節となってまいりました」とする誤用が実際にあったらしいが、

〈加賀野井秀一「日本語は進化する」〉

〈東北学院大〉

180 次の空欄に入る最も適当な語を選べ。

もちろん、大江さんを批判しているだけでは天に［　］のと同じで、自分もまた同罪だという意識を持っています。

〈村上陽一郎「やりなおし教養講座」〉

① 唾する　② 仇《あだ》なす　③ 敵する
④ 檄《げき》する　⑤ 臆する

〈大東文化大〉

181 次の傍線部の表現が不適切な場合は最も適切なものを選び、適切

解答

178 杭（釘）・③
179 a＝馬 b＝秋
180 ①
181 ⑤

ポイント解説

178 出る杭は打たれる（でるくいはうたれる）
「出る杭は打たれる」は「すぐれて抜け出ている者は、とかく憎まれる」の意で③が適当。「出る釘（くぎ）は打たれる」ともいう。

179 a 天高く馬肥ゆ（てんたかくうまこゆ）
空が澄み渡り馬がたくましくなる秋の好時節の表現。
b 秋深く灯（燈）火親しむ（あきふかくとうかしたしむ）
秋は涼しく夜長なので読書に向くの意で、秋の時候を表す。

180 天に唾する（てんにつばする）
「天に唾する」とは、「上に向かってつばを吐けば自分の顔に落ちかかること」を指し、「人に害を与えようとしてかえって自分が被害を受けること」のたとえである。①が適当。

181 取りつく島がない（とりつくしまがない）

であれば⑤を選べ。

私は真剣に謝ったが、彼女は立ち止まってさえくれず、全く取りつく島もなかった。

① 暇　② 袖　③ 岩　④ 隙　⑤（適切）　（法政大）

問　次の空欄に入る最も適当な語を選べ。

182 無い［　］は振られぬ

① 鈴　② 袖　③ 旗　④ 棒　⑤ 扇　（名城大）

→②

183 流れに［　］さす

① 色　② 棹《さお》　③ 水　④ 杭《くい》　（神田外国語大）

→②

184 泣く［　］と地頭には勝てない

① 馬　② 猿　③ 鳥　④ 親　⑤ 子　（大阪経済大）

→⑤

185 日本にも「［　］」ということわざがありますが、他人のためにしたことの恩恵が、めぐりめぐって自分のところにかえってくる、という発想ですね。

〈伊藤亜紗『「うつわ」的利他―ケアの現場から』〉

① 敵に塩を送る
② 火中の栗を拾う
③ 江戸の敵を長崎で討つ
④ 情けは人のためならず
⑤ 風が吹けば桶屋《おけ》がもうかる
⑥ 己の欲せざるところは人に施すなかれ

（学習院大）

→④

「取りつく島もない」は適切な表現なので、⑤を選ぶ。「すがる手がかりもない」の意。

182 **無い袖は振られぬ**（ないそではふられぬ）

「無い袖は振られぬ」は「実際に持っていなければ出したくとも出せないこと」を表す。②が適当。

183 **流れに棹さす**（ながれにさおさす）

「流れに棹さす」は「棹を使って舟で流れを下るように、物事を流れに乗せて順調に進行させること」の意。③が適当。なお「時流に逆らう」という意味に用いるのは誤り。

184 **泣く子と地頭には勝てない**（なくことじとうにはかてない）

⑤「泣く子と地頭には勝てない」は「道理の通じない者にはかなわない」の意。

185 **情けは人のためならず**（なさけはひとのためならず）

「情けは人のためならず」は「情けを人にかけておけば、それがめぐりめぐって自分にもよい報いがくること」を表す。④が適当。なお「人に親切にするとかえってその人のためにならない」という意味に勘違いしている人は注意。

問　次の空欄に入る最も適当な語を漢字一字で答えよ。

186　大陸からやって来た漢語は、日本の風土にどっかり［　　］を下ろしたが、

〈寿岳章子「日本語と女」〉（帝塚山学院大）

187　ボツリヌス菌の巣窟《そうくつ》となったカビを慎重に除き、かねて用意した七五年の*トロタノワと合わせるが、全く［　　］が立たない。

〈福田和也「甘美な人生」〉（福岡大）

*トロタノワ＝シャトーの一つ。

問　次の空欄に入る最も適当な語を選べ。

188　［　　］に据えかねて、つい声を荒げた。

①　気　②　頭　③　肝　④　腹　⑤　心

（拓殖大）

189　地域でも、どのような地域を目指せばいいのか、住人はどのような価値を重んじているのか、以前からの住人と新しく来た人たちはどう交流すればよいか。本当はこうしたことについて［　　］対話する必要があるのではないだろうか。

〈河野哲也「人は語り続けるとき、考えていない」〉

①　きびすを返して　②　膝を突き合わせて

③　耳をそろえて　④　顔色をうかがって

⑤　肩ひじを張って

（同志社大）

190　彼の行動は［　　］に油を注ぐだけだ。

①　水　②　木　③　火　④　顔　⑤　石

（拓殖大）

解答

186　根

187　歯

188　④

189　②

190　③

ポイント解説

186　**根を下ろす**（ねをおろす）

「根を下ろす」は「定着する・根付く」の意。

187　**歯が立たない**（はがたたない）

「歯が立たない」は「固くてかめない」の意から転じて、「手ごわくてたちうちできない」の意に用いる。

188　**腹に据えかねる**（はらにすえかねる）

「腹に据えかねる」は「怒りをおさえることができないこと」の意。④が適当。

189　**膝を突き合わせる**（ひざをつきあわせる）

「膝を突き合わせる」は「じっくり話をするために、膝が触れ合うほど近くに向かい合ってすわること」の意。②が適当。

190　**火に油を注ぐ**（ひにあぶらをそそぐ）

③「火に油を注ぐ」は「勢いのあるものにさらに勢いを与えるようなことをする」「状況をさらに悪化させる」の意。

191　**風前のともしび**（ふうぜんのともしび）

⑤「風前のともしび」は「今にも消えようとする危機にあること」の意。なお、①「他山の石」は「無関係に見えること

191 不渡り手形を出してしまい、会社の命運も今や［　　］である。

①他山の石　②背水の陣　③対岸の火事
④まな板の鯉《こい》　⑤風前のともしび

（大阪学院大）

→ ⑤

192 あらかじめ優秀な人材に［　　］をつけておく。

①図星　②金星　③黒星
④目星　⑤三つ星

（大阪学院大）

→ ④

193 しかし多くの都市のその計画は、隠れていた古い勢力のためにしだいに浸蝕《しんしょく》されて、元の［　　］に帰ろうとしています。

〈丹下健三「明日の都市への展望」〉

①修羅場　②蜃気楼《しんきろう》　③桃源郷
④伏魔殿　⑤木阿弥《もくあみ》

（追手門学院大）

→ ⑤

194 実際、公式行事の後には、花電車や広告行列から提灯行列、陸海軍軍楽隊の音楽行進、記念体育大会など［　　］のプログラムが展開し、街は人出で溢《あふ》れた。

〈吉見俊哉「東京復興ならず」〉

①海千山千　②枯れ木も山の賑にぎわい
③木を見て森を見ず　④盛り沢山
⑤山あり谷あり

（駒澤大）

→ ④

195 互《たがひ》に気を奮ひ勇を［　　］して、

〈田山花袋「多摩の上流」〉

①愛　②鼓　③蛮
④探　⑤託

（成蹊大）

→ ②

でも自分を磨く助けになりうる」の意。②「背水の陣」は「一歩も退けない絶体絶命の立場」のこと。③「対岸の火事」は「自分と無関係のこと」の意。④「まな板の鯉」は「相手のなすがままで逃げ場のない状況にあること」の意。

192 **目星を付ける**（めぼしをつける）
④「目星をつける」は「およその見当をつける」という意。①「図星」は「目当て」、②「金星」は「手柄」、③「黒星」は「失敗」、⑤「三つ星」は「オリオン座の星」の意。

193 **元の木阿弥**（もとのもくあみ）
戦国時代に武将の死を隠すために木阿弥という盲人に武将の声を真似させたという故事から生まれた語。「元の木阿弥」とは「いったんよくなったものが、再びもとの状態に戻ること」を表す。⑤が適当。

194 **盛り沢山**（もりだくさん）
「盛り沢山」は「内容が山盛りで豊富なこと」の意。④が適当。

195 **勇を鼓す**（ゆうをこす）
②「勇を鼓す」は「勇気を奮う」の意。「鼓舞（こぶ）する」もほぼ同義。

問 次の空欄に入る最も適当な漢字を答えよ。

196 埒《らち》が［　］かない。〈入不二基義「足の裏に影はあるか？　ないか？」〉（学習院大）

問 次の空欄に入る最も適当な語を選べ。

197 「李下《りか》に［　］を正さず」とは、疑いを招くようなことは避けよ、という意味である。

① 曲　② 師　③ 王　④ 冠　⑤ 剣　（法政大）

198 不遇な身で、人から言うに言われぬ親切をうければ、「［ a ］」、とはよく言ったものだ。」と感謝する。しかし、これらを記憶して適切に使おうとすると、これだけではだめだ。世間には事実、鬼もいれば蛇もいるのである。そこで諺をもう一つ、「［ b ］」というのも、同時に覚えておかねばならないわけだ。〈池田弥三郎「諺の盛衰」〉

a
① 鬼の中にも仏がいる
② 地獄に仏
③ 渡る世間に鬼はない
④ 禍福は糾《あざな》える縄のごとし
⑤ 捨てる神あれば拾う神あり

b
① 長いものには巻かれろ
② 人を見たら泥棒と思え
③ 蛇の道は蛇
④ 鬼の目にも涙
⑤ 人は見かけによらぬもの

（北海学園大）

解答

196 → 明

197 → ④

198 → a＝③　b＝②

ポイント解説

196 埒が明かない（らちがあかない）
「埒」は「柵」の意で、転じて「区切り」の意。「埒が明かない」は、「区切りがつかない・決着がつかない」の意。

197 李下に冠を正さず（りかにかんむりをたださず）
「李下に冠を正さず」は「瓜田《かでん》に履《くつ》を納れず（ウリの畑に靴を入れてはならない。ウリを盗もうとしていると思われるから）」と同義で、「疑われることをしてはならない」という戒め。④が適当。

198 a 渡る世間に鬼はない（わたるせけんにおにはない）
b 人を見たら泥棒と思え（ひとをみたらどろぼうとおもえ）
a③「渡る世間に鬼はない」は「世間の人は怖く見えてもみな優しい」の意、**b**②「人を見たら泥棒と思え」は「他人は信用してはならない」の意で、この二つが対義。**a**④「禍福は糾える縄のごとし」は「人生には幸と不幸が交互に訪れること」、**b**③「蛇（じゃ）の道は蛇（へび）」は「同類の者は同類の者のことがすぐわかる」の意。

第3章

重要語彙問題

❖ この章では、主に説明的文章（論説文・説明文など）の読解に必要な語句を扱う。論説文を読む力は、まず語彙力が基礎となることを改めて認識しよう。

❖ 微妙なニュアンスの違いが問題文でどう扱われているのか、それをどう読み取るのか、といった高度な設問に答えるために、正確な基礎知識を確認しよう。

❖現代文読解の基本は語句の意味を正確に捉えること。自分の知識を試そう。

問 次の傍線部の意味として最も適当なものを選べ。

1 技術を適切に使うことで技術のもたらす隘《あい》路からも脱出できるだろう、と楽観主義者はいう。人間の理性とさらなる高度な技術が問題を解決するだろう。

〈佐伯啓思「近代の虚妄　現代文明論序説」〉

① 袋小路　② 分かれ道　③ 狭い道

④ 迷路　⑤ 落とし穴

（立教大）

2 相手の意表をついて、敵陣の中央突破を敢行した。〈川勝平太の文〉

① 考慮にいれていないこと

② 考えをまとめて表現すること

③ 命令・意志にそむくこと

④ 積極的に何かしようとすること

⑤ ある問題についての考えたこと

（東京理科大）

3 アメリカでは遺伝情報の分析により保険料設定を行なうことが保険会社のビジネスモデルになったことがすでにあり、結果として「差別の温床になる」という懸念の声が大きくなったため、「遺伝情報差別禁止法」を二〇〇八年に成立させました。

〈宮下紘「ビッグデータの支配とプライバシー危機」〉

① 正当な理由のない不利益の強制

② ある傾向をさらに著しくすること

解答

1 → ③

2 → ①

3 → ⑤

ポイント解説

1 隘路（あいろ）

「隘路」は「狭くて通行困難な道」のこと。転じて「物事を進めていくうえの妨げとなる点」を表す。③が適当。

2 意表をつく（いひょうをつく）

「意表」は「考えもしないこと」で「意表をつく」は「相手が考えもしないことをする」。①が適当。

3 温床（おんしょう）

「温床」は「苗を早く育てるために床土を暖かにする施設」のこと。転じて、「ある結果を生み出し育てる環境のこと」を表すが、とくに悪い場合に使われる。⑤が適当。

③ 変化を生じさせる直接の原因
④ 自ずから他に害を及ぼす物事
⑤ ある結果が生じやすい環境
⑥ ある物事に心がとらわれること
（広島修道大）

4 ここにも諧謔《かいぎゃく》と旅愁の微妙な複合がある。〈目崎徳衛の文〉

① ふざけた言動
② 常軌を逸していること
③ おどけた滑稽さ
④ 技巧的な言葉づかい
⑤ 品格のある作品
（福岡大）

5 若者たちはいつの時代でも本来的に画然と一つの層をなし、そのときの支配層の文化や制度に対して対抗的な態度を取る、という考えがあるが、これは誤りだ。〈山田真茂留「〈普通〉という希望」〉

① 新しい時代をひらくさま
② 区別や違いがはっきりしているさま
③ 順序立って組み立てられているさま
④ あらかじめ計画を立てて物事をおこなうさま
⑤ 何もかも一様で、個性や特徴のないさま
（立正大）

6 これまでの勉強といささか勝手が違う。〈外山滋比古「思考の整理学」〉

① 事情　② 都合　③ 方法　④ わがまま
（摂南大）

4 ↓ ③

5 ↓ ②

6 ↓ ①

4 諧謔（かいぎゃく）
「諧謔」は「滑稽で気の利いた言葉」の意で③が適当。

5 画然（かくぜん）
「画然」は「区別が非常にはっきりしているさま」「境目がきわめて明白であるさま」などの意。したがって②が適当。

6 勝手（かって）
「勝手」には「自分にとっての都合」（「勝手にする」など）、「便利さ」（「使い勝手」など）、「様子・具合・事情」（「勝手がわからない」など）、「わがまま」、「生計」などの意味がある。ここは、「これまでの勉強と事情が異なる」の意で①が適当。

問 **次の傍線部の意味として最も適当なものを選べ。**

7 おくればせながら日本人として生まれた他の作家たちと同じように、日本語との本格的な葛藤が始まったのである。
〈リービ英雄「日本語の勝利」〉

① 相反する選択肢にまじめに向き合うこと
② 二者の間で切磋琢磨し、高め合うこと
③ 二者が互いに譲らず、いがみ合うこと
④ 異なるものがもつれ絡みあい、争うこと
（摂南大）

解答 → ④

8 寡黙な舌が別人のようによく動きだす
〈井上ひさし「塩引きの鮭」〉

① 何もしゃべらない　② 口数の少ない
③ よくしゃべる　④ なめらかでない
（摂南大）

→ ②

9 日常生活や職業生活において別の言語に「乗り換え」ることも原理的には可能である。（中略）「乗り換え」がしばしば多大な困難を伴うことは看過されがちである。
〈言語権研究会「ことばへの権利」〉

① しばしば否定される　② 途中を見誤る
③ 悪く評価されかねない　④ 重視されないことが多い
⑤ 過ちとして処理される
（獨協大）

→ ④

10 セクハラ質問に毅然《きぜん》たる態度を示すのは、
〈安田雪「大学生の就職活動」〉

① 反抗的な　② 疑問を呈する
③ 物《もの》怖《お》じしない　④ 敵意をあらわにした

→ ③

ポイント解説

7 **葛藤**（かっとう）
「葛藤」とは「かずら」と「ふじ」というつる草の名。つる草がからみあうように「人と人との間や人の心の中などで違いに争い、憎しみ合うこと」の意となった。したがって④が適当。

8 **寡黙**（かもく）
「寡黙」は「言葉が少なくだまりがちなこと」の意。したがって②が適当。なお、「寡」は「少ない」という意味。同義語に「寡言」がある。

9 **看過**（かんか）
「看過」は「たいしたことでないとして見過ごす」の意。したがって④が適当。

10 **毅然**（きぜん）
「毅然」は「意志が強く、物事に動じないさま」を表す語。したがって③が適当。

⑤ 不信感にみちた　⑥ 相手を見くびった

（追手門学院大）

→ ②

11

ナチスは、人権思想を知っていて、それが、失業者を前提とする社会では欺瞞であるとしてあえて無視した。

〈藤原辰史「脱人間の人文学」〉

① 退化を招くこと　② 騙すこと
③ 偽善的なこと　④ 邪魔なこと
⑤ 不条理なこと

（関西学院大）

→ ②

12

彼らは、以前、物置小屋の天井裏に絶好の隠れ場を見つけたのと同様の「よい嗅覚《きゅうかく》」をもって、

〈堀辰雄「鼠」〉

① 超自然的なものに対するすぐれた感受性
② 動物のような鋭い直感
③ 群れを作るものに特有の防衛本能
④ 弱者が身を守るためのすばやい反応
⑤ 子どもらしい柔軟な発想

→ ②

✦✦ **13**

古典を解しようと思うならば、直ちにその享受へと向かうべきである。

共通

〈西郷信綱の文〉

① 深く理解すること
② 受け取って自分のものにすること
③ 自ら直接に受け取ること
④ 喜びをもって受け入れること
⑤ 理解することによって楽しむこと

（國學院大）

→ ②

---

11 **欺瞞**（ぎまん）

「欺瞞」は「あざむきだますこと」の意。②が適当。

12 **嗅覚**（きゅうかく）

「嗅覚」は「においの感覚」のことで、五感の一つ。五感の中で、視覚・聴覚などに比べ、嗅覚はより本能に近いものとして扱われる傾向がある。ここでも「鋭い直感」という語が含まれる②が適当。

13 **享受**（きょうじゅ）

「享受」は「物事を受け入れて自分のものにすること」。したがって②が適当。

問14 次の傍線部の語の意味に最も近い熟語を後から選べ。

男性は徴兵され軍服を着て、髪形も指定された。国家への恭順を示すわかりやすい外見の指標があった。

〈飯田未希「非国民な女たち　戦時下のパーマとモンペ」〉

① 礼節　② 忠誠　③ 礼讃

④ 依存　⑤ 服従

（法政大）

解答 → ⑤

問15 次の傍線部の意味として最も適当なものを選べ。

とにかく十五世紀以降のヨーロッパは、東の海の彼方にあるというスパイスの故郷を求めて狂奔した。

〈玉村豊男「世界の野菜を旅する」〉

① 常識ではありえない行動に出ること。

② 危険をかえりみず思い切ってやること。

③ がむしゃらになってやりとげること。

④ 我さきと必死になって争うこと。

⑤ 夢中になってかけまわること。

解答 → ⑤

16

読者に感動を与える文学には、必ず作家のこの感性が、ある時は明瞭な形で、ある時は極めて暗示的にだが、横溢《おういつ》していると言えよう。この感性こそが、人の深奥にある琴線を、最も強く揺さぶるのである。

〈藤原正彦「数学者の言葉では」〉

（名古屋外国語大）

① 外界の事物が与える印象を感じる心の能力

解答 → ②

ポイント解説

14 恭順

「恭順」（きょうじゅん）は「つつしんで従うこと」の意。

⑤「服従」が最も近い意。

15 狂奔

「狂奔」（きょうほん）は「くるったように走り回ること」「ある目的のために忙しく走り回って努力すること」で⑤が適当。「奔」は「走る」の意。

16 琴線

「琴線」（きんせん）は物事に感動する心情をことの糸にたとえていう言い方で、「人間の心の奥深くにある感じやすい心情」「感動し、共鳴する心情」を指す。したがって②が適当。

② 心の中の、物事に共鳴し感動する部分
③ 物事に触れた時に起こる微妙で繊細な感情
④ 激しい感情が沸き起こる心の中のある部分
⑤ 美しい物事を敏感に感じ取る心の能力

（武蔵大）

17 この絵が描かれた一六世紀には、おなじ主題の版画がいくつかのこされているが、それらはいずれも、ひとの世の地道ないとなみをわすれて自分の力以上のことをしようとする高慢をいましめ、中庸をいくことを教える、寓意《ぐうい》と考えられていたらしい。

〈西村清和「電脳遊戯の少年少女たち」〉

① 独創的な意味をつけ加えること
② その時代の人びとに共有された意味を表わすこと
③ 教訓の意味を絵でわかりやすく伝えること
④ 何かにかこつけてある意味をほのめかすこと
⑤ 有名な作品の特徴をまねてある意味を強調すること

（追手門学院大）

→ ④

18 やがて長閑《のどか》な馬子唄《まごうた》が、春に更けた空山《くうざん》一路の夢を破る。

〈森澄雄「俳句への旅」〉

① ひとけのない山　② 広く大きな山
③ まぼろしの山　④ 高くそびえる山
⑤ 眺めのよい山

（国士舘大）

→ ①

17 寓意（ぐうい）
「寓意」は「他の物事にかこつけて、それとなくある意味をほのめかすこと」の意。④が適当。

18 空山（くうざん）
「空山」は「人けのないさびしい山」のこと。①が適当。

問 次の傍線部の意味として最も適当なものを選べ。

19 和辻の視線は地理学的には素朴で、文学的には慧眼という点で特異である。

〈柴田陽弘「風景論入門」〉

① 才気走った鋭い眼
② 物事を見抜く優れた眼力
③ 神経質そうないらだった視線
④ 常に視点が定まらない不安定な視線
⑤ 他者を寄せ付けない冷ややかな眼差し

（関西学院大）

解答 ②

20 相手に迎合し、またときおり見せる温情に不本意にすがってしまうことがあったとして、それを責められるだろうか。

〈浜田寿美男「自白の心理学」〉

① 相手に快く受け入れられること
② 相手に歓迎されること
③ 相手の意にしたがって気に入られようとすること
④ 相手に逆らうこと
⑤ 相手のアドバイスにしたがって行動すること

（立正大）

解答 ③

21 コンピュータになると、この関係はさらに顕著で、コンピュータは脳をモデルにした計算能力の拡張であり、たとえば人工知能のように、知性の働きそのものを外在化し拡張するというような試みも行われてきました。

〈石田英敬「現代思想の教科書」〉

① 際立って目立つこと　② 特に濃密なこと

解答 ①

ポイント解説

19 慧眼（けいがん）
「慧眼」は「物事をよく見抜く鋭い洞察力」のこと。したがって②が適当。

20 迎合（げいごう）
「迎合」は「相手の気に入るように努めること、相手に合わせて意見や態度を変えること」で、③が適当。

21 顕著（けんちょ）
「顕著」は「際立って目につくさま」「著しいさま」を表す。したがって①が適当。

③ 明白になること　④ 非常に重要なこと
⑤ 露骨に表れること　（玉川大）

22
巷間《こうかん》では、映画にもなった小説『ダ・ヴィンチ・コード』（二〇〇三年）のような「陰謀論」が盛んである。
〈森本あんり「異端の時代」〉
① 海外　② 近ごろ　③ 世の中
④ 内々　⑤ 芸能界　（大阪学院大）

→③

問 23 **次の意味を表す熟語として最も適当なものをそれぞれ選べ。**
a 入りまじること　b 地位・財産などをうけつぐこと
c 思いきってするさま　d 表面にあらわれること
e 無駄な骨おり
① 破綻　② 飛躍　③ 徒労　④ 成就
⑤ 発露　⑥ 敢然　⑦ 吐露　⑧ 合議
⑨ 継承　⑩ 拙速　⑪ 疲弊　⑫ 交錯
⑬ 圧倒　⑭ 雑踏　⑮ 遵守　（名城大）

→ a＝⑫　b＝⑨　c＝⑥　d＝⑤　e＝③

問 24 **次の傍線部の意味として最も適当なものを選べ。**

彼の『美学（羅 Aesthetica）』（第1部一七五〇年／第2部一七五八年）をもって、我々が今日この名で呼ぶ学問分野の嚆矢とする。

〈津上英輔「危険な『美学』」〉
① あつまり　② あやまり　③ こだわり
④ はじまり　⑤ ひろがり　（大阪産業大）

→④

---

22 巷間（こうかん）
「巷間」は「まちのなか」「世間」「世の中」などの意。③が適当。

23
a 交錯（こうさく）
b 継承（けいしょう）
c 敢然（かんぜん）
d 発露（はつろ）
e 徒労（とろう）
a 「交錯」は「いくつかのものが入り交じること」。⑫が適当。
b 「継承」は「引き続いて受け継ぐこと」。⑨が適当。
c 「敢然」は「思い切って行動するさま」。⑥が適当。
d 「発露」は「気持ちや心の中などが自然に外にあらわれること」。⑤が適当。
e 「徒労」は「無駄なことに力を費やすこと」。③が適当。

24 嚆矢（こうし）
「嚆矢」は「射ると音をたてる矢」のこと。戦争の始めにこの矢を射たところから、「物事のはじめ」の意味に用いる。④が適当。

問 **次の傍線部の意味として最も適当なものを選べ。**

25 その道は、人間以外の存在への注視と拘泥が、自分以外の人間の抹殺になってはならない道である。

〈藤原辰史「脱人間の人文学」〉

① 貢献すること　② 寄り添うこと

③ 研究すること　④ 傾聴すること

⑤ 執着すること

（関西学院大）

26 それはあんまり些末《さまつ》な事柄で、

〈三島由紀夫「剣」〉

① 末端的で特殊な事柄　② 私生活に関する事柄

③ 正確さに欠ける事柄　④ 取るに足りない事柄

⑤ 心情的で微妙な事柄

27 共通

だが〈家〉の桎梏《しっこく》を脱して代助が自《みずか》らの心情に従おうとするときのほとんど大仰すぎる狂乱ぶり、あるいは『門』の宗助夫婦が、親を棄て、親類を棄て、友達を棄て、社会を棄てて日当りの悪い崖下に住み、御米《およね》のかつての夫、安井が近くまでやって来るときの夫婦の恐れにも、この法律の影がさしている。

〈高橋和巳「漱石における政治」〉

① 伝統的なしきたりによるもの。

② 家族のきずなを作るもの。

③ 感情を抑圧するもの。

④ 道徳的な規制を加えるもの。

⑤ 自由な行動を束縛するもの。

（法政大）

解答

25 → ⑤

26 → ④

27 → ⑤

ポイント解説

25 拘泥（こうでい）

「拘泥」は「あることを必要以上に気にしてそれにとらわれること」の意。⑤が適当。

26 些末（さまつ）

「些末」は「わずかなこと・取るに足りないこと」の意。したがって④が適当。「瑣末」とも書く。同義語は「些細（ささい）」。

27 桎梏（しっこく）

「桎梏」の「桎」は足かせ、「梏」は手かせのこと。転じて、「自由な行動を束縛するもの」を表す。⑤が適当。

問28

わたしはそこまで彼らと昵懇《じっこん》ではない。〈前登志夫の文〉

① 血縁関係にあること　② 関係が疎遠であること
③ 親しい間柄であること　④ 分け隔てなく接すること
⑤ 竹馬の友であること
（國學院大）

→③

問29 次の傍線部の語の意味に最も近い熟語を後から選べ。

パーマネントをかけた女性、派手な化粧をした女性、最新流行のスカート姿の女性、派手な和装の女性などが「奢侈《しゃし》的」「享楽的」と名指しされ、新しくできた*精動本部に属する男性や女性指導者層、各種婦人会の女性たち、そしてメディアから一斉に批判を受けるようになった。

〈飯田未希「非国民な女たち　戦時下のパーマとモンペ」〉

*精動＝国民精神総動員運動の略称。戦時下において国民に戦争協力させるため、政府が推進した。

① 傲慢　② 放埒《ほうらつ》　③ 闊達《かったつ》
④ 絢爛《けんらん》　⑤ 華美
（法政大）

→⑤

問30 次の傍線部の意味として最も適当なものを選べ。

自動車を中心とした、ル・コルビュジエ的な都市理念がこの上もない思想的遮蔽物を形づくってきた。〈宇沢弘文「社会的共通資本」〉

① たちきるもの　② おとろえさせるもの
③ こりかたまったもの　④ おおいさえぎるもの
（成城大）

→④

28 昵懇（じっこん）

「昵懇」は「親しいこと・こころやすい関係にあること・懇意」の意。したがって③が適当。対義語は「疎遠（そえん）」。

29 奢侈（しゃし）

「奢侈」は身分不相応なくらしをすること。度を超えたおごり、ぜいたく。これに一番近いのはぜいたくなことを表す「華美」である。

30 遮蔽（しゃへい）

「遮蔽」は、「覆いをかけて、他から見えないようにすること」。したがって④が適当。

問 次の傍線部の意味として最も適当なものを選べ。

31 何かトラブルが生じて解決が必要になった場合（むろんこれも社会的な決め事の一種である）、人々が準拠するのは「法」なのだ。

〈佐藤俊樹「00年代の格差ゲーム」〉

① よりどころにする ② そなえにする ③ たすけにする
④ うらづけにする ⑤ ささえにする （東北学院大）

32 異なった聞き手のそれぞれに配慮した一種の「饒舌《じょうぜつ》」も必要

〈冷泉彰彦『関係の空気』『場の空気』〉

① 舌足らずな物言い。 ② 嘘でごまかすこと。
③ おしゃべりなこと。 ④ はっきりと話すこと。
⑤ 親切で優しい言い方。 （国士舘大）

33 それが多くの犯罪ドラマや人間ドラマの常套手段だろう。

〈長谷正人「敗者たちの想像力」〉

① 古臭い手法 ② 形式的な礼儀作法
③ ありふれたやり方 ④ 空しく陳腐な方法 （亜細亜大）

34 われわれはものをうまく忘れることが下手である。刺激のつよすぎる現代生活において、これを処理しきれないで精神的不調を訴える人が急増している昨今、忘れる術を研究することは焦眉の問題でなければならない。

〈外山滋比古「ライフワークの思想」〉

① 危険であること ② 注目を集めていること
③ 差し迫っていること ④ 心配をしていること （摂南大）

解答

31 → ①
32 → ③
33 → ③
34 → ③

ポイント解説

31 準拠（じゅんきょ）
「準拠」は「よりどころとすること・標準としてそれに従うこと・従うべき標準」の意。ここでは①が適当。

32 饒舌（じょうぜつ）
「饒舌」は「口数が多くおしゃべりなこと」の意。したがって③が適当。

33 常套（じょうとう）
「常套」は、「きまりきったやり方」「ありきたりなさま」の意。したがって③が適当。

34 焦眉（しょうび）
「焦眉」とは、「眉を焦がすほど、火が身近に迫っている」の意から、「危険が迫っていること」、「差し迫った状況にあること」を意とする。ここでは、③が適当。

35 その男性はいかにも逍遥というような、悠揚迫らぬ、しかも何かに常に耐えるような足取りで近づいて来る。〈古井由吉「夜中の納豆」〉

① ゆったりとした気持ちで歩くこと
② ゆっくりと目的地へと接近すること
③ 気ままにあてもなく歩くこと
④ わくわくした気持ちで目的地へと急ぐこと
⑤ 憂鬱な心持ちで長い距離を歩くこと
（関西学院大）

→ ③

36 不安を助長する

① ほうっておいて相手をわざと不安にさせること
② 無理に不安な状態にさせて様子をうかがうこと
③ ひかえめにしながら少しずつ不安にさせていくこと
④ 不要な力ぞえをしてかえって不安にすること
（摂南大）

→ ④

37 箴言のようなことばをいろいろ遺している人で、晩年はそれを陶額などの作品にもした。〈筑紫哲也「自我作古　文化を考える。」〉

① 貶める言葉　② 教え諭す言葉
③ 辱める言葉　④ 宥める言葉
⑤ 誉め称える言葉
（東北学院大）

→ ②

38 そうして伝説の化け物新作の化け物どもを随意に眼前におどらせた。〈寺田寅彦「化け物の進化」〉

① 大量に　② 次々に
③ 思いどおりに　④ 暇なときに
（成城大）

→ ③

---

35 **逍遥**（しょうよう）
「逍遥」は「特に目的もなくぶらぶらと歩くこと・散歩」の意。したがって③が適当。

36 **助長**（じょちょう）
「助長」は「力を添えて成長を助けること」。ここでは、「不安」の成長を助けることになるので④が適当。

37 **箴言**（しんげん）
「箴言」は「教訓などの意味を持った短い言葉」の意で②が適当。

38 **随意**（ずいい）
「随意」は「思いのままであるさま」「かってきままなさま」の意。したがって③が適当。

問　次の傍線部の意味として最も適当なものを選べ。

39　仏国の碩学《せきがく》テーヌは、文学史を編して、

〈神野藤昭夫「近代国文学から国際化時代の日本文学研究へ」〉（中央大）

①　大学者　②　老学者　③　哲学者

④　地質学者　⑤　物理学者

解答　→ ①

問　次の傍線部の意味を漢字二字で言い換えよ。

40　彼らは強迫的な不安感を打ち消し、刹那の安心を得るために、たとえ表層的ではあっても、いや、むしろお互いに傷つけあわない程度に、他者とつながっていたいと願うのです。

〈土井孝義「個性を煽られる子どもたち」〉（東北学院大）

→ 瞬間

問　次の傍線部の意味として最も適当なものを選べ。

41　人はよく夫人の虚栄を非難する。（中略）実は世に虚栄という面白《おもしろ》からぬ字面の言葉があるので人は無思慮にこの言葉を使用し、もはやこの言葉では表示し難くなっている事実をもなおみだりにこの言葉に当てはめて是非しようとするのである。〈与謝野晶子「人及び女として」〉

①　説得する　②　強弁する

③　反論する　④　批評する

（西南学院大）

→ ④

42　大企業は、既存の技術の延長線上で、組織的かつ計画的に研究開発活動をおこなっている。これによって既存の技術を漸進的に改良するイノベーションを実現できる。

〈尾﨑俊哉「ダイバーシティ・マネジメント入門　経営戦略としての多様性」〉

→ ④

ポイント解説

39 碩学（せきがく）

「碩学」は「学問の広い人・大学者」のこと。したがって①が適当。

40 刹那（せつな）

「刹那」は「きわめて短い時間」の意。

41 是非（ぜひ）

「是非」は「是と非」つまり、「道理にかなうこととかなわないこと・善し悪し」の意だが、そこから、「善し悪しの判断・批評」の意ともなる。ここでは④が適当。なお、「ぜひ〜してください」などの「ぜひ」は、「是が非でも」ということで、「どうあっても」の意。

42 漸進（ぜんしん）

「漸進」は「すこしずつ進むこと」の意。「急進」の対義語。したがって④が語のニュアンスに最も近い。

① せかせか　② そわそわ　③ どんどん
④ じわじわ　⑤ するする

（京都外国語大）

→③

43

さいごまで*tuで呼びあうことがなかったことからもわかるように、私たちは、親しいという間柄ではけっしてなかったけれど、私にとっては、ありがたい、そしてなつかしい先達だった。

〈須賀敦子「トリエステの坂道」〉

*tu＝イタリア語において親しい関係で使われる二人称単数の主語。

① 本来あるべき理想を体現する人
② これからもずっと追いつけない人
③ 手本となって導いてくれる人
④ いつかは追い抜かねばならない人

（京都産業大）

→①

44

私は兄の浅慮を全く嘲笑《ちょうしょう》した。

〈井伏鱒二「たま虫を見る」〉

① 短絡的な考えに対して心の底から見下した
② 卑怯《ひきょう》なもくろみに対してためらわず軽蔑《けいべつ》した
③ 粗暴な行動に対して極めて冷淡な態度をとった
④ 大人げない計略に対して容赦なく非難した
⑤ 軽率な思いつきに対してひたすら無視した

共通

→①

45

こういう子どもたちも、自分の「内面」と自分のことばや姿かたちとのあいだには齟齬があるはずなんです。

〈内田樹「死と身体」〉

① 食い違い　② 一致　③ 関係
④ 噛み合わせ　⑤ 悩み

（北海学園大）

---

43 先達（せんだち）

「先達」は「学問・技芸・修行などで、先にその道に達し、他を導いてくれる人」のことを表す。③が適当。

44 浅慮（せんりょ）

「浅慮」は「考えが浅いこと」の意で、この意味に当てはまるのは①と⑤。「嘲笑」は「ばかにして笑うこと」なので、「見下した」の意を持つ①が適当。

45 齟齬（そご）

「齟齬」は「食い違い・行き違い」の意。したがって①が適当。

問 次の傍線部の意味として最も適当なものを選べ。

46 そういう混沌のなかで、両手の指先がときおり触れあうなかで、じぶんがいま見ているものと触れているものが同一のものであるとの了解が生まれ、そこから遡行的に指も「じぶんの指」として理解されると同時に、摑もうとしている哺乳瓶がじぶんとは異なる「物」としてあることが了解されてゆく。

〈鷲田清一「つかふ―使用論ノート」〉

① 並んで行くこと　② 先んじて行うこと
③ 物事に逆らうこと　④ さかのぼって行くこと

（日本大）

47 実際はもっとドラマチックであったはずであるのに、言葉は存外そっけない。

〈山際淳司「みんな山が大好きだった」〉

① 思いのほか　② 案の定　③ 例外なく
④ 予想通り　⑤ いいかげん

（摂南大）

48 大局から物事をみる

① やりおえた結果の方から現在の問題をみること
② 広く全体を見通して物事のなりゆきをみること
③ 未来についての予想をもとに物事を観察すること
④ かたよらない姿勢ですべてを冷静に観察すること

（摂南大）

49 ところが、私たちの日常の対人関係を緻密に見るならば、この「分けられない」、首尾一貫した「本当の自分」という概念は、あまりに大雑把で、硬直的で、実感から乖離《かいり》している。

解答

46 ④
47 ①
48 ②
49 ③

ポイント解説

46 遡行（そこう）
「遡行」は「流れをさかのぼっていくこと」の意。「遡」は「さかのぼる」と訓読みする。④が適当。

47 存外（ぞんがい）
「存外」は「思いがけないこと・予想外」の意。したがって①が適当。

48 大局（たいきょく）
「大局」は「物事の全体のありさまや、成り行き」の意で②が適当。

49 緻密（ちみつ）
「緻密」とは「細かく、くわしいこと」「精密で、すぐれていること」を表す。したがって③が適当。

〈平野啓一郎「私とは何か 『個人』から『分人』へ」〉

① 繰り返し反復して行うこと
② 距離をとって考えてみること
③ 細かく念入りに行うこと
④ 長い時間をかけてゆっくりと行うこと
⑤ 冷静沈着に行うこと

（二松學舍大）

問 50 次の傍線部に最も近いものを選べ。

ものの表面を覆い尽くすその稠密性によって威を発することを目的に生まれてきたのであるから、有機的な形の表面にも円柱の表面にも、龍は難なく巻き付き覆い尽くしていく。

〈原研哉「シンプルはいつ生まれたのか」〉

① 立錐の余地もない　② 言を俟《ま》たない
③ 非の打ち所がない　④ 取り付く島もない
⑤ 目も当てられない

（専修大）

→ ①

問 51 次の熟語の意味として最も適当なものを選べ。

陳腐

① 考えが浅はかで言動も軽はずみなさま。
② ありふれていてつまらないさま。
③ 物品を並べて人々に見せること。
④ 性格がひねくれているさま。
⑤ 話のつじつまが合わないこと。

（法政大）

→ ②

50 稠密（ちゅうみつ）

「稠」は「びっしり集まる」の意で、「稠密」は「多くの家や人などがある地域に密集していること」。これと近い意味の語句は①「立錐の余地もない」で、「人がぎっしり詰まっていて、少しの隙間もない」の意。「ちょうみつ」ともいう。

51 陳腐（ちんぷ）

「陳腐」は「古くなって腐ること」が原義。転じて「ありふれてつまらない平凡なこと」の意で用いられる。

問　次の傍線部の意味として最も適当なものを選べ。

52 消耗品がつぎつぎに運び込まれて教室の体裁をなし、〈堀江敏幸「送り火」〉

① 教室の準備がようやく済んで
② 教室とは異なった感じになって
③ 教室として立派になって
④ 教室がいったん雑然として
⑤ 教室らしい様子になって

53 なかには出世競争に背を向け、地位や名誉には恬淡《てんたん》としているように見える人もいる。〈太田肇「『承認欲求』の呪縛」〉 共通

① 出世欲を捨てたわびさびの境地にあること。
② 競争をあきらめて地位にこだわらないこと。
③ あっさりして地位や名誉に執着しないこと。
④ 昇進したがる同期を馬鹿にして相手にしないこと。
⑤ 自分には無関係だとして出世競争に背を向けること。

54 韜晦《とうかい》してみたところで、心をおなじうする友のすがたさえもはや見別《わ》けがつかない今となっては、どうしようもない。〈林達夫「歴史の暮方」〉 （東海大）

① 自分のしたことを悔やんで改めること
② 無駄と知りつつ絶望的な反抗を試みること

解答

52 ⑤
53 ③
54 ③

ポイント解説

52 体裁（ていさい）
「体裁」は「物の、外から見える形・様子」の意。したがって⑤が適当。また、「他人に見られた自分の様子」の意で「世間体（せけんてい）」と同義にも用いられる。

53 恬淡（てんたん）
「恬淡」は「あっさりしていて物事に執着しないこと」の意。③が適当。

54 韜晦（とうかい）
「韜晦」は「才能や地位、形跡などを包み隠すこと・くらますこと」の意。したがって③が適当。

③ 自分の本心を人々の目から隠すこと
④ 仲間をつくって心を分かち合うこと

55 新しい「媒体（メディア）」が登場する度に言語の淘汰《とうた》が行われてきた
〈三浦信孝「今、なぜ多言語主義なのか」〉（西南学院大）

① 使い古したものを洗練し磨き上げること
② 古いものが新しいものに置き換わること
③ 制限を設けて特定の種類を禁止すること
④ 適応するものが残り他が廃れること
⑤ 忘れられていたものが復活すること
（大阪学院大）

→④

56 メディアは情報伝達の媒体、多くのひとたちはそこから得られた情報を消費します。
〈上野千鶴子「情報生産者になる」〉

① 基礎となるもの　② 障害となるもの
③ 象徴となるもの　④ 橋渡しとなるもの
（神奈川大）

→④

57 その場ではけっして満たされない対話を時間の差を経て反芻《はんすう》することは、その対話の遂行において相手が不在であることを意味します。
〈納富信留「対話の技法」〉

① 深くかえりみること。
② 文字で書き表すこと。
③ 繰り返しよく考えること。
④ 調査して事実を証明すること。
⑤ よいものにするために吟味すること。
（甲南大）

→③

---

55 淘汰（とうた）
「淘汰」は生物学用語で、「適応するものが残り、適応できないものが死滅すること」の意。したがって④が適当。なお、「不要な物を捨てよい物だけを残すこと」の意にも用いられる。

56 媒体（ばいたい）
「媒体」とは「一方から他方へ伝えるためのなかだちとなるもの」の意。したがって④が適当。なお、この言葉の意味として「メディア」という言葉がある。評論文などでは「メディア」という表現でよく出てくるので注意しよう。

57 反芻（はんすう）
「反芻」は「一度のみこんだ食物をふたたび戻してかみ、再びのみこむこと」。転じて「繰り返してよく味わったり考えたりすること」を表す。③が適当。

問 次の傍線部の意味として最も適当なものを選べ。

58 桜というのは繊細で、微妙で、地味で、自分から近寄らない限り見えないものじゃないかと。〈赤瀬川原平「齢をとるほどに桜に近づく」〉

① めったにない　② やさしい

③ なんともいえない　④ ものたりない　（京都産業大）

→ ③

59 大学を卒業して小学校に勤めたばかりのSさんが大学を訪れ、「授業は簡単だけど、生徒指導がたいへんだ」という感想を後輩の前で披瀝《ひれき》したことがある。〈進藤聡彦「いじめられた知識からのメッセージ」〉

① 何度も同じことを繰り返して述べること。

② ものごとの一部を言って全体を推定させること。

③ 具体的に説明すること。

④ 心の中のすべてを打ち明けること。

⑤ 苦しみを次第に明らかにすること。　（東海大）

→ ④

60 *彼は移りゆくものと動かぬものとを不断の緊張関係のうちに身を支える他はなかった。〈加藤周一「ある旅行者の思想」〉

*＝「彼は移りゆくものと動かぬものとを不断の緊張関係のうちにおいて、身を支える他はなかった」と解釈する。

① 迷いながらの　② とだえることのない

③ 日常の　④ 強制的な　（上智大）

→ ②

61 定年退職してから父は暇をもてあますようになった。とにかく何もせず終日家にいる無聊《ぶりょう》に耐えられなかったのである。

→ ①

ポイント解説

58 微妙（びみょう）

「微妙」は「細かいところに美しさ・問題点・重要な意味などがあって、単純な論評を許さないさま」を言う。「何とも言えない様子・デリケートさ」を表す語である。したがって③が適当。

59 披瀝（ひれき）

「披瀝」は「心の中を包み隠さず打ち明けること」で④が適当。「披」は「ひらく」、「瀝」は「したたる」の意。

60 不断（ふだん）

「不断」は「物事が絶え間なく続くこと」の意。②が適当。

61 無聊（ぶりょう）

「無聊」は「心配事があって楽しくないこと・退屈なこと」の意。したがって①が適当。「無聊をかこつ」（自分の退屈さを嘆く）などの形で用いられることが多い。

① 退屈さが我慢できなかった
② 無駄な時間が許せなかった
③ 空虚な心持ちがいやだった
④ 心細さに落ち着きを失った
⑤ 不快感を抑えられなかった

〈加賀乙彦「雨の庭」〉 共通

↓ ⑤

62 いまにも、嗚咽《おえつ》が出そうになるのだ。私は実に閉口した。

〈太宰治「故郷」〉 共通

① 悩み抜いた　② がっかりした　③ 押し黙った
④ 考えあぐねた　⑤ 困りはてた

↓ ②

63 西洋による植民地支配を彷彿《ほうふつ》とさせる状況だ。

〈鈴木直「輸入学問の功罪」〉

① 何かを思い出させそれに対する憤りを感じさせる
② 昔見たことのあるものを思い浮かばせる
③ ある事柄の記憶を急に不確かにさせる
④ 未知の出来事に対する思い込みを植え付ける
⑤ 身の回りの状況と関連付けて考えさせる

（成蹊大）

↓ ③

64 法規や法律が反故になり、法律条文の堆積物にほかならない国家は、

〈古東哲明「瞬間を生きる哲学」〉

① 守られるもの　② 貴重なもの　③ 役に立たないもの
④ 敵対するもの　⑤ 疑わしいもの

（専修大）

62 閉口（へいこう）
「閉口」は「（解決策が得られず）困り果てること」の意。したがって⑤が適当。

63 彷彿（ほうふつ）
「彷彿」は「昔見たものとそっくりであるさま」の意。「彷彿とさせる」で、「（昔見たものを）思い起こさせる」の意。したがって②が適当。

64 反故（ほご）
「反故」は「書きそこなったりして不要になった紙」の意で、転じて「役に立たなくなった物事」の意。したがって③が適当。

問 **次の傍線部の意味として最も適当なものを選べ。**

65 日本全国に蔓延《まんえん》している

〈片岡義男の文〉

① 広く行われている　② 長く続いている

③ 流布している　④ はびこっている

⑤ 当たり前になっている

（國學院大）

66 ヒトが人である所以は、シンボル活動にある。〈養老孟司「唯脳論」〉

① 忖度　② 所為　③ 操作

④ 精華　⑤ 理由

（獨協大）

問 **次のそれぞれに答えよ。**

67 次の傍線部とほぼ同じ意味の語を一つ選べ。

女きょうだいは、上に四人、下に一人いたが、いずれも若死《わかじに》している。

〈佐伯彰一「日本人の自伝」〉

① 夭折《ようせつ》　② 解脱《げだつ》　③ 短絡《たんらく》

④ 先鞭《せんべん》　⑤ 久闊《きゅうかつ》

（成蹊大）

68 次の傍線部の意味として最も適当なものを選べ。

露見したものもあれば隠しおおせたものもあります。

〈ヴァイツゼッカー「荒れ野の40年」〉

① （罪などを）認めること

② 気持ち・意図などを表すこと

③ 衣服・布におおわれていないこと

④ 秘密や悪事がばれること

⑤ 焦点をあてること

（立正大）

解答

65 ④

66 ⑤

67 ①

68 ④

ポイント解説

65 蔓延（まんえん）

「蔓延」は「（よくないものが）広く行き渡る」の意。したがって④が適当。「伝染病が蔓延する」などと使う。

66 所以（ゆえん）

「所以」は「そうである理由・そうするいわれ」の意。したがって⑤が適当。なお①「忖度（そんたく）」は「他人の気持ちを推し量ること」の意。②「所為（しょい）」は「しわざ・せい」の意。③「操作」は「コントロール」のこと。④「精華（せいか）」は「そのものの真価を示す長所」の意。

67 夭折（ようせつ）

「夭」は「若くみずみずしい」の意で、「夭折」は「若死にすること」。したがって①が適当。

68 露見（ろけん）

「露」は「露天」などのように、「表に出る・あらわになる」の意。したがって④が適当。

2 熟語②（対義語・類義語問題）

❖反対の意の語や似た意の語を理解することで語彙の幅を広げよう。

問 次のそれぞれに答えよ。

69 次の傍線部の対義語を一つ選べ。

他者や体裁を気にすることのない涅槃《ねはん》ともいうべき安寧や悟りの境地は、他人に言葉の刃（あるいは鎖）を向けることなく、自分自身にのみ意義がある「すべきこと」をその心のうちに留めている状態といえるだろう。

〈中村隆文「世界がわかる比較思想史入門」〉

① 面倒　② 高騰　③ 停滞　④ 攻撃　⑤ 不穏

（広島修道大）

70 「帰納的」の対義語を一つ選べ。

① 実証的　② 演繹的　③ 実体的　④ 遡行的　⑤ 必然的

（獨協大）

71 次の傍線部の対義語を一つ選べ。

日本の純粋散文、男性的な散文家の系譜として、白石とそして鷗外を間にはさんで、井伏鱒二というつながりを一きわ強調したい気持がぼくの中にあるのだ。

〈佐伯彰一「日本人の自伝」〉

① 古文　② 韻文　③ 単文　④ 複文　⑤ 俳文

（成蹊大）

解答

69 ⑤　70 ②　71 ②

ポイント解説

69 安寧（あんねい）

「安寧」は「穏やかにおさまり不安がないこと」の意。これの対義語は「おだやかでないこと」を表す⑤「不穏」が適当。

70 帰納的（きのうてき）

「帰納」は「具体的な事例から一般的・普遍的な法則を導くこと・特殊から普遍を導くこと」の意。対義語は②。「演繹（えんえき）」とは「一般的な原理によって個別のものを推論・説明すること・普遍から特殊を導くこと」の意。

71 散文（さんぶん）

「散文」は「韻律・字数・句法などに制限のない通常の文章」を表す。対義語は「韻律・字数・句法などに一定のルールを持つ文章」を表す②「韻文」である。

問 次のそれぞれに答えよ。

72 次の傍線部とほぼ同じ意味の語を一つ選べ。

JR西日本が全駅のホームで自撮り棒の使用を禁止したように、流行がもはや習俗に変化した。
〈畑中章宏《はたなかあきひろ》「21世紀の民俗学」〉

① たしなみ　② ならわし
③ わきまえ　④ まつりごと
（亜細亜大）

73 次の傍線部の対義語を一つ選べ。

アウグスティヌスの峻別した「神の国と地上の国」の相対立する二世界の様相に照らせば、それはキリスト者が離脱すべき「地上の国」の性だからである。
〈西谷修「アメリカ　異形の制度空間」〉

① 迎合　② 反対　③ 混同
④ 定義　⑤ 逡巡
（東京経済大）

74 次の語の対義語をそれぞれ一つ選べ。

a 承諾　b 演繹　c 歓喜　d 詳細　e 巧遅

① 許可　② 促成　③ 啓蒙　④ 悲哀
⑤ 悔悟　⑥ 刻苦　⑦ 概略　⑧ 拙速
⑨ 要点　⑩ 合議　⑪ 拒絶　⑫ 推理
⑬ 衰微　⑭ 改訂　⑮ 帰納
（名城大）

75 次の傍線部の対義語を一つ選べ。

この二つの特徴が漸進的な改変を繰り返すことを可能にし、それを長い時間続けることで、生命も科学も大きく発展してきた。

解答

72 ②

73 ③

74 a＝⑪　b＝⑮　c＝④　d＝⑦　e＝⑧

75 ③

ポイント解説

72 習俗（しゅうぞく）
「習俗」は「世の中の習慣や風俗」のこと。したがって②が適当。

73 峻別（しゅんべつ）
「峻別」とは「厳重に区別をすること」の意。対義語は「ごったにして区別しないこと」の意の③「混同（こんどう）」。

74
a **承諾**（しょうだく）
b **演繹**（えんえき）
c **歓喜**（かんき）
d **詳細**（しょうさい）
e **巧遅**（こうち）

a 「承諾」は「相手の申し出や頼みを聞き入れること」。対義語は「聞き入れないこと」の意の⑪「拒絶」が適当。

b 「演繹」は「一つのことから他の事に押し広めて述べること」。対義語は、「個々の事例から一つの法則を導くこと」の意の⑮「帰納」が適当。

c 「歓喜」は「非常な歓び」の意。対義語は「かなしみ」の意の④「悲哀」が適当。

d 「詳細」は「くわしくこまやかなこと」。対義語は「物事のだいたいのところ」を

① 推進　② 後進　③ 急進
④ 前進　⑤ 発進

〈中屋敷均「科学と非科学」〉
（大阪学院大）

76 次の傍線部と類似した意味を持つ語を一つ選べ。

不快の無制限の発露を許してはならず、何らかの統制をするべきである。

〈中島義道「差別感情の哲学」〉

① 発揮　② 強調　③ 会見
④ 表明　⑤ 宣伝

（立正大）

→ ④

77 次の語の類義語を一つ選べ。

変遷

① 推移　② 偏重　③ 回帰
④ 異動　⑤ 転向

（東京経済大）

→ ①

問 次の傍線部の対義語を一つ選べ。

78 日本の代表的古典である源氏物語、徒然草、奥の細道などを貫く無常は、まさに有限なる人生を正面から見つめたものである。

〈藤原正彦「数学者の言葉では」〉

① 有情　② 博愛　③ 常住
④ 習慣　⑤ 安心

（武蔵大）

→ ③

79 死がなければこの世の中からほとんど全ての悲哀、苦悩、孤独が一掃される筈である。

〈藤原正彦「数学者の言葉では」〉

① 依存　② 歓喜　③ 友情
④ 希望　⑤ 連帯

（武蔵大）

→ ⑤

表す⑦「概略」が適当。

e 「巧遅」は「物事をするのにたくみではあるができあがりが遅いこと」。対義語は、「へたではあるが、できあがりの早いこと」を表す⑧「拙速」が適当。

75 漸進（ぜんしん）
「漸進」は「順を追ってだんだんに進むこと」。対義語は「急速に進むこと」の意の③「急進」が適当。

76 発露（はつろ）
「発露」は「あらわして隠さないこと」の意。したがって④「表明」と同義。

77 変遷（へんせん）
「変遷」は「時の流れとともに移り変わること」の意。類義語は①「推移」が適当。

78 無常（むじょう）
「無常」は「万物が変転して移り変わること」の意。対義語は③「常住（変化なく、永遠に存在すること）」。

79 連帯（れんたい）
「孤独」の対義語は⑤「連帯」で「二つ以上のものが結びつくこと」の意。

問 **次の熟語のA構成とB読みを、後の選択肢群からそれぞれ選べ（同じものを何回用いてもよい）。**

80

a 軋轢　b 私淑　c 相殺　d 厭世

A
① 対義語、または対応する意味を持つ漢字を組み合わせている。
② 下の字が上の字の目的語や補語となっている。
③ 上の字が下の字の意味を打ち消している。
④ 上の字が下の字を修飾している。
⑤ 主語と述語の関係になっている。
⑥ 類義語を重ねている。

B
① えんせい　② えつらく　③ しせき
④ きりゃく　⑤ ししゅく　⑥ えいよ
⑦ しょうさつ　⑧ しじゅく　⑨ おんせい
⑩ あつれき　⑪ そうせつ　⑫ そうさい

（法政大）

問 **次の空欄に入る最も適当な語を選べ。**

81 彼らの政策案は、現行の法制度に［　　］してつくられたものだ。
① 依存　② 依拠　③ 依託
④ 帰依　⑤ 法衣

（亜細亜大）

82 社長は会社の進路を決定する権利を役員に［　　］した。

解答

80 a A＝⑥ B＝⑩　b A＝④ B＝⑤　c A＝④ B＝⑫　d A＝② B＝①

81 ②

82 ②

ポイント解説

80 **a 軋轢**（あつれき）
「軋轢」は「不和・摩擦」の意。「軋」は「きしる」、「轢」は「車でごろごろと踏みくだく」の意。

b 私淑（ししゅく）
「私淑」は「私（ひそか）に淑（よ）しとす」で、「直接教えを受けていないが、その人を模範として学ぶこと」の意。

c 相殺（そうさい）
「相殺」は、「ふたつを差し引いてゼロにする」の意。「相」は「互いに」、「殺」は「削る」の意。

d 厭世（えんせい）
「厭世」は「世を厭（いと）うこと」。

81 **依拠**（いきょ）
「彼らの政策案」と「現行の法制度」との関連なので、「よりどころとすること」の意の②「依拠」が適当。

82 **委譲**（いじょう）
②「委譲」は「ゆだねゆずること」の意で空欄部に適当。なお、①「添嫁」、③「配

① 添嫁　② 委譲　③ 配納
④ 移頼　⑤ 負託

83 授業の一［　］として、野外観察へ出かける。（文教大）
① 巻　② 貫　③ 環　④ 観　⑤ 幹

→ ③

84 苦難に陥った時、偉人の［　］を読んで救われることがある。（亜細亜大）
① 説話　② 神話　③ 寓話
④ 発話　⑤ 逸話

→ ⑤

85 いつもにぎやかな大通りも、深夜になると人影が［　］無であった。（亜細亜大）
① 虚　② 有　③ 空　④ 南　⑤ 皆

→ ⑤

86 歩みよって話し合わねば後に［　］を残すだろう。（亜細亜大）
① 怨恨　② 禍根　③ 呵責
④ 晦渋　⑤ 悪寒

→ ②

87 多様な生物の冗長な相互作用に支えられた環境は（伝染病や気候変動などの）破壊的な変化を［　］することができる、という考えは納得しやすい。
〈岡ノ谷一夫「外来種論争から考える日本語と英語」〉
① 緩衝　② 促進　③ 止揚
④ 醸成　⑤ 拡散
（青山学院大）

→ ①

納」、④「移頼」は誤った表記。

83 一環（いっかん）
「一環」は「全体的なつながりをもっている物事の一部分」のこと。③が適当。

84 逸話（いつわ）
⑤「逸話」は「ある人についての興味ある話・エピソード」の意で空欄部に適当。

85 皆無（かいむ）
「虚無」は「何もなくむなしいこと」の意。⑤が適当。

86 禍根（かこん）
②「禍根」は「災いの起こるもと」で空欄部に適当。「禍根を残す」「禍根を断つ」と使う。なお、①「怨恨（えんこん）」は「恨み」の意。③「呵責（かしゃく）」は、「責めさいなむこと」の意。④「晦渋（かいじゅう）」は「難解なこと」の意。⑤「悪寒（おかん）」は「ぞくぞくと寒けがすること」の意。

87 緩衝（かんしょう）
「緩衝」は「対立する物の間でそれらの衝突や不和を和らげること」の意。①が適当。

問　次の空欄に入る最も適当な語を選べ。

88 ファッション・デザイナーの仕事に、〈モードから下りるモード〉がモードの最先端に位置するという［　　］を見たのだった。流行から下りるというデザイン行為がもっともモーディッシュなもの、つまりは流行の先端としてもてはやされるという［　　］である。

〈鷲田清一「小さな肯定」〉

① 変容　② 幻想　③ 差異
④ 逆説　⑤ 皮肉

（立命館大）

89 彼の提案の実現可能性について、それぞれが［　　］した。

① 結着　② 反旗　③ 妥協
④ 精読　⑤ 吟味

（亜細亜大）

90 異常への欲求は、それが欲求として発生するその最初の瞬間に、すでにそれ自身の内部において異常への不安という逆の力に出会うことになる。その結果、この異常への欲求は「怖いもの見たさ」という［　　］した性質を帯びてくる。

〈木村敏「異常の構造」〉

① 空転　② 暗転　③ 横溢《おういつ》
④ 婉曲　⑤ 屈折

（法政大）

問　次の語句の使い方として最も適切なものを選べ。

91 迎合

① 彼は上司の意見にすぐに迎合するきらいがある。
② 私たちの意見は初めから迎合していた。

解答

88 → ④
89 → ⑤
90 → ⑤
91 → ①

ポイント解説

88 逆説（ぎゃくせつ）
「逆説」は「一見真理に反するように見えて、よく考えると一面の真理を表している説」のこと。パラドックスとも言う。④が適当。

89 吟味（ぎんみ）
「物事を念入りに調べること」の意の⑤「吟味」が適当。

90 屈折（くっせつ）
「屈折」は「折れ曲がること」の意が転じて、比喩的に「感情などが素直に表現されないさま」の意。⑤が適当。

91 迎合（げいごう）
「迎合」は「自分の考えを曲げてまでも、他人の意向や世の中の風潮に調子を合わせること」の意。①が適当。

③ 先輩は私の意見に心から迎合してくれた。
④ できるだけ多くの人の意見を迎合させることが望ましい。
（日本大）

問 92 次の空欄に入る最も適当な語を選べ。

ヨーロッパの言葉は、石を積んでアーチを作るようなものであって、これは［　　］なものです。めったに壊れない。壊れるときは、一気に壊れるわけで。

〈古井由吉「漱石の漢詩を読む」〉

① 窮屈　② 堅牢《けんろう》　③ 荘厳　④ 脆弱《ぜいじゃく》

（日本大）

→ ②

93 二つの主張が対立したまま、しばらくの間、会議は［　　］状態になった。

① 沈静　② 弾劾　③ 急変
④ 小康　⑤ 膠着

（亜細亜大）

→ ⑤

94 先生のご［　　］をあおぎたく、よろしくお願い申し上げます。

① 公表　② 好評　③ 講評
④ 高評　⑤ 公評

（亜細亜大）

→ ④

問 次の空欄に入る最も適当な漢字一字を答えよ。

95 わたしの心に今なおくっきりと□印されている。

〈松浦寿輝「かつて授業は『体験』であった」〉（学習院大）

→ 刻

問 次の空欄に入る最も適当な語を選べ。

96 一つの考えに［　　］していては、新しいものは生み出せない。

① 緊張　② 専心　③ 受忍
④ 貫徹　⑤ 固執

（亜細亜大）

→ ⑤

---

92 堅牢（けんろう）
「堅牢」は「堅くて容易にこわれないこと」の意。②が適当。

93 膠着（こうちゃく）
⑤「膠着」は「にかわでつけたように固定して変化しない状態」のことで空欄部に適当。なお、①「沈静」は「静まること」の意。②「弾劾（だんがい）」は「不正を明らかにして責任を追及すること」の意。④「小康」は「病などが危機を脱し、一時安定すること」の意。

94 高評（こうひょう）
④「高評」は「批評」の尊敬表現で空欄部に適当。

95 刻印（こくいん）
「刻印」は「印を彫ること・刻みつけること」の意。

96 固執（こしゅう・こしつ）
新しいものが生み出せないほどの一つの考えに対する行為なので、「意見や態度を簡単に変えないこと」の意の⑤「固執」が適当。

問 次の空欄に入る最も適当な語を選べ。

97 異常と非合理に対して現代社会の示すかくも大きな関心と不安とは、どうやら合理性が自己の犯罪を隠し、自己の支配権の虚構性を［　］しようとする努力の反面をなしているように思われるのである。

〈木村敏「異常の構造」〉

① 改良　② 糊塗　③ 暴露
④ 密封　⑤ 増幅

(法政大)

98 乱気流を抑え、流体の流れをととのえ、結果、推進力を効率よく発揮させる。これが本来の目的であった。そして、そこから流線形のかたちが誕生してきた。本来はここまでで、流線形の話は終わるはずだった。ところが、人間のもつ表象能力というのは［　］のないものだ。

〈原克「流線形の考古学」〉

① 忌憚　② 屈託　③ 際限
④ 比類　⑤ 容赦

(摂南大)

99 彼は世界でも五本の指に入るほどの絵画の［　］家だ。

① 蒐集　② 捨集　③ 回収
④ 収拾　⑤ 収修

(亜細亜大)

問 次の空欄に共通して入る漢字一字を選べ。

100

a 主□・□相・□領　b 低□・□彩・□子
c 了□・伝□・□服　d 開□・□促・□涙

① 事　② 宰　③ 待　④ 催　⑤ 簡

解答

97 ②

98 ③

99 ①

100 a＝② b＝⑥ c＝⑧

ポイント解説

97 糊塗（こと）
「糊塗」は「あいまいにその場を取りつくろうこと」「一時しのぎにごまかすこと」などの意。②が適当。

98 際限（さいげん）
③「際限」は「限り」の意。①「忌憚」は「遠慮すること」の意。②「屈託」は「くよくよすること」の意。④「比類」は「比べるもの」の意。⑤「容赦」は「許すこと」の意。文脈から③が適当。

99 蒐集（しゅうしゅう）
①「蒐集」は「趣味や研究のためにいろいろと集めること」の意で空欄部に適当。

100 共通の漢字を含む熟語
aは「主宰・宰相・宰領」と②「宰」を入れて三語とも完成する。bは「低迷・迷彩・迷子」と⑥を入れて三語とも完成する。cは「了承・伝承・承服」と⑧「承」を入れて三語とも完成する。dは「開催・催促・催涙」と④「催」を入れて三語が完成する。

⑥ 迷　⑦ 貯　⑧ 承　⑨ 含　⑩ 指
⑪ 以　⑫ 商　⑬ 言　⑭ 糾　⑮ 昇
（名城大）

d＝④

問 101 次の空欄に入る最も適当な語を選べ。

古来人間は、とくに日本人は自然をテキストとして生きてきた。自然に［　　］し、自然に教えられ、自然のサイクルに命を重ねることをしてきたのである。
〈中西進「日本人の忘れもの2」〉

① 対応　② 反発　③ 順応
④ 驚嘆　⑤ 降伏
（東海大）

→ ③

問 102 次の空欄に入る最も適当な漢字一字を答えよ。

美しい本を何冊も□梓されたが、
〈松浦寿輝「かつて授業は『体験』であった」〉（学習院大）

→ 上

問 103 次の空欄に入る最も適当な語を選べ。

同じような小言を何度も頂戴し、いささか［　　］気味だ。

① 憤怒　② 憂愁　③ 食傷
④ 堪忍　⑤ 疑惑
（亜細亜大）

→ ③

問 104 次の二つの空欄には同じ語が入る。最も適当な語を選べ。

より［　　］にうけとめなければならないのは、「大学ではいったい何を教えているのか」あるいは「大学で学生は何を学んでいるのか」という企業からのお叱りである。大学側がもっとも［　　］に反省すべき点であろう。
〈安田雪「大学生の就職活動」〉

① 猛烈　② 公式　③ 真摯《しんし》
④ 厳粛　⑤ 丁重　⑥ 鷹揚《おうよう》
（追手門学院大）

→ ③

---

101 順応（じゅんのう）

③「順応」は「環境・境遇に適応すること」の意で空欄部に適当。①「対応」は「向き合うこと」の意。②「反発」は「反抗して受け付けないこと」の意。④「驚嘆」は「感心すること」の意。⑤「降伏」は「降参すること」の意。

102 上梓（じょうし）

「上梓」は「本を出版すること」の意。梓《あずさ》の木を版木にしたことからこう言う。

103 食傷（しょくしょう）

「同じような小言を何度も頂戴」しているので、「同じ食べ物や同じことが続いて飽きること」の意の③「食傷」が適当。

104 真摯（しんし）

③「真摯」は「真面目でひたむきなさま」を表し空欄部に適当。④「厳粛」は「厳（おごそ）かで心が引き締まるさま」の意。⑤「丁重（ていちょう）」は「丁寧なこと」の意。⑥「鷹揚」は「ゆったりとしたさま」の意。

問 次の空欄に入る最も適当な語を選べ。

105 ほんのわずかな時間のこと＝［　　］陰

①日　②星　③影　④寸　⑤薫　（亜細亜大）

106 都会の路地には、どこかしら［　　］寥の雰囲気が漂っている。

①苦　②寂　③良　④積　⑤恨　（亜細亜大）

107 ここ数年、輸送コストは［　　］増加の傾向にある。

①随時　②瞬時　③漸次　④往時　⑤次期　（亜細亜大）

108 二人の優れた人物のこと＝双［　　］

①肩　②壁　③頭　④関　⑤璧　（亜細亜大）

109 スポーツから映画まで彼女の話題は［　　］にわたり、聞く者を楽しませる。

①多岐　②多義　③多寡　④多彩　⑤多少　（亜細亜大）

110 改革を［　　］行する。

①逆　②断　③横　④暴　⑤直　（亜細亜大）

問 次の語句の使い方として最も適当なものを選べ。

111 知己《ちき》

① 友人に、以前からの知己の問題であることを指摘された。

② 知己を厳しく律することで、さらなる高みを目指す。

解答

105 → ④
106 → ②
107 → ③
108 → ⑤
109 → ①
110 → ②
111 → ③

ポイント解説

105 寸陰（すんいん）
④「寸陰」は「わずかな時間」のこと。

106 寂寥（せきりょう）
②「寂寥」は「ものさびしいさま」の意。

107 漸次（ぜんじ）
③「漸次」は「しだいに・だんだん」の意で空欄部に適当。①「随時」は「いつでも」の意。④「往時（おうじ）」は「昔」の意。⑤「次期」は「次の時期」の意。なお、「漸次」と誤りやすい語として「暫時（ざんじ）」（「しばらくの間」の意）がある。

108 双璧（そうへき）
⑤「双璧」は「優れている二つのもの」の意。「璧」は「美しい玉」を指す。

109 多岐（たき）
「物事が多方面に分かれていること」の意の①「多岐」が適当。「岐」は「道」の意。

110 断行（だんこう）
「断行」は「反対などを押し切って実行すること」を表す。②が適当。

111 知己（ちき）
「知己」は「自分をよく理解してくれる人」

③ ボランティア活動に参加をし、多くの知己を得た。
④ 実際に足を運ぶことで、学べる知己がたくさんある。
（日本大）

問 次の空欄に入る最も適当な語を選べ。

112 大金を盗んで逐［　］する
① 電　② 風　③ 流　④ 路　⑤ 闇
（法政大）
→ ①

113 彼の一族は固い［　］帯で結ばれている。
① 包　② 紐　③ 付　④ 同　⑤ 世
（法政大）
→ ②

114 「天才」や「詩人」という呼称には、オーラ性のようなものがあって（とくに「天才」はオーラの純粋なる賛辞である）、このオーラ性ゆえに、とても恥ずかしくて日常の呼称には使えない。これに対して、「覚者《ブッダ》」の場合には、当人も周囲の人間もオーラを喧伝することにいささかの［　］もない、という点でかなり特殊である。
〈中村圭志「宗教のレトリック」〉
（亜細亜大）
① 悔恨《かいこん》　② 矜持《きょうじ》　③ 驕慢《きょうまん》　④ 眩惑《げんわく》　⑤ 躊躇《ちゅうちょ》
（摂南大）
→ ⑤

115 法に抵［　］する
① 当　② 罪　③ 触　④ 害　⑤ 損
（法政大）
→ ③

「知人・友人」の意。③が適当。

112 **逐電**（ちくでん）
「逐電」は「逃げ去って行方をくらますこと」を表す。①が適当。

113 **紐帯**（ちゅうたい）
「紐帯」は「人々のつながり」「地縁・血縁」などのこと。②が適当。

114 **躊躇**（ちゅうちょ）
⑤「躊躇」は「ためらうこと」の意。①「悔恨」は「過ちを後悔すること」の意。②「矜持」は「自負」「誇り」の意。③「驕慢」は「おごりたかぶったさま」の意。④「眩惑」は「目がくらんで迷うこと」の意。文脈から⑤が適当。

115 **抵触**（ていしょく）
「抵触」は「触れること」の意。ここでは「法律の規定に違反すること」を表す。③が適当。

問 次のそれぞれに答えよ。

116 次の空欄に入る最も適当な語を選べ。

最近の景況では［　　］な商品よりブランド品の消費が高まっている。

① 安直　② 底値　③ 低廉
④ 軽微　⑤ 重厚

（亜細亜大）

解答 → ③

117 次の空欄には「等閑」という漢字で表される語が入る。空欄に当てはまる最も適当な語を選べ。

視覚的な情報の価値が未曽有の発展を遂げた陰で、触覚は［　　］にされてきた。

〈山口創「皮膚感覚の不思議」〉

① おきざり　② おざなり
③ ゆるがせ　④ なおざり

（京都外国語大）

→ ④

118 「背馳」と同じ意味で「背」という語が用いられていないものを一つ選べ。

① 背徳　② 紙背　③ 背反
④ 背教者　⑤ 違背

（帝塚山学院大）

→ ②

問 次の空欄に入る最も適当な語を選べ。

119 大橋佐平（一八三五―一九〇一）は、欧米を歴訪した際に目にした通俗的総合雑誌を日本でも作ろうと、五つの雑誌を廃刊して統合し「太陽」を創刊した。二百ページを超えるそのボリュームは、当時では［　　］だったといわれる。

〈佐藤守弘「伝統の地政学」〉

→ ④

ポイント解説

116 低廉（ていれん）

③「低廉」は「値段が安いこと」の意で空欄部に適当。なお、①「安直」にも「安値」の意があるが、「安易」の意味で使うのが一般的。②「底値（そこね）」は「最低の値段」のこと。

117 等閑（なおざり）

「等閑」は「あまり注意を払わないでいい加減にするさま」の意で、④「なおざり」と読む。②は「御座なり」と書き、「その場を取りつくろうこと」の意。③は「等閑」に近い意味だが、「物事をいい加減にするさま」を表す。

118 背馳（はいち）

「背馳」は「反対になること・背くこと」の意。②「紙背」の「背」は「裏」の意なので、これが正解となる。なお、「紙背」とは「紙の裏」の意で、転じて「言外の意」のことを表す。①「背徳」は道徳に、③「背反」は道理に、④「背教」は教えに、⑤「違背」は命令などに、それぞれ背くこと。

119 破格（はかく）

「五つの雑誌を廃刊して統合し」「二百ペ

① 標準　② 陳腐　③ 邪道
④ 破格　⑤ 凡庸　（同志社大）

120 帝国が版［　］を拡大する
① 権　② 面　③ 本　④ 式　⑤ 図　（法政大）

121 相互［　］助の精神。
① 内　② 補　③ 互　④ 賛　⑤ 扶　（亜細亜大）

122 近代化を急いだ政府は、道路や港湾を造り、鉄道を［　］した。
① 施設　② 敷設　③ 構築
④ 増産　⑤ 削減　（亜細亜大）

123 あまりに［　］外な値段であるので、購入を見送る。
① 望　② 疎　③ 法　④ 除　⑤ 言　（亜細亜大）

124 父は役人で、みずからの仕事に没［　］していたものか記憶に薄く、
〈菊地信義「新・装幀談義」〉
① 年　② 落　③ 了　④ 収　⑤ 頭　（専修大）

125 わたしたちが唖然としていたのは、朗々と響く声に乗って途切れることなく雄弁に続く井上先生の言葉の［　］を、まったくとは言わないが、せいぜいのところほんの一割か二割ほどしか理解できなかったからである。
〈松浦寿輝「かつて授業は『体験』であった」〉
① 潮流　② 奔流　③ 逆流　④ 源流　（学習院大）

120 → ⑤
121 → ⑤
122 → ②
123 → ③
124 → ⑤
125 → ②

ージを超えるそのボリュームは」の文脈から、「基準から外れていること」の意の④「破格」が適当。

120 版図（はんと）
「版図」は「領土・領域」のこと。⑤が適当。

121 扶助（ふじょ）
「扶助」は「たすけること」の意。⑤が適当。

122 敷設（ふせつ）
②「敷設」は「設備・施設などを設置すること」の意で空欄部に適当。

123 法外（ほうがい）
「法外」は「常識の範囲をはるかに越えていること」を表す。③が適当。

124 没頭（ぼっとう）
⑤「没頭」は「ほかのことを忘れ、ある物事に熱中すること」の意。

125 奔流（ほんりゅう）
②「奔流」は「激しい勢いの流れ」のことで空欄部に適当。①「潮流」は「潮の流れ」のことだが、比喩的に「時勢の動き」の意で用いる。③「逆流」は「反対の方角に流れること」の意。④「源流」は「水源」のこと。

問　次の空欄に入る最も適当な語を選べ。

126 チームの［　　］運をかけた試合。

①　命　②　社　③　幸　④　開　⑤　衰

（亜細亜大）

127 地元振興のために、市は大工場の［　　］を推進した。

①　一致　②　拉致　③　誘致

④　招待　⑤　勧誘

（亜細亜大）

128 まったくのそっけない記録でも、読みかたによって別の［　　］を帯びることがある。

〈杉浦明平「記録文学ノート」〉

①　様相　②　光彩　③　局面

④　役割　⑤　要素

（立教大）

問　次の空欄には同じ語が入る。最も適当な語を選べ。

129 ミニスカートを始めとするファッションの流行はもとより、ロックバンドやゲームソフトやケイタイやピッチ（ＰＨＳ）等モバイル情報端末の普及まで、さらにはあのナタデココのようなデザートまで、それが人間の［　　］の対象となりうるものはすべて、マスメディアの情報伝播対象になる。メディアは、とくにマスメディアは、そうした対象と結合する［　　］の大量生産・流通・消費の普及拡大加速装置として機能し続けているのだ。

〈佐野山寛太「現代広告の読み方」〉

①　記号　②　興味　③　自由

④　規範　⑤　欲望

（武蔵大）

解答

126 → ①

127 → ③

128 → ①

129 → ⑤

ポイント解説

126 命運（めいうん）

「命運」は「運命」のこと。①が適当。

127 誘致（ゆうち）

③「誘致」は「招き寄せること」の意。企業などを招来するときに用いるので空欄部に適当。④「招待」、⑤「勧誘」は個人が対象。②「拉致（らち）」は「人間を無理矢理連れてゆくこと」の意。

128 様相（ようそう）

①「様相」は「物事のありさま」の意で空欄部に適当。「様相を帯びる」「様相を呈する」と使う。「帯びる」は「（ある性質などを）中に含む」の意。なお、②は「光彩を放つ」、③は「局面を迎える」、④は「役割を担う」、⑤は「要素を含む」などの言い回しがある。

129 欲望（よくぼう）

文脈から空欄部には「不足を感じ欲しがること」の意の語が入るので、⑤「欲望」が適当。なお、類義語の「欲求」が、睡眠や食欲など本能的・生理的なものを含めていう客観的な表現であるのに対し、「欲望」は、外部からの刺激などによって無制限にふくらむものを指してやや否

問 **次の空欄に入る最も適当な語を選べ。**

130 流［　］なメロディ。

① 暢　② 行　③ 転　④ 石　⑤ 麗

〈亜細亜大〉

→ ⑤

131 文字の線の均一化、筆圧や筆速の平均化、個人差の少なさ、などが理由としてあげられるが、毛筆時代の長い歴史をもつ日本や中国の場合は、そのちがいは最も［　］としている。つまり毛筆は、ほとんど最大限に書き手の好みや馴《な》れ、くせを反映していた。墨の濃淡はもちろん、線の太さ、筆圧、筆速のぐあいが、点・画のすみずみにまで個人差を示していた。

〈原子朗「筆跡の文化史」〉

① 平然　② 騒然　③ 雑然　④ 漠然　⑤ 歴然

〈大阪学院大〉

→ ⑤

132 そのため農業でも工業のように、機械とコンクリートを投下すれば、生産が拡大すると観念され、自然そのものの肥沃度をかえって［　］させてしまう場合すらある。

〈神野直彦「『分かち合い』の経済学」〉

① 細分化　② 固定化　③ 肥大化　④ 大量生産化　⑤ 劣化

〈東京経済大〉

→ ⑤

定的な意味で使うことが多い。

130 **流麗**（りゅうれい）
「流麗」は「なめらかで美しいこと」を表す。⑤が適当。

131 **歴然**（れきぜん）
「歴然」は「はっきりしているさま」を表す。⑤が適当。

132 **劣化**（れっか）
「劣化」は「品質が低下すること」の意。⑤が適当。

問 **次の空欄に入る最も適当な語を選べ。**

133

「テクノロジーの自然化」の大きな特徴は、全体を［ a ］するテクノロジーの姿が見えにくくなり、すべてが自然の営みのように感じられるところである。

医療の分野においても、人工臓器や遺伝子治療などの人体改造医療がこれからの医療の主流になることが予想されるが、そこで［ b ］されるのもまたテクノロジーの自然化であろう。（中略）肉体の内部に限りなく微細に［ c ］していくテクノロジー。それが体内の生体システムと見事に［ d ］したとき、身体の側はそのテクノロジーを異物とはみなさず、みずからの完全な一部として認識することだろう。

（中略）自然という名の二重管理構造がわれわれに安定と癒《いや》しと調和を［ e ］し続ける。

〈森岡正博「無痛文明論」〉

① 供給　② 化合
③ 観察　④ 使用
⑤ 追求　⑥ 混入
⑦ 制御　⑧ 同期
⑨ 保持　⑩ 侵入

（西南学院大）

134

世の中の事物が常住でないことは極めて自然のことであって、それをわざわざ「無常を観じ」という形で言葉にするのは、その［ a ］

解答

a＝⑦
b＝⑤
c＝⑩
d＝⑧
e＝①

a＝⑦
b＝③

ポイント解説

133 自然科学論に関する語彙

①「供給」は「必要に応じて物を与えること」の意で、対義語は「需要」。②「化合」は「二種以上の元素が化学的に結合して別の物質となること」の意。⑤「追求」は「追い求めること」の意。同音の「追究・追及・追給」もセットで意味と使い方をまとめよう。⑥「混入」は「混じり入ること・混ぜ入れること」の意。⑦「制御」は「思いどおり動くように操作すること・コントロールすること」の意。⑧「同期」には「同じ時期」の意味のほか「作動を時間的に一致させること・シンクロナイズさせること」の意がある。⑨「保持」は「保ち続けること」の意。⑩「侵入」は「入るべきでないところに無理に入り込むこと」の意。**a**には⑦「制御」、**b**には⑤「追求」、**c**には⑩「侵入」、**d**には⑧「同期」、**e**には①「供給」が適当となる。

134 社会思想論に関する語彙

aには「言葉にする」という行為をする

にある種の感情があるからであろう。（中略）

（中略）無常についてはこれまでさまざまな［　b　］がなされてきたが、それらは皆世間や世の中との関係をぬきにして論じられる傾向が強かった。（中略）

　これまで無常について語ってきたのは、ほとんど貴族や僧侶たちであった。彼らは社会を変革しようなどと思ったこともなく、社会の中でいかに生きるかという問題に関わってきた。したがって彼らが経験した挫折はいつも無常という言葉で十分に表現し得たのである。彼らとて自己に忠実に［　c　］的に生きようと考え、実行したこともあったであろう。しかしわが国の世間は多くの場合そうした試みに抵抗した。（中略）

　日本人は一般的にいって、個人としての自己の中に自分の行動について［　d　］的な基準や尺度をもっているわけではなく、他の人間との［　e　］の中に基準をおいている。

〈阿部謹也「『世間』とは何か」〉

①　利己　　②　相対
③　解釈　　④　前後
⑤　関係　　⑥　協力
⑦　背後　　⑧　解析
⑨　絶対　　⑩　個性

（西南学院大）

c＝⑩
d＝⑨
e＝⑤

「裏面」の意を表す語が入るので⑦「背後」が適当。

bには「無常」について「論じられる」ことに関係する語として③「解釈」が適当。

cは「社会を変革しようなどと思ったこともなく」「自己に忠実に」という生き方を表すものとして①「利己」的と⑩「個性」的の二つが挙げられる。さらに「社会の中でいかに生きるかという問題に関わってきた」とあるので、「利己」というマイナスイメージの語よりも、プラスイメージの⑩「個性」の方が文脈に合うものとして適当だと考えられる。

dは後の部分にある「他の人間」との基準ではなく、「個人としての自己の中に自分の行動について」持っている基準なので、⑨「絶対」が適当。

eは直前に「他の人間との」とあることと直後の「の中に基準をおいている」という文脈から⑤「関係」を選ぶ。

問 135 **次の空欄に入る最も適当な語を選べ。**

さらに人間には行動を繰り返し、そのなかでしだいに行動のかたちを一定の形式に整える能力があります。（中略）これがすべての技術と礼儀作法と呼ばれる営みの［ **a** ］になるもので、これもまた文明をつくる普遍的な人間の能力だといえます。（中略）

文化がたんなる習慣と異なる点は、常に一種の価値意識を含んでいることです。それゆえに、たんなる習慣には高いも低いもありませんが、文化には高い低いという［ **b** ］な違いが生まれる。（中略）

湯を沸かし茶を点《た》てて飲む。このごく［ **c** ］な行為が、茶の湯ではまずいったん手順に分解されて定式化されます。帛紗《ふくさ》を捌《さば》き、茶碗を拭《ぬぐ》うといった、すべての動作が作法として［ **d** ］される。

〈山崎正和「文明としての教育」〉

a ① 類型 ② 原型 ③ 異型 ④ 定型 ⑤ 変型

b ① 心的 ② 人的 ③ 質的 ④ 外的 ⑤ 動的

c ① 休息的 ② 日常的 ③ 活性的 ④ 趣味的 ⑤ 特殊的

d ① 抽象化 ② 象徴化 ③ 図式化 ④ 一元化 ⑤ 社会化

（東洋大）

解答

a＝②
b＝③
c＝②
d＝③

ポイント解説

135 文化論に関する語彙

aには前に書かれた「行動のかたちを一定の形式に整える能力」と「すべての技術と礼儀作法と呼ばれる営み」の関係を表す語が入る。後者の「営み」の根源に前者の「能力」があるわけだから、②「原型」を選ぶ。「原型」とは「もとになる型」の意。

bは「文化」の「違い」なので③「質的」が適当。なお、「質的」は、「量的」の対義語で、「質」は高低を問題とするのに対し、「量」が多少を問題とする。

cは「湯を沸かし茶を点てて飲む」という行為が毎日の生活にあるものだという文脈なので、②「日常的」が適当。

dは「定式化」（＝一定の方式になること）との関わりで③「図式化」（物事の基本となる図に当てはめること）を選ぶ。なお、①「抽象化」は「具体化」の対義語。②「象徴化」は「抽象的なものを具体的な物で表すこと」の意。④「一元化」は「いくつかに分かれている組織・機構を統一すること」の意。

4 外来語

❖ 評論用語としてよく用いられる外来語についての知識の確認。知らない語は整理して覚えておこう。

問 次の傍線部の意味として適当でないものを一つ選べ。

136 古来、人類は、エピグラムや、アフォリズムをこのんで来た。

〈岡井隆「短歌の世界」〉

① 伝承　② 金言　③ 寸言
④ 教訓　⑤ 格言

（東京経済大）

問 次の傍線部の意味として最も適当なものを選べ。

137 大人の側がいくら努力しても、もし子どもたちの内側に「やる気」が育っていなかったら、すべて空回りになる。しかし、その「やる気」を（外から）大人が植えつけることはできない。「やる気」は子どもの内側から「自発的」に育つしかない。それは教育という営みのアポリアである。

〈西平直「ライフサイクルの哲学」〉

① 欠点　② 勘所　③ 目的
④ 使命　⑤ 難問

（東京理科大）

138 人が物を、別の人を使う。それもみずからの意志するものの実現のために、その道具として、手段として、利用する。このように、使う側にイニシアティヴのあるのが、使うといういとなみである。

〈鷲田清一「つかふ―使用論ノート」〉

① 積極性　② 優先権　③ 優位性　④ 主導権

（日本大）

解答

136 ①
137 ⑤
138 ④

ポイント解説

136 アフォリズム
「アフォリズム」は「物事の真実を簡潔に鋭く言い表した語句」のこと。「警句・金言・箴言（しんげん）」も同義。選択肢の中で明らかに不適当なのは①「伝承」。

137 アポリア
「アポリア」は「解決困難な問題」のこと。⑤が適当。

138 イニシアティヴ
「イニシアティヴ」は「率先して行動し、物事をある方向へ導く力」を表す。④が適当。

問 **次の傍線部の意味として最も適当なものを選べ。**

139 一方で存命中の人しか選ばれないため、受賞するためにはコンスタントに実績を残したうえで早死にしない必要がある。

〈橋本陽介「ノーベル文学賞を読む」〉

① 恒常的　② 変則的　③ 多量
④ 多面的　⑤ 飛躍的

（名城大）

140 [a]セラピーの世界にこのような[b]コンセプトを導入する積極的な事情はどこにあるのか。

〈森岡正芳「ナラティヴと心理療法」〉

a ① 学問　② 古典　③ 治療
④ 分析　⑤ 歴史

b ① 生き方　② 考え方　③ 接し方
④ 話し方　⑤ 聞き方

（大阪産業大）

問 **次の空欄に入る最も適当な語を選べ。**

141 私たち生命体は、エンジンのようにパーツが機械的に組み合わさってできているのではなく、エンジンそのものがミクロなレベルで絶え間なく更新されている、そのような［　　］の中にあるのだ。

〈福岡伸一「ロハスの思考」〉

① バランス　② ダイナミズム　③ フィールド
④ ステージ　⑤ リアリティー

（名古屋外国語大）

問 **次の傍線部の意味として最も適当なものを選べ。**

142 脳の研究は、実はいたる所で一種のタブーになっている。

解答

139 → ①
140 → a＝③　b＝②
141 → ②
142 → ④

ポイント解説

139 **コンスタント**
「コンスタント」は「一定しているさま」「変わらないさま」を表す。①が適当。

140 **aセラピー**
「セラピー」は「治療・療法」の意。したがって③が適当。「テラピー」ともいう。
bコンセプト
「コンセプト」は「全体を統合する統一的な視点、考え方、概念」のこと。したがって②が適当。

141 **ダイナミズム**
空欄部には、「絶え間なく更新されている状態」を表す語が入ることから、②「ダイナミズム」を選ぶ。「ダイナミズム」とは「迫力・活力・力強さ」のこと。

142 **タブー**

① 不確かで危うい存在
② 目にするのもおぞましい存在
③ 狂おしいほど求められる存在
④ 触れてはならず、忌避すべき存在
⑤ あこがれを持って見つめられる存在

〈養老孟司「唯脳論」〉
（獨協大）

143 「地面が私たちを歩かせている」という新たなパースペクティブを得て、私はそう思うようになった。

〈岡田美智男「弱いロボット」〉

① 発想　② 理解　③ 意見　④ 承認　⑤ 見方

（追手門学院大）

→ ⑤

144 事件発生の原因はこの人間社会の内部にあり、その結末に至る一切のプロセスもまた……

〈小松和彦「神隠しと日本人」〉

① 手順　② 過程　③ 方法
④ 反応　⑤ 手続

（獨協大）

→ ②

145 このように述べてくると、プロパガンダ性の高いものが選ばれているのではないか、という疑問も出てくるだろう。

〈橋本陽介「ノーベル文学賞を読む」〉

① 特定の考えを押し付けるための宣伝
② 価値ある思想・主義の主張
③ 創造的なメッセージ
④ 知的なメッセージ
⑤ 世論に対抗するメッセージ

（名城大）

→ ①

「タブー」は「それに触れたり口に出したりしてはいけないとされるもの」で日本語では「禁忌」と訳される。したがって④が適当。

143 パースペクティブ
「パースペクティブ」は「将来を見通すこと」「物の見方」「視野」の意。⑤が適当。

144 プロセス
「プロセス」は「過程・経過・手順・物事のたどる筋道」のこと。この意味に当てはまるのは①と②だが、「事件」についての「プロセス」なので①「手順」ではおかしい。したがって②が適当。

145 プロパガンダ
「プロパガンダ」は「政治的意図をもって行われる主義・思想などの宣伝のこと」を表す。①が適当。

問 146 **次の空欄に入る最も適当な語を選べ。**

「生命科学」といえば、二一世紀もっとも注目される新たな知の［　　］とされているが、〈西谷修「いのちのかたち」〉

① プロフェッショナル　② フロンティア
③ コンセンサス　④ カオス
⑤ サーチエンジン　〈東京経済大〉

解答 → ②

問 147 **次の傍線部に該当しないものを一つ選べ。**

新しい「媒体（メディア）」が登場する度に言語の淘汰《とうた》が行われてきた　〈三浦信孝「今、なぜ多言語主義なのか」〉

① 文字　② 印刷術　③ ラジオやテレビ
④ 方言　⑤ 電子ネットワーク　〈大阪学院大〉

解答 → ④

問 148 **次の用語と意味の組み合わせに誤りがあるものを一つ選べ。**

① アイデンティティ……自己の存在証明が確信でき、他者や共同体からも認められていること
② イデオロギー……社会や政治など人間の行動を支配する根本的な考え方や思想傾向
③ パロディ……よく知られた文学作品の文体や韻律を模し、内容を変えて滑稽化・風刺化する文学技法
④ アイロニー……伝統的な既成の秩序や価値を否定し、生存は無意味とする態度
⑤ ジェンダー……生物学的な性に対し、社会的・文化的に形成される性別　〈専修大〉

解答 → ④

ポイント解説

146 フロンティア

「開拓する所」という意味の語が入るので、②が適当。②「フロンティア」は「新開拓地域」のことで、ここでは「科学などの最前線」の意。なお①「プロフェッショナル」は「専門的・専門家」の意。③「コンセンサス」は「合意」の意。④「カオス」は「混沌《こんとん》」の意。⑤「サーチエンジン」はインターネット上で情報などを検索するためのシステムのこと。

147 メディア

「メディア」は「媒体」の意。人と人との情報伝達の仲立ちとなるものの総称。したがって④だけが該当しない。①「文字」も「メディア」の一つ。②「印刷術」を軸とする出版業界や③「ラジオやテレビ」などは、「マスメディア」と呼ばれる。⑤「電子ネットワーク」も新しい「メディア」。

148 アイロニー

④「アイロニー」は「皮肉・風刺・当てこすり」の意。④の「伝統的な既成の秩序や価値を否定し、生存は無意味とする態度」は「ニヒリズム」のこと。

第4章

口語文法問題

❖ この章では、現代語の文法を扱う。口語文法の知識そのものが問われることはそれほど多くはないが、文章構造の基礎となる点では見逃せない知識だ。

❖ さらにこの章では、頻出項目である接続詞・副詞の空欄補充の問題と表現にかかわる問題を取り上げてみた。自分の言葉の感覚を試してみよう。

❖頻出する分野ではないが、出題されたときには合否を分ける場合もある。文法の基礎を固めておこう。

問 次のそれぞれに答えよ。

1 次の傍線部のうち語の活用のしかたが他と異なるものを一つ選べ。

① あの人は法律にとても明るいです
② 山頂の朝の空気はすがすがしいです
③ 足をけがして、歩くのがつらいです
④ この画家の作品はどれも色がきれいです
⑤ 余計なものは持ってこなかったので、カバンはとても軽いです

（専修大）

解答 ④

2 次の傍線部の中から、形容動詞を一つ選べ。

誰も知らないこと、誰からも見捨てられてきたことに、無力な情けない姿をさらしつつも立ち向かうこともまたサイエンスの最前線であるはずだ。

〈湖中真哉「やるせない紛争調査」〉

① 無力な　② 情けない　③ 立ち向かう
④ また　⑤ だ

（立正大）

→ ①

3 問 次の傍線部と同じ品詞のものを一つ選べ。

サルの場合、たかだか個々の生物の嗜好《しこう》にとどまっているという事実だろう。

〈正高信男「考えないヒト」〉

① 彼はたいした人物だ。

→ ②

ポイント解説

Check 1 形容詞と形容動詞 1・2

- **形容詞**⇩終止形が「い」で終わる
形容詞は終止形と連体形がともに「…い」という形になるので、「とき・こと」を後ろに続けて形が変わらなければ形容詞と判断できる。
- **形容動詞**⇩「だ」「です」で終わる
形容動詞は特に連体形「…な」の時にほかの品詞と混同しないように注意する。
(1)「…だ」と活用させることができる。
(2)上に「とても」を付けて意味が通るなどの場合は形容動詞と判断できる。

1 ④の「きれい」は形容動詞「きれいだ」の語幹。①②③⑤はすべて形容詞の終止形。

2 ①の「無力な」が形容動詞「無力だ」の連体形である。なお、②「情けない」は形容詞、③「立ち向かう」は動詞、④「また」は副詞、⑤「だ」は助動詞。

② せいぜい三日もあれば出来るだろう。
③ もっともな言い分だと思う。
④ どちらからいらっしゃいましたか。
⑤ 母もしくは私がうかがいます。

（拓殖大）

↓⑤

4 「武士道」というのは「鼻腔に吹き込」まれるもの、まさに「空気」以外のなにものでもないからです。

〈内田樹『日本辺境論』〉

① 幼子は別に徳川家康に害意があったわけでもありません。
② これらの観念を私の鼻腔に吹き込んだものは武士道であることをようやく見いだしたのである。
③ 日本人の倫理を英語で英語圏の人々に「説明」するために感動的な努力をします。
④ 新渡戸は武士道の神髄を「山桜花」の審美的たたずまいに託して筆を擱いてしまいます。
⑤ だからこそ決して消えてはならず、いつまでも人類史上例外的な光輝を放ち続けねばならない。

（京都外国語大）

↓⑦

問 **次の傍線部の文法的説明として最も適当なものを選べ。**

5 おそらく、どの社会も、「超越的なもの」や「絶対的なもの」へいたろうとする手がかりをもっている。

〈佐伯啓思『学問の力』〉

① 名詞　② 動詞　③ 形容詞
④ 助動詞　⑤ 助詞　⑥ 副詞
⑦ 連体詞　⑧ 接尾語

（中央大）

Check **2** **副詞と連体詞** 3～5

どの言葉を修飾しているのかを見極めることが大切。
- **副詞**⇩連用修飾語となる
- **連体詞**⇩連体修飾語となる

3 「たかだか」は「(個々の生物の嗜好に)とどまっている」を修飾する副詞。②「せいぜい」は「(三日も) あれば」を修飾する副詞なので、これが正解。①「たいした」は「人物」を修飾する連体詞。③形容動詞「もっともだ」の連体形。④格助詞「から」の前にあるので、代名詞。⑤名詞「母」と「私」をつなぐ接続詞。

4 問題文の「まさに」は副詞。これと同じ品詞なのは⑤で、「決して」は「～ない」と呼応する副詞。①「わけ」は形式名詞。②「これら」は連体詞「これらの」の一部。③「ために」は形式名詞「ため」＋格助詞「に」。④「たたずまい」は名詞。

5 「どの」は「社会」を修飾する連体詞で、⑦が適当。

問6 次の傍線部のうち品詞が他と異なるものを一つ選べ。

① だから当然、勤務の成績はいいと認められなくて、主人側も給料をはずまない。
② けれども、そのあまりのもののできなさと無気力さに、こちらが音をあげるちょいと前に、哀れぶかいひと言を、おきぬさんはいった。
③ まず、私は彼女に女中業に必要な課目を教えようとした。
④ ところが、給料はたくさんほしいが、頭が悪いから仕事は習いたくない、あきらめている、と答える。

〈幸田文「たまごふたつの思い出」〉（日本大）

問7 次の傍線部のうち文法的な性質が他と異なるものを一つ選べ。

① 洞穴をこわごわのぞき込んだ
② 先頭に立ってすたすたと歩いていった
③ 疲れきっていたのでぐうぐう寝た
④ 雨がざあざあ降っていた
⑤ 長年使っている辞書はぼろぼろだ

（専修大）

問8

① 生きてさえいればまた会うこともあろう。
② 姉の態度には余裕さえ感じられた。
③ この峠さえ越えてしまえば後は楽だ。
④ そのことさえ分かればもう満足だ。
⑤ それに気がついてさえいれば簡単だ。

（文教大）

問 次の傍線部の文法的説明として最も適当なものを選べ。

解答

6 ⇨ ③

7 ⇨ ⑤

8 ⇨ ②

ポイント解説

Check 3 接続詞と副詞 6・7

- **接続詞**⇨文と文、単語と単語を結ぶ
  ⇨修飾する言葉はない
- **副詞** ⇨動詞などの用言を修飾する

6 ③「まず」だけが副詞で「教えようとした」を修飾している。①②④はすべて接続詞。①「だから」は順接、②「けれども」、④「ところが」は逆接。

7 ⑤だけが「ぼろぼろな」と活用するので形容動詞（⬇Check ❶）。①〜④はいずれも活用せず、述部を修飾しているので副詞。

Check 4 副助詞と格助詞 8〜11

- **副助詞**⇨意味を付け加える
- **格助詞**⇨他の語との関係を示す

※意味の違いを前後の文脈から判断してみよう。

8 副助詞「さえ」の意味の識別の問題。②の「さえ」だけが添加（付け加える）の意を表す。ほかは、「…さえ〜ば」という形で用いられ、「その条件が満たされ

9 リベラリズムそのものが西欧文化の産物であると考えるしかないと思うのです。〈佐伯啓思「学問の力」〉

① 名詞　② 動詞　③ 形容詞　④ 助動詞
⑤ 助詞　⑥ 副詞　⑦ 連体詞　⑧ 接尾語
（中央大）

→ ⑤

問 次の傍線部と同じ意味・用法のものを一つ選べ。

10 この「世界」の意味を考えるには、酒井直樹のいう「対―形象化」の図式が役に立つ。〈森田浩之「メディアスポーツ解体〈見えない権力〉をあぶり出す」〉

① 大阪のいとこに会いに行く。
② 私には警察官の弟がいる。
③ 彼の読んだ本を買ってみた。
④ デパートの店員に聞いてみる。
⑤ インドの携帯電話事情を調べる。
⑥ そのＤＶＤは学校のものだ。
（北星学園大）

→ ③

問 次の傍線部と文法上の性質が同じものには①を、違うものには②をそれぞれ答えよ。

11 幼い頃に疑問に思ったことのひとつに「見送る」という行為があった。〈三浦雅士「『本が滅びるとき』――人はなぜ人を見送るか」〉

a 人が人をなぜ見送るのかといえば、
b 記念写真と同じことだったのだ。
c 見送る地点とはすなわち、
d 一挙に消えてしまったといっていい。
（北星学園大）

→ a＝①　b＝②　c＝②　d＝①

れば十分な結果が生じる」意を表す。

9 「しか」は下に否定の語を伴う副助詞で、⑤が適当。

10 問題文の「の」は主格を表す格助詞。これと同じ用法なのは③。①②④⑤⑥は連体修飾の格助詞。

11 問題文の「と」は引用を表す格助詞。**a**・**d**の「と」は引用を表す格助詞。**b**の「と」は比較の基準を表す格助詞。**c**の格助詞「と」は連語「とは」で主題を表す。「は」は係助詞。

問 12 次の傍線部と同じ意味・用法のものを一つ選べ。

歴史に、「イフ」はいけないということになっている。（中略）ほんとうに、そうだろうか。

（中略）歴史書を書くほどの人は学者でも、ということは世界的に有名な大学の教授の地位にある研究者でも、その人たちの歴史著作を読めば、必ずしも「イフ」は禁句ではないということがわかる。

〈塩野七生『「イフ」的思考のすすめ』〉

① なんべん読んでも、よくわからない
② 彼は、家でも仕事をしている
③ でも、今行かなければ、きっと後悔するよ
④ これくらいのことはこどもでも知っている

問 次の傍線部のうち文法的な性質が他と異なるものを一つ選べ。

13 （京都産業大）

① 刃を研いだら切れるようになった。
② うわさが知れるのはあっという間だ。
③ 健康になって走れるのが楽しい。
④ 作文が書けるまで頑張った。

14 （文教大）

① 真実をきかないままではいられない。
② このままでは自分の暮らしもおぼつかない。
③ 明日も寒さは和らがないそうだ。

解答

12 → ④
13 → ②
14 → ②

ポイント解説

Check 5 接続助詞 12

・**接続助詞**⇩用言または用言に助動詞が付いたものに付く
※どういう意味を表しているのかを見極める。

12 問題文の「でも」は他を類推させる働きをする副助詞。④がこれと同じ意味・用法。①は接続助詞。後ろに対立する内容がくる。「いくら…ても」という意味。②は格助詞「で」＋副助詞「も」の形。「…においても」という意味。③は接続詞の「でも」で、逆接の働きをする。

Check 6 可能動詞 13

・「話す」に対して「話せる」のように、五段活用の動詞が下一段に転じて可能の意味を表すようになったものを「**可能動詞**」という。

13 ①③④は「…できる」という意味なので可能動詞。②「知れる」だけが「自然に知られる」という「自発」の意の動詞。

④ 辛い目にあっても悲しみはおぼえない。

⑤ 水がなければどんな命も育てられない。

（文教大）

→ ②

15 したいことが見つから①ない若者が多いようだが「目標が②ない」のは残念なことです。（中略）生活のために仕事はし③なければいけませんが、好きで④ないことを続けるのは不幸なことです」と、にこやかに話してくれた。

〈樋口浩一「三つの天職」〉

（愛知学院大）

→ ②

16

① 新聞は毎日読んでいる。

② 大きな石が穴をふさいでいる。

③ 時間になっても寝ている。

④ 手順をしっかり理解している。

⑤ いつまでも子供でいる。

（文教大）

→ ⑤

17

① 穏やかな目をしている。

② 今朝は爽やかな風が吹いている。

③ この状態では早急な処置が必要だ。

④ 柔らかな手を握りかえした。

⑤ 今にも崩れそうな廃屋だ。

（文教大）

→ ⑤

Check 7 「ない」「いる」の識別 14～16

- 「ない」⇩非存在（＝「ある」の反対）か、打消か

※打消の「ない」は補助形容詞の場合と助動詞の場合があるが、「ぬ」に置き換えられる場合は助動詞。

- 「いる」⇩動作や作用の継続などを表す補助動詞か、存在を表す本動詞か

14 ②の「ない」は「おぼつかない」という形容詞の一部。そのほかの「ない」はすべて打消の助動詞。

15 ②の「ない」は非存在の意味、ほかは打消の意味。①③は助動詞で②④は形容詞。

16 いずれも補助動詞だが、①～④が動作・作用の継続を表すのに対し、⑤は現在その状態にあることを表す。

Check 8 「な」の識別 17

- 「な」⇩助動詞の一部、形容動詞の一部、助詞のいずれか

17 ⑤「崩れ＋そうな」で、様態・推量の助動詞「そうだ」の連体形の一部。①～④は、それぞれ形容動詞の連体形の一部。

問18 **次の傍線部のうち文法的な性質が他と異なるものを一つ選べ。**

① これから出かけるところなんだよ。
② ここはよく事故がおこるところだ。
③ 今やっているところです。
④ もう少しでおぼれるところだった。
⑤ 確かめたところ、うわさは本当らしい。

〈文教大〉

解答 ②

問19 **次の傍線部と同じ意味・用法のものを一つ選べ。**

とうてい不可能なことではないかと考えている。

〈鍋倉健悦「異文化間コミュニケーション入門」〉

① とうてい当選するだろうと思っていたが、結果は落選だった。
② 気圧配置を見ても明日の気温はとうてい低くなるにちがいないと予想される。
③ 田中氏が次期会長に立候補することはとうていあり得る話だ。
④ 今から駅まで走ってもその新幹線にはとうてい間に合わない。

〈京都外国語大〉

解答 ④

問20 坂はそのまま海までくだれるはずだのに、ゆきどまりになっていて、古い教会が、頑固な石造の建物でもってはばんでいる。

〈司馬遼太郎「南蛮のみちⅠ」〉

① 博学をもって聞こえる。
② 荷物をもって駅に向かう。
③ いかにももってふさわしい。

解答 ③

ポイント解説

Check 9 「ところ」「とうてい」「もって」の識別 18～20

- 「ところ」⇩場所の意味なのか、抽象的な部分を指すのか
- 「とうてい」⇩後に打消の意味の語を伴う陳述の副詞か、「つまるところ」の意の副詞か
- 「もって」⇩助詞に似た働きをする場合、強調の意を表すか否か

18 ②の「ところ」は空間的な「場所」を表す。そのほかの「ところ」はすべて抽象的な部分を指す。

19 問題文の「とうてい」は後に打消の意味の語を伴う陳述の副詞で、打消の意味を強調する。これと同じ用法なのは④。

20 問題文の「もって」は格助詞的な働きの連語で、格助詞「で」の後に付いてその意味を強める。③がこれと同じ用法。①も格助詞的な用法だが、原因・理由を表している。②は動詞「持つ」の連用形＋接続助詞「て」。④は「…しながら」の意を表す接続助詞的な用法。⑤は格助詞的な用法で、動作の行われる時を表す。

④ ソフトクリームをたべもって歩く。

⑤ 最上吉日をもって結婚する。 〈東海大〉

21 愛情や親近感、気持ちよさといった感情こそが、生きていくための根本となるエネルギーを与えてくれるものだ。 〈山口創「皮膚感覚の不思議」〉

① 私は留守番をしているものだが、何かご用でもおありかな。

② 失敗はくりかえし起こってしまうものだ。

③ 出かける直前に電話がかかってきたものだから、遅れてしまったのです。

④ 人に親切にされたら、お礼を言うものだ。 〈京都外国語大〉

↓②

22 「日本の踊りの特徴は」、と蘆原氏は言った、「踊り手の二本の脚が同時に床を離れることは決して**ないということだ**」と。 〈加藤周一の文〉

① 報告書によれば、建設計画は順調に進んでいるということだ

② 私の聞いたところでは、地域住民の最大の関心事は環境の保全ということだ

③ 三ヶ月予報によれば、例年に比べて今年の夏は冷夏だということだ

④ 問題解決のための重要な課題は、皆が共通理解を持つということだ

⑤ 新聞の報道では、両者の歩み寄りの可能性は極めて低いということだ 〈甲南大〉

↓④

Check 10 「ものだ」「ということだ」の識別 21・22

- **「ものだ」**⇩名詞＋断定の助動詞「だ」
  「もの」の内容を考えて判断する
- **「ということだ」**⇩「そうだ」という助動詞と同じように伝聞の意味を表す場合と、強い断定を表す場合がある

21 問題文の「ものだ」は形式名詞「もの」＋断定の助動詞「だ」の形で、「普遍的な傾向」を表す。②がこれと同じ意味・用法。①は人を表す名詞「もの（者）」＋断定の助動詞「だ」。③は「ものだから」で連語として用いられ、原因・理由を表す。「…ので」という意味。④は形式名詞「もの」＋断定の助動詞「だ」の形で、「…すべきだ」の意を表す。

22 「ということだ」の「いう」は「言う」という動詞の持つ動作性が弱まった用法。問題文は、提示する文を強調して示す働きをしている。④がこれと同じ意味・用法。①②③⑤は話の内容が伝聞に基づくことを表し、「…と聞く・…だそうだ」などの意味になる。

❖毎年頻出する分野。文脈の流れを正確に捉えることが大切。

問 **次の空欄に入る語として最も適当な組み合わせを選べ。**

23

現代数学のいくつかの分野は世界で数人しか理解する人がいないという。それをもっと独創的にすれば、世界で一人しか理解する人がいないという分野ができる。それをオリジナルというのは勝手だが、定義により、それを評価できる人がいないことになる。［ **a** ］、そこではそもそもオリジナリティーが成立しない。なにがなんだかわからないからである。

モーツァルトの曲は、はじめはこれでも音楽か、といわれたという話がある。［ **b** ］、いまではあれをオリジナルとはいうまい。むしろ西洋音楽の代名詞みたいになってしまっている。

〈養老孟司「まともな人」〉

① **a** したがって　**b** しかし
② **a** そして　**b** むしろ
③ **a** つまり　**b** あるいは
④ **a** ところが　**b** だから
⑤ **a** なぜなら　**b** それゆえ
⑥ **a** ゆえに　**b** また

解答 ①

24

この二つの構造（唇と頬）は、哺《ほ》乳《にゅう》類に限って見られるものである。［ **a** ］、哺乳類という名が示すような、哺乳という機能が成立するためには、唇と頬とは、欠くことができない構造なのである。

（神戸学院大）

解答 ⑤

ポイント解説

Check 11 順接の接続詞 23

・**順接**⇩前の文が原因・理由、後の文が結果・結論となる関係

23 ［**a**］は、前の部分で現代数学には「世界で一人しか理解する人がいない」分野があることを述べ、直後でそこから導かれる事柄を述べている。これは順接の関係なので、①「したがって」か⑥「ゆえに」が適当。

［**b**］は直前でモーツァルトの曲ははじめは音楽と見なされなかったことを述べ、直後で、今では「西洋音楽の代名詞」となっているとしている。前後で反対の内容を述べているので、①「しかし」が適当。

Check 12 逆接の接続詞 24・25

・**逆接**⇩前の文と後の文とが、反対の内容となる関係

それは、子どもが親の乳首に吸いつく、という行動を考えればわかるはずである。爬虫《はちゅう》類では、唇も頬もなく、［ b ］「口は耳まで裂け」、口裂から歯がはっきり見える。哺乳類では、上下の唇を閉じると、歯は見えない。［ c ］、爬虫類では、唇がないから、唇の閉めようがない。この口で、乳首から乳を吸おうとしたら、どうなるか。母親の乳首をかみ切ってしまうであろう。そうでなくても、爬虫類型の口では、口裂から、乳がどんどん漏れてしまうことになる。［ d ］進化的すなわち系統発生的には、唇と頬とは、まさしく「哺乳」類の特徴である。

〈養老孟司「からだを読む」〉

① a しかし b したがって c だから d そして
② a つまり b しかし c なぜなら d ところが
③ a たとえば b なぜなら c だから d そして
④ a だから b つまり c しかし d したがって
⑤ a そして b したがって c ところが d だから

（文教大）

問 25 **次の空欄に入る最も適当な語を選べ。**

ポパーの考えは「記述」の後の段階においては正しいと私も思う。［ ］、問題はそこにはなく、現象から記述を導く所にあるのだ。ポパーは帰納というものは成立しないと述べた。

〈池田清彦「やぶにらみ科学論」〉

① しかし ② だから ③ なぜなら
④ たとえば ⑤ あるいは

（獨協大）

↓ ①

24 まず、［c］の前後の内容に着目する。直前の「哺乳類では、……唇を閉じると、歯は見えない」と、直後の「爬虫類では、……唇の閉めようがない」は、相反する内容である。これは逆接の関係なので、逆接の接続詞の④「しかし」か⑤「ところが」が適当で、正解は二つに絞られる。［b］［d］はともに、空欄の前に述べた事柄を受けて、それを理由として順当に起こる内容が後に続いている。これは順接の関係なので、順接の接続詞の「したがって」「だから」などが入るはず。④のb「つまり」は「結局・要するに」という意味なので、［b］には不適当。ここで正解が⑤であることがわかる。なお、［a］の後では、直前で述べたことにさらに内容を付け加えているので、⑤「そして」が入る。

25 空欄の前の部分で「ポパーの考え」について限定的に認めた上で、直後で「問題はそこにはなく……」と否定する意見を述べている。これは逆接の関係なので、①が適当。

問 26 **次の空欄に入る最も適当な語をそれぞれ選べ。（同じ語を二度選んではならない）**

わたしはじっとしているのに、時間の方はどんどんたってゆく。これは実に不思議なことである。（中略）

［ a ］このような時の流れは、ときに速く感じられたり、遅く感じられたりする。（中略）

（中略）現在、われわれはあくせく生活しているために、時の流れを早く感ずるのかもしれない。牧歌的な農牧生活を送っている民族は、もっと時の流れを遅く感ずるのかもしれない。［ b ］、まったく時の流れを感じない民族があるのかもしれないし、そういう時代があったかもしれない。（中略）

（中略）すると、時間の流れ、時間経過の速さを計るために第二の時間とその単位が必要になる。ところが、この第二の時間も時間であるから、その流れの速さを決めることが必要である。［ c ］第三の時間、またその単位が必要となる。〈中村秀吉「時間のパラドクス」〉

① あるいは　② しかし

③ しかも　④ したがって

（明治学院大）

解答

a＝③

b＝①

c＝④

問 27 **次の空欄に入る語として最も適当な組み合わせを選べ。**

しかしながら、このような意味での「よみがえる記憶」は、あまりに普遍化されすぎてはいないか。時間の経過を含意する事柄を理解するときには、いつでも原理的に「記憶がよみがえっている」ことになってしまうのではないか。［ a ］、そもそも理解するとい

⑤

ポイント解説

Check 13 累加・対比・説明・補足 26～33

- **累加**⇩後に事柄を付け加える
- **対比**⇩前後の事柄を比べる
- **説明・補足**⇩後に説明や補足をする

※いずれも前後のつながり方を考える。

26 ［a］の前で時間がどんどんたってゆくことを述べ、後でその流れが「速く感じられたり、遅く感じられたりする」ことを付け加えている。累加の接続詞③「しかも」が適当。

［b］の前後を対比させて論を展開しているので対比の接続詞①「あるいは」が入る。この「あるいは」は、「もしかすると・ひょっとしたら」の意を表す副詞とも解釈できるが、この場合も［b］の内容として適当。

［c］の後には、ここまで述べたことの結果が書かれているので、順接の接続詞④「したがって」が適当。

27 ［a］の前後は「よみがえる記憶」についての説明であり、直後の文が「…だから」となっているので、説明の接続詞⑤

う働きそれ自体が時間経過を要するのだから、人間のすべての思考は「よみがえる記憶」にほかならなくなるのではないか。［ b ］、事実そうなのだ、と述べるべき側面があることにぜひ思い至らなければならない。すべての語りや推論は、直前に現れた事柄の「記憶がよみがえる」ことによって成り立っている。記憶は、もともとあまりに普遍的なのである。［ c ］、記憶の反対、つまり忘却は、文字通りには意味不明である。実は忘却とは、何かを覚えていたはずだ、という記憶のよみがえりなのである。

〈一ノ瀬正樹「記憶」〉

① a そう　b なぜなら　c よって
② a けれど　b なぜなら　c いや
③ a そう　b よって　c けれど
④ a いや　b けれど　c よって
⑤ a なぜなら　b そう　c けれど

（大東文化大）

問 28 **次の空欄に入る最も適当な語を選べ。**

コトバという索引がないと、本文の中から求めるものをさがし出して来ることができない。忘れるとはこの索引の失われることである。しかし、本文が同時に消失するとは限らない。［　］、せっかくの本文も、索引がなくては利用できず、宝のもちぐされのようになる。記憶が尊重されるのは当然だと言ってよい。

〈外山滋比古「ライフワークの思想」〉

① もし　② もっとも
③ あるいは　④ すなわち

（摂南大）

↓②

「なぜなら」が適当。
［b］は直前で「……ではないか」と提示した疑問に対して、直後で「事実そうなのだ」と自答しているので、それに呼応した⑤「そう」が適当。
［c］は直前で記憶の普遍性について述べているのに対し、直後では忘却について述べており、前後が相反した内容なので、逆接の⑤「けれど」が適当。よって⑤が正解。

28 空欄の前の部分で「本文が同時に消失するとは限らない」と述べた内容に対し、直後で「せっかくの本文も、……」と補っているので、補足を表す接続詞②「もっとも」が適当。

問 次の空欄に入る最も適当な語を選べ。

29 しかし、それがその人の人生観や価値観と大きく、［　　］微妙にずれているときは、その社会の中で自分を「異邦人」と感ずるか、あるいは状況に妥協して生きている自分を、何となく「本当の自分」ではないと感ずることになるわけである。

〈小西久也「私たちはどこへ行くのか―生命と人間と社会の論理間闘争」〉

① すべからく　② しかし　③ 案外
④ あるいは　⑤ すなわち　⑥ いかにも
⑦ さて　⑧ さしあたり

解答 → ④

30 ある人の顔が美しいかどうかを、詳しいチェックリストによって客観的に測ろうとしても、できない。［　　］大規模なアンケートを行って、最も多くの人が美しいと認める顔を割り出したとしても、それは人の好みという主観的なものを集めたにすぎず、客観的尺度とは言えない。

〈津上英輔「危険な『美学』」〉

（獨協大）

① あくまでも　② あるいは　③ かりに
④ しかし　⑤ ところで

→ ③

31 エドワード・グレイ卿は、戦争が起こったら、われわれをフランス支援にかりたてようとひそかに手を打っていたし、［　　］それを一般国民から感づかれまいとして用意周到に嘘をついてきた。

（大阪産業大）

→ ④

ポイント解説

29 空欄の前後で文脈が異なっていることに着目する。二者択一を表す④「あるいは」が適当。なお、後にも「あるいは」があるため、混乱しやすいので注意。

30 後の内容から仮定を示す接続詞③「かりに」を選ぶ。

31 前の内容に付け加える形で後の内容が続くので、累加の接続詞④「しかも」を選ぶ。

① ところで　② ところが　③ つまり
④ しかも　⑤ なぜ　⑥ もし

〈赤上裕幸『「もしもあの時」の社会学』〉
（同志社大）

32 私が子供心に唯一の合理的な考え方だと思っていたところのものが、実は十九世紀までの科学者が絶対に正しいと信じてきた考え方にほかならないことさえ、はっきり認識していなかった。［　　］量子論とか相対性原理とかいう、十九世紀までのいわゆる「古典物理学」の根底をゆるがす新しい学説が、二十世紀初頭に現われていたことなど、もちろん知らなかった。

〈湯川秀樹「旅人」〉
（福岡大）

① まして　② いわば　③ かえって
④ もっとも　⑤ だから

→ ①

33 しかし、今日の社会で、はたしてそれはどの程度妥当しているのだろうか。［　　］、かつてのような親密さが見られなくなったわけではない。

〈阪本俊生「ポスト・プライバシー」〉
（神戸学院大）

① なぜなら　② つまり　③ だが
④ あるいは　⑤ もちろん

→ ⑤

---

32 前の内容よりも程度の大きな内容を接続するときに用いる接続詞①「まして」を選ぶ。

33 文脈から⑤を選ぶ。消去法で選ぶのもよい。

問 **次の空欄に入る最も適当な語を選べ。**

34 そしていったんこの設計図が部族の合意のもとに成立すると、それは観念の本性からして事物と行動の外部に立つことになる。［　］それは身体と道具の相互影響の外部に立ち、身体にははね返るいかなる道具や素材の抵抗をも排除するように命令する。

〈山崎正和「リズムの哲学ノート」〉

（早稲田大）

① 少なくとも　② いいかえれば　③ 逆にいえば
④ しかし　⑤ おそらく

35 死は、死につつある人の生に出現する観念に過ぎないのだから、［　］生の一部に過ぎないのだから、どうやっても生の全体には釣合い得ないのです。

〈船木亨「死の病いと生の哲学」〉

（東北学院大）

① だから　② いっぽう　③ つまり
④ とくに　⑤ よしんば

36 ならば、［　］歌詞くらいは日本人の好きにさせてもらおうじゃないか。

〈藤田敏雄「ミュージカルはお好き？」〉

（大阪学院大）

① なにも　② まさか　③ まして
④ どうせ　⑤ せめて

解答

34 → ②
35 → ③
36 → ⑤

ポイント解説

Check **14** **要約を示す接続詞** 34・35

- **要約を示す接続詞**⇩空欄補充だけではなく、文章読解の指針となる
- **注意すべき語**⇩つまり・すなわち・言い換えれば・換言すれば……
- **要約を示す接続詞の後**⇩筆者の主張がまとめて書かれている場合が多いので注目しよう

34 同じ内容を角度を変えて言い換えているので、②「いいかえれば」を選ぶ。

35 前の内容を言い換え、要約を示す接続詞③「つまり」を選ぶ。

Check **15** **陳述の副詞** 36

- **陳述の副詞**⇩後に決まった言い方を要求するので、直後の部分の内容と表現から判断して選ぶ

36 後に「歌詞くらいは」と、程度の軽い事柄を挙げる副助詞が使われているので、「最小限これだけでも」という意味の副詞⑤「せめて」が入る。①「なにも」は

37 それに加え、科学が進歩し、専門的かつ複雑になってくると、科学が措定する同一性は、普通の人が信じるにはあまりにも難しすぎるという問題が起こってきた。［　　］、物質をどんどん分解していくと、最後はクォークや超ひもという実体になると教えられても、物理学者でもない普通の人に、そんな目に見えないものの存在を信じろと言うのは、神を信じろと言うのと選ぶところがないように思われる。

〈池田清彦「やぶにらみ科学論」〉

① しかし　② だから　③ なぜなら
④ たとえば　⑤ あるいは

（獨協大）

↓ ④

38 しかし、画家を志望しながら、小説家を志しながら、志を達成できなかった者は「身のほど知らずの夢を見ていた」という反省、いや懺悔《ざんげ》をしなければ、「まともな世界」に戻ることを許されないのだ。［　　］、「まともな世界」に属する少なからぬ者が、みずからの才能を存分に開花させて自由自在に生きる者を引き摺《ず》り下ろしたいからである。

〈中島義道「差別感情の哲学」〉

① さりとて　② 言いかえると　③ そのうえ
④ なぜなら　⑤ さもなくば

（神戸学院大）

↓ ④

後に打消の語を伴う。②「まさか」は後に打消の語を伴うと、「いくらなんでも」という意味になる。③「まして」は後に当然起こるべき事柄を伴う。④「どうせ」は当然否定されるべき事柄を伴う。

37 空欄の前の部分で、科学は普通の人が信じるには難しすぎるという問題について述べ、直後でそれについて「物質をどんどん……」と具体例を挙げて説明している。④「たとえば」が適当。

38 文末に「からである」という表現があることから、理由を問う形の副詞を選ぶ。④「なぜなら」が適当。

問 次のそれぞれに答えよ。

39 傍線部が修飾している部分として最も適当なものを選べ。

面に見入ると、ここで仕事が中断されたのは何故か、とまず疑い、この工人の身に突然起きたかもしれない事態がいろいろに想像されてきた。

この面は私に宝物の中にとじこめられていた、さまざまな情念やドラマを解き放った。〈羽田澄子「映画と私」〉

① 想像されてきた　② 宝物の中に
③ とじこめられていた　④ さまざまな
⑤ 情念やドラマを　⑥ 解き放った

（北星学園大）

解答 ⑥

40 傍線部の主語を文中から一文節の形で抜き出せ。

私は花が好きなので、絶やしたことがないけれども、〈白洲正子「美は匠にあり」〉

（北星学園大）

解答 私は

41 傍線部の表現技法として最も適当なものを選べ。

ファッションは、自由と規制のたわむれである。〈鷲田清一「京都の平熱」〉

① 暗喩　② 直喩　③ 押韻
④ 擬人法　⑤ 文語調

（帝塚山学院大）

解答 ④

42 次の空欄に入る最も適当な語を、それぞれ選べ。

解答 a＝⑤

ポイント解説

Check 16 文の構造 39・40

- **主・述を捉える**⇩「誰が・どうした」の関係をまずつかんだうえで修飾語が修飾する内容を考える

39 「この面は」が主語で、「解き放った」が述語。「私に」と「情念やドラマを」は、⑥「解き放った」を修飾している。

40 「絶やす」は「なくなったままにしておく」。ここは「私は」「（花を）絶やしたことがない」ということ。

Check 17 擬人法 41

- **擬人法**⇩人間でないものを人間にたとえて表現する修辞法

41 人間ではない「自由と規制」に対して人間の行為である「たわむれ（遊び事をすること）」が用いられているので④が適当。

［ a ］、先生には、ますます［ b ］こととお喜び申し上げます。私も元気に高校生活を送っています。さて今日は、先生に、十月七日に行われる私の高校の文化祭に来ていただきたいと思い、お手紙を差し上げました。午後三時から講堂で、私の所属するダンス部の発表会があり、私たちのダンスを［ c ］と思っています。

中学生の頃はステップがなかなか覚えられず、いつも迷惑をかけていた私が、今ではダンス部の部長を［ d ］、プロのダンサーを目指してがんばっています。これも、ダンスの楽しさを教えて下さった先生のおかげと感謝しています。

お忙しいこととは存じますが、ぜひおいでください。先生に［ e ］のを楽しみにしています。

まだ暑い日が続きますが、どうぞお体を大切にして下さい。

a　① 麦秋の候　② 三伏のみぎり　③ 清涼の候　④ 薫風の候　⑤ 残暑なお厳しき折

b　① ご寛恕の　② ご健全の　③ ご清栄の　④ ご健闘の　⑤ ご鞭撻の

c　① 拝見されたい　② 御覧に入れたい　③ 見せたい　④ 見て下さい　⑤ 拝覧に入れたい

d　① 努め　② 勤め　③ 勉め　④ 務め　⑤ 力め

e　① お目にかかる　② お会いになれる　③ 拝察する　④ ご拝眉なさる　⑤ お目にかかられる

（法政大）

b＝③
c＝②
d＝④
e＝①

Check 18 手紙文　42

・**手紙の前文**⇩季節の挨拶と安否の挨拶の常識を整理しよう

・**言葉遣い**⇩相手の行為には尊敬語を、自分の行為には謙譲語を用いる

42 ［a］最終段落にある「まだ暑い日が続きますが」に着目。立秋（八月八日頃）以降に用いる挨拶の⑤が適当。①は六月、②は夏至（六月二十二日頃）の後から立秋の後にかけての時期、③は九月、④は五月。

［b］③の「ご清栄」は、手紙文などで相手の無事と繁栄を喜ぶ挨拶に用いる。①は「心が広いこと」。⑤は「怠らないように励ますこと」。

［c］「先生に見てほしい」という意なので、尊敬語を用いた②の「御覧に入れたい」が適当。

［d］任務・役割を果たす場合は④「務め」を用いる。

［e］「会う」の謙譲語である①の「お目にかかる」が適当。なお、⑤は「お目にかかる」「…れる」と敬語が二重になっているので不適当。

問 敬語の使い方として適切でないものを一つ選べ。

43

① 今日お見えになるとは知らずに失礼いたしました。
② おいでになるのはいつも月曜日です。
③ 宴会でおかけになる席を特別に用意いたします。
④ 新しい年をお越しになってからお元気そうです。
⑤ 昨日はいつもと違う服をお召しになっていました。

（文教大）

44

① 先生が私にご遠慮なさることはございません。
② 父が先生にご説明すると申し上げております。
③ 三時に会場に伺ってもよろしいですか。
④ 番号順にお呼びいたしますのでお待ちください。
⑤ 先生から先方にお手紙をお書きしてください。

（文教大）

45

① 先生がたに来ていただけると助かります。
② コーヒーと紅茶、どちらをいただかれますか。
③ どうぞ、お元気でお過ごしください。
④ この電車にはご乗車になれません。
⑤ 先生にはご健勝のことと存じます。

（文教大）

46

① ご紹介させていただきます。
② ご注文は何になさいますか。
③ この本はご利用になれます。
④ ご質問はございませんか。
⑤ どうかいたしましたか。

（文教大）

解答

43 → ④
44 → ⑤
45 → ②
46 → ⑤

ポイント解説

Check 19 敬語 43～46

- **尊敬語**⇩「お(ご)～になる」「～なさる」
- **謙譲語**⇩「お(ご)～する」「～いたす」
- **丁寧語**⇩「です」「ます」「ございます」

43 ④「お越しになる」は「来る」の尊敬語なので誤り。「新しい年をお迎えになってから」「新しい年を越されてから」が適当。

44 ⑤「お書きしてください」が誤り。「お～する」は謙譲語であり、ここでは書くのが「先生」だから尊敬語を使わなければならない。「お書きください」「お書きになってください」が適当。

45 ②「食べる」「飲む」の意で「いただく」を用いると謙譲語になるので誤り。「召し上がりますか」「お飲みになりますか」が適当。

46 ⑤「いたします」は、「する」の謙譲語。「する」は相手の動作なので、「どうかなさいましたか」と尊敬表現にするのが適当。

第5章

古文単語問題

- この章では、古文読解の基礎となる古文単語を扱う。知らない単語があれば、古語辞典を引いて、確認していく形で学習を進めよう。
- 「古文単語①」では暗記すべき重要単語を集めた。「古文単語②」では発展的な単語を扱っているので、自分の力試しに挑戦しよう。

❖古文を読むために必須の重要語を集めた。知らない語があればきちんと覚えておこう。

問 次の傍線部の意味として最も適当なものを選べ。

1 かかる所をのみこそ、つねは**あくがれ歩《あり》き**給ひけめ、とまづおぼし出づる人の御うへにぞ、涙にくもる心地し給ふ。〈藤の衣物語絵巻〉

① 親と諍《いさか》いを起こしてうろつき歩き
② 道に迷ってふらふらとさまよい歩き
③ 心をひかれてさまよい歩き
④ 仏になりたいと思ってさまよい歩き
⑤ 恋しい人のことを思って気が気でなく

〈北海学園大〉

解答 → ③

2 夜更鶏《よふけどり》も鳴く時なれども、おのおの立ちかねられしに、「この上は、**亭主が所存のとほりに、あそばされてたまはれ**」と願ひしに、〈西鶴諸国ばなし〉

① 亭主の考えのとおりになさってください
② ご主人のいうとおりにさせてください
③ 亭主の希望どおりにご自由に遊んでください
④ お客さんの気持ちを尊重してください
⑤ あなた方の好きなようにしてください

〈武蔵大〉

→ ①

3 非赤山が九歳にて契丹の国へ赴きし悲しみも、我が身の上に思はれ、袂も袖も濡れ果てて罷《まか》り下り候ひぬと語りければ、十郎聞きも

→ ④

ポイント解説

1 あくがる（動詞）
「あくがる」は「本来あるべき所を離れてさまよい出る」の意。「さまよい出る」「浮かれ歩く」と訳す。③が適当。

2 あそばす〈遊ばす〉（動詞）
「あそばす」は動詞「す」の尊敬語で「なさる・～なさる」の意。「所存」は「考え・意見」のこと。したがって①が適当。なお、「たまはる」は本来は謙譲語で「いただく」の意。中世以降、尊敬語として「お与えになる」の意が加わった。ここでは尊敬の補助動詞として「～くださる」の意。

3 あふ〈敢ふ〉（動詞）
「あふ」は「すっかり～する」の意の補

あへず声を合はせて泣きにけり。〈曽我物語〉

① 聞き入れてくれずに　② 聞こえないように
③ 聞くやいなや　④ 聞き終わらないうちに
⑤ 聞くかと思いきや

4 諸《もろもろ》の強盗の首領とおぼしくて、こと掟《おき》てければ、みなその下知《げぢ》にしたがひて、〈古今著聞集〉

① さしずすると
② 既に決めているので
③ 今後の計画を立てると
④ おきてを持ち出すので

〈甲南大〉

→ ①

5 いみじく苦しければ、天ちうといふ川のつらに、借屋造り設けたりければ、そこにて日ごろ過ぐるほどにぞやうやうおこたる。〈更級日記〉

① うっかりする　② なまける
③ 快方に向かう　④ 腹が立つ
⑤ 火を起こす

〈学習院大〉

→ ③

6 かの友とする鳥、これを見て、大いに驚きて、声をあげて鳴き、耳を食ひて引くに、鹿驚きぬ。〈宇治拾遺物語〉

① 腰が抜けた　② 混乱した
③ 寝とぼけた　④ 気分を害した
⑤ 目を覚ました

〈福岡大〉

〈関西学院大〉

→ ⑤

助動詞で、「も」は強意の係助詞。「聞きもあへず」は「すっかり聞き終わりもしないで」の意。したがって④が適当。

4 おきつ〈掟つ〉（動詞）
「掟つ（おきつ）」は「指図する・決めておく」の意。したがって①が適当。なお、直後にある「下知」は「命令」の意。

5 おこたる〈怠る〉（動詞）
「おこたる」は「病気が治る」の意。③が適当。

6 おどろく〈驚く〉（動詞）
「おどろく」は「目を覚ます」「気付く」の意。⑤が適当。

問 **次の傍線部の意味として最も適当なものを選べ。**

7 人に従はせたまふべくもおはしまさず、御才《ざえ》などいみじくおはします。〈栄花物語〉

① 追従する人のことばにお惑いになることはなく
② 他人から欠点のように見えるところは全くなく
③ 他人に追随なさるようなことはおありにならず
④ 人を従わせるような強引なことは決してなさらず
⑤ 人を従わせることをなさらないということはなく

〈青山学院大〉

解答 ③

8 「ただいま殿おはして、若君たづねたまへれば、大殿籠りてと申しはべるを、とくとく」と、母上の文あり。〈しのびね〉

① 御殿にいらっしゃって　② ぐっすり眠っていて
③ 部屋に閉じこもっていて　④ 隠れん坊をしていて
⑤ おやすみになっていて

〈成蹊大〉

解答 ⑤

9 えたへ給はず、かきくらされ給ふ。〈五葉〉

① むなしく時を過ごしていらっしゃる
② 悲しみにくれていらっしゃる
③ 感涙にむせんでいらっしゃる
④ 部屋にこもりきりでいらっしゃる
⑤ 心に描き続けていらっしゃる

共通

解答 ②

ポイント解説

7 **おはします**（動詞）
「おはします」は「あり」の尊敬語で「いらっしゃる」の意。同義の「おはす」よりも敬意が高い。「従はせたまふ」の「せ」は、「人を」ではなく「人に」とあるので、尊敬の助動詞「す」の連用形。「せたまふ」で二重尊敬の形となる。したがって③が適当。

8 **おほとのごもる〈大殿籠る〉**（動詞）
「大殿籠る（おほとのごもる）」は「寝《ぬ》・寝《い》ぬ」の尊敬語で「おやすみになる・お眠りになる」の意。したがって⑤が適当。

9 **かきくらす〈掻き暗す〉**（動詞）
「かきくらす」は「くらす〈暗す〉」（＝暗くする）という動詞に「かき」という接頭語が付いたもので、「辺り一面を暗くする・悲しみで心を暗くする」の意。直前の「えたへ給はず」は、「え〜ず」で不可能の意味を表すことから、「耐えることがおできにならないで」という意となるので、「かきくらす」は②の意であることがわかる。

10 「この事いと不便《ふびん》の事なり。寺のために悪しかりなん。観音をかこち申す人にこそあんなれ。これ集りて養ひて候はせん」とて、〈宇治拾遺物語〉

① 自分の不遇の口実にしている人
② 仏と思って頼り申している人
③ 恨みがましく愚痴を申している人
④ けがれさせる人

→ ②

11 はた、おほやけに聞こし召されて、物かづけ、重く賞ぜさせ給ひしなり。〈藤簍冊子〉

① 褒美を与え
② 着るものを着せ
③ 物を背負わせ
④ 他の者のせいにして

（北海学園大）

→ ①

12 粥《かゆ》などむつかしきことどもをもてはやして、「御前《おまへ》に、とく聞こし召せ」など寄り来て言へど、〈源氏物語〉

① お起きなさい
② 着替えなさい
③ お食べなさい
④ 手伝いなさい
⑤ お聞きなさい

（上智大）

→ ③

13 共通

大王、大いに悦び給ひて、みづから多くの狩人を具して、この男をしるべに召し具して行幸なりぬ。〈宇治拾遺物語〉

① 整えさせて
② 用意させて
③ 招集して
④ 伴って
⑤ 頼みにして

（関西学院大）

→ ④

10 **かこつ〈託つ〉**（動詞）
「かこつ」は「口実にする」「愚痴・不平を言う」「寄りかかって頼みとする」の意がある。ここでは「観音を」とあることから②が適当。

11 **かづく〈被く〉**（動詞）
「かづく」は「頭にかぶせる」「貴人が下人の労をねぎらい、褒美をとらせる」「負わせる」の意がある。ここでは直後に「賞ぜさせ給ひしなり」とあることから①が適当。

12 **きこしめす〈聞こし召す〉**（動詞）
「聞こし召す」は「聞く」の尊敬語で「お聞きになる」、「食ふ」「飲む」の尊敬語で「召し上がる」、「治む」の尊敬語で「統治なさる」など多義の語。ここでは「食ふ」の尊敬語「お食べになる」の意。命令形になっており、③が適当。

13 **ぐす〈具す〉**（動詞）
「具す」はある行為に「伴う」物や人を指す。「伴う」「連れる」「添える」などと訳す。④が適当。

問 次の傍線部の意味として最も適当なものを選べ。

14 秋の夜の長きをかこち、余は奥の一間《ひとま》にありて、句をねり詩をうめきゐけるが、やがてこうじにたれば、ふとん引きかうでとろとろと睡《ねぶ》らんとするほどに、〈新花摘〉

① 恋しくなったので　② くたびれたので
③ 上手にできたので　④ できることならば
⑤ 充分論じたならば　⑥ 眠くなったならば
〈明治学院大〉

解答 ②

15 よろづこしらへけれど、つひに聞かでその年のうちに離れにけり。〈唐物語〉

① 教訓したけれど　② 説得したけれど
③ 感謝したけれど　④ 議論したけれど
〈成城大〉

解答 ②

16 いたうやせ細り給ひて、昔の影のやうに見え給へば、あはれと見奉り給ひて、うちしほたれ給ひて、とばかりありて、「何たる御心にて、すがすがとおぼしめし立ち給ふか」と申し給へば、〈雲隠六帖〉

① 貧相なお姿になって、わずかの間沈黙して
② ひとしきりお泣きになって、ややしばらくして
③ ひどく朝露にお濡《ぬ》れになって、少し時間をおいて
④ 家の中にお籠りになって、深く考えられた末に
⑤ がっくりとうなだれなさって、長い間そのままで
共通

解答 ②

17 後に聞けば、恐ろしき人にてぞおはしける。弁慶いかでか知るべき。*御曹司《おんざうし》はまた身をつつみたまひければ、〈義経記〉

＊御曹司＝後の源義経のこと。

解答 ①

ポイント解説

14 こうず〈困ず〉（動詞）
「こうず」は「苦しむ・疲れる」の意。したがって「疲れる」の意を含んだ②が適当。

15 こしらふ〈慰ふ・喩ふ・誘ふ〉（動詞）
「こしらふ」には「拵ふ」と「慰ふ（喩ふ・誘ふ）」がある。ここは「慰ふ（喩ふ・誘ふ）」で「説得する」の意。したがって②が適当。ほかに「なだめる・機嫌をとる・言葉巧みに誘う」などの意もある。なお、「拵ふ」は現代語の「こしらえる」と同じく「作り上げる」の意。

16 しほたる〈潮垂る〉（動詞）
「しほたる」は本来「衣服が潮水にぬれてしずくが垂れる」という意だが、単に「ぬれる」という意も持ち、さらに「涙を流す・涙でぬれる」の意も持つ。ここでは「涙を流す」の意。「うち」は接頭語で「ちょっと・すっかり」という意を表す。ここでは「すっかり」の意。「とばかり」は「しばらく」、慣用句「とばかりありて」で「しばらくして」の意。したがって②が適当。

17 つつむ〈包む〉（動詞）

① 御曹司の方もまた身分を隠しておられたので
② 御曹司の方もまた弁慶の体に覆いを掛けなさったので
③ 御曹司はさらに不思議な光でその身を包みなさったので
④ 御曹司は身を清めておられたので
（龍谷大）

18

火、はやわが家に移りて、煙、炎、くゆりけるを見て、おほかたさりげなげにてながめければ、知音《ちいん》どもとぶらひけれども、さわがざりけり。
〈十訓抄〉

① 尋問する　② 弔問する　③ 見舞う
④ 供養する　⑤ 探す
（名城大）

③

19

問 次の傍線部a・bの意味の組み合わせとして最も適当なものを選べ。

わが妻子どもの泣く泣く申す声どもも聞ゆ。いといみじき心地しけり。されど a念じて泣きあかして、朝《あした》に見れば、蓑もなにも涙のかかりたる所は、血の涙にてなむありける。（中略）

かかれどなほえ聞かず、御 bはてになりて、御服《ぶく》ぬぎに、よろづの殿上人川原に出でたるに、童の異《こと》やうなるなむ、柏に書きたる文もて来たる。
〈大和物語〉

① a＝祈願する　b＝死
② a＝肝に銘じる　b＝病気の末期
③ a＝悲しむ　b＝おちぶれた状態
④ a＝思い続ける　b＝法会の終わり
⑤ a＝がまんする　b＝喪の終わり
（文教大）

⑤

「つつむ」は、「包む」と書き「包む・隠す」の意を表す場合と、「慎む」と書き「遠慮する」の意を表す場合の二つがある。ここでは「御曹司」（＝義経）が主語で、「身を」とあるので、自分の身分を「隠す」という意で用いられている。したがって①が適当。

18 とぶらふ〈訪ふ〉（動詞）

「とぶらふ」にはA「訪ふ」とB「弔ふ」の二つの意味がある。Aは「訪ねる」「見舞う」の意。Bは「弔う」「弔問する」の意。火事に遭った男のところに知り合いが来る場面なので、Aを選ぶ。したがって③が適当。

19 ねんず〈念ず〉（動詞）

a「念ず（ねんず）」は「我慢する・祈願する」の意。ここで正解は①か⑤に絞られる。**b**「はて」は「最後・喪の終わり」の意。直後に「御服ぬぎ」とあることに着目すると、喪が明けて喪服を脱いだことがわかる。したがって⑤が適当。

問 次の傍線部の意味として最も適当なものを選べ。

20 「限りになり果て給ひぬ」とてまたののしるに、殿*こなたへ出で給ひて、「あれは何ぞ」と問ひ給へば、〈苔の衣〉

＊殿＝山伏の子供で、中宮の兄に当たる人物。現在は関白となっている。

（関西学院大）

① 涙を流す　② 大声で騒ぐ　③ 叱り飛ばす
④ 非難する　⑤ 落胆する

→ ②

21 宮司召して、絹二ゆひ取らせて縁に投げ出だしたるを、一つ取りに取りて、拝みつつ腰にさしてみなまかでぬ。〈枕草子〉

（北海学園大）

① 出かけた　② 退出した　③ 参上した
④ 出入りした　⑤ 退出しない

→ ②

22 今は主の世にましまさばこそ、敵の頸取ってまゐらせて、勲功勧《けん》賞《じやう》にもあづかり給はめ。〈平家物語〉

（南山大）

① 自分が生きていてこそ
② 自分自身の出世を望むからこそ
③ 自分自身が世間で認められていてこそ
④ 主君の存在が認められていてこそ
⑤ 主君が世に栄えておられてはじめて

→ ⑤

23 「いかで目もあやにあらむ」とまもるに、〈夜の寝覚〉

① 見張る　② 大切にする

→ ④

解答

ポイント解説

20 ののしる（動詞）
「ののしる」は現代語とは違い、「大声を出して騒ぎ立てる」の意。②が適当。

21 まかづ（動詞）
「まかづ」は「まかる」と同義で「退出する」の意。対義語が「まうづ・参る」（＝参上する）。「ぬ」は完了の助動詞「ぬ」の終止形。したがって②が適当。

22 まします（動詞）
「まします」は「あり・をり」の尊敬語で「いらっしゃる・おられる」の意。「世にあり」は慣用句で「生きている・栄えている」の意。したがって⑤が適当。

23 まもる〈守る〉（動詞）
「まもる」は「見つめる・じっと見る」

③ 守護する　④ 見つめる

24 夢幻の世の中に、みにくきものを、片時《かたとき》も見て何かせん。思はしき者を見むとすれば、父の命を背くに似たり。〈平家物語〉（神奈川大）
→①

① 気に入った女とつれ添おうとすると
② 好きな女を捜し求めて行ったとしたなら
③ 思いがけない女を見つけたとしても
④ 人がすすめる女と結婚したとしても
⑤ 非の打ち所のない女に出会ったとしても

25 近頃、和歌の道、ことにもてなされしかば、〈今物語〉（立教大）
→②

① 確立されて　② 愛好されて
③ 推薦されて　④ 理解されて

26 ひたぶるにおぼしむすぼほれて、埋もれいたくものし給はん、いといふかひなくめめしうこそあれ。〈五葉〉（西南学院大）
→①

① ひどくふさぎこんでいらっしゃるのは
② 苦痛を見せずに我慢していらっしゃるのは
③ ひたすら人目をはばかっていらっしゃるのは
④ 内気すぎて人前に出られずにいらっしゃるのは
⑤ 才能を発揮できずに苦しんでいらっしゃるのは

共通

の意なので④が適当。

24 みる〈見る〉（動詞）
「見る（みる）」は「見る・逢う・結婚する・世話をする」の意。ここのように異性を「見る」という場合は、多くが「結婚する」の意。「思はし」は動詞「思ふ」が形容詞化したもので「好ましい・心引かれる」の意。したがって①が適当。

25 もてなす（動詞）
「もてなす」は「振る舞う・処理する・もてはやす」の意。ここでは「もてはやす」の意で、②が適当。

26 ものす〈物す〉（動詞）
「ものす」はさまざまな動詞の代用をする語で「（ものごとを）する」の意。ここでは「あり」の意で用いられている。「埋もれいたし」は「気が晴れない・内気すぎる」の意。したがって①が適当。

問 **次の傍線部の意味として最も適当なものを選べ。**

27 誰と知られで出でなばやと思せど、しどけなき姿にて、冠などうちゆがめて走らむ後手思ふに、いとをこなるべしと思しやすらふ。〈源氏物語〉

① 心が休まる ② からかう ③ 休憩する
④ 悩む ⑤ ためらう （福岡大）

解答 → ⑤

28 心のやるかたもなさには立ち出でぬれど、行く末はいづくとも思ひわかず、足に任せて行くほどに、年頃心ざしを運びけるしるしにや、清水寺へこそ参りたれ。〈平治物語〉

① どの方角がよいかも分からないままに家を出てしまったが
② 心を慰める人もいないので出発してしまったのだが
③ 心を晴らす方法もなく不安なままに出発してしまったが
④ 最愛の人を失って不安なままに出発してしまったが
⑤ 心の不安をかき消したい一心で家を出てしまったが （文教大）

→ ③

29 ためまさ、え付けで、程すぎにければ、わびて、「さば申せ。いかに付けたるぞ」と問ひければ、〈俊頼髄脳〉

① 困りはてて ② 苦痛にあえいで ③ 観念して
④ 謝って ⑤ 心細く思って （同志社大）

→ ①

30 御方、「わづらはしく。漏りもこそ聞こゆれ。たはぶれ言にても、あいなきことなり」といさめて、あはれなりつる御気色は心にかかりておぼゆるに、とばかりありて、紛らはして御文《ふみ》差し入れたり。〈夜の寝覚〉

→ ④

ポイント解説

27 やすらふ〈休らふ〉（動詞）
「休らふ（やすらふ）」は「ためらう」「立ち止まる」の意で用いられることが多いが、「休憩する」の意もある。③か⑤か文脈から考え、⑤を選ぶ。

28 やる〈遣る〉（動詞）
「やる」には「行かせる・送る・贈る・晴らす」などの意味がある。ここでは「心の」とあるので、「晴らす」の意。「かた〈方〉」はここでは「方法」の意。したがって③が適当。

29 わぶ〈侘ぶ〉（動詞）
「わぶ」は「困る・嘆く・落ちぶれる・〜しかねる」の意。ここでは、「ためまさ」が「え付けで」（＝付句《つけく》をすることができなくて）という状況下で「程すぎにければ」（＝時間がたってしまったので）とある文脈から、「困る」という意味だと捉える。したがって①が適当。

30 あいなし（形容詞）
「あいなし」は「つまらない」「気に入らない」の意。「あいなく」の形で副詞的に用いて「なんとなく」の意も表す。④が適当。

31

① そっけない ② だらしない ③ たわいない
④ つまらない ⑤ ふがいない 〈大東文化大〉

かうあさましき住まひし侍《はべ》れば、立ち寄り訪《と》ふべき人もなきに、あやしく、おぼえずなむ 〈宇津保物語〉

① 窮屈な ② がらんとした ③ ひっそりとした
④ 気味が悪い ⑤ 見苦しい 共通

→ ⑤

32

「殿の内裏《うち》へまゐりたまへるひまなれば、さもしたまへ。聞きたまひてはあしからん」 〈しのびね〉

① 車は使えないでしょう ② お怒りになるでしょう
③ 具合が悪いでしょう ④ 帰れなくなるでしょう
⑤ 聞き苦しいでしょう 〈成蹊大〉

→ ③

33

北辺集と言ひて歌の集もあるを見たるに、詠める歌はさしも優れたりとはなけれど、今の世の歌詠みのやうなるひがことはをさをさ見えずなむありける。さもあたらしき人のはやくも失せぬることよ。 〈玉勝間〉

① 誠実な人 ② 無垢な人 ③ 徳の高い人
④ 清新な人 ⑤ 素晴らしい人 〈愛知学院大〉

→ ⑤

34

傍らの女房、下部《しもべ》にいたるまで、よにあへなき事に思ひて、「こは、いかなる事やらむ」と騒ぎ合へり。 〈西行物語〉

① 悲しい ② もろくはかない ③ どうしようもない
④ 恨めしい ⑤ 腹立たしい 〈法政大〉

→ ③

---

31 **あさまし** (形容詞)

「あさまし」は「(意外なことに)驚きあきれる・情けない・みすぼらしい」の意。「住まひ」に関して、この意味合いが出ているのは⑤のみ。

32 **あし〈悪し〉** (形容詞)

「あしから」は形容詞「あし」の未然形。「あし」は「悪い」の意で、ほかとの比較ではなく絶対的に悪い状態をいう語。「ん」は推量の助動詞「ん(む)」の終止形なので、③が適当。

33 **あたらし〈惜し〉** (形容詞)

「あたらし」は漢字を用いると「惜し」となる。「惜しい」「もったいない」の意。ここでは「(亡くなったのが)惜しいほど素晴らしい人」の意。⑤が適当。

34 **あへなし〈敢へ無し〉** (形容詞)

「あへなし」は落胆してがっかりする気持ちを表す。「落胆している」「はかない」「どうしようもない」の意。③が適当。

問 次の傍線部の意味として最も適当なものを選べ。

35 「文」とてさしいでたるを見るに、切髪《きりがみ》を包みたり。あやしくて、文を見れば、〈平中物語〉

① 普通でないと思って　② ありきたりだと思って
③ こっけいだと呆《あき》れて　④ もったいないと感じて
⑤ 神秘的だと感動して　〈大東文化大〉

36 利仁来ていふやう、「いざさせ給へ。湯浴みに。大夫殿」といへば、「いとかしこき事かな。今宵身の痒《かゆ》く侍りつるに。乗物こそは侍らね」といへば、「ここにあやしの馬具して侍り」といへば、〈宇治拾遺物語〉

① 不思議な　② めずらしい
③ 粗末な　④ 霊妙な　〈近畿大〉

37 この尼君は、住まひかくかすかにおはすれど、装束のあらまほしく、*鈍色《にびいろ》、青鈍《あをにび》といへど、いときよらにぞあるや。〈源氏物語〉

*鈍色、青鈍＝出家した者の用いる色。

① 華美で　② 質素で　③ 個性的で
④ 理想的で　⑤ 世俗的で　〈立正大〉

38 かの人の従者どもも、まめやかに心づきなしと見れど、せむ方もなく、人々にさへ捨てられぬるが心細く、すずろなる目を見ることとうち嘆かるるに、火のけはひいとどしうなりて、家一つ残るまじげなり。〈怪世談〉

① 非常に危険であって　② たいへんな勢いであって

解答

35 → ①
36 → ③
37 → ④
38 → ③

ポイント解説

35 あやし〈怪し・奇し〉（形容詞）
「あやし」には「怪し・奇し」と「賤し」がある。「怪し・奇し」なら「不思議だ・変だ」、「賤し」なら「身分が低い・粗末だ」の意。ここでは「文」とともに「切髪」が包まれている、普通と違う状況に対しての心情なので「怪し・奇し」。したがって①が適当。

36 あやし〈賤し〉（形容詞）
ここでは「乗物がない」と言う大夫に「馬を連れてきている」と利仁が言う場面。自分の馬を謙遜している言い方なので、「あやし」は「賤し」で③が適当。

37 あらまほし（形容詞）
「あらまほし」はラ変動詞「あり」に願望の助動詞「まほし」が接続してできた語。「理想的だ」「望ましい」の意。したがって④が適当。

38 いとどし（形容詞）
「いとどしう」は「いとどしく」のウ音便形で、甚だしさがいっそう増す様子を表し、「いっそう・ますます」の意。これに当てはまるのは③と⑤だが、「家一つ残らないだろう」という文脈に続き、

③ いっそうはげしくなって　④ 大音響で鳴り響いて
⑤ ますますひどくなるということなので　〈成蹊大〉
→③

39
あさましくは思し召せど、あらく仰せられむも、さすがにいとほしくて、　〈大鏡〉
① かわいい　② 大切に思う　③ 気の毒だ
④ 見苦しい　⑤ 悲しむべきだ　〈愛知大〉
→④

40
婿も嫁もまだいはけなき時の祝言《しうげん》。親子兄弟の中にて、かの物語。人中にてとりはづしてのおならは、誰も恥づかし。偽りの顕《あら》はれたるも恥づかし。　〈尤之双紙〉
① とるにたりない　② だらしない　③ 頼りない
④ 幼い　⑤ 貧しい　〈立教大〉
→④

41
おぼつかなく、いぶせくて過ぎゆく慰めには、姫君を、ただ明け暮れ抱き見たてまつらせたまふ。　〈夜の寝覚〉
① 人恋しくて　② わけがわからず　③ 夢中になって
④ 心が晴れず　⑤ いらいらしながら　〈早稲田大〉
→①

42
「（中略）悲しう見たてまつりはべるなど、うちうちに、思ひたまふるさまを奏したまへ。ゆゆしき身にはべれば、かくておはしますも、いまいましう、かたじけなくなむ」とのたまふ。　〈源氏物語〉
① 縁起でもないさま　② おそれ多いさま
③ 恐ろしいさま　④ 残念であるさま
⑤ 並々でないさま　〈立教大〉

伝聞ではないので③が適当。なお、副詞「いとど」も同じ意。

39 **いとほし**（形容詞）
「いとほし」には「気の毒だ」と「いとしい」の二つの意味がある。ここでは「あらく仰せられむも、さすがに」（＝乱暴におっしゃるのも、そうはいってもやはり）とあるので③が適当。

40 **いはけなし**（形容詞）
「いはけなし」は「子どもっぽい」「幼い」の意。④が適当。

41 **いぶせし**（形容詞）
「いぶせし」は気持ちの晴らしどころがなく胸がふさがる気持ちを表し、「うっとうしい」「気がかりだ」などと訳す。④が適当。

42 **いまいまし〈忌ま忌まし〉**（形容詞）
「いまいましう」は「いまいましく」のウ音便形で、「非常に不吉なもの・縁起が悪い」という意で、①が適当。「ゆゆし」も「不吉である」の意。

問 **次の傍線部の意味として最も適当なものを選べ。**

43 いみじき盗人の大将軍ありけり。〈宇治拾遺物語〉

① 賢い　② 貴族風の　③ ものすごい　④ 普通の　⑤ 有名な　（立正大）

44 源俊頼朝臣の歌に、「憂かりける人を初瀬の山おろしはげしかれとは祈らぬものを」と侍る時は、〈浮世風呂〉

① 落ち着かない　② 思いに沈んでいた　③ 辛い思いをさせた　④ 心待ちにしていた　（西南学院大）

45 我さへおろかなるさまに見えたてまつりて、いとどうしろめたき御思ひの添ふべかめるをいといとほし、と思す。〈源氏物語〉

① 不埒な　② 不愉快な　③ 無粋な　④ 気がかりな　⑤ みじめな　（関西学院大）

46 このほどに、うつくしく大きになりたまひて、母君の御頸《くび》にとりつきて、〈しのびね〉

① 大人っぽく　② 背が高く　③ たいへん　④ 少しだけ　⑤ 愛らしく　（成蹊大）

47 よろづに遊びならはせたまひて、うるはしき御有様いとくるしく、〈大鏡〉

① じめじめしている　② 愛らしい

解答

43 → ③
44 → ③
45 → ④
46 → ⑤
47 → ⑤

ポイント解説

43 いみじ（形容詞）
「いみじ」は良し悪しを問わず程度が甚だしい状態を表し、「すばらしい・ひどい・とても」と文脈に応じて訳す。ここでは「盗人」の形容なので③が適当。

44 うし〈憂し〉（形容詞）
「憂し（うし）」は「つらい・つれない」の意で③が適当。「憂かりける人」とは自分が恋した相手で、その人が冷たく、自分につらい思いをさせたことを表している。

45 うしろめたし〈後ろめたし〉（形容詞）
「うしろめたし」は「気がかりだ・心配だ」の意で、④が適当。

46 うつくし〈美し・愛し〉（形容詞）
「うつくし」は客観的に小さくてかわいらしいものを表し、「かわいい・いとしい」の意で、⑤が適当。同義語には「いとほし・らうたし・かなし」がある。

47 うるはし〈麗はし・美し〉（形容詞）
「うるはし」は「立派だ」「端麗だ」と称賛する気持ちから発し、平安時代には「整

③ のびのびしている　④ 仲が良い
⑤ きちんとしている　〈東洋大〉

問48 次の傍線部と反対の意味を持つものを一つ選べ。

兄は今若とて八《やつ》になる、中は乙若《おとわか》とて六《むつ》、末は牛若とて二歳也。おとなしきをば先にたてて歩ませ、牛若をば胸に抱きて宿所をば出でぬ。〈平治物語〉

① すさまじ　② ゆゆし　③ いとけなし
④ 頼もし　⑤ さうざうし　〈文教大〉

→ ③

問49 次の傍線部の意味として最も適当なものを選べ。

「出《い》でて見よ。例ならず言ふは誰《たれ》ぞとよ」と仰せらるれば、「こは、誰《た》そ。いとおどろおどろしう、きはやかなるは」と言ふ。〈枕草子〉

① 不意に　② 面白く
③ 無作法に　④ 恐る恐る
⑤ けたたましく　〈國學院大〉

→ ⑤

50

「吾子《あこ》を久しく見ねばおぼつかなきを、見てまゐらん」〈しのびね〉

① さみしいから　② 心細いだろうから
③ 気がかりだから　④ 顔を忘れそうだから
⑤ ぼんやりしているから　〈成蹊大〉

→ ③

っている」「堅苦しい」の意で用いられた。したがって⑤が適当。

48 おとなし〈大人し〉（形容詞）
「おとなし」は大人らしい要素を持っていることで、「大人びている・思慮分別がある・主だっている」の意。対義語としては「幼い・子どもっぽい」という意の③「いとけなし」が適当。①は「興ざめだ」、②は「不吉だ・甚だしい・すばらしい」、④は「頼りになる」、⑤は「もの足りない・寂しい」の意。

49 おどろおどろし（形容詞）
「おどろおどろし」は「大げさだ・気味が悪い」の意。直後の「きはやかなる〈際やかなる〉」は「きわだっている・きっぱりしている」の意。ここでは「例ならず言ふ」（＝いつもと違って言う）声のことを形容しているので、⑤が適当。

50 おぼつかなし（形容詞）
「おぼつかなし」は「はっきりしない・気がかりだ・待ち遠しい」の意。ここは直前に「吾子を久しく見ねば」という理由があるので、「気がかりだ」の意で、③が適当。同義語は「心もとなし」。

問 51 次の傍線部と同じ意味・用法のものを一つ選べ。

「大夫殿、いまだ芋粥に飽かせ給はずや」と問ふ。五位、「いまだ飽き侍らず」といへば、「飽かせ奉りてんかし」といへば、「かしこく侍らん」とてやみぬ。〈宇治拾遺物語〉

① 「かしこく京の程は雨も降らざりしぞかし」〈大鏡〉

② 「かしこけれど、この御手こそ右の大将の御手に覚え給へれ」〈宇津保物語〉

③ 「あなかしこや、ひと日召し侍りしにやおはしますらむ」〈源氏物語〉

④ 「目も見え侍らぬにかくかしこき仰事を光にてなむ」〈源氏物語〉

〈近畿大〉

解答 → ①

問 52 次の傍線部の意味として最も適当なものを選べ。

重之見て、「かうぶんたこそ、付けげに侍れ」と言ひければ、ためまさ、「かたはらいたく、みぐるしき事なり」と押しこめて、〈俊頼髄脳〉

① かうぶんたに答えさせると、客に対して恥ずかしく、悔いを残すことである

② かうぶんたに答えさせると、客は苦々しく感じ、見るにしのびないと思うことである

③ かうぶんたに答えさせると、客に対してきまりが悪く、みっともないことである

→ ③

ポイント解説

51 かしこし〈賢し〉（形容詞）

「かしこし」には「賢し」と「畏し・恐し」があるが、例文は「賢し」で「都合がよい・ありがたい」の意。①が例文と同じ用法。②③④は「畏し」で「おそれ多い」の意。

52 かたはらいたし（形容詞）

「かたはらいたし」は「苦々しい・気の毒だ・きまりが悪い」の意。「みぐるし」は「みっともない」という意なので、③が適当。なお、ここは、「かうぶんた」に答えさせると客に対してみっともない、と「ためまさ」が言っている場面。だから「かうぶんた」を引っ込めたのである。

④ かうぶんたに答えさせると、客は差し出がましいと思い、その場にいたたまれなくなることである

⑤ かうぶんたに答えさせると、客に対して気の毒で、我慢のできないことである

（同志社大）

53

「年頃はおろかならずたのみて過《すぐ》しつるに、くちをしき事は、藤原雅材《まさき》といふ＊学生《がくしやう》の作りたる文《ふみ》の、いとほしみあるべかりけるをば、など蔵人になるべき由をば奏せざりけるぞ。いとたのむかひなく」と仰せられければ、〈今鏡〉

① くだらない　② 思いがけない　③ 腹立たしい

④ 気の毒な　⑤ 残念な

（立教大）

＊学生＝当時の大学（大学寮）で学んでいる者。

↓ ⑤

54

世の常にある人の、いみじく手づつに、心づきなく見ゆるは、〈十訓抄〉

① たいそう手慣れていて、心配がないと見えることは

② どうにもやり方が下手で、感じが良くないと見えることは

③ はなはだ気が利いていて、心遣いがあると見えることは

④ ひどく手間がかかって、思い通りにいかないように見えることとは

⑤ まったく手がかかるうえに、注意力が散漫に見えることは

（神戸学院大）

↓ ②

53 **くちをし〈口惜し〉**（形容詞）

「くちをし」は自分の期待がうまくいかなかったときの不満や失望感を表し、「残念だ」「がっかりだ」などと訳す。⑤が適当。

54 **こころづきなし〈心づきなし〉**（形容詞）

「心づきなし（こころづきなし）」は相手の言動が自分の心にぴったりつかない嫌悪感を表す。「気に入らない・不愉快だ・愛想がない」と訳す。また「手づつなり」は「不器用だ・不調法だ」の意の形容動詞。したがって②が適当。

問 **次の傍線部の意味として最も適当なものを選べ。**

55

(次の文章は、朝廷で行われる五節舞を待つようすを描いた場面である。)

かやうにて*この月も立ちぬれば、*五節《ごせち》などを、殿上人《てんじやうびと》はいつしかと心もとなく思ふほどに、〈栄花物語〉

*この月＝藤原兼家の六十の賀が催された月。

*五節＝五節舞。さまざまな立場の人々の出した舞姫が天皇の前で舞う。今回は四条の宮、時仲の君、受領などが差し出した。

① 一刻も早くと心配して　② 一刻も早くと待ち遠しく
③ いつだったかと不安に　④ いつだったかとぼんやりと
⑤ いつになったらと不満に　⑥ いつになったらと気がせいて

(國學院大)

解答 → ②

56

雪、夜より高く積もりてこちたく降る。〈讃岐典侍日記〉

① 心地よいほど降る　② はなはだしく降る
③ こちらへ向かって降る　④ いつまでもいつまでも降る
⑤ 身体に当たって痛くなるほど降る

(青山学院大)

→ ②

57

まかなひもいと心づきなく、うたて見知らぬ心地して、「なやましくなむ」と、ことなしび給ふを、強《し》ひて言ふもいとこちなし。〈源氏物語〉

① 気が利かない　② 大げさである
③ 優しくない　④ 気詰まりだ
⑤ つまらない

共通

→ ①

ポイント解説

55 **こころもとなし〈心もとなし〉**(形容詞)

「心もとなし(こころもとなし)」は気持ちがむやみに動いて落ち着かない状態を表し、「不安だ・待ち遠しい・じれったい」の意。「いつしか」は副詞で、「いつの間にか・早く」の意。特に「早く」の意で用いられることが多いので注意。ここでは「殿上人」が「五節など」が早くこないかと待ち遠しく思っているという場面で、②が適当。

56 **こちたし**(形容詞)

「こちたし」は「言《こと》」が「いたし」(＝甚だしい)から「うるさい」の意、「事《こと》」が「いたし」から「大げさだ・甚だしい」の意となる。ここでは後者で、②が適当。

57 **こちなし〈骨なし〉**(形容詞)

「こちなし」は「骨なし」で「作法がなっていない様子」を表す形容詞。したがって①が適当。

58 なほ冴《さ》ゆるけしきにしるし山ざくらまだ冬ごもる梢《こずゑ》なるらん 〈六百番歌合〉

① 明らかである ② 知ることが出来る
③ 春のきざしが見える ④ まだ冬のあかしが残る

→ ①

59 大臣、文もえ取らず、手わななきて、やがて笑ひて、「今日は術《ずち》なし。右の大臣にまかせ申す」とだに言ひやり給はざりければ、〈大鏡〉

① 手続きがわからない ② どうしようもない
③ 名案がない ④ 異論がない 〈近畿大〉

→ ②

60 ひとしほせんかたなくて、人目も知らず、抱きて泣きおはす。〈しのびね〉

① 悲しみにはきりがなくて
② 思い出をつくる暇もなくて
③ なりふりかまわないで
④ どうにもしようがなくて
⑤ つらさのほうが大きくて 〈成蹊大〉

→ ④

61 好ましう若やぎてもてなしたるうはべこそさてもありけれ、五十七八の人の、うちとけてもの思ひ騒げるけはひ、えならぬ二十の若人たちの御中にて物怖ぢしたるいとつきなし。〈源氏物語〉

① ふさわしくない ② 悲しい
③ 運がない ④ 子供じみている
⑤ どうしようもない 〈福岡大〉

→ ①

58 **しるし〈著し〉**（形容詞）

形容詞「しるし」は「はっきりしている・明らかである」の意。したがって①が適当。なお、現代語の「著しい」はこの「しるし」がもとになっている。また、「〜もしるく」の形で「〜のとおりに」の意でもよく用いられる。同音の名詞「しるし〈験〉」は「霊験・御利益・前兆・効き目」の意。

59 **ずちなし〈術なし〉**（形容詞）

「ずちなし」は「術無し」で「どうしようもない」の意。したがって②が適当。なお、「術」は「手段・方法」の意。

60 **せんかたなし・せむかたなし**（形容詞）

「せんかたなし」は「どうしようもない」の意。したがって④が適当。同義語は「ずちなし・すべなし・わりなし・やるかたなし・よしなし・かひなし・いふかひなし」など。

61 **つきなし**（形容詞）

「つきなし」は「つきづきし（付き付きし）」の反義語で、「似つかわしくない」「ふさわしくない」の意。したがって①が適当。

問 **次の傍線部の意味として最も適当なものを選べ。**

62 「ここにて泣かざりつるは、つれなしをつくりけるにこそ」と、あはれなれば、〈堤中納言物語〉

① 平静をよそおっていたのであろう。
② よほど怒っていたのであろう。
③ 冷たいふりをしていたのであろう。
④ 恋人がいないふりをしていたのであろう。
⑤ 情趣を解さない態度をとっていたのであろう。

（青山学院大）

63 かうながらも、女の身、捨つれど捨てられず背かれぬものにて、あひとぶらひたまふ人なくてははべるまじきわざとばかりを、ところせく思ひはべれど、人の契り、宿世、みなはべるわざなれば、さらにこの山に世を尽くせなども遺言し思ひたまへず。〈とりかへばや物語〉

① 迷惑に　② 窮屈に　③ 面倒に　④ 傲慢に

（西南学院大）

64 一歌にことの飽かねば、いま一つ、
とくと思ふ船悩ますはわがために水の心の浅きなりけり
この歌は、みやこ近くなりぬる喜びに堪へずして、いへるなるべし。〈土佐日記〉

① 急いで　② ほどける　③ 教える
④ 利益になる　⑤ ゆっくりして

（名城大）

解答

62 ①

63 ②

64 ①

ポイント解説

62 **つれなし**（形容詞）

「つれなし」は「平然としている・冷淡だ・何事もない」の意。この場で泣かない相手の心情を推し量り、「あはれ」と感動している文脈で、①が適当。

63 **ところせし〈所狭し〉**（形容詞）

「ところせし」は物理的に場所が狭いという意味から派生し、「窮屈だ」と訳す。②が適当。

64 **とし〈疾し〉**（形容詞）

「とし」には「敏し」と「疾し」があるが、今回は「疾し」で「手きびしい」「進行が早い」の意を表す。また、「疾く」と副詞的に用いる場合「早く」「急いで」の意になる。したがって①が適当。

65 女君、人なき折にて、琴いとをかしうなつかしう弾き伏したまへり。〈落窪物語〉

① 楽しそうに　② 寂しそうに
③ 心ひかれるように　④ いとおしみながら　〈日本大〉

→ ③

66 「竹の名とも知らぬものを。なめしとやおぼしつらむ」と言へば、〈枕草子〉

① うぬぼれだ　② だいなしだ
③ 見ず知らず　④ 礼儀知らず　〈國學院大〉

→ ④

67 はかなき歌ども聞えさせたまはむとて、〈栄花物語〉

① たいしたこともない和歌　② おもむきのある和歌
③ 無常観を歌った和歌　④ せつなさを歌った和歌　〈日本大〉

→ ①

68 言少なにて、南無阿弥陀仏、南無阿弥陀仏と言はれて侍りけるこそ、来しかた行く先のこと言はむよりも恥づかしく、汗も流れていみじかりしか　〈無名草子〉

① 気詰まりで　② 立派で
③ きまりが悪く　④ 控えめで　〈上智大〉

→ ②

69 「昨日は、たちかへり聞こゆべく思ひたまへしを、このたよりならでは、聞こえむにも便《びん》なきここちになりにければなむ。『いかに』とのたまはせたるは、なにか、よろづことわりに思ひたまふる。月ごろ見えねば、なかなかいと心やすくなむなりにたる。〈蜻蛉日記〉

① 心細い　② かわいそうな　③ 至便な
④ 不都合な　⑤ 返事が来ない　〈成蹊大〉

→ ④

---

65 なつかし（形容詞）
「なつかし」は「親しみ深い・心引かれる・好ましい」の意。したがって③が適当。

66 なめし〈滑し〉（形容詞）
「なめし」は「滑し」で「相手を軽く扱う態度」を言う。したがって④が適当。
なお、現代語の「なめる」はこの語が動詞化したものといわれる。

67 はかなし（形容詞）
「はかなし」は「頼りない・ちょっとした・取るに足りない」の意。したがって①が適当。「はか」は「見当・結果・仕事の進み具合」の意で、それが「無し」なので、不安定で頼りない様子を表す。

68 はづかし〈恥づかし〉（形容詞）
「はづかし」は「こちらが恥ずかしくなるほど相手が立派だ」の意で、「立派だ」と訳す。②が適当。

69 便なし（形容詞）
「便《びん》なし」は形容動詞の「不便《ふびん》なり」と同義語。「不都合だ」「気の毒だ」の意。したがって④が適当。

問 次の傍線部の意味として最も適当なものを選べ。

70 まさなきこともあやしきことも、*大人なるは、*まのもなく言ひたるを、〈枕草子〉

*大人＝年配の人。　*まのもなく＝遠慮なく。

① 味気ない　② 遠慮ない　③ 仕方ない
④ 所在ない　⑤ よくない　〈法政大〉

解答 ⑤

71 かかる金あるとつげては、まだしきに取り出でて、使ひ失ひては貧しくならむ程に、使ふ物なくて惑ひなむと思ひて、〈宇治拾遺物語〉

① まだその時でないのに　② なにによりまっさきに
③ まったくすべて　④ わけもわからず　〈学習院大〉

解答 ①

72 「いでや、聞こえてもかひなし。御方《かた》ははや亡《う》せ給《たまひ》にき」と言ふままに、二三人ながらむせかへり、いとむつかしく、せきかねたり。〈源氏物語〉

① まったくいらだたしいほどに、涙を抑えることができないでいる
② まったくなすすべもなく、涙を抑えることができないでいる
③ まったく恐ろしいほどに、涙が出てきて困っている
④ まったく息苦しいほどに、涙が出てきて困っている　〈上智大〉

解答 ②

73 狄仁傑すでにむなしくなり給ひしかば、民その別れを歎《なげ》き、〈浮世物語〉

① すっかり無気力になられたので

解答 ④

ポイント解説

70 まさなし〈正無し〉（形容詞）
「まさなし」は「よくない・都合が悪い・見苦しい」の意で、⑤が適当。

71 まだし〈未し〉（形容詞）
「まだし」は「いまだし」と同様、「未熟だ・まだ早い・まだだ」の意で、副詞の「いまだ〈未だ〉」を形容詞として用いたもの。したがって①が適当。

72 むつかし〈難し〉（形容詞）
「むつかし」は「うっとうしい・気味が悪い・わずらわしい」の意で、好ましくないものに対する不快感・恐怖感などを表す。ここは「たいそうわずらわしいほどに」というほどの意。「せきかねたり〈塞きかねたり・堰きかねたり〉」は「せき止められないでいる」の意。したがって②が適当。

73 むなし〈空し・虚し〉（形容詞）
「むなし」は「何もない・むだだ・はかない」の意だが、慣用句「むなしくなる」で「死ぬ」の意で用いられる。②と④が

② 今にも息を引き取りそうなので
③ まさに引退しようとなさったので
④ もはやお亡くなりになったので　（西南学院大）

→⑤

74 御乳母などやうの老いしらへる人々ぞ、「いでや。この御ありさま一ところこそめでたけれ、めざましき事はありなむかし」とうちまぜて思ふもありけり。〈源氏物語〉

① 風流な事　② 現代風な事
③ 理想的な事　④ 興ざめな事
⑤ 予想外の困った事　（関西学院大）

→⑤

75 「念仏せさせ給ふにや」と思ふに、香ばしき香満ち満ちて、空に、えも言はずめでたき楽《がく》の声、かすかに聞こゆ。〈雫ににごる〉

① めずらしい　② かわいらしい
③ 縁起が良い　④ 奥ゆかしい
⑤ 素晴らしい　（関西学院大）

→④

76 頭つき、様体ほそやかに、しなしなしく、きよらなるに、髪のいとつやつやかにゆるゆるとかかりて、目やすき人かな、と見ゆるに、〈夜の寝覚〉

① 目元の優しい人だなあ
② 華やかで目立つ人だなあ
③ 見慣れた人だなあ
④ 見た目に感じのよい人だなあ　（神奈川大）

この意味に該当するが、過去の助動詞「しか」（「き」の已然形）が用いられているので、②ではなく④が適当。なお、「いたづらになる・はかなくなる・あさましくなる・いかにもなる」なども同じく「死ぬ」という意味の慣用句。

74 **めざまし〈目覚まし〉**（形容詞）
「めざまし」は「目が覚めるほど相手がしゃくに触る」「目が覚めるほど感心する」の二つの意がある。ここでは「目障りだ」の意。⑤が適当。

75 **めでたし**（形容詞）
「めでたし」は「ひどく賞賛すべき状態だ」の意で、「すばらしい」と訳す。⑤が適当。

76 **めやすし〈目安し〉**（形容詞）
「目やすし（めやすし）」は「（見た目の）感じがよい・見苦しくない」の意。したがって④が適当。なお「目やすし」は容姿や外見について多く用いるが、精神的な面に用いることもある。

問 **次の傍線部の意味として最も適当なものを選べ。**

77 「むかしの*忠度《ただのり》は、狐《きつね》川よりひっ返し、定家《ていか》の許《もと》にたばこ入れを忘れて、見えぬ事をなげかれし。我等も俳諧の心こそなけれ、宗鑑の持たれし道具をあだにはいたさじ」といふ。「いかにもやさしき心入れ」と、皆々同音にほめければ、この男、しすましたる顔つきをかし。〈西鶴名残の友〉

*忠度＝平忠度。平安時代末の武将。藤原俊成に師事し歌にも優れた。平家が都落ちした際、狐川から引き返し、勅撰和歌集のために俊成に歌を託した逸話がある。本文中では俊成の息子の定家を出している。

① 物知りな　② 素直な　③ 控えめな
④ 熱心な　⑤ 風雅な
（立教大）

78 北野と世を政《まつ》りごたせ給ふあひだ、非道なる事を仰せられければ、さすがにやむごとなくて、せちにしたまふ事をいかがは、とおぼして、〈大鏡〉

*北野＝右大臣菅原道真。

① とめることができなくて
② やましい感じもなくて
③ やむにやまれず
④ 身分が高くて
（学習院大）

79 宰相が通ふ所にやと、このほどはここにとこそ聞きしか、いづくならんと、ゆかしくおぼしめして、御車をとどめて見出《みい》だし給へるに、〈小夜衣〉

解答

77 → ⑤
78 → ④
79 → ③

ポイント解説

77 やさし〈恥し・優し〉（形容詞）
「やさし」は「痩す（＝やせる）」が形容詞化したもの。「つらい」「恥ずかしい」という意味が原義。ここから派生して「自分が恥ずかしくなるほど相手が優美だ、風流心がある」という意味となった。「優美だ」「上品だ」「風雅だ」などと訳す。⑤が適当。

78 やむごとなし〈止む事無し〉（形容詞）
「やむごとなし」は「止む事無し」で、「そのままにしておくことができないほどだ」の意から「高貴だ」「並々でない」の意となった。したがって④が適当。

79 ゆかし（形容詞）
「ゆかし」は心がひかれるようすを表し、「見たい」「聞きたい」「知りたい」などと訳す。③が適当。

① いぶかしくお思いになって
② もどかしくお思い申し上げて
③ 知りたくお思いになって
④ 縁起が悪いとお思いになって
⑤ 会いたいとお思い申し上げて

80 共通

宰相君、御猟の御ついで、おのが草廬《さうろ》にゆくりなく入らせ給へる、ありがたしともいふはさらなり。〈志濃夫廼舎家集〉

① こせつかない態度で ② 思いがけなく
③ あわただしく ④ 遠慮なく 〈中央大〉

↓②

81

あれたる板屋のひまより月のもり来て、ちごの顔にあたりたるが、いとゆゆしくおぼゆれば、〈更級日記〉

① 清らかに ② かわいらしく
③ 不吉に ④ 悲しく 〈明治学院大〉

↓③

82

かくと聞きつけたまひては、やがて絶え入りて、なき人のやうにておはしけるを、「かく聞かせたまはば、いとほしと思して、御心や乱れたまはむ」と、「今さらによしなし。これぞめでたきこと。仏にならせたまはば、わが御ためも、後の世のよくおはせむこそ、つひのこと」と、人々の言ひければ、〈大鏡〉

① 風情がない ② 根拠がない ③ 関係がない
④ しかたがない ⑤ つまらない 〈同志社大〉

↓④

---

80 ゆくりなし（形容詞）

「ゆくりなし」は「突然だ・急だ・思いがけない」の意。したがって②が適当。

81 ゆゆし（形容詞）

「ゆゆし」は「不吉だ」と悪い意味で用いられる。ここも子どもの顔を照らす月の光が「不吉に」感じられるという場面。したがって③が適当。ただし、ほかに「とてもすばらしい・甚だしい」という意もあるので注意。

82 よしなし〈由なし〉（形容詞）

「よしなし」は「つまらない・関係がない・方法がない・しかたがない」の意。ここではある人物が出家したことに対して未練ではなく「めでたきこと」（＝すばらしいこと）と考えなさいという文脈。したがって④が適当。

問 次の傍線部の意味として最も適当なものを選べ。

83 ＊安倍茶問屋して、江戸麹《かうじ》町に、よろしき者あり。

＊安倍《あべ》茶＝静岡県安倍川流域産出の茶。静岡産の茶一般をも指す。 〈西鶴諸国ばなし〉

① 大変裕福な者　② 心の善良な者　③ 評判のいい者
④ 店が繁盛している者　⑤ そこそこの生活をする者 （名城大）

解答 ⑤

84 わりなしや。生まれたるほどをおぼせ。我が後《のち》かと。たとひさるにても、男はさのみこそはべれ。されど、あやしく実法にて、埋もれ木などのやうになりはべりにし身なれば、人の心を折りて、おぼし咎むばかりの振舞は、よもしはべらじ 〈夜の寝覚〉

① こわいなあ　② 困るなあ　③ 馬鹿だなあ
④ 楽しいなあ　⑤ つまらないなあ （早稲田大）

解答 ②

85 歌・連歌などのなりゆき侍《はべ》ることなど、ひそかに尋ねけるに、見聞き侍りしこともあとなく忘れ果て、またいささかのことをもをこがましきやうに侍れば、返事にもあたはざりし。 〈ひとりごと〉

① 断片的なことを返答するのもみっともないように思われますので
② 些細なことにも逐一差し出がましい人のように感じられましたので
③ 細かいことを一々根掘り葉掘り尋ねるのも申し訳ない話です

解答 ①

ポイント解説

83 よろし（形容詞）
「よろし」は「あし（悪し）」が「悪い」という意味なのに対して「悪くはない」という意味を表す。対義語は「わろし」である。「悪くはない」「普通だ」と訳す。⑤が適当。

84 わりなし（形容詞）
「わりなし」は道理や常識に合わなくてどうしようもない状態を表す。「ひどい」「どうしようもない」「困っている」などと訳す。②が適当。

85 をこがまし〈烏滸がまし〉（形容詞）
「をこがまし」の「をこ」は「ばかげたことをすること」の意。転じて「をこがまし」は「ばかげていてみっともない」の意。したがって①が適当。

ので

④ ほんのわずかでもその事情を話す気分にはなれない状況でしたので

（明治大）

86 あからさまの御供にも外し給はず。〈うつほ物語〉

① ちょっとした外出のお供
② 少人数の外出のお供
③ 人目につく外出のお供
④ 遠方への外出のお供
⑤ 仕事のための外出のお供

（立教大）

→①

87 向かひ奉りては、をこがましく、家の伝へなりなどとて聞こえや奉るべき。まして、ありがたき大宮づかへをいなみ奉り、御親たちのいつくしみをさへあだなるものに、年わづかに二十五にして家を出でたるいたづらものの、弦引きひとつだに心に留めしことも侍らず。〈藤簍冊子〉

① 無理と感じ
② 重要視して
③ 敵と思い
④ むだにして
⑤ 大切にし

（青山学院大）

→④

88 ただ文字一つに、あやしう、あてにもいやしうもなるは、いかなるにかあらむ。〈枕草子〉

① 粗野に
② 上品に
③ 真剣に
④ 卑屈に
⑤ 本当に

（法政大）

→②

---

86 **あからさまなり**（形容動詞）

「あからさま」は形容動詞「あからさまなり」の語幹。「あからさまなり」は「ついちょっと・一時的に」の意。したがって①が適当。特に現代語の「あからさまに」（＝あらわに）とは意味が違うことに注意。なお、現代語の「あからさまに」の意味を表す古語は「あらはなり」。

87 **あだなり〈徒なり・不実なり〉**（形容動詞）

「あだなり」は「誠意のないこと」「むだなこと」の意。したがって④が適当。なお、「あだなり」の対義語は「まめなり」。

88 **あてなり〈貴なり〉**（形容動詞）

「あてなり」は「高貴だ・上品だ」の意で、②が適当。同義語に「あてやかなり・優《いう》なり・艶《えん》なり・なまめかし・やさし」などがある。

問 **次の傍線部の意味として最も適当なものを選べ。**

89 われにあながちに手習を教へ給ひて、よく書きおほせなば、御親族のわたりの御文のゆきかひのたび〳〵、せんじがきせさせんの御心なるべし。〈しみのすみか物語〉

① 珍しく　② 一心不乱に

③ 気ままに　④ 無理やり　〈明治大〉

解答 → ④

90 （次の文章は、一宮という男性が、現実のものではない女性への恋心に悩む場面である。）

思ひ捨て給へども、なほあやにくなる御心胸に満ちて、限りなき御物思ひになりければ、〈太平記〉

① 何となくにくらしい思い

② 気まずくてたまらない思い

③ 筋が通らないという思い

④ とてもつまらないという思い

⑤ どうすることもできない思い

→ ⑤

91 共通

角左衛門、その貧困辛苦の体を見て、かぎりなくあはれにおぼえ、また、その容貌の優にやさしきに見とれて、やや傍《そば》に寄り、〈狗張子〉

① 上品で優美である様子に

② 他《ほか》より際だって美しい様子に

③ 優雅でほっそりしている様子に

④ 凜《りん》としていて品位がある様子に

→ ①

ポイント解説

89 **あながちなり〈強ちなり〉**（形容動詞）

「あながちなり」は「強ちなり」と書く。「強引だ」「むやみだ」「無理やりだ」の意。④が適当。

90 **あやにくなり**（形容動詞）

「あやにくなり」は「意地が悪い・あいにくだ」の意。予想に反することに困惑する感情を表す。ここでは「思ひ捨て」たが「あやにくなる」気持ちになってしまう状況をいうので⑤が適当。なお、「あやにくなり」から、現代語の「あいにく」という語が生まれた。

91 **いうなり〈優なり〉**（形容動詞）

「優なり（いうなり）」は「優れている・優美だ・上品だ」の意。「やさし〈優し〉」は「優美だ・恥ずかしい」の意（➡P.192 **77**）。したがって①が適当。なお、平仮名で書くと「ゆうなり」ではなく、「いうなり」となることに注意。

⑤ 穏やかで慈愛に満ちている様子に　共通

92

少将「いかに。かかる雨に来たるを。いたづらにてかへすな」とのたまへば、〈落窪物語〉

① 空しい気持ちのまま　② 無駄足のまま
③ 悪ふざけをしたまま　④ 迷惑をかけたまま　〈日本大〉

→ ②

93

食ひ物に心入れて、とみにも来ぬ、いとにくしとおぼゆるもうちつけなりや。〈源氏物語〉

① まことにいやになってしまうと思うのも、あたりまえというものである
② なんてつれないのだと思うのも、分不相応というものである
③ とてもにくらしいと思うのも、不見識というものである
④ ほんとうに気にくわないと思うのも、せっかちというものである　〈上智大〉

→ ④

94

かのたびたびの御供に候《さぶら》ひし蔵人《くらうど》とかや言ひし人、ここに候ひて、ことさら「宮の御 ＊乳母子《めのとご》なり」とて、人もおろかならず思ふさまなり。〈兵部卿物語〉

＊乳母子＝乳母の子ども。

① 賢明な人だと思っている様子だ
② 言うまでもないと思っている様子だ
③ いいかげんに思っている様子だ
④ 並一通りでなく思っている様子だ
⑤ 理由もなく思っている様子だ　共通

→ ④

92 **いたづらなり〈徒らなり〉**（形容動詞）

「いたづらなり」は、期待した結果が得られず、むだであったと失望するさまを表し、「むだだ・むなしい」の意。直前の部分に、「（自分がわざわざ）このような雨が降る中来たのだから」とあり、「いたづらにて」帰すなと続く文脈なので、②が適当。

93 **うちつけなり**（形容動詞）

「うちつけなり」は突然に事が起こるさまを表し、「突然だ・急だ」の意。さらに深く考えずに場当たり的に行動するさまを表し、「軽率だ」の意もある。ここでは判断が軽率でよく考えてのことではないという意味で用いられており、④が適当。「にくし」は「気に入らない」の意。

94 **おろかなり〈疎かなり〉**（形容動詞）

「おろかなり」は「いい加減だ・並ひととおりだ」の意。したがって④が適当。「いいかげんだ」という意味合いから後に「愚かなり」（＝思慮が足りない）の意が生まれた。「言ふもおろかなり」「～とはおろかなり」で「言い足りない・言い尽くせない」の意となることも重要。

問　次の傍線部の意味として最も適当なものを選べ。

95 三月ばかり、物忌しにとて、かりそめなる所に人の家に行きたれば、木どもなどのはかばかしからぬなかに、柳といひて、例のやうになまめかしうはあらず、ひろく見えて、にくげなるを、〈枕草子〉

① あまり親しくない人がいる場所
② ほんの一時的に泊まる場所
③ 軽い気持ちで交際した人の家
④ 本格的でない建て方の家

→ ②

96 二里《にり》ばかり行きて、夜もほのぼのと明けぬ。松の上などはさらなり、刈り田のあと、あやふき家の垣さへいとをかしと見ゆ。〈東海紀行〉（日本大）

① もちろんのこと　② なおさらのこと
③ 真新しく　④ もっと多く

→ ①

97 豊雄を見て、面《おもて》さとうち赤めて恥かしげなるさまのあてやかなるに、すずろに心動きて、かつ思ふは、この辺にかうよろしき人の住むらんを今まで聞えぬことはあらじを、〈雨月物語〉（京都産業大）

① 思わず心が惹かれて　② なんとなく胸騒ぎがして
③ 急に不審を感じて　④ つい興味を感じて

→ ①

98 「少将の君やおはします」と問ひけり。「おはします」といひければ、「いとせちに聞こえさすべきことありて、殿より人なむ参りた（京都産業大）

→ ②

解答

ポイント解説

95 **かりそめなり**（形容動詞）
「かりそめなり」は「あからさまなり」と同義で、「ほんの一時的である」の意。②が適当。

96 **さらなり〈更なり〉**（形容動詞）
「さらなり」は「いふもさらなり」の「いふも」が省略された形。言うと繰り返しになるという意を表し、「言うまでもない」「もちろんだ」と訳す。①が適当。

97 **すずろなり**（形容動詞）
「すずろ」は「明確な意志も理由もなく物事が進むさま」を言う。「そぞろなり」も同義語で、「なんとなく」「思わず」「むやみに」の意。後に「心動きて（心が惹かれて）」とあるので、①が適当。

98 **せちなり〈切なり〉**（形容動詞）
「せちなり」は「感情が胸に迫るさま」

ると、聞こえたまへ」とありければ、〈大和物語〉

① ちょうどこの機会にお伝えいただくことがありまして
② 何としてもお伝え申し上げたいことがありまして
③ 今すぐにでもお伝えしなければならないことがありまして
④ できるだけお伝え申し上げた方が良いことがありまして
⑤ 必ずお伝えいただきたいことがありまして 〈甲南大〉

99 女の歌はかやうにこそとおぼえて、そぞろに涙ぐましくこそ。〈無名草子〉

① わけもなく　② 落ち着かないで　③ ひどく
④ 一方的に　⑤ すっかり 〈東海大〉

↓ ①

100 とみのことて京へのぼりにしかば、すべて知る人もなし。〈なぐさみ草〉

① 重要なこと　② 公的なこと
③ 金銭のこと　④ いつものこと
⑤ とりいそぎのこと 〈駒澤大〉

↓ ⑤

101 *一ひらにても多く読みもてゆかむとするほどに、いかにぞやおぼゆる節々をも多くなほざりに過ぐすならひにて、〈玉勝間〉

*一ひら＝一枚。ここでは書物の裏表二ページ分を指す。

① しっかりと　② いいかげんに
③ 冗談のように　④ ちょうどよい程度に
⑤ あっさりして 〈神戸学院大〉

↓ ②

や「心底から願う気持ち」を表し、「ぜひとも」「何とかして」の意。したがって②が適当。なお、「聞こえさす」は「言ふ」の謙譲語。

99 **そぞろなり〈漫ろなり〉**（形容動詞）
「そぞろなり」は「すずろなり」と同義。「漫ろなり」と書き、漫然と明確な意志もなく、何となくある様子を表し、「何ということもなく・むやみに・思いがけなく」の意。したがって①が適当。

100 **とみなり〈頓なり〉**（形容動詞）
「とみなり」は「急だ・突然だ」の意。したがって⑤が適当。

101 **なほざりなり**（形容動詞）
「なほざりに」は形容動詞「なほざりなり」の連用形。「おろかなり」と同じく、「いいかげんだ」「本気ではない」の意で、②が適当。

問 **次の傍線部の意味として最も適当なものを選べ。**

102 角左衛門、感激にたへず、（中略）ともに送葬の儀式を資《たす》け、かつ跡の弔《とぶら》ひのことまでねんごろにはからひて、そののち都へのぼりける。〈狗張子〉

① じっくりと計画を立てて
② こと細かに命じて
③ 熱心に相談して
④ 心を込めて処置して
⑤ 仰々しく世話をして

103 共通

かささぎの渡すやいづこ夕霜の雲井に白き峰のかけはし

と、たかやかにながめて出でぬ。これは宮内卿の歌なりけり。まめやかの上手の心は、されば一つなりけるにや。〈今物語〉

① 冷静な　② 本当の
③ 慎重な　④ 奥ゆかしい

〈西南学院大〉

104 東面《ひんがしおもて》の格子一間《ひとま》あげて、琴《こと》をみそかに弾《ひ》く人あり。〈宇津保物語〉

① ゆっくりと　② 途切れがちに
③ 熱心に　④ 控えめに

〈西南学院大〉

105 夕《ゆふべ》に及び宿所に帰りさし入れば、年頃いとほしく思ふ娘の四つになるが、振り分け髪も肩過ぎぬほどにて、よにらうたげなる有様に、何心なく縁に走り出でて、〈西行物語〉

① 嬉しげな　② 愛らしげな

解答

102 ④
103 ②
104 ④
105 ②

ポイント解説

102 **ねんごろなり〈懇ろなり〉**（形容動詞）
「ねんごろなり」は相手に対して心がこもっていることを表し、「丁寧だ・親密だ」の意。「はからふ」は「考慮する・処置する」の意。したがって④が適当。

103 **まめやかなり〈忠実やかなり〉**（形容動詞）
「まめやかなり」は生真面目な様子を表し、「真面目だ・誠実だ・本格的だ・本当だ」の意。したがって②が適当。なお、同義語は「まめなり・まめまめし」。また、対義語は「あだなり・あだあだし」で、いい加減で誠実さがない様子を表し、「不誠実だ・役に立たない・はかない」の意。

104 **みそかなり〈密かなり〉**（形容動詞）
「みそかなり」は「ひそかなり」と同義で、「人に知られぬようにするさま」。したがって④が適当。

105 **らうたげなり**（形容動詞）
「らうたげなり」は形容詞「らうたし」が形容動詞化したもの。子どもなどを労

③ 心もとなげな　④ 痛々しげな
⑤ か弱げな
（法政大）

106
これよりまさる際《きは》の人々を、后《きさい》の宮をはじめてここかしこに、容貌《かたち》よきも心あてなるも、ここらあくまで見あつめたまへど、
（源氏物語）

① 場所　② 境界　③ 限度
④ 風采　⑤ 身分
（立正大）

→ ⑤

107
この男、また、はかなきもののたよりにて、雲居よりもはるかに見ゆる人ありけり。もの言ひつくべきたよりなかりければ、いかなるたよりして、気色見せむと思ひて、からうして、たよりを尋ねて、もの言ひはじめてけり。
（平中物語）

① 頼りない者のつてで知り合った、宮中では手が届きにくいと思われる女性がいた
② つまらない人を手引きにして、宮中よりもっと遠いと思う女性に通っていた
③ 頼りない者のつてで知り合った、はるか大空よりもっと遠い所の女性がいた
④ ふとした機会に知った、大空よりもっと縁遠いと思う女性がいた
⑤ ふとした機会に知った、大空よりはるかに末永く関係が続くと思う女性がいた
（文教大）

→ ④

をいとわずいたわりたい、世話したいという気持ちを表す。「かわいい様子だ」「愛らしい」などと訳す。②が適当。

106 きは〈際〉（名詞）

「際《きは》」は「窓際」や「瀬戸際」の言葉が示すとおり、先が切り落とされているぎりぎりのところというのが原義だが、「程度」「身分」の意味でよく用いられる。ここでは⑤が適当。

107 くもゐ〈雲居〉（名詞）

「雲居（くもゐ）」は「雲のある所」という意味から、「空・雲・はるか遠くの場所」の意。また「宮中」のことを表す場合も多い。ここでは「雲居よりもはるかに見ゆる人」をどう考えるかがポイント。「宮中よりはるか遠くに見える人」では意味が通らないので、「空よりずっと遠くに思える人」すなわち「自分には手の届きそうにない高貴な女性」と考えて④を選ぶ。なお、「はかなし」は「頼りない・ちょっとした・取るに足りない」の意、「たより」は「縁・つて・機会」の意。

問 次の傍線部の意味として最も適当なものを選べ。

108 当番の役人衆聞き給ひて、「前代《ぜんだい》になき事、これは都の今聖人なるべし。」と、この段御取次申し上げらるる折ふし、*御前には御気色あしく、前後に京中の医者衆相つめられける。〈本朝桜陰比事〉

*御前＝京都の町奉行。

① 機嫌　② 感情　③ 体調
④ 懐具合　⑤ 人付き合い
〈関西学院大〉

109 *少将も「人見ぬ先に」とうち嘆けば、ことわりとて立ち出で給ふ。〈あきぎり〉

*少将＝姫君に仕える女房。

① 意外だ　② もっともだ　③ 腹立たしい
④ 気の毒だ　⑤ 名残惜しい
〈立教大〉

110 入道殿に御消息《せうそこ》ありければ、まゐらせたまへるに、〈大鏡〉

① ご意向　② ご訪問　③ ご連絡
④ ご配慮　⑤ ご遺言
〈東洋大〉

111 そのかみ立ち出でしだに、はればれしさは思ひあつかひしかど、親たち、三位殿などして、せめられん事をとなん思ひて、言ふべき事ならざりしかば、心のうちばかりにこそ、*海女のかる藻に思ひ乱れしか。〈讃岐典侍日記〉

*海女のかる藻＝「思ひ乱れ」を導き出す序詞。

① その指示通り　② その信仰により

解答

108 ③
109 ②
110 ③
111 ③

ポイント解説

108 けしき〈気色〉（名詞）
「けしき」はほのかに動くものが目に見える様子を表し、転じて「機嫌・顔色・病状・意向」の意。ここでは、直後に「医者衆相つめられ」とあることから、③が適当。なお、「けしき」が動詞化したものに、「けしきばむ〈気色ばむ〉」「けしきだつ〈気色立つ〉」（いずれも「様子が外に表れる・思いを外に表す」の意）などがある。また「けしき」が視覚による判断なのに対し、音やにおいなどによって判断できる様子を表す語に「けはひ〈気配〉」がある。

109 ことわり〈理〉（名詞）
「ことわり」は漢字で「理」と書き、「道理」の意を表す。「もっともなこと」などと訳す。②が適当。

110 せうそこ〈消息〉（名詞）
「せうそこ」は「便り（口で言うことも手紙のこともある）・連絡・挨拶」の意。したがって③が適当。

111 そのかみ（名詞）
「そのかみ」は「あることが起こったその当時」「その昔」の意。したがって③

112 その夜、南の風吹きて、浪いと高し。つとめて、その家の女の子どもいでて、〈伊勢物語〉

① 努力して　② 働いて

③ 翌朝　④ 深夜

（京都外国語大）

→ ③

113 二月十九日にはやく隠《かく》れにし由を聞きしかば、をしむべき齢《よはひ》にはなけれど、としごろ見馴《みな》れしに、あはれさかぎりなく、世のはかなさ、後れさきだつこの世のありさま、今にはじめぬことなれど、〈梁塵秘抄口伝集〉

① 普段は忘れていたことなので

② 長年親しんできたので

③ 近年初めて知り合ったのに

④ 幼い頃を知っているので

⑤ 家族同然に思っていたのに

（青山学院大）

→ ②

114 「堀河殿、はてはわれうせたまはむとては、関白をば、御いとこの頼忠《よりただ》のおとどにぞ譲りたまひしこそ、世人いみじきひがことと謗《そし》り申ししか」。〈大鏡〉

① 偽ったこと　② 困ったこと

③ 間違ったこと　④ すねていること

⑤ ひがんでいること

（國學院大）

→ ③

（西南学院大）

③ その昔　④ そのまますぐ

が適当。

112 **つとめて**（名詞）

「つとめて」は「早朝・その翌朝」の意。何かあった場合は「その翌朝」と考えればよい。したがって③が適当。

113 **としごろ〈年頃・年比・年来〉**（名詞）

「としごろ」は「お年ごろ」つまり結婚適齢期の意ではない。「日ごろ（数日の間）」「月ごろ（数が月の間）」と同じく、「数年の間」「長年」と訳す。②が適当。

114 **ひがごと〈僻事〉**（名詞）

「ひがごと」の「ひが（僻）」は「間違った、ひねくれた」の意。「ひがこと」あるいは「ひがごと」は、「間違い」のこと。したがって③が適当。

問 次の傍線部の意味として最も適当なものを選べ。

115 おほけなき御前わたりも御許しありて、*入木《じゅぼく》といふ書法を御手づから伝へたまはせりなどしつつ、本意《ほい》にもこえて事なりぬれば、身に余りてうれしと思ひて、〈真葛がはら〉

*入木といふ書法＝ここでは、中世末から宮廷貴族の書風として継承されていた持明院《じみょういん》流の書道をいう。

① 前もって想像していた以上に書道の基礎ができていたので
② かねて願っていた以上に成果を上げることができたので
③ あらかじめ考えていた以上に強く熱意を伝えることができたので
④ これまで思いついた以上の手法を編み出すことができたので
⑤ はじめに思っていた以上にたやすく書法を伝えることができたので

共通

解答 → ②

116 *嚢《ふくろ》をかたぶけて酒飯《しゅはん》のまうけをす。〈雨月物語〉

*嚢＝財布。

① 利益　② 準備　③ 恩恵
④ 勘定　⑤ 始末

〈関西学院大〉

解答 → ②

117 かの歌の二三の句は、ただうち渡しといはん料の、たとへのみと聞えたり、〈源氏物語玉の小櫛〉

① ため　② かわり　③ 意味
④ こと　⑤ 結果

〈福岡大〉

解答 → ①

ポイント解説

115 **ほい〈本意〉**（名詞）
「ほい」は「こうしたい、こうありたいと願うもともとの意向」の意で、②が適当。

116 **まうけ〈設け・儲け〉**（名詞）
「まうけ」には「準備・用意」の意と「ごちそう・もてなし」の意がある。ここでは前者。したがって②が適当。

117 **れう〈料〉**（名詞）
「料（れう）」は「ある目的のために用意したもの・代金・ため・わけ」の意で、①が適当。

118 男も女もいかで疾《と》く京へもがなと思ふ心あれば、この歌よしとにはあらねど、げにと思ひて人びと忘れず。〈土佐日記〉

①どうして ②どうにかして ③どうにも
④どうか ⑤どうするか （福岡大）

→②

119 梅の木の＊つま近くていと大きなるを、「これが花の咲かむ折は来むよ」といひおきてわたりぬるを、心のうちに恋しくあはれなりと思ひつつ、しのび音をのみ泣きて、その年もかへりぬ。いつしか梅咲かなむ、来むとありしを、〈更級日記〉

＊つま＝邸宅の軒端。

①いつの間にか ②はやく ③もはや
④早くも ⑤いったいいつか （愛知学院大）

→②

120 うしろめたげなる御気色なるに、このあらぬところもとめたまへる、いとうたて心憂し〈源氏物語〉

①見事に ②非常に ③不愉快で
④素晴らしく ⑤あまりに （関西学院大）

→③

121 州《くにノ》民《たみ》縦《たとヒ》発《なストモ》二甘《かん》棠《たうノ》詠《えいヲ》一莫《カレ》レ忘《ルル》多《クノ》年風月《ノ》遊《ビ》とつくらせ給へりけるになむ、え忘れまゐらせざりける。〈今鏡〉

①忘れておしまいになることができなかった
②すっかり忘れておしまいになった
③忘れ申し上げるようなことをしてはならない
④忘れ申し上げることはできなかった
⑤忘れては悲しく参上してしまうのだった （東海大）

→④

118 いかで（副詞）

「いかで」は「どうして～か・どうにかして～したい」の意。ここでは願望を表す終助詞「もがな」があるので「どうにかして～したい」の意。したがって②が適当。

119 いつしか（副詞）

「いつしか」は「はやく～」と待ち望む気持ちを表す。ここでは願望を表す助詞「なむ」があるので「はやく（梅が咲いてほしい）」の意。したがって②が適当。

120 うたて（副詞）

「うたて」は事態が自分の望む方向に行かない不快感を表し、「不快に・気味が悪く」と口語訳する。したがって③が適当。

121 え…否定語（副詞）

副詞の呼応「え～否定語」は不可能の意で「～できない」と訳す。「まゐらせ（まゐらす）」は謙譲の補助動詞で、「～し申し上げる」の意。したがって④が適当。

問 **次の傍線部の意味として最も適当なものを選べ。**

122 かくて、物語などあまた、をかしきやうにかたみに言ひければ、をかしと思ふ。〈平中物語〉

① 熱心に ② 互いに ③ 思い出に
④ 穏やかに ⑤ 楽しげに 〈駒澤大〉

123 内裏の上をこそ、わが身とも、また失せにし母の代はりとも思ひなして、『構へて、平らかにて見む』と思はるべけれ。〈雫ににごる〉

① すぐに ② 全く ③ おそらく
④ そのまま ⑤ ぜひとも 〈関西学院大〉

124 げに今ぞ思し召し知られて、程なく明けぬるも悲しくおぼえ給へど、出で給ふ。〈あきぎり〉

① かなり ② やっと ③ 逆に
④ なんとなく ⑤ なるほど 〈立教大〉

125 *学生《がくしやう》が従者もものも覚えずあわてけるままに、主のこともうち忘れて逃げ惑ひたり。いかでとく消ちてむとて、ここらの人とかくし騒ぐ声ども、いみじうののしれば、〈怪世談〉

*学生＝官吏となるために大学寮で学ぶ者。

① 関係者 ② 大勢の人
③ 子どもも大人も ④ この辺りの住人
⑤ 有志 〈成蹊大〉

126 また、ものもうちかづかぬ妻子なども、さながらありけり。

解答

122 → ②
123 → ⑤
124 → ⑤
125 → ②
126 → ②

ポイント解説

122 **かたみに〈互に〉**（副詞）
「かたみに」は「互に」と書き、「互いに」の意。したがって②が適当。

123 **かまへて**（副詞）
「かまへて」は後に打消や禁止を伴い、「決して」の意で用いられることが多いが、ここでは「きっと」「なんとかして」の意。⑤が適当。

124 **げに〈実に〉**（副詞）
「げに」は「実に」と書き、「本当に」「なるほど（そのとおり）」と訳す。⑤が適当。

125 **ここら**（副詞）
「ここら」は「これほど多く・これほど甚だしく」の意で、「ここら（の）＋体言」の形で用いられる。したがって②が適当。

126 **さながら**（副詞）

①もっぱら　②全員そのまま　〈十訓抄〉
③それと同時に　④あたかも
⑤しかしながら　（名城大）

127　赤穴又頭《かしら》を振《ふり》てとどめつも、更に物をもいはでぞある。〈雨月物語〉　→④
①ことさらに話をするのを拒んでいる
②それ以上口をきくまいとしている
③やはり何も言わないままでいる
④まったく物を言わないでいる　（京都産業大）

128　いかにいはむや、池の内にあるそこばくの魚どもの取られたる罪も、誰人かは負はむとする。〈今昔物語集〉　→②
①多種の　②沢山の
③すべての　④ほとんどの　（学習院大）

129　思ひあまりて、つやつや魚とる術《すべ》も知らねども、〈十訓抄〉　→⑤
①あたかも　②意外にも　③いつまでも
④おおよそ　⑤少しも　（法政大）

130　藤太いと嬉しくて、取る手もくゆるばかりなる紫の薄様《うすやう》＊に、なかなか言葉はなくて、〈俵藤太物語〉　→③
＊薄様＝手紙などに用いる薄い紙。
①徹頭徹尾　②直接的に　③むしろ
④それなりに　⑤ほとんど　（関西学院大）

「さながら」は「そう」「そのよう」の意の「さ」という副詞に「ながら」という接続助詞がついたもの。「そっくりそのまま」「全て」の意。したがって②が適当。

127　さらに〈更に〉…否定語（副詞）
副詞の呼応「更に（さらに）～否定語」で「まったく～ない・少しも～ない・決して～ない」の意。「で」は打消の接続助詞（～ないで）。したがって④が適当。

128　そこばく（副詞）
「そこばく」は「あまた」の同義語で、「たくさん」の意。したがって②が適当。

129　つやつや（副詞）
「つやつや」は後に打消を伴い、「まったく～ない」「少しも～ない」と訳す。⑤が適当。

130　なかなか（副詞）
「なかなか」はどっちつかずで不十分なようすを表すのが原義で、そこから「こんな中途半端なことではかえって（よくない）」「むしろ～だ」の意となった。③が適当。

問 **次の傍線部の意味として最も適当なものを選べ。**

131 「喜ばしきこととうけたまはりつるに、などてさやうにやすらはせ給ふ。心よく対面せさせ給へ」〈しら露〉

① どうしてそんなに気落ちしていらっしゃるのですか
② どうしてそんなにのんびりしていらっしゃるのですか
③ どうしてそんなにじっとしていらっしゃるのですか
④ どうしてそんなに安心していらっしゃるのですか
⑤ どうしてそんなにためらっていらっしゃるのですか

解答 → ⑤

132 共通 まみのあたりなどは、もの見知らむ人には見せまほしく愛敬づき給へるに、ただ御心にとどまる類のなきままには、なべて憂き世と浮き立ちて、いつとなくながめがちなるを、父宮、母上などは思し嘆きけり。〈あきぎり〉

① みな　② いつも　③ たいそう
④ なぜ　⑤ かえって

（立教大）

解答 → ①

133 聖これを聞きて、やがて都に入りて、その家におはして尋ね給ふに、今、子を生みやらで悩み煩ふ折りなりけり。〈発心集〉

① こっそりと　② そのうちに
③ いやいや　④ すすんで
⑤ すぐに

（神戸学院大）

解答 → ⑤

ポイント解説

131 などて（副詞）
「などて」は「どうして」の意。「やすらふ」は「ためらう・立ち止まる」の意。「休む」という意味もあるが、用いられることは少ない。ここでは、「うれしいことがあれば、進んで対応するのが普通なのに、どうしてそうしないのか」という話し手の気持ちを読み取って⑤を選ぶ。

132 なべて（副詞）
「なべて」は「一般に」「すべて」「みな同様に」「並一通り」などの意を表す。①が適当。

133 やがて（副詞）
「やがて」は現代の意味と違うのでとくに注意が必要。「そのまま」「すぐに」の意。⑤が適当。

134 夕暮れのほどなれば、やをら葦垣《あしがき》の隙《ひま》より、格子《かうし》などの見ゆるをのぞき給へば、

① 急いで　② 静かに
③ かろうじて　④ まじまじと
⑤ そのまま

〈小夜衣〉 → ②

135 共通

よにいまいましき事に、人の申ししが、「たまのみどの」は「たまどの」とて、昔は、亡《う》せたる人を、こむる所の名なり。

〈俊頼髄脳〉

① 確かに　② 世の中で　③ まるで
④ たいそう　⑤ 再び

〈立教大〉 → ④

136 またの年の八月に、内裏《うち》へ入らせたまふに、よもすがら殿上にて御遊びありけるに、この人のさぶらひけるも知らず、その夜は下に明かして、細殿の遣戸を押しあけて見出だしたれば、

〈更級日記〉

① 夜半頃　② 夜更けに
③ 夜通し　④ 夜明け前に

〈日本大〉 → ③

137 「いとあやし。など遅くは帰りつるぞ。いづくなりつる所ぞ」と問へば、ありつる歌を語るに、男もいとかなしくて、

〈堤中納言物語〉

① ありふれた　② 以前からあった
③ 残されていた　④ 先ほどの
⑤ 新しい

〈青山学院大〉 → ④

---

134 やをら〈柔ら・和ら〉（副詞）

「やをら」は目立たないようにそっと静かに振る舞うさまを表す。「そっと」「静かに」などと訳す。②が適当。

135 よに〈世に〉（副詞）

「よに」は後に打消を伴う場合には「まったく〜ない」の意であるが、打消を伴わない場合には「実に」「非常に」「たいそう」の意となる。④が適当。

136 よもすがら〈夜もすがら〉（副詞）

「よもすがら」は「ひねもす（一日中）」の対義語で、「一晩中」「夜通し」の意。③が適当。

137 ありつる（連体詞）

「ありつる」は「ありし」と同様「先ほどの」の意。したがって④が適当。

問 **次の傍線部の意味として最も適当なものを選べ。**

138 やがて人を出だして、「まったくこれにさる人なし。門違へでぞあるらむ」とて、つひに会はでぞかへしける。〈平家物語〉

① 自分にはあなたを愛する資格などまったくありません
② 自分には出家をやめることなどはまったく考えられません
③ ここにはあなたが探しているような方はまったくおりません
④ ここにはそのような意志の弱い方はまったくおりません
⑤ ここにはあなたに会いたがっている方はまったくおりません

（立教大）

解答 ③

139 女にてかれが妹ならば、いかに*いつくしからん。あはれ、見ばや 〈一本菊〉

① いとしいなあ、会えればいいなあ
② しみじみと心惹《ひ》かれるので、会ってみようかしら
③ ああ、会いたいものだ
④ 本当に、会えるかもしれない
⑤ かわいそうだなあ、会ってみたらどうだろうか

＊いつくしからん＝容姿が端正で美しいだろう。

解答 ③

140 耳のよそにて、「いかにせん、いかにせん」とあから目もせず、つと添ひつつ嘆くよりほかのことなし。〈うなゐ松〉 共通

① よそ見もしないで
② 泣きはらすこともなく

解答 ①

ポイント解説

138 さる〈然る〉（連体詞）

「さる」は「そのような・相当な」の意。「さる人」とは「そのような人」の意でここは直後に「門違へ」（＝尋ね間違い）とあるから、具体的には「探しているような人」のことを指す。したがって③が適当。

139 あはれ（感動詞）

「あはれ」は感動詞で「ああ」の意。「見（見る）」はここでは「会う」の意。「ばや」は願望の終助詞で、「〜たい」と訳す。したがって③が適当。なお、この「あはれ」から形容動詞「あはれなり」（＝しみじみと心に深く感じられる）、動詞「あはれがる」（＝しみじみと心に深く感じる）、動詞「あはれむ」（＝しみじみと心に深く感じる）などが生まれた。

140 あからめもせず〈あから目もせず〉（慣用句）

「あから目」は「わき見・浮気」の意。「あ

③ 一睡もしないで　④ 注視することもなく
⑤ 周りの目も気にしないで

共通

141
「いづくぞ」と問へば、「かしらを射られたるぞ」といふ。さぐれば、なにとはしらず、ぬれわたりたり。手にあかく物つきたれば、げに血なりけりとおもひて、「さらんからにけしうはあらじ、ひきたてゆかん」とて、肩にかけてゆくに、〈古今著聞集〉

① そうかもしれないけれど、たいしたことはないだろう
② 立ち去ろうとするからには、それほどの傷ではあるまいに
③ そうであろうから、特に異常はないと思う
④ そうではあるけれど、消すほどでもあるまい
⑤ 行きすぎるのは、よくないことだ

↓ ①

142
また病ひ少し緩みある折々は、辞世の歌、心にかけしを詠みおか（獨協大）ず成りぬると、姉君のただならずおはして、近きほどに生ませ給へらん稚児の、めづらかにをかしからん顔つき見ずなりなん、いと残り多かる。〈うなゐ松〉

① みごもっていらっしゃって
② 病気でいらっしゃって
③ 特別に喜んでいらっしゃって
④ 悲しんでいらっしゃって
⑤ 高貴な身分でいらっしゃって

共通

↓ ①

から目もせず」（＝よそ見もせず）という慣用句で用いられることが多い。したがって①が適当。

141 **けしうはあらず**（慣用句）
「けしうはあらず」は慣用句で「悪くはない・変ではない」の意。形容詞「けし〈異し・怪し〉」の連用形ウ音便＋ラ変動詞「あり」の未然形＋打消の助動詞「ず」。例文は打消推量の助動詞「じ」が使われているので「悪くはないだろう」と訳す。「さら（さり）」は「そうである」の意。「からに」は接続助詞で、特に推量の助動詞「ん（む）」の連体形に付いて「ん（む）からに」となると、「（たとえ）～だろうとしても」の意。したがって①が適当。

142 **ただならずなる**（慣用句）
「ただならず」は「例ならず」と同様、「普通ではない・優れている」の意。動詞「なる」を伴い「ただならずなる」で「身ごもる・妊娠する」の意となる。「ただならずおはす」は「ただならずなる」の尊敬表現。したがって①が適当。

問 次の傍線部の意味として最も適当なものを選べ。

143 事もなのめならず、あやしくわびしげなる賤《しづ》の女《め》が、籠《かたみ》といふ物をひぢに掛けて、菜を摘みてゐざりありくを、〈唐物語〉

① はなはだしく ② 平凡で
③ さえなくて ④ 整わず
〈成城大〉

解答 143 → ①

144 「これこそは、行頼がほめつる＊三の君なめれ。長押の端なるは姉どもなめり。これこそ＊その際《きは》のすぐれたるならめ。いかで目もあやにあらむ」とまもるに、〈夜の寝覚〉

＊三の君＝但馬守《たじまのかみ》の三女。しかし、男主人公がここで「三の君」と思い込んでいる姫君は、実は女主人公（太政大臣の次女「中の君」）。
＊その際＝「際」は身分階級のこと。ここでは受領階級を指す。

① どうして自分の目を疑うであろうか
② どうしてこんなにまばゆいほど美しいことがあろうか
③ どうしてこれほどまで目を奪われるのであろうか
④ どうしたら自分に視線を向けさせせられるだろうか
〈神奈川大〉

解答 144 → ②

145 御乳母は、「かくて仰せられけるものを、なにしにしてまゐらせけむ」と、「例ならずあやしと思はざりけむ心のいたりのなさよ」と、泣きまどひけむこそ、〈大鏡〉

① 人並み以上に ② 病気にかかって
③ 理由がなくて ④ 前例がなく
⑤ 普段と違って
〈同志社大〉

解答 145 → ⑤

ポイント解説

143 なのめならず〈斜めならず〉（慣用句）
慣用句「なのめならず」は「並々でない・並ひととおりではない・格別だ」の意。したがって①が適当。なお、この慣用句のもとになった形容動詞「なのめなり」は「平凡だ・普通だ・いい加減だ」の意味だが、中世以降は「なのめならず」と同意で使われるようにもなった。

144 めもあやなり〈目もあやなり〉（慣用句）
「目もあやに（めもあやに）」は「目もあやなり」という慣用句の連用形で「まぶしいほど立派だ」の意。したがって②が適当。なお、「いかで」は疑問の副詞で、「どうして」の意を表す。

145 れいならず〈例ならず〉（慣用句）
慣用句「例ならず（れいならず）」は「普段と違う」の意で⑤が適当。なお、「病気や妊娠のために普段と違う」すなわち「病気だ・妊娠している」の意で用いられる場合も多いので注意。

2 古文単語②

✣頻出単語ではないものの、読解のために重要な単語の整理。自分の実力を試してみよう。

問 次の傍線部の意味として最も適当なものを選べ。

146 かくて、とかうものすることなど、いたつく人多くて、みなしはてつ。〈蜻蛉日記〉

① 処分する　② お経をあげる
③ 修行する　④ 治療する
⑤ 世話する
（関西学院大）

147 夜をつぎて来し給ふに、心も倦《う》み、足も疲れ給ふべし。〈雨月物語〉

① なくなって　② あわせて
③ 痛めて　④ 嫌になって
⑤ くたびれて
（関西学院大）

148 楽浪の　国つ御神《みかみ》の　うらさびて　荒れたる京　見れば悲しも〈万葉集〉

① 意気が上がらず　② 心がすさんで
③ さびしい気持ちになり　④ 心身に変調をきたして
（名城大）

149 はや射られにけりと思ひて、臆してけり。〈古今著聞集〉

① 気を失ってしまった　② 怖じ気づいてしまった
③ 想像した　④ 思った
⑤ 思い出してしまった
（獨協大）

解答

146 ⑤
147 ⑤
148 ②
149 ②

ポイント解説

146 いたつく〈労く・病く〉（動詞）
「いたつく」は「骨を折る」「気を配る」「病気になる」「世話をする」「いたわる」などの意。⑤が適当。

147 うむ〈倦む〉（動詞）
「倦む（うむ）」は「飽きる・嫌になる・くたびれる」の意。「心も倦み、足も疲れ」の並列から「倦み」と「疲れ」はほぼ同意と考える。したがって⑤が適当。

148 うらさぶ〈うら荒ぶ〉（動詞）
「うらさぶ」は「心がすさむ・心がむなしい」の意。「うら」は「心」のこと。したがって②が適当。

149 おくす〈臆す〉（動詞）
「臆す（おくす）」は「気おくれする・おじけづく」の意。したがって②が適当。

問 次のそれぞれに答えよ。

150 次の傍線部と同じ意味のものを一つ選べ。

わが子を思ふやうにこそ母もわれをばかなしむらめ。〈平治物語〉

① 秋の虫は枯れゆく草にかなしむとかや。鳥けだものまでも愛別離苦をかなしむと見えたり。

② 親しきもの老いたる母など枕上に寄りゐて泣きかなしめども、聞くらむとも覚えず。

③ 才《ざえ》あるも才なきもその子をかなしむは人の父たる習ひなり。

④ すでに憂き身を投げむとす。唐や日の本の子どもは左右にとりつきてこれはいかにとかなしめば、さすが心もよわよわとなりぬることぞかなしき。

〈龍谷大〉

151 次の傍線部の意味として最も適当なものを選べ。

「かやうにて、心づから弱りゆけかし、さらばことづけても」と思ひ続けられて、〈讃岐典侍日記〉

① それが噂になって　② 院の御言葉があって

③ それを口実にして　④ 成り行きによっては

〈西南学院大〉

152 次の傍線部a・bの意味の組み合わせとして最も適当なものを選べ。

a （次の文章は、男が姫君に十日ほど手紙を書かずにいて、その後におくった手紙の内容である。）

日ごろは、

解答

150 → ③

151 → ③

152 → ⑤

ポイント解説

150 かなしむ〈愛しむ〉（動詞）

「かなしむ」には「愛しむ」と「悲しむ」があるが、ここでは母が子を「かなしむ」という内容なので、「愛しむ」で「いとおしむ・かわいいと思う」の意となる。③が傍線部と同じく父が子を「かなしむ」という内容で、「いとおしむ・かわいいと思う」の意となり適当。①②④の「かなしむ（かなしめ）」は「悲しむ」の方で、現代と同じく「悲しく思う」の意。

151 ことづく〈言付く〉（動詞）

「ことづく」には現代語と同じ「伝言する」の意のほかに「口実にする」の意がある。ここでは③が適当。「心づから」は「自分の心が原因で」の意。

152 さうぞく〈装束く〉（動詞）

aの「日ごろ」は「数日（間）・何日も」の意。現代語の「普段」の意ではない。「かき絶えて…」の和歌は返事をくれない女へのつらさを詠んだもの。**b**の「さうぞく」は「装束く」と書き「身支度する・

かき絶えてやみやしなましつらさのみいとどます田のいけの水草
思うたまへ忍びつれど、

b あこぎは、*三の御方人にて、いときなくさうぞかせて率ておはするに、〈落窪物語〉

*三の御方＝北の方腹の三女。

① **a** 常には　**b** 着替えさせて
② **a** いつもは　**b** 大騒ぎして
③ **a** このところ　**b** うるさく言って
④ **a** しばらくの間　**b** 驚かせて
⑤ **a** 数日来は　**b** 衣装を着せて

〈文教大〉

問 **次の傍線部の意味として最も適当なものを選べ。**

153 蘆屋の里にしるよしして、いきてすみけり。〈伊勢物語〉

① よく知っている　② 知り合いがいる
③ 所領がある　④ 縁がある

〈京都外国語大〉

→ ③

154 我にもあらで、ついゐられぬ。〈宇治拾遺物語〉

① 捕らえられてしまった
② ひざまずいてしまった
③ 逃げられなくなってしまった
④ 突き当たってしまった
⑤ まったく声が出なくなってしまった

〈立正大〉

→ ②

装う・整える」の意。「せ」は使役の助動詞「す」の連用形。⑤が適当。

153 **しる〈知る・治る・領る〉**（動詞）
「しる」には現代と同じ「理解する・わかる」の意のほかに「治める・領有する」「経験する」「世話する」「交際する」「知らせる」などの意がある。ここは直前に「蘆屋の里」という地名があることから「治める・領有する」の意で③が適当。特に「治める・領有する」の意のものが出題されることが多いので注意。

154 **ついゐる〈突い居る〉**（動詞）
「ついゐる」は「かしこまって座る・ひざまずく・ちょっと腰を下ろす」などの意。「られ」は受身・尊敬・自発・可能を表す助動詞「らる」の連用形。「我にもあらで」とあり、無意識の行動なので自発の意。「ぬ」は完了の助動詞「ぬ」の終止形。したがって②が適当。

問 **次の傍線部の意味として最も適当なものを選べ。**

155 その所に、年比《としごろ》になりて給仕したる者の中には、所得たる五位ありけり。〈宇治拾遺物語〉

① 場所をわきまえた　② 身分をわきまえた
③ 勤務に忠実に従事する　④ 誇らしげに振る舞う　〈近畿大〉

156 その歌は、
来と来ては川上り路の水を浅み船もわが身もなづむ今日かな
これは病をすればよめるなるべし。〈土佐日記〉

① 腹立たしく思う　② のんびりとしている
③ 心がひかれる　④ 懐かしく思う
⑤ 行き悩む　〈名城大〉

157 顕《おもて》には建《たけ》き御稜威《みいつ》をもて、内には寛《ひろ》き和《にごみ》をなして、天の下をまつろへまししからに、〈にひまなび〉

① おまつりする　② お仕えする
③ 服従させる　④ 充足させる　〈上智大〉

158 院も我が御方にかへりて、うちやすませ給《たま》へれど、まどろまれ給はず。〈増鏡〉

① 酔いが回らずにいらっしゃる
② お眠りになることができない
③ ぼんやりなさっている場合ではない
④ お心が安まらずにいらっしゃる

解答

155 → ④
156 → ⑤
157 → ③
158 → ②

ポイント解説

155 **ところう〈所得〉**（動詞）
「所得（ところう）」はア行下二段動詞。「よい地位を占める・得意になる・いい気になる」などの意。したがって④が適当。現代語の「所を得る」が「自分にふさわしい仕事を得る」といったニュアンスで用いられるため誤りやすいので注意が必要。

156 **なづむ〈泥む・阻む〉**（動詞）
「なづむ」は「水などに足腰をとられて、先へ進むのに苦労する」の意を表し、⑤が適当。なお、元の意が転じて「ひとつのことにとらわれて悩む」の意もある。

157 **まつろふ〈服ふ・順ふ〉**（動詞）
「まつろふ」は、四段活用の場合は「従う・服従する」、下二段活用の場合は「従わせる・服従させる」の意。ここでは助動詞「まし」に接続しているので「まつろへ」は未然形。したがって下二段活用であり、③が適当。

158 **まどろむ〈微睡む〉**（動詞）
「まどろむ」は「眠る」の意。②が適当。

⑤ 一息つこうともなさらない

159

げにと思《おぼ》したるさまにて、まめだち給へる御まみのわたり、見る我もうち笑まれて、〈恋路ゆかしき大将〉 共通 → ③

① 本気になっていらっしゃる御顔つき
② 正直さをあらわしていらっしゃる御まなざし
③ 真面目《まじめ》な顔をなさっている御目もと
④ お健やかな様子がうかがわれる御表情
⑤ 懸命さを漂わせておられる眉間《みけん》の御様子

160

こちたきにはあらぬ檜皮屋《ひはだや》のさまもゆゑづきたるは、何人の住みかならんとゆかしきに、人影などもせず、むごに下ろしこめられて、いとしめやかなり。〈桐の葉〉 共通 → ③

① 不吉そうで　② 傾いていて　③ 由緒ありげで
④ きらびやかで　⑤ 見覚えがあって　〈同志社大〉

161

たとひ逢はずて門より帰りたりとも、月ゆゑにかかる憂き別れをするぞと言へる、何の妨げかあらん。かく別れによそへたればこそ、月のつれなく思はれしさまもことにあはれなれ。〈歌の大むね〉 共通 → ⑤

① 別れに際してわざとよそよそしくするから
② 月のせいで別れたのだと言い訳するから
③ 別れたいという本心を隠しているから
④ 別れに際して身なりを整えるから
⑤ 別れを月と関連付けているから

159 **まめだつ〈まめ立つ〉**（動詞）

「まめ」は「誠実・真面目」の意を表し、「まめ立つ」は「真面目な態度をとる・本気になる」の意。ここから①③に絞られる。「まみ」は「目の表情・目元」の意で、「まみのわたり（＝あたり）」から、「目のあたり」を指しているとわかる。したがって③が適当。

160 **ゆゑづく〈故づく〉**（動詞）

「ゆゑづく」は「由緒ありげである」「趣がある」などの意。③が適当。

161 **よそふ〈寄そふ・比ふ〉**（動詞）

「よそふ」は「関係づける・比べる」の意。直前直後で「月」が話題に上っているので、「別れ」と「月」の関係付けを述べている。したがって⑤が適当。

問 次の傍線部の意味として最も適当なものを選べ。

162 ゆかり離れずあなづらはしき人をば、ただ御簾のうちにこそ入れさせたまふべけれ。〈夜の寝覚〉

① 遠慮のいらない ② 隠し事ができない
③ 隅に置けない ④ 面倒をいとわない
⑤ 分け隔てのない 〈大東文化大〉

解答 → ①

163 旅の御装束よりはじめ人々のまで、何くれの御調度など、いかめしうめづらしきさまにて、とぶらひきこえたまへど、何とも思されず、あはあはしう心うき名をのみ流して、あさましき身のありさまを、今はじめたらむやうに、ほど近くなるままに、起き臥し嘆きたまふ。〈源氏物語〉

① はかなく ② 縁が薄く ③ 軽々しく
④ 白々しく ⑤ 慌ただしく 〈関西学院大〉

→ ③

164 この女の親の、わびしくさがなき朽嫗《くちおな》の、さすがにいとよくものの気色を見て、かしがましきものなりければ、かく文通はすと見て、文も通はさず、責め守りければ、〈平中物語〉

① 口やかましい ② 目はしがきく ③ 分別がある
④ 恐れ多い ⑤ 見苦しい 〈関西学院大〉

→ ①

165 「人少ななる折なれば心やすし」とて、〈落窪物語〉

① 丁寧だ ② 安心だ
③ 静かだ ④ 優雅だ 〈日本大〉

→ ②

ポイント解説

162 あなづらはし〈侮らはし〉（形容詞）
「あなづらはし」は尊敬しなくてよい、気が許せるなどを表し、「遠慮がいらない」「気がおけない」と訳す。①が適当。

163 あはあはし〈淡淡し〉（形容詞）
「あはあはし」は「いかにも浮ついて軽々しい」「軽率だ」の意。③が適当。

164 かしがまし〈囂し〉（形容詞）
「かしがまし」は「やかましい」「うるさい」の意。①が適当。

165 こころやすし〈心安し〉（形容詞）
「心やすし（こころやすし）」は「安心だ・親しい・簡単だ」の意。したがって②が適当。

166 これを聞く人、涙を流す。院、聞こしめして、養老の志浅からぬをあはれみ感ぜさせ給ひて、さまざまのものども、馬車に積みて、たまはせて、許されにけり。ともしきことあらば、なほ申すべき由をぞ、仰せ含められける。〈十訓抄〉

① 嬉しい　② 気に入らない　③ 心苦しい
④ 足りない　⑤ 喜ばしい　〈法政大〉

→ ④

167 情けある人のもとより愛敬の餅《もちひ》を五つ、いかにひだるかるらんとて、得させければ、〈ものくさ太郎〉

① だるい　② おいしい　③ まずい
④ ひもじい　⑤ 物欲しげである　〈専修大〉

→ ④

168 あはれにもの懐かしげにて、見目などの言ひ知らずあさましげなる姿に痩せさらぼひたれど、さすがにゆゑゆゑしくなまめかしきやうなるを、殿も怪しく見給へど、思ひ寄るべきことならねば、かかることなど申すに内へ入れ給ひぬ。〈苔の衣〉

① 厳粛に　② 並々でなく　③ 由緒ありげに
④ 丁寧に　⑤ 似つかわしく　〈関西学院大〉

→ ③

169 はひ起きて、約束の僧のがり行きて、物をうち食ひて、まかり出でける程に、大門にてけつまづきて、うつぶしに倒れにけり。〈宇治拾遺物語〉

① 僧とともに　② 僧のもとへ
③ 僧の所へのがれて　④ 僧のようなそぶりで　〈北海学園大〉

→ ②

---

166 ともし〈乏し〉（形容詞）
「ともし」は「不十分である」「足りない」の意。④が適当。

167 ひだるし（形容詞）
「ひだるし」は「空腹だ」の意で、④が適当。現代語の「ひもじい」はこの語が語源。なお「愛敬の餅」とは、婚礼後の三日目の夜に食べる祝いの餅のこと。

168 ゆゑゆゑし〈故故し〉（形容詞）
「ゆゑゆゑし」は「由緒がありそうだ」「重々しく優雅である」などの意。③が適当。

169 がり〈許〉（接尾語）
「がり」は「行く」「通ふ」「遣る」など移動を示す動詞を伴い、「～の所へ」「～のもとへ」の意がある。したがって②が適当。「がり」そのものに「行く」などの意は含まれないので注意する。

問 次の傍線部の意味として最も適当なものを選べ。

170 秋深み雲居の雁の声すなり　衣《ころも》うつべき時や来ぬらむ 〈十訓抄〉

① 秋は情緒がこまやかである　② 秋が深まってきたので

③ 秋の趣の深さ　④ 秋は物思いにふける季節だ

⑤ 秋も良い季節ではあるけれど 〈獨協大〉

解答 → ②

171 ただおほかたなるやうに、「御対面うれしく。御旅寝すさまじくや」などにて、忍びつつ文あり。 〈とはずがたり〉

① 特別な感じで　② 落ち着き払って

③ ありふれた挨拶で　④ 親切心を装って

⑤ 大人らしい態度で

→ ③

172 扇・小箱など懐に持ちたりけるも、水に入りぬ。希有にして助かりたるさまにて、はふはふ家に入りけり。 〈徒然草〉 共通

① どうしようもなくて　② やっとのことで

③ 運悪く　④ うれしいことに

⑤ のぞみどおりに 〈京都外国語大〉

→ ②

173 「今日か明日かの心地するを、対面の心にかなはぬこと」など、こまやかに書かせたまへり。 〈源氏物語〉

① ほそぼそと　② 心細げに　③ 愛情深く

④ 真面目に　⑤ 口うるさく 〈関西学院大〉

→ ③

174 姫君はいと恥づかしくて顔うち赤めつつ、傍らそむき給ふさま、いとよしよししくにほひやかなり。 〈兵部卿物語〉

→ ③

ポイント解説

170 〜み（接尾語）

主に和歌で形容詞の語幹に付く「〜み」は「〜なので」の意で原因・理由を表す。したがって②が適当。

171 おほかたなり〈大方なり〉（形容動詞）

「おほかたなり」は「普通であるさま」「通り一遍のさま」の意。③が適当。

172 けうなり〈希有なり〉（形容動詞）

「けうなり」は「めったにないことである」「不思議である」の意。「けうにして」は「やっとのことで」の意で、かろうじて危険を脱した場合に用いる。したがって②が適当。

173 こまやかなり〈細やかなり・濃やかなり〉（形容動詞）

「こまやかなり」は人間関係の親密さや色の濃さなどを表す。「こまかい・愛情が深い・濃い・上品だ」の意。したがって③が適当。

174 にほひやかなり〈匂ひやかなり〉（形容動詞）

① 実に風情があり、良い香りが漂っている
② 実に才気にあふれ、魅力的な雰囲気である
③ 実に上品で、輝くような美しさである
④ 実にものものしく、威厳に満ちた様子である
⑤ 実に奥ゆかしく、高貴な育ちを感じさせる

175

かくのみにして空《むな》しく帰らんことを思へば、*鳴る神につく獣《けだもの》の、雲におくれたるに似たり。いとはしたなりと思ひ屈しつつ、名所など見めぐりて籠《こも》りをりき。〈真葛がはら〉 共通

*鳴る神につく獣＝想像上の怪獣。落雷とともに地上に落ちてくると伝えられていた。

① 本当に愚かだったと悔やみながら
② まことに体裁が悪いといらだちながら
③ とても終わらないとあきらめながら
④ 実にきまりが悪いと気落ちしながら
⑤ まったく中途半端だと腹を立てながら

↓ ④

176

都はるけき境《さかひ》なれども、いにしへの人の旧跡とて、和歌の心ざしの人・色好みなども残り侍《はべ》りて、おのづから忍び忍びに歌・連歌などの事をもたがひに語らひ侍ること、よりよりなり。〈ひとりごと〉 共通

① 恋歌を上手に詠む人
② 華やかな衣装を好む人
③ 異性関係に熱心な人
④ 風雅や風流を解する人

〈明治大〉

↓ ④

「にほひやかなり」は「匂ふ」と同義で主に視覚的な美しさを表し、「色鮮やかだ」の意。「よしよしし」は「風情がある・由緒ありげだ」の意。選択肢の中では、「にほひやかなり」の意を中心に考えると、視覚的な美しさを表した③が適当。

175 **はしたなり〈端なり〉**（形容動詞）
「はした」は「半端な数」の意で、「はしたなり」で「中途半端だ・きまりが悪い」の意がある。「思ひ屈す」は「気を落とす」の意。したがって④が適当。

176 **いろごのみ〈色好み〉**（名詞）
「色好み」は「異性を好む性分・色男・風流人」の意がある。ここでは、「和歌の心ざしの人」と並べられているなどの文脈から④が適当。

問 次の傍線部の意味として最も適当なものを選べ。

177 我は陽世《うつせみ》の人にあらず、きたなき霊のかりに形を見えつるなり。〈雨月物語〉

① この世　② あの世　③ 来世
④ 桃源郷　⑤ 理想郷　〈関西学院大〉

178 夜、かちより御堂にまゐりて、うれへ申したまひしはとよ。〈大鏡〉

① 徒歩で　② 急いで　③ こっそりと
④ 裏口から　⑤ 怒って　〈関西学院大〉

179 わがすることを人間にほめあがむるだに興《きよう》あることにてこそあれ、まして神の御心にさまでほしく思しけむこそ、いかに御心おごりしたまひけむ。〈大鏡〉

① 勝手な振る舞いをすること　② 神をも恐れないこと
③ 邪念を持つこと　④ 他人を見下すこと
⑤ 得意になること　〈立教大〉

180 ふと心おとりとかするものは、男も女もことばの*文字いやしう使ひたるこそ　〈枕草子〉
*文字＝用語（言葉づかい）。

① 軽蔑　② 幻滅　③ 後悔
④ 傷心　⑤ 心労　〈法政大〉

181 伯耆《はうき》の三位殿と申す人を、婿に取りて、この姫御前を上臈女房にし参らせて侍るが、〈西行物語〉

① 身分の高い女官　② 年齢が上の女官

解答

177 ①
178 ①
179 ⑤
180 ②
181 ①

ポイント解説

177 **うつせみ〈現身・陽世〉**（名詞）
「陽世（うつせみ）」は「うつそみ」が語形変化したもので、「この世・現世・この世の人」の意。したがって①が適当。

178 **かち〈徒歩〉**（名詞）
「かち」は「徒歩」と書き、「歩いて行くこと」「徒歩」の意。①が適当。

179 **心おごり〈心驕り〉**（名詞）
「おごり」は「得意になること・思い上がること」の意で、⑤が適当。

180 **こころおとり〈心劣り〉**（名詞）
「心おとり（こころおとり）」は「幻滅を感じること」の意。したがって②が適当。

181 **じやうらふ〈上臈〉**（名詞）
「上臈（じやうらふ）」は「高僧・上流階級の人・身分の高い女官」のことで、①が適当。なお対義語は「下臈（げらふ）」（＝身分の低い者）。

182 **てぶり〈手振〉**（名詞）

③ 宮中に仕える女官　④ 家柄の良い女官 （亜細亜大）

182
故《かれ》、万葉集の歌は、凡《およ》そ*丈夫の手振《てぶり》なり。 〈にひまなび〉
*丈夫＝ますらを。強くりっぱな男子の意。
① 風習　② 流儀
③ 従者　④ 身振り （上智大）
→ ②

183
まめごとなども言ひあはせてゐ給へるに、 〈枕草子〉
① 世間話　② 実務の話
③ もめごと　④ ささいなこと
⑤ くわしいこと （國學院大）
→ ②

184
これは、まだ、もてなしのうひうひしげに、よろづのことをつつましうのみ思ひたるけにや、 〈源氏物語〉
① 化粧　② 態度　③ 接待
④ ごちそう　⑤ まなざし （國學院大）
→ ②

185
昔ゆかりありし人のもとへ尋ね行きて、 〈西行物語〉
① 関係　② 血縁
③ 恩義　④ 借り （亜細亜大）
→ ①

186
一定東方より千島のえびすわが朝にせめきたつて王位ののぞみをなすべきにや、いかさま明年の春三月の中をよくよく御つつしみあるべし 〈聖徳太子伝〉
① なぜ　② まして　③ ぜひとも
④ おごそかに　⑤ わざとらしく （同志社大）
→ ③

「手振（てぶり）」は「手風」とも書き、「風習・習わし・従者・身振り」の意で、選択肢のどれもがこの語の意として適当。「丈夫（ますらを）」は「一人前のしっかりとした男」の意。ここでは万葉集の歌が「ますらをぶり」といわれる力強く男性的な歌風であることをいっているので、「手振」の意としては②が適当。

183 まめごと〈忠実事〉（名詞）
「まめごと」は「真面目なこと・真剣なこと・実務・公務」の意で②が適当。

184 もてなし〈もて成し〉（名詞）
「もてなし」は「処理・取り扱い・振る舞い・態度」などの意。ここでは②と③が当てはまるが、「うひうひしげに」（＝物慣れていなくて）や「よろづのことをつつましう」（＝万事遠慮深く）などから②「態度」を選ぶ。

185 ゆかり〈縁〉（名詞）
「ゆかり」は「関係・縁・親戚」の意。「昔ゆかりありし」だから①が適当。②の意味もあるが、文脈に合わない。

186 いかさま〈如何様〉（副詞）
「いかさま」は「きっと」「ぜひとも」の意。③が適当。

問 次の傍線部の意味として最も適当なものを選べ。

187 かくて夏も過ぎて、文月十六日といふには、おのがじし別れいづるに、我はなほ、朝顔の秋まちわびたるが、露もてひらけ出る心地になん急ぎて、〈紀行〉

① 人それぞれ　② おのずから　③ わがままに
④ 連れだって　⑤ われさきに

（立教大）

188 滝口入道、同宿の僧に会うて申しけるは、「これもよに静かにて、念仏の障碍《しやうげ》は候はねども、あかで別れし女に、この住まひを見えて候へば、たとひ一度は心づよくとも、またも慕ふことあらば、心もはたらき候ひぬべし。暇申して」とて、嵯峨をば出でて高野へ上り、清浄心院《しやうじやうしんゐん》にぞ居たりける。〈平家物語〉

① いやになって　② 心にもなく
③ うまくいかないで　④ 思慮もなく
⑤ だまされて

（立教大）

189 「これこそは、行頼がほめつる三の君なめれ。長押の端なるは姉どもなめり。これこそ、その際《きは》のすぐれたるならめ。いかで目もあやにあらむ」とまもるに、〈夜の寝覚〉

① 何となく薄気味悪い様子　② まばゆいほど美しい様子
③ 目をそむけたくなる様子　④ 目元が上品で華やかな様子

（日本大）

解答

187 → ①
188 → ②
189 → ②

ポイント解説

187 **おのがじし〈己がじし〉**（副詞）
「おのがじし」は「めいめい」「それぞれに」の意。①が適当。

188 **あかで〈飽かで〉**（慣用句）
「あかで」は「あく」の未然形に打消の接続助詞「で」が付いたもので「満足しないで・嫌にならないで」の意。「嫌にならないで」別れた女だから、本心から別れたわけではなく、②が適当。なお、「あく〈飽く〉」は「満足する・嫌になる」の意だが、否定語を伴い、「あかで」や「あかず」の形で出てくることが多い。

189 **めもあやなり〈目もあやなり〉**（慣用句）
「目もあやなり」は「はなやかで正視できないさま」「まぶしいほどりっぱなさま」の意。②が適当。

第6章

古典常識問題

❖ この章では、古文を読むうえで当然知っておくべき知識を扱う。これまで古文の世界に自分がどうかかわっていたのかが試されている。

❖ 古典常識の知識は古文を読む際の基礎。ほんのわずかな基礎知識がないために古文読解に大きな支障が生じることもある。しっかりと確認してみよう。

問 次のそれぞれに答えよ。

1 古典で次の傍線部のようにいうことについて、どのような問題が指摘できるか。最も適当なものを選べ。

神無月を秋と言へる事、源氏物語にも侍るにや。〈筑紫道記〉

① 「神無月」は十月のことだから秋で特に問題はない。
② 「神無月」は十二月のことだから冬になる。
③ 「神無月」は十月のことだから陰暦では冬になる。
④ 「神無月」は十一月のことだから陰暦では秋になる。
⑤ 「神無月」は十一月のことで陰暦では冬の季節をいう。

〈北海学園大〉

解答 ③

2 次の傍線部の意味として最も適当なものを選べ。

望月のころもやうやう近き空なれば、〈東関紀行〉

① 新月のころ　② 三日月のころ
③ 満月のころ　④ 有明の月のころ

〈神奈川大〉

解答 ③

3 次の傍線部の節供を何というか。最も適当なものを選べ。

九月九日の菊をあやしき*生絹《すずし》の衣に包みてまゐらせたるを、同じ柱に結ひつけて月ごろある、薬玉に解きかぞへてぞ捨つめる。〈枕草子〉

*生絹＝生糸で織った織物。

① 七夕　② 端午　③ 上巳

解答 ⑤

ポイント解説

Point 1 月の異名 1

・季節と月の異名⇩

【春】一月—睦月《むつき》・二月—如月《きさらぎ》・三月—弥生《やよひ》
【夏】四月—卯月《うづき》・五月—皐月《さつき》・六月—水無月《みなづき》
【秋】七月—文月《ふみづき》・八月—葉月《はづき》・九月—長月《ながつき》
【冬】十月—神無月《かんなづき》・十一月—霜月《しもつき》・十二月—師走《しはす》

1 「神無月」は旧暦十月のことで、暦のうえからは冬に分類される月。③が適当。

2 ③満月の月（十五夜）をいう。①は月初め、②は月の三日目の月。

3 ⑤「重陽」は陰暦九月九日の菊の節供。

4 「つごもり」は陰暦で月の光が見えなく

④ 人日　⑤ 重陽　（成蹊大）

4 次の傍線部の意味として最も適当なものを選べ。
つごもりより、なにごこちにかあらむ、そこはかとなくいと苦しけれど、さはれとのみ思ふ。〈蜻蛉日記〉
① 昨晩　② 早朝　③ 月の初め　④ 月末　（神奈川大）

5 次の傍線部「申」の読みを書き、「申の刻」の指す時刻として最も適当なものを選べ。
申の刻に、内裏に参りたまふ。〈源氏物語〉
① 八時頃　② 十二時頃　③ 十六時頃
④ 二十時頃　⑤ 二十四時頃　（関西学院大）

6 次の傍線部の指す時刻として最も適当なものを一つ選べ。
仏の導《しるべ》にやありけん、辿《たど》る辿る未《ひつじ》の刻《とき》ばかりにぞその辺《わた》りへ参り着き給へる。〈苔の衣〉
① 午前六時頃　② 午前十時頃　③ 午後二時頃
④ 午後六時頃　⑤ 午後十時頃　（関西学院大）

問 次の傍線部の読みを現代かなづかいで答えよ。

7 狩衣　（北海学園大）　**8** 単衣　（立教大）
9 袿　（立命館大）　**10** 上達部　（二松學舍大）
11 舎人　（立教大）　**12** 殿上せさせ、　（二松學舍大）

問 「任国に赴任して政務を執る国司の最上位の者」を表す役職名を選べ。

13 ① 太政大臣　② 権帥　③ 受領　④ 別当　（神奈川大）

---

4 → ④
5 → さる・③
6 ③
7 かりぎぬ
8 ひとえぎぬ（ひとえ）
9 うちき（うちぎ）
10 かんだちめ（かんだちべ）
11 とねり
12 てんじょう
13 → ③

なるころを言った。④「月末」が適当。

5 「申の刻」は「午後三時ごろから午後五時ごろ」を指す。「さる」と読み、③が適当。

6 「未の刻」は「午後一時ごろから午後三時ごろ」を指す。③が適当。

7 貴族の普段着。本来は鷹狩《たかが》りや蹴鞠《けまり》などで着用した貴族の活動着だった。

8 重ね着の一番下に着た裏地のない衣。

9 女性の普段着。数枚重ねて着る。

Point ② 官位・官職　10〜13

- **上達部《かんだちめ》（公卿《くぎやう》）**⇩大臣や大納言など三位《さんみ》以上の者と四位《しい》の参議
- **殿上人《てんじやうびと》**⇩清涼殿《せいりやうでん》の殿上《てんじやう》の間に昇殿を許された四位、五位の者と六位の蔵人《くろうど》
- **地下《ぢげ》**⇩殿上を許されない六位以下

10 「上達部」は最高位の貴族。今の大臣級の人々に相当し、政治に直接関与する。

11 天皇・皇族の雑用・警護をする役人。

12 清涼殿の殿上の間に昇殿を許されること。

13 ③「受領《ずりやう》」が正解。「国守《こくしゆ》」「国司《こくし》」などともいう。中下級貴族が任命された。

第6章　古典常識問題　1 古典常識語

問 次の傍線部の意味として最も適当なものを選べ。

14 人の家の築地《ついぢ》の際《きは》に佇《たたず》みて、〈義経記〉

① 橋の欄干　② 草木の植え込み　③ 土塀　④ 石灯籠《いしどうろう》（龍谷大）

問 次の漢字の読みとして最も適当なものを選べ。

15 前栽　① ぜんざい　② ぜんさい　③ せんさい　④ せんざい　⑤ まえうえ（東洋大）

16 遣水　① いすい　② けんすい　③ やるみず　④ やりみず（神奈川大）

17 透垣　① とおしがき　② とおりがき　③ すかしがき　④ すきがい　⑤ すいがい（東洋大）

18 長押　① なげし　② ながし　③ ながおし　④ ちょうおう（神奈川大）

19 高坏　① こしき　② おしき　③ たかつき　④ さかずき（京都外国語大）

20 板葺　① いたべい　② いたじ　③ いたじき　④ いたぶき　⑤ いただけ（関西学院大）

問 次の漢字の読みを現代かなづかいで答えよ。

21 御簾（北海学園大）　**22** 簀子（西南学院大）

問 次のそれぞれに答えよ。

23 次の傍線部の漢字表記として最も適当なものを選べ。

夜いたくふけにければ、御けふそくによりかかりて、少し眠らせ

解答

14 → ③
15 → ④
16 → ④
17 → ⑤
18 → ①
19 → ③
20 → ④
21 みす
22 → すのこ
23 → ①

ポイント解説

Point ③ 住まいの重要語句 14～23

- **寝殿造り**⇩寝殿《しんでん》・対屋《たいのや》・渡殿《わたどの》・釣殿《つりどの》
- **庭**⇩前栽《せんざい》・遣水《やりみづ》・勾欄《かうらん》・築地《ついぢ》・透垣《すいがい》
- **屋内**⇩母屋《もや》・廂《ひさし》・簀子《すのこ》・蔀《しとみ》・妻戸《つまど》・遣戸《やりど》・長押《なげし》・塗籠《ぬりごめ》・几帳《きちやう》・御簾《みす》・階《はし》・御帳台《みちやうだい》・局《つぼね》・曹司《ざうし》
- **室内調度**⇩障子《しやうじ》・大殿油《おほとなぶら》・紙燭《しそく》・衾《ふすま》・褥《しとね》・円座《わらふだ》・脇息《けふそく》・泔坏《ゆするつき》・帷子《かたびら》・厨《づ》子《し》・高坏《たかつき》・提子《ひさげ》・炭櫃《すびつ》・火桶《ひをけ》・伏籠《ふせご》

14 ③「土塀」のことで、土をつき固めて土手のようにしてある。

15 観賞用の草木を植えた庭、またはその庭の植え込みのこと。

16 貴族の邸《やしき》（寝殿造り）などの庭に作った人工的な小川。

17 竹や板で間を透かして作った垣根。「すきがき」のイ音便。

18 柱から柱へ横に渡した木。

19 食べ物を載せる、高い脚のついた台。

20 「いたぶき」とは「板で屋根をふくこと」の意。④が適当。

21 貴人の邸の室内室外を仕切るすだれ。

たまへるに、〈大鏡〉
① 脇息 ② 経息 ③ 胸息
④ 香息 ⑤ 鏡息

24 次の漢字の読みとして最も適当なものを選べ。（関西学院大）
今生
① きんじょう ② こんじょう
③ いまさら ④ うきよ（亜細亜大）

問 次の傍線部の意味として最も適当なものを選べ。

25 それにつけても身の宿世思ひやられて、いよ〱道心をおこして参るに、暁に御堂より出づる間、六波羅のほどを下るに極めて苦しくて、愛宕《おたぎ》の大門に寄りて休みゐたり。〈今昔物語集〉
① あの世のさだめ ② 仮の世の無常 ③ 後世への転生
④ この世の生業 ⑤ 前世からの因縁（関西学院大）

26 御せうと、一人は侍従入道、いま一所は大蔵卿通任《みちたふ》の君こそはおはすめれ。〈大鏡〉
① 若輩者 ② 新参者 ③ 練達者
④ 出家者 ⑤ 有徳者（関西学院大）

問 次の傍線部の読みを現代かなづかいで答えよ。

27 念誦（立教大） 28 聖（立教大）
29 行幸（ただし、「ぎょうこう」以外で答えよ）（愛知大）

問 次の傍線部は現在の何県に該当するか。漢字で答えよ。

30 播州高砂の浦（二松學舍大）
31 九州肥後の国（二松學舍大）

24 → ②
25 → ⑤
26 → ④
27 ねんず（ねんじゅ）
28 → ひじり
29 → みゆき
30 → 兵庫県
31 → 熊本県

22 「簀子」は竹などを透かせて並べ編んだ敷物や床、あるいは寝殿造りの外縁のこと。

23 「けふそく」は「座ったときに横に置いてひじをかけ、からだを安楽に支える道具」「ひじかけ」の意。①が適当。

Point ④ 宗教・信仰の重要語句 24～28

- **信仰一般**⇩方違《かたたが》へ・陰陽師《おんやうじ》・物忌《ものいみ》・験《しるし》・験者《げんざ》・物詣《ものまうで》
- **仏教語**⇩前世《ぜんぜ》・今生《こんじやう》（現世《げんぜ》）・後世《ごせ》（来世《らいせ》・後生《ごしやう》）・発心《ほつしん》・聖《ひじり》・僧都《そうづ》・阿《あ》闍梨《ざり（あじやり）》・袈裟《けさ》・誦経《ずきやう》（念誦《ねんじゆ》）・衆生《しゆじやう》・結縁《けちえん》・冥加《みやうが》・功徳《くどく》・解脱《げだつ》

24 仏教語で「一生涯・現世」の意。

25 「すくせ〈宿世〉」は「前世」「前世からの因縁」の意。⑤が適当。

26 「にふだふ〈入道〉」は「髪を下ろして僧衣をまとってはいるが、寺に入らず家にいる人」のことを指す。④が適当。

27 仏の加護を心に念じ、経文や仏名を唱えること。

28 徳の高い僧侶《そうりよ》のこと。

29 天皇のお出かけ。「御幸」とも書く。

30 播磨ともいう。今の兵庫県南西部。

31 肥州ともいう。今の熊本県。

問 **次のそれぞれに答えよ。**

32 次の傍線部のここでの意味として最も適当なものを選べ。

男、尋ねておこせたる、

　ももしきの袂の数は知らねどもわきて思ひの色ぞこひしき

かくいひいひて、あひにけり。

そののち、文もおこせず、またの夜も来ず。

〈平中物語〉

① 後朝《きぬぎぬ》の手紙　② 婚儀で献上する漢詩

③ 男から女へ贈る書籍　④ 心情を綴った日記

〈神奈川大〉

33 次の傍線部の読みとして最も適当なものを選べ。

ただ御兄弟の禅師の君ばかりぞ、まれにも京に出でたまふ時はさしのぞきたまへど、それも世になき古めき人にて、同じき法師といふ中にも、たづきなくこの世を離れたる聖にものしたまひて、しげき草蓬をだにかき払はむものとも思ひよりたまはず。

〈源氏物語〉

① いもせ　② せうと　③ いろせ

④ あにいも　⑤ いろは

〈関西学院大〉

34 次の傍線部は何色のことか。別の漢字一字で言いかえよ。

とりあげて見れば、黄なる紙に、丹して濃くうるはしく書かれたり。

〈更級日記〉〈明治学院大〉

35 次の傍線部の「あて」を漢字で書いたものとして最も適当なものを選べ。

解答

32 → ①

33 → ②

34 → 赤（朱）

35 → ⑤

ポイント解説

Point ⑤ 恋と結婚の語句 32

- **逢《あ》ふ**⇩男女が深い仲になる、あるいは結婚することで、「見る」も同じ意で用いられることがある
- **垣間見《かいまみ》**⇩男性が垣根のすき間などから女性を見ること（恋の始まり）
- **懸想《けさう》**⇩異性に思いをかけること
- **後朝《きぬぎぬ》**⇩男女が共寝した翌朝で、男性は帰宅後、「後朝の文」を贈る習わしだった

32「あひ〈逢ふ〉」とは男女が深い仲になること。翌朝まだ暗いうちに男は女の部屋を出て、帰宅後に女のもとに①「後朝の手紙」を贈る習わしだった。なお、この後、三日間、男は女のもとに通い、三日目の夜に「三日《みか》の餅《もちひ》・所顕《ところあらは》し」の儀式をもって夫婦として公認される。

33「せうと〈兄弟〉」は一般に「男の兄弟」の意。多くは「兄」のことを指す。②が適当。

34「丹」は、酸化鉛からなる朱色を指す。古来より顔料や塗料に使われている。

御髪《ぐし》の手当たりなど、いと冷やかにあてはかなる心地して、うちとけぬさまにものをつつましと思したる気色、いとらうたげなり。〈源氏物語〉

① 充　② 宛　③ 艶　④ 仇　⑤ 貴　〈青山学院大〉

36 次の傍線部を漢字で書いたものとして最も適当なものを選べ。

やどりの方を見やれば、あまのいさり火多く見ゆるに、〈伊勢物語〉

① 天　② 雨　③ 亜麻　④ 海人　〈京都外国語大〉

↓ ④

37 次の傍線部に当てる漢字として最も適当なものを選べ。

をこにも見え、人にも言ひ消たれ、禍《わざはひ》をも招くは、ただこの慢心なり。〈徒然草〉

① 怠　② 痴　③ 男　④ 驕　⑤ 幼　〈明治学院大〉

↓ ②

問 次の傍線部の読みを現代かなづかいで答えよ。

38 入りぬれば影も残らぬ山の端に宿惑《まど》はして嘆《なげ》く旅人　〈宇津保物語〉〈西南学院大〉

↓ は

39 鄙の長路をいたはる人々、名をこひ、句をしのぶこと安からず聞えしかば、〈芭蕉翁終焉記〉〈関西学院大〉

↓ ひな

40 是は一もとの薄の風に吹かれ、雨にしをれて、うき事の数々しげくなりぬれども、〈芭蕉翁終焉記〉〈関西学院大〉

↓ すすき

問 次の傍線部の読みを歴史的かなづかいで答えよ。

41 さて左衛門の陣に、宿直所なりける屏風・畳など持ていきて、そこになむおろしたまひける。〈大和物語〉〈甲南大〉

↓ とのゐ

---

35 「貴《あて》はかなり」は「品がよいさま」の意。

Point 6 「あま」の違い 36

- 「海人《あま》」⇩漁業や製塩に従事する人、漁師
- 「海女《あま》」⇩海中に潜って貝や海藻などをとる女性

36 直後に「いさり火〈漁《いさ》り火〉」（＝夜、魚をおびき寄せるために焚《た》くかがり火）とあるので、漁業、漁師関係の語を選ぶ。「海人」は海浜の仕事に従事する人の総称。同じ読みの「海女」は海中に潜って貝や海藻などをとる女性のこと。

37 「をこ〈②痴・烏滸・尾籠〉」とは「おろかなこと・ばかげたこと」の意。

38 「端」は「はし」や「へり」の部分。「山の端」は山の稜線やふもとのこと。

39 「ひな〈鄙〉」は「田舎」の意。

40 「すすき〈薄〉」は植物の名。秋の七草の一つである。

41 「宿直所」は大臣など宮中に仕える者が、泊まり込んで勤務するところ。

問 次の傍線部の読みを現代かなづかいで答えよ。

42 松の謂れを尋ねうずるにて候。〈謡曲『高砂』〉（二松學舍大）

43 籠めはべりつるなり。〈宇津保物語〉（二松學舍大）

44 謀りたまふ〈大鏡〉（学習院大）

45 年旧りにける〈うたたね〉（西南学院大）

問 次の傍線部を漢字に直せ。

46 出でてイにけり。〈宇治拾遺物語〉（学習院大）

47 夫《をつと》は田打ちて婦はハタ織りて、朝暮そのいとなみすべし。〈日本永代蔵〉（学習院大）

問 次のそれぞれに答えよ。

48 次の傍線部の読みとして最も適当なものを選べ。

葎は西東の御門を閉ぢ籠めたるぞ頼もしけれど、崩れがちなるめぐりの垣を馬、牛などの踏みならしたる道にて、春夏になれば、放ち飼ふ*総角の心さへぞめざましき。〈源氏物語〉

*総角＝ここでは牧童の意。

① よもぎ ② ちがや ③ もぐさ ④ なづな ⑤ むぐら（関西学院大）

49 次の傍線部の意味として最も適当なものを選べ。

天和三年の冬、*深川の草庵急火にかこまれ、潮にひたり、苫をかづきて、煙のうちに生きのびけん、これぞ玉の緒のはかなき初めなり。〈芭蕉翁終焉記〉

解答

42 → いわ

43 → こ

44 → はか（たばか）

45 → ふ

46 → 往（去）

47 → 機

48 → ⑤

49 → ⑤

ポイント解説

42「謂れ」は物事についての由緒や由来。

43「閉じ込める・中にしまう」の意。

44「企てる・だます」の意。

45「年月がたつ」の意。

46「行く・去る」の意のナ変動詞の連用形。

47「機《はた》」とは布を織る道具のこと。「端《はた》」や「旗《はた》」と区別する。

48「むぐら（葎）」は「つる草」の総称。荒れ果てた家や貧しい家の描写に用いる。⑤が適当。

49「たまのを〈玉の緒〉」は「魂（たま）の緒」の意から「命」のことを指す。⑤が適当。

＊深川＝江戸の地名。芭蕉の草庵があった。

① 泉　② 紐　③ 宝
④ 詞　⑤ 命

（関西学院大）

50 次の空欄にはすべて『源氏物語』の同じ巻名が入る。最も適当なものを選べ。

・御前《おまへ》の［　　］のすこし消え方なるを、御供なる右近大夫を召して、点《とも》しつけさせたまふ。
・［　　］にたちそふ恋の煙こそ世には絶えせぬほのほなりけれ
・行く方なき空に消ちてよ［　　］のたよりにたぐふ煙とならば
・こなたになむ、いと影涼しき［　　］にとどめられてものする

〈源氏物語〉

① 松風　② 梅枝　③ 柏木
④ 篝火　⑤ 薄雲

（青山学院大）

→ ④

51 次の空欄に入るものとして最も適当なものを選べ。

「げに［　　］も、此渡しにて、名にし負はばいざ事問はん都鳥我が思ふ人はありやなしやと、我も昔のゆかりをば、いざ事問はん都人、折節外に人もなし。怪我なされな」と助け乗せ、

〈双生隅田川〉

① 小野小町　② 業平の中将
③ 行平の中納言　④ 西行法師
⑤ 遍昭僧正

（南山大）

→ ②

50 「消え」「点しつけ」「煙」「影」から④「篝《かがり》火《び》」が適当。「篝火」は夜間の明かりに使う火。

51 「名にし負はば……」は『古今和歌集』や『伊勢物語』に見られる在原業平の歌である。

❖和歌の修辞は豊かで味わいの深い表現の結晶。味わいながら解いていこう。

問 次の空欄に入る最も適当な語を選べ。

52 紅《くれなゐ》の　色もうつろひ［　　］黒髪変はり　〈万葉集〉

① ぬばたまの　② ひさかたの　③ ももしきの　④ たらちねの　⑤ うつせみの　⑥ たまのをの　〈同志社大〉

53 ［　　］鄙《ひな》にはあれど　いはばしる　近江の国の　〈万葉集〉

① あまざかる　② 飛ぶ鳥の　③ 玉藻刈る　④ 水無瀬川　〈名城大〉

問 次のそれぞれに答えよ。

54 次の傍線部の説明として最も適当なものを選べ。

あしひきの山の山鳥やまずのみしげき我が恋まして苦しもありしばかりだに、いかで思ふことを晴るけてしがなと思ひわたるに、この皇女は、内に参りたまふべきになりぬ。〈松浦宮物語〉

① 「山」の枕詞
② 「足」と「悪し」をかける掛詞
③ 「葦」と「悪し」をかける掛詞
④ 「山」と「山鳥」を導く序詞　〈南山大〉

55 次の傍線部に用いられている修辞法として最も適当なものを選べ。

あづま路にありといふなる逃水の逃げ隠れても世を過ぐすかな　〈英草紙〉

解答

52 ①
53 ①
54 ①
55 ③

ポイント解説

Point 7 枕詞と序詞 52～55

- 枕詞⇨五音、特定の語を導き出す
- 序詞⇨七音以上、導かれる語との関係は一回的、音による関連が多い

52 ①「ぬばたまの」は「黒髪」に掛かる。なお、②「ひさかたの」は「天・光」などに掛かる。③「ももしきの」は「大宮」に掛かる。④「たらちねの」は「母・親」などに掛かる。⑤「うつせみの」は「人・世」などに掛かる。⑥「たまのをの」は「長し・短し」などに掛かる。

53 ①は枕詞として「鄙」に掛かる。②は「明日香《あすか》」、③は「沖・敏馬《みぬめ》」など、④は「下」に掛かる。

54 「あしひきの」は「山」「峰」などにかかる「まくらことば（枕詞）」である。①が適当。

55 傍線部が③「序詞」として「逃げ」を導き出している。

56 次の傍線部は「刈根」とある語との掛詞になっている。その語を漢字二字で答えよ。

身一つのうれへや波に沈むらむ葦のかりねの夢もはかなし 〈弁内侍日記〉

（亜細亜大）

→ 仮寝

57 次の和歌に用いられている修辞法として最も適当なものを選べ。

これやさはいかに鳴海の浦なれば思ふかたには遠ざかるらむ 〈うたたね〉

① 枕詞　② 対句　③ 掛詞　④ 体言止め　⑤ 直喩

（明治大）

→ ③

58 次の和歌で、掛詞が用いられている句を選べ。

限りとてわかるる道のかなしきにいかまほしきは命なりけり 〈源氏物語〉

① わかるる道の　② かなしきに　③ いかまほしきは　④ 命なりけり

（中京大）

→ ③

59 次の傍線部は掛詞である。何と何が掛けられているか、その組み合わせとして最も適当なものを選べ。

花ならば折りてぞ人の問ふべきになり下がりたるみこそつらけれ 〈沙石集〉

① 「実」と「見」　② 「見」と「身」　③ 「味」と「実」　④ 「身」と「実」　⑤ 「味」と「見」

（京都産業大）

→ ④

（名城大）

Point 8 掛詞 56〜59

- **掛詞**⇩同音異義により、一つの語に二重の意味をもたせる修辞法
- **よく用いられる掛詞**

⇩あき（秋―飽き）・うき（浮き―憂き）・かる（枯る―離《か》る）・ながめ（眺め―長雨《ながめ》）・ひとよ（一節《ひとよ》―一夜《ひとよ》）・ふみ（踏み―文）・ふる（降る―経る）・まつ（待つ―松）・みをつくし（身《み》を尽《つ》くし―澪標《みをつくし》）・よる（寄る―夜）など

56 直後の「夢もはかなし」に着目すると、「仮寝」（＝うたた寝・ちょっと寝ること）だとわかる。なお、「葦《あし》」と「かり（刈）」は縁語。

57 「鳴海《なるみ》」に地名の「鳴海（の海）」と「（いかに）成る身」（＝どうなっていくわが身）を掛けている。したがって③が適当。

58 ③「いかまほしきは」の「いか」は「行か」と「生か」が掛けられている。

59 自分の「身」と花の「実」が掛けられているので④が適当。

問 次のそれぞれに答えよ。

60 a・bの和歌に共通して用いられている修辞法を後から選べ。

a 思ひ出づるほどにも波は騒ぎけりうき瀬を分けて中川の水

b 世とともに思ひ出づれば呉竹の恨めしからぬその節もなし

〈うたたね〉

① 序詞　② 季語　③ 対句　④ 歌枕

⑤ 縁語　⑥ 枕詞

（立命館大）

61 次の傍線部に用いられている和歌技巧を説明した文の空欄a・bに入る語句を答えよ。

俊成の三位の病限りなりし時に、定家卿、中将転任のこと申すとて、範光《のりみつ》の朝臣のもとへおくられし、

をざさはら風待つ露の消えやらでこの一ふしを思ひおくかな

といふ歌などを聞けば、子持たらぬ人もおのづから親の心は思ひやられて、あはれなるぞかし。

〈石上私淑言〉

「この一ふし」の「こ」は、「此」と「子」の［　a　］で、「ふし」は、［　b　］の縁語となっている。

（二松學舍大）

62 次の空欄に入る最も適当な語を選べ。

（亭子の帝、大江の玉淵がむすめと申す者に）おほせたまふやう、「玉淵はいとらうありて、歌などよくよみき。この鳥飼といふ題をよくつかうまつりたらむにしたがひて、まことの子とはおもほさむ」とおほせたまひけり。うけたまはりて、すなはち

解答

60 ⑤

61 a＝掛詞　b＝笹（をざさはら）

62 ②

ポイント解説

Point 9 比喩・縁語・隠題《かくしだい》　60～62

- **比喩**⇩物に心情や自分の状態をたとえる
- **縁語**⇩ある語を中心にして、関係の深い語を用いて全体に広がりをもたせる
- **隠題（物名《もののな》）**⇩ものの名前をひとつづきの隠し言葉として詠み込む

60 「思ひ出づる……」の「波」「騒ぎ」「瀬」は「川」の縁語。「世とともに～」の「世」に掛けた「節《よ》」「節《ふし》」は「竹」の縁語。

61 aは「こ」に「此」と「子」の二つの意味をもたせている技法なので「掛詞」。bは「をざさはら」の「ささ（笹）」との連想で「ふし（節）」が用いられている。

62 「鳥飼《とりかひ》」を題として詠んだ隠題の歌（物名歌）なので、②が適当。「あさみどり」の「とり」と「かひある」の「かひ」とが合わさって「鳥飼」という題となる。

Point 10 句切れ　63・64

［　］かひある春にあひぬればかすみならねどたちのぼりけり 〈大和物語〉

① ぬばたまの　② あさみどり　③ もろともに
④ はなざかり　⑤ かりそめの 〈立命館大〉

63 次の和歌の句切れとして最も適当なものを選べ。

去年《こぞ》見しに色もかはらず咲きにけり花こそものは思はざりけれ 〈宇治拾遺物語〉

① 初句切れ　② 二句切れ　③ 三句切れ
④ 四句切れ　⑤ 体言止め　⑥ その他 〈愛知学院大〉

64 次のa・bの説明文にあてはまる和歌を選べ。あてはまる和歌がない場合は⑤を選べ。

a 上句と下句にそれぞれ掛詞が用いられている、三句切れの歌。
b 深い思いを序詞に重ね合わせながら、表面上は叙景に徹した歌。

① 今は身のおいその森ぞよそならぬ三十《みそぢ》あまりも杉の下蔭《かげ》
② まだ知らぬ深山隠れに尋ね来て時雨も待たぬ紅葉をぞ見る
③ ふるさとに帰るみゆきの折からや紅葉の錦かついそぐらん
④ 名に高き光を御代の例とや最中の秋の月は澄むらん
⑤ （該当する和歌はない） 〈早稲田大〉

65 次の傍線部のもととなっている和歌の第一句目を平仮名で答えよ。

恋しきこともさまざまなれど、隅田河原ならねば、言問《こと と》ふべき都鳥も見えず。 〈うたたね〉 〈西南学院大〉

---

63 → ③

64 → a＝①　b＝⑤

65 → なにしおはば

- **句切れ**⇩和歌が意味や調子の上で切れるところで、詠嘆の気持ちを表す
- **句切れの見分け方**⇩結句以外の句の終わりに終止形・命令形・係り結び・終助詞・倒置などがあれば句切れとなる
- **切れる位置と調子**⇩初句切れと三句切れは七五調、二句切れと四句切れは五七調となる

63 三句目末に「咲きにけり」と終止形が使われているので、ここで切れる。したがって③が適当。

64 **a**にあてはまるものとして適当なのは①。この歌はまず上の句に「ぞ〜ぬ」の係り結びがあるので三句切れ。そして掛詞は上の句に「おい」＝「身の老い」と「おいその森」、「よそ」＝「余所《よそ》」と「四十《よそ》」、下の句に「杉」＝「杉」と「過ぎ」がある。
bについては、説明にあるような「序詞」に相当する語句も「叙景に徹した歌」も見いだされないので⑤が適当。

65 『伊勢物語』第九段「東下り」の中の「名にし負はばいざこと問はむ都鳥わが思ふ人はありやなしやと」がもとになっている。

問 次のそれぞれに答えよ。

66 次の空欄に入る最も適当な季節を選べ。

七月十三日に下る。五日かねては、見むもなかなかなるべければ、内にも入らず。まいて、その日はたち騒ぎて、時なりぬれば、今はとて簾を引き上げて、うち見合はせて涙をほろほろと落して、やがて出でぬるを見送る心地、目もくれ惑ひて、やがて伏されぬるに、とまる男の送りして帰るに、懐紙に、

思ふこと心にかなふ身なりせば［　　］の別れを深く知らまし

とばかり書かれたるをも、え見やられず。〈更級日記〉

① 春　② 夏　③ 秋
④ 冬　⑤ 朝　⑥ 夕 〈立命館大〉

67 次の**a**・**b**の歌が詠まれた時季として最も適当なものを選べ。

a 稲荷山越えてや来つるほととぎすゆふかけてしも声のきこゆる

b 木の葉散る宿は聞き分くことぞなき時雨《しぐれ》する夜も時雨せぬ夜も〈今鏡〉

① 正月　② 初春　③ 晩春　④ 初夏
⑤ 初秋　⑥ 晩秋　⑦ 歳末 〈成城大〉

68 次の空欄にはこの場の情景を表現した和歌の上の句が入る。最も適当なものを選べ。

十一月十四日の夜、雪いとおもしろく、道絶えて積もりにけり。*夜番にて、花山院宰相中将師継《もろつぐ》、頭中将など候ひけるも、*院の

解答

66 ➡ ③
67 ➡ **a**＝④ **b**＝⑥
68 ➡ ⑤

ポイント解説

Point 11 季語 66・67

- **季語**⇩俳諧・連歌では、発句（最初の句）には季節の風物を入れて詠むという決まりがあった
- **季語と季節**⇩季語が表す季節は、新年・春・夏・秋・冬の五つに分かれる

66 陰暦「七月十三日」は「秋」である。古文では陰暦であることに注意する。一月から三月が「春」、四月から六月が「夏」、七月から九月が「秋」、十月から十二月が「冬」と定められている。③が適当。

67 **a**の句の「ほととぎす」は④「初夏」に飛来する鳥。夏を代表する鳥として多くの歌に詠まれている。**b**の句の「時雨」は晩秋から初冬にかけて降る冷たい雨のこと。通常は冬の季語に分類されるが、ここでは冬に近い⑥「晩秋」を正解とする。

御所へ参りにければ、人々清涼殿へ立ち出《い》でて見れば、竹に冴《さ》えたる風の音までも身にしみておもしろきに、月はなほ雪げに曇りたるしも、なかなか見所あり。大宮大納言公相《きむすけ》・万里小路《までのこうぢの》大納言公基《きむもと》など参らせ給ひて、南殿にてよもすがらながめ給ひけるが、暁がた、ことに冴えたりければ、上の男《をのこ》ども、殿上の＊折松召しけれども、尽きたるよし申しければ、＊広御所《ひろごしよ》の北向きにて、枯れたる萩《はぎ》の枝など、折松にせられけると聞きし、いとやさし。有明の月くまなかりしに、雪の光冴え通りて、おもしろく見え侍りしかば、＊常の御所の高欄のもとへ立ち出でたりしに、公忠《きむただ》の中将「大宮大納言殿の硯《すずり》乞《こ》はせ給ふ」とて、もちて参りしも、いづくの御文ならむとゆかしくて、弁内侍、

［　］ふみ見る道は跡やなからむ

〈弁内侍日記〉

＊夜番＝夜の警護の当番。　＊院＝後嵯峨院。後深草天皇の父。
＊折松＝かがり火にする折った松などの枝。
＊広御所＝広間として使用する建物。
＊常の御所の高欄＝天皇が日常を過ごす清涼殿の周囲にある縁側の欄干。

① 降る雨ののどけき音に明かしかね
② 淡雪のふるや軒の梅が枝に
③ 秋の夜の心を尽くすはじめとて
④ 夕ぐれは木枯らし吹きて寒けれど
⑤ 明けやらでまだ夜は深き雪のうちに

〈駒澤大〉

Point ⑫ 和歌の鑑賞　68

- **和歌の中の季節**⇨俳諧・連歌とは違い、限定された季語があるわけではないが、和歌の中の季節感がその歌の世界を支えている場合もあることを覚えておこう
- **文章の中の和歌**⇨文章の中に和歌が示される作品では、和歌の鑑賞が作品理解の決め手となる場合が多いので注意しよう

68 冒頭の記述から、「十一月」（冬）の中旬の夜、道が見えなくなるくらい雪が降り積もったことがわかる。また時間帯を表す語句「暁がた」「有明の月」から、まだ暗い朝方の時間帯であると判断できる。以上から⑤が適当。①「降る雨」、②「淡雪」、③「秋の夜」、④「夕ぐれ」の語句は、それぞれ本文の状況から外れている。なお、和歌の中の「ふみ見る」は「踏みみる」（踏んでみる）と「文見る」（＝手紙を読む）との掛詞となっている。

問 次のそれぞれに答えよ。

69 次の空欄a・bに入る最も適当な語をそれぞれ選べ。

心なき身にもあはれは知られけり鴫たつ沢の［ a ］の［ b ］

〈石上私淑言〉

a 春　夏　秋　冬

b 東雲　あかつき　朝ぼらけ　夕暮れ

（二松學舍大）

70 次の傍線部の歌の表現を説明したものとして最も適当なものを後から選べ。

春のころ、*修行者のふしぎなるが通りけるが、*檜笠《ひがさ》に梅の花を一枝さしたりけるを、児《ちご》ども、法師など、あまたありけるが、よにをかしげにおもひて、ある児の、「梅の花笠《はながさ》きたる御坊よ」といひてわらひたりければ、この修行者たちかへり、袖《そで》をかきあはせて、*ゑみゑみとわらひて、

「<u>みのうさのかくれざりけるものゆゑに梅の花笠きたる御坊よと</u>おほせられ候ふやらむ」といひたりければ、

〈今物語〉

*修行者＝仏道修行のために諸国を旅する僧。

*檜笠＝檜《ひのき》を薄くはいで作ったかぶり物。

*ゑみゑみと＝にたにたと。薄気味悪い笑い。

① 「みの」には「身の」と「蓑《みの》」の意味が掛けられており、「蓑」と「梅の花」の「花」と縁語になっている。

解答

69 ↓ a＝秋　b＝夕暮れ

70 ↓ ④

ポイント解説

Point 13 三夕《さんせき》の歌 69

- **三夕の歌**⇩『新古今和歌集』を代表する三人の歌人による、秋の夕暮れを詠み込んだ三首の名歌で、いずれも孤独感・寂寥《せきりょう》感の極致を感じさせる
- **寂蓮《じゃくれん》作**⇩寂しさはその色としもなかりけり真木《まき》立つ山の秋の夕暮れ
- **西行《さいぎょう》作**⇩心なき身にもあはれは知られけり鴫《しぎ》たつ沢の秋の夕暮れ
- **定家《さだいえ》作**⇩見わたせば花も紅葉もなかりけり浦の苫屋《とまや》の秋の夕暮れ

69 西行の和歌で「三夕の歌」の一つ。なお、「鴫」は秋の季語。

70 ①「蓑」と「花」とは縁語ではない。②「御坊」は「蓑」や「笠」の縁語ではない。③「みのうさの～」は枕詞ではない。したがって④が適当。児の言葉が歌の下の句になっていることに着目する。

② 「みの」には「実の」と「蓑」の意味が掛けられており、「蓑」と「笠」と「御坊」とが縁語になっている。

③ 「みのうさのかくれざりけるものゆゑに」は「梅の花」を導く枕詞である。

④ 児の言葉を連歌の前句とし、それにつける上の句を考え、一首の和歌に仕立てている。

（龍谷大）

71

正確な歴史的知識が与えられてくると、そこに建っていた堂塔のあたりを去来した人々の服装を思い描き、詠まれた歌などもしのばれて、いつしか風景は歴史の舞台として重みを添えてくるにちがいない。

（中略）連想によるものであるとしても、ある心象風景が花を添えることがある。このようなことが、また風景から詩を作り出してゆく一つの手がかりになっていることも忘れてはなるまい。

〈今道友信「美について」〉

傍線部とあるが、「歴史の舞台として重みを添え」た風景からつくりだされた「詩」の例として最も適当なものを選べ。

① 夏草や兵《つはもの》どもが夢のあと

② 五月雨をあつめてはやし最上川

③ 旅に病んで夢は枯れ野をかけめぐる

④ 初しぐれ猿も小蓑《こみの》をほしげなり

（愛知学院大）

↓ ①

71 「『歴史の舞台として重みを添え』た風景からつくりだされた」ものは①。松尾芭蕉『奥の細道』の平泉の段で、衣川《ころもがわ》合戦の古戦場高館《たかだち》にて、この地で最期を迎えた源 義経《みなもとのよしつね》らに思いをはせて作った句である。

古典常識のまとめ

❖「チェックポイント」で学習した語に加え、重要なものをまとめた。

★古典常識語

月の異名 ⬇Point① 月に関する語

- 季節と月の異名

春　一月―睦月《むつき》・二月―如月《きさらぎ》・三月―弥生《やよひ》

夏　四月―卯月《うづき》・五月―皐月《さつき》・六月―水無月《みなづき》

秋　七月―文月《ふみづき》・八月―葉月《はづき》・九月―長月《ながつき》

冬　十月―神無月《かんなづき》・十一月―霜月《しもつき》・十二月―師走《しはす》

- 月齢・日の名称

望月《もちづき》・十六夜《いざよい》・有明《ありあけ》・朔日《ついたち》・晦日《つごもり》

官位・官職 ⬇Point②

上達部《かんだちめ》（公卿《くぎやう》）・殿上人《てんじやうびと》（上人《うへびと》・雲客《うんかく》）・蔵人《くらうど》・地下《ぢげ》・受領《ずりやう》

服飾の重要語句

束帯《そくたい》・直衣《なほし》・狩衣《かりぎぬ》・十二単《じふにひとへ》・裳《も》・小袿《こうちき》

住まいの重要語句 ⬇Point③

- 寝殿造り↓寝殿《しんでん》・対屋《たいのや》・渡殿《わたどの》・釣殿《つりどの》
- 庭↓前栽《せんざい》・遣水《やりみづ》・勾欄《かうらん》・築地《ついぢ》・透垣《すいがい》
- 屋内↓母屋《もや》・廂《ひさし》・簀子《すのこ》・蔀《しとみ》・妻戸《つまど》・遣戸《やりど》・長押《なげし》・塗籠《ぬりごめ》・几帳《きちやう》・御簾《みす》・階《はし》・御帳台《みちやうだい》・局《つぼね》・曹司《ざうし》
- 室内調度↓障子《しやうじ》・大殿油《おほとなぶら》・紙燭《しそく》・衾《ふすま》・褥《しとね》・円座《わらふだ》・脇息《けふそく》・泔坏《ゆするつき》・帷子《かたびら》・厨子《づし》・高坏《たかつき》・提子《ひさげ》・炭櫃《すびつ》・火桶《ひをけ》・伏籠《ふせご》

宗教・信仰の重要語句 ⬇Point④

- 信仰一般↓方違《かたたが》へ・陰陽師《おんやうじ》・物忌《ものいみ》・験《しるし》・験者《げんざ》・物詣《ものまうで》・閼伽棚《あかだな》
- 仏教語↓前世《ぜんぜ》・今生《こんじやう》（現世《げんぜ》）・後世《ごせ》（来世《らいせ》・後生《ごしやう》）・発心《ほっしん》・聖《ひじり》・僧都《そうづ》・阿闍梨《あざり(あじやり)》・袈裟《けさ》・誦経《ずきやう》(念誦《ねんじゆ》)・衆生《しゆじやう》・結縁《けちえん》・冥加《みやうが》・功徳《くどく》・解脱《げだつ》

★和歌・俳諧の修辞

枕詞と序詞 ⬇Point⑦ 掛詞 ⬇Point⑧

- 枕詞　五音、特定の語を導き出す

あかねさす［茜さす］（↓日・光・紫・君）

あさぢふの［浅茅生の］（↓野・小野）

あづさゆみ［梓弓］（↓いる・ひく・はる）

あまざかる［天離る］（↓鄙《ひな》）

うつせみの［空蟬の］（↓命・人・世・身）

くさまくら［草枕］（↓旅）

たまのをの［玉の緒の］（↓絶ゆ・長し・短し）

玉藻刈《たまもか》る（↓沖・敏馬《みぬめ》）　たらちねの［垂乳根の］（↓母・親）

ちはやぶる［千早振る］（↓神・宇治）　飛ぶ鳥の（↓明日香《あすか》）

ぬばたまの［射干玉の］（↓黒・夜・髪）

ひさかたの［久方の］（↓天・光）　水無瀬川《みなせがわ》（↓下）

もののふの［武士の・物部の］（↓八十・五十・宇治）

ももしきの［百敷の・百石城の］（↓大宮）

- 序詞　七音以上、導かれる語との関係は一回的
- 掛詞　一つの語に二重の意味をもたせる修辞法

あき（秋―飽き）・うき（浮き―憂き）・かる（枯る―離る）・ながめ（眺め―長雨）・ひとよ（一節―一夜）・ふみ（踏み―文）・ふる（降る―経る）・まつ（待つ―松）・みをつくし（身を尽くし―澪標）・よる（寄る―夜）

句切れ ⬇Point⑩ 季語 ⬇Point⑪

- 句切れの見分け方　結句以外の句の終わりに終止形・命令形・係り結び・終助詞・倒置などがあれば句切れとなる
- 季語と季節　季語が表す季節は、新年・春・夏・秋・冬

第7章

古典文法問題

❖ この章では、古文読解のために避けて通れない古典文法を扱う。活用のある語（用言・助動詞）を基本として文法を再確認していこう。

❖ 文法抜きにフィーリングで古文の内容を推測して読むのでは、入試はくぐり抜けられない。苦手意識を持つ人は、基本にかえって勉強しなおそう。

❖動詞の活用は古典文法の基本。まず動詞の九種類の活用を復習することからスタートしよう。

問 次のそれぞれに答えよ。

1 次の傍線部の活用形を選べ。

a その夜より寝も寝で人々守らせたまふ。

b 入るべき道に、牛をさへ立て塞《ふた》ぎてなむ 〈四条宮下野集〉

① 未然形 ② 連用形 ③ 終止形

④ 連体形 ⑤ 已然形 ⑥ 命令形 〈東洋大〉

2 次の空欄に入る送り仮名として正しいものを選べ。

いよいよかなしみ悔《く》［　］どもかひなし。 〈古今著聞集〉

① い ② ゆれ ③ え

④ る ⑤ ゆ 〈獨協大〉

3 次の傍線部の活用形の組み合わせとして最も適当なものを選べ。

a 少しもとどめらるまじ

b さらば、あらがひ給へかし。

c 走り出でてとらへむとする時、

d いかでか我が氏をば存ぜざりける

e 苦しからぬこと。それとどまれ 〈古今著聞集〉

① a 未然形 b 連用形 c 未然形 d 未然形 e 命令形

② a 連用形 b 連用形 c 未然形

解答

1 a＝① b＝③

2 ②

3 ①

ポイント解説

Check 1 活用形 1～6

- **未然形**⇩助動詞「ず・む」などや助詞「ば」などが付く
- **連用形**⇩助動詞「き・けり・ぬ・つ・たり・けむ」などが付く、連用修飾語となる、文を中止する
- **終止形**⇩助動詞「らむ・べし」などが付く、文を終止する
- **連体形**⇩連体修飾語になる、体言に準ずる、係助詞に呼応して文を結ぶ、詠嘆を表し文を終止する
- **已然形**⇩助詞「ば・ど・ども」などが付く、係助詞に呼応して文を結ぶ
- **命令形**⇩命令する言い方で文を終止する、許容・放任の意を表す

1 a 「寝」のあとに「で」があるのに着目する。「で」の前は①「未然形」となる。
b 「入る」のあとに「べき」があるのに着目する。「べき（べし）」は終止形接続の助動詞なので③「終止形」が適当。

d 未然形　e 已然形

③ a 未然形　b 連用形　c 連用形
d 連用形　e 命令形

④ a 連用形　b 連用形　c 連用形
d 連用形　e 命令形

⑤ a 未然形　b 連用形　c 未然形
d 未然形　e 已然形

〈専修大〉

4 次の空欄に入る最も適当なものを選べ。

参り給はずとて、帰り参りたらば、必ず首を召されなむと［　　］。〈俊頼髄脳〉

① せよ　② す　③ する　④ すれ

〈近畿大〉

→ ②

5 次の傍線部の文法的説明として最も適当なものを選べ。

「いかむ」とあれば、方《かた》ふたがりたれば、みな人々つづきて、たがへにいぬ。〈平中物語〉

① 上一段活用の動詞　② ラ行変格活用の動詞
③ 四段活用の動詞　④ 上二段活用の動詞
⑤ ナ行変格活用の動詞

〈大東文化大〉

→ ⑤

6 次の傍線部の動詞の活用形として最も適当なものを選べ。

人みなねたれば海の有様も見えず。〈土佐日記〉

① 未然形　② 連用形　③ 終止形
④ 連体形　⑤ 已然形　⑥ 命令形

〈福岡大〉

→ ②

---

2 「悔ゆ」はヤ行上二段活用動詞。已然形に接続する接続助詞「ども」があるので、②「ゆれ」が入り、已然形「悔ゆれ」となる。なお、ヤ行上二段活用の動詞は「老ゆ・悔ゆ・報ゆ」の三語だけなので、まとめて覚えておこう。

3 a・c・dは未然形接続の助動詞「らる」「む」「ず」が続くので未然形。bは動詞が続くので連用形。eは文末で命令する形で言い切っているので命令形。したがって①が適当。

4 係助詞もなく、命令の内容でもないので、文末は終止形が入る。「す」はサ行変格活用の動詞「す」の終止形。したがって②が適当。

5 「いぬ」は⑤ナ行変格活用動詞「往ぬ」（「去ぬ」とも書かれる）の終止形。

6 連用形接続の助動詞「たり」を伴うので②「連用形」が適当。

問 次の傍線部の、(1)活用の行、(2)活用の種類、(3)活用形として最も適当なものをそれぞれ後から選べ。

7
a さらにここと見ゆるところなく、こまかにをかしげなり。
b 故宮にいとよく似たてまつりたるなめりかし。〈源氏物語〉 (國學院大)

8
a なにとも知らで侍りしを、
b 「とりなすとも」とて、うち笑ませ給へり。〈枕草子〉 (國學院大)

9
a 試楽もをかしくて過ぎにしを、
b いみじう興じほめさせたまひて、〈栄花物語〉 (國學院大)

(1) ① ア行 ② カ行 ③ ガ行 ④ サ行
⑤ タ行 ⑥ ナ行 ⑦ ハ行 ⑧ マ行
⑨ ヤ行 ⑩ ラ行 ⑪ ワ行

(2) ① 四段活用 ② 上一段活用 ③ 上二段活用
④ 下一段活用 ⑤ 下二段活用 ⑥ 変格活用

(3) ① 未然形 ② 連用形 ③ 終止形
④ 連体形 ⑤ 已然形 ⑥ 命令形

問 次の傍線部の活用の種類として最も適当なものを選べ。

10 「まず世間に弓箭を取る人、合戦の場に名をも惜しまず、命をも捨てず、逃げ隠れ、怖ぢふためくは、口惜しき恥とは知りて侍るか」といふに、〈沙石集〉

① 四段活用 ② 上一段活用 ③ 上二段活用
④ 下一段活用 ⑤ 下二段活用 (早稲田大)

解答

7 a＝⑨⑤④ b＝⑥②②

8 a＝⑩⑥② b＝⑧①①

9 a＝③③② b＝⑧⑤①

10 ③

ポイント解説

Check 2 動詞の活用の種類 7〜10

- **覚えておく活用**
  - ⇩**上一段活用**（着る・見る・似る・煮る・射る・鋳る・干る・居る・率る）
  - **下一段活用**（蹴る）
  - **カ行変格活用**（来）
  - **サ行変格活用**（す・おはす）
  - **ナ行変格活用**（死ぬ・往ぬ）
  - **ラ行変格活用**（あり・をり・侍り・いまそかり）
- **「ず」を付けて判断する活用**
  - ⇩**四段活用**（〜ア段＋ず）
  - **上二段活用**（〜イ段＋ず）
  - **下二段活用**（〜エ段＋ず）

7 a ヤ行下二段活用動詞「見ゆ」の連体形。
b ナ行上一段活用動詞「似る」の連用形。

8 a ラ行変格活用動詞「侍り」の連用形。
b マ行四段活用動詞「うち笑む」の未然形。

9 a ガ行上二段活用動詞「過ぐ」の連用形。
b マ行下二段活用動詞「ほむ」の未然形。

10 「怖ぢ」はダ行上二段活用の動詞「怖づ」の連用形。③が適当。

2 助動詞

❖ 助動詞を制するものは古典を制するという。意味・活用・接続を一つ一つ確かめてみよう。

問 次のそれぞれに答えよ。

11 次の傍線部の文法的説明として最も適当なものを選べ。

a 「さてもやはながらへ住むべき。また時の間の煙ともなりなん」とぞ、うち見るより思はるる。

b おほかたは、家居にこそ、ことざまは推し量らるれ。〈徒然草〉

① 助動詞「る」の已然形で、可能の意
② 助動詞「る」の終止形で、尊敬の意
③ 助動詞「る」の未然形で、受身の意
④ 助動詞「る」の連体形で、自発の意 〈東洋大〉

問 次の傍線部の助動詞の意味として最も適当なものをそれぞれ選べ。

12 **a** かかるすずろごとに心を移し、はかられたまひて、

b ただいとまことのこととこそ思うたまへられけれ 〈源氏物語〉

① 断定 ② 伝聞 ③ 完了 ④ 過去
⑤ 尊敬 ⑥ 受身 ⑦ 自発 〈西南学院大〉

13 次の傍線部の助動詞の意味として最も適当なものを選べ。

博雅まづ下人をもつて内々にいはするやう、『などかくて思ひ懸けざる所には住まひするぞ。京都《みやこ》に居て過ぎよかし』とすかすに、〈江談抄〉

① 断定 ② 受身 ③ 打消
④ 伝聞 ⑤ 使役 ⑥ 尊敬 〈立命館大〉

解答

11 a＝④ b＝①
12 a＝⑥ b＝⑦
13 ⑤

ポイント解説

Check 3 「る」「らる」の意味 11・12

- **自発**⇩心情・知覚を表す語に続く
- **可能**⇩後に打消や反語表現を伴う
- **受身**⇩だれかに「～される」
- **尊敬**⇩主語が身分の高い人であることが多い

※自発の意で出題されることが多い。

11 **a**は「ぞ」の結びで連体形なので④、**b**は「こそ」の結びで已然形なので①が適当。

12 **a**の直前「はから（＝はかる）」は「だます」の意。「すずろごと（＝たわいもないこと）」に「だまされる」だから⑥受身。「れ給ふ・られ給ふ」は尊敬ではなく、受身か自発が多い。**b**は直前に「思う」と心情語があるので⑦自発。「自然と本当のことと思われますわ」の意。「たまへ」は謙譲の補助動詞。「けれ」は詠嘆。

13 「する」は使役の助動詞「す」の連体形。⑤が適当。

問 次のそれぞれに答えよ。

14 次の空欄に過去の直接体験を表す助動詞の終止形を入れよ。

顔回《がんくわい》も不幸なり［　　］。〈徒然草〉（中京大）

15 次の傍線部「けり」の意味として最も適当なものを選べ。

手にあかく物つきたれば、げに血なりけりとおもひて、〈古今著聞集〉

① 伝聞　② 推量　③ 過去

④ 経験　⑤ 詠嘆　（獨協大）

問 次の傍線部の助動詞の意味として最も適当なものを選べ。

16 いと若くてうせおはしましたることは、九条殿の御遺言を違へさせおはしましつる故とぞ人申しける。〈大鏡〉

① 意志　② 打消　③ 可能　④ 勧誘

⑤ 完了　⑥ 強意　⑦ 推定　⑧ 伝聞　（立命館大）

17 姫君の御事、うち捨て給ひなば、誰かはあはれともおぼしはぐくむべき。〈小夜衣〉

① 打消　② 完了　③ 断定

④ 伝聞推定　⑤ 推量　（立教大）

18 「これは、しかるべき事なり」とぞ申しけるに、あはせて、世の中のかはりにけりとぞ、申し伝へたる。〈俊頼髄脳〉

① 過去　② 完了・存続　③ 強意　④ 打消

⑤ 意志　⑥ 推量（推定）　⑦ 断定　（立教大）

解答

14 → き

15 → ⑤

16 → ⑤

17 → ②

18 → ②

ポイント解説

Check 4 「き」「けり」の違い 14・15

・「き」⇩直接体験過去

・「けり」⇩間接体験過去・詠嘆

14 直接体験を表す過去の助動詞は「き」。

15 「なりけり」の形や和歌・会話文中の「けり」は、⑤詠嘆と考える。ここは手の赤いものを「血だったのか」と気づいた驚きを表している。

Check 5 「つ」「ぬ」 16・17

・意味⇩完了（～タ・～テシマウ・～テシマッタ）、強意（キット～スル・タシカニ～スル・～テシマウ）、並列（～タリ、～タリ）

16 「つる」は完了の助動詞「つ」の連体形。⑤が適当。

17 「な」は完了の助動詞「ぬ」の未然形。②が適当。

18 「たる」は完了・存続の助動詞「たり」の連体形。②が適当。

問　次のそれぞれに答えよ。

19　次の傍線部の助動詞の終止形を書け。

まことにのこりおほくて見はてずさめぬる夢のごとくにぞありける、〈源氏物語玉の小櫛〉（福岡大）

→ ぬ

20　次の空欄に入る打消の助動詞を適当な活用形にして答えよ。

頼めしをなほや待つべき霜枯れし梅をも春は忘れ［　　］けり〈更級日記〉（愛知学院大）

→ ざり

21　次の傍線部の助動詞の意味の組み合わせとして最も適当なものを選べ。

a　歌よまぬとき＊抄物《せうもつ》どもを見わたして、

＊抄物＝本来は抜き書きしたものをいう。ここでは和歌に関する抄物を指す。

b　さやうに詠みつけぬれば、くせになりて、

c　晴の御会にて詠む様にちがはずしてよきなり。

d　桐《きり》火《ひ》桶《をけ》にうちかかりて案じ給ひけるなり。〈正徹物語〉

	a	b	c	d
①	完了	断定	打消	過去
②	完了	意志	過去	断定
③	打消	過去	断定	完了
④	打消	完了	断定	過去
⑤	打消	完了	意志	断定

（神戸学院大）

→ ④

Check 6　「ぬ」と「ず」　19～21

・「ぬ」と「ず」⇩同じ形の活用形があるので混同しやすい

・「ぬ」⇩完了・強意の助動詞で連用形に接続、終止形「ぬ」と命令形「ね」に注意

・「ず」⇩打消の助動詞で未然形に接続、連体形「ぬ」と已然形「ね」に注意

19　「ぬる」は完了の助動詞「ぬ」の連体形。したがって終止形は「ぬ」。

20　連用形接続の助動詞「けり」を伴うので、打消の助動詞「ず」の連用形「ざり」が適当。

21　**a** 未然形に接続しているので助動詞「ず」の連体形で打消の意。**b**「ば」が続き、已然形が「ぬれ」となっているので助動詞「ぬ」で完了の意。**c** 連体形に接続しているので助動詞「なり」の終止形で断定の意。**d** 連用形に接続しているので助動詞「けり」の連体形で過去の意。したがって④が適当。

問 次のそれぞれに答えよ。

22 次の傍線部の文法的意味として最も適当な組み合わせを選べ。

a 今宵は過ぐすべうもあらねば、
b 人は池のわたりなど涼み歩くなるべし、
c さすがにあるべきやうもなし 〈夜の寝覚〉

① **a** 当然 **b** 意志 **c** 可能
② **a** 当然 **b** 可能 **c** 推量
③ **a** 可能 **b** 適当 **c** 意志
④ **a** 可能 **b** 推量 **c** 当然 〈神奈川大〉

→ 解答 ④

23 次の傍線部の助動詞の意味として最も適当なものを選べ。

また村上の帝、かの大納言に、「わがなからむ世に忘れず思ひ出だされむずらむや」など宣はせければ、〈今鏡〉

① 推量 ② 意志 ③ 婉曲 ④ 使役
⑤ 尊敬 ⑥ 打消 ⑦ 打消推量 〈立教大〉

→ ①

問 次の傍線部の文法的意味として最も適当なものを選べ。

24 はかなき歌ども聞えさせたまはむとて、〈栄花物語〉

① 打消 ② 推量 ③ 意志 ④ 伝聞 ⑤ 過去
⑥ 断定 ⑦ 希望 ⑧ 完了 ⑨ 尊敬 ⑩ 可能 〈日本大〉

→ ③

25 この族ながく絶たむ。もし男子も女子もありとも、はかばかしくてはあらせじ。〈大鏡〉

① 不可能 ② 尊敬 ③ 使役 ④ 過去

→ ⑨

ポイント解説

Check 7 「べし」の意味 22

・「べし」と「む」⇩「む」の意味が強まったものが「べし」
・**「べし」の意味**⇩推量（〜ダロウ）、意志（〜ヨウ）、可能（〜コトガデキル）、当然・義務（〜ハズダ・〜ベキダ・〜ネバナラナイ）、適当・勧誘（〜ガヨイ）、命令（〜セヨ）

22 **a**は助動詞「べし」の連用形「べく」のウ音便。「〜コトガデキル」の意で、可能。**b**は三人称が主語で「〜ダロウ」の意を持つので推量。**c**は「〜ハズダ」の意で当然。したがって④が適当。

23 「むず」は「む」と同じ意味を持つ助動詞。ここでは推量の意。①が適当。

Check 8 「む」と「じ」 24〜26

・**「む」と「じ」**⇩反対の意味を表す
・**「む」の意味**⇩推量（〜ダロウ）、意志（〜ヨウ・〜ツモリダ）、適当・勧誘（〜ガヨイ・〜テクダサイ）、仮定・婉曲（〜トシタラ・〜ヨウナ）

⑤ 打消推量　⑥ 完了　⑦ 存続　⑧ 断定
⑨ 打消意志　⑩ 詠嘆　⑪ 受身　⑫ 伝聞　〈学習院大〉

26
a この座にて申すは、はばかりあることなれど、
b この伽欄にて、懺悔《ざんげ》つかうまつりてむとなり。
c この宮供奉《ぐぶ》せしめたまへりけれど、
d 桂の里にぞまゐりあはせたまへりしかば、
〈大鏡〉
① 打消　② 完了　③ 可能　④ 過去　⑤ 意志
⑥ 推量　⑦ 断定　⑧ 受身　⑨ 使役　⑩ 尊敬　〈愛知大〉

→ a＝⑦　b＝⑤　c＝②　d＝④

問 **次の傍線部の助動詞の意味として最も適当なものを選べ。**

27 *苔の袂《たもと》・苔の衣、霜・雪・霰《あられ》にしをれ果てたる身のありさまは、誰かは見知らむと思ひつるに、誰か見知りけむなど思ひて、〈とはずがたり〉

*苔の袂・苔の衣＝出家者が身につける墨染（黒い僧衣）の袖や衣のこと

① 過去　② 推量　③ 現在推量　④ 過去推量
⑤ 完了　⑥ 打消　⑦ 詠嘆　⑧ 反実仮想　〈立教大〉

→ ④

28 されば、いまいましかりしな[a]めり[b]。〈俊頼髄脳〉
① 過去　② 完了・存続　③ 強意　④ 打消
⑤ 意志　⑥ 推量（推定）　⑦ 断定　〈立教大〉

→ a＝⑦　b＝⑥

• 「じ」の意味⇩打消推量（～ナイダロウ・～マイ）、打消意志（～マイ・～ナイツモリダ）

24 文脈から一人称が主語であることがわかり、さらに「とて」が続くので、③意志の助動詞「む」の終止形。

25 直前の一文から考えて⑨打消意志。

26 aは⑦断定の助動詞「なり」の已然形。
bは⑤意志の助動詞「む」の終止形。
cは②完了の助動詞「り」の連用形。
dは④過去の助動詞「き」の已然形。

27 「けむ」は過去推量の助動詞「けむ」の終止形。④が適当。

Check 9 「なめり」 28
• なり＋めり⇩なるめり⇩なんめり⇩なめり と変化したもの。「なめり」と書いてあっても「なんめり」と読む。

28 「なめり」は断定の助動詞「なり」に推定の助動詞「めり」が接続したもの。したがってaは⑦、bは⑥が適当。

問

29

次のそれぞれに答えよ。

次の傍線部の文法的意味として最も適当なものを選べ。

a　昔ゆかりありし人のもとへ尋ね行きて、

b　さばかりいとほしがらせ給ひし姫君の事、

c　墨染の衣にやせやせやせとし給ひたる有様、見も慣はぬ心地してけれども、 〈西行物語〉

① 意志　② 受身　③ 打消推量
④ 打消　⑤ 過去推量　⑥ 自発
⑦ 断定　⑧ 婉曲　⑨ 可能
⑩ 打消意志　⑪ 現在推量　⑫ 尊敬
⑬ 伝聞　⑭ 命令　⑮ 使役
⑯ 完了　⑰ 過去　⑱ 詠嘆
⑲ 強意　⑳ 存続

〈亜細亜大〉

30

次の傍線部の意味として最も適当なものを選べ。

なきと聞けば、ありといはまほしく、あしきと言ふをば、よきと事かへて言はんこそ、いとねぢけたることなれ。 〈花月草紙〉

① 言ってほしいと思い　② 言うものであり
③ 言いたがり　④ 必ず言い
⑤ 言うことがあり

〈法政大〉

解答

a＝⑰
b＝⑫
c＝④

③

ポイント解説

Check 10 「す」の意味 29

・**下に尊敬の語がこない**⇩使役
・**下に尊敬の語がくる**
⇩「だれだれに」(使役の対象)が示される場合には使役、示されない場合には尊敬

29 aは⑰過去の助動詞「き」の連体形。
bは⑫尊敬の助動詞「す」の連用形。
cは④打消の助動詞「ず」の連体形。

Check 11 願望の助動詞 30

・**未然形＋「まほし」**
・**連用形＋「たし」**
・**「まほし」「たし」の意味**⇩願望（〜タイ）

30 「まほしく」は願望の助動詞「まほし」の連用形。③が適当。

3 助詞

❖現代語にはない助詞、古語特有の用法の助詞、同じ語形で意味の異なる助詞の三点が助詞学習のポイント。

問 次のそれぞれに答えよ。

31 次の傍線部の文法的説明として最も適当なものを選べ。

かへり来る道とほくて、うせにし宮内卿もちよしが家の前来るに、日暮れぬ。〈伊勢物語〉

① 主語を表す
② 連体修飾を表す
③ 準体言を表す
④ 接続を表す

32 次の傍線部「の」と文法上同一のものを一つ選べ。〈京都外国語大〉

その中に、或る武者のひとり子の、六つ七つばかりに侍りしが、築地のおほひの下に小家を作りて、はかなげなるあどなし事をして遊び侍りしが、〈方丈記〉

① 灌仏のころ、祭のころ、若葉の梢涼しげに茂りゆくほど、
② この歌はある人のいはく、柿本人麻呂のなり。
③ その時見たる人の、近くまで侍りしが、語り侍りしなり。
④ よき人の、のどやかに住みなしたる所は、
⑤ をしと思ふ人やとまると葦鴨のうちむれてこそ我は来にけり〈東洋大〉

解答

31 ②

32 ③

ポイント解説

Check 12 格助詞「が」「の」 31·32

- **「が」・「の」の用法**⇩主格（〜ガ）、連体修飾格（〜ノ）、同格（〜デ）、体言の代用（〜ノモノ・〜ノコト）
- **「の」のみにある用法**
⇩比喩（〜ノヨウニ・〜ノヨウナ）

31 例文の「が」は「〜ノ」と口語訳できるので②連体修飾格となる。

32 例文は「〜デ」と口語訳できるので同格の用法。これと同じ同格の用法なのが③。①は連体修飾格、②は体言の代用、④は主格、⑤は比喩。

問 次のそれぞれに答えよ。

33 次の空欄に入る最も適当なものを選べ。

庵のほどよりは食物《じきもつ》いと清げにしつゝ呼び入れて、それを食ひつゝ参りけるに、たま〳〵一つ着たる衣もたゞ破れ［　　］破れて、身も露はになりぬ。〈今昔物語集〉

① し　② つつ　③ て　④ に　⑤ は

34 次の傍線部の接続を、順接を①、逆接を②としてそれぞれ答えよ。〈関西学院大〉

a 「それこそいとやすき事なれ。川のむかひの岸にて下りて給はらんには、それまではのり給へ」といふに、友勝大きによろこび、

b 友勝かへりしかども、人々見むきもせず。

c 「友勝内におはしたらば、いよいよにぎやかに侍らんものを」などいうて酒のみければ、

d 弓削の友勝はいまだ*定業来らざるものなるを、*大和川の水神あらはれ出でたるに、馬を借りたり。〈伽婢子〉

*定業＝定められた寿命。
*大和川＝奈良県から河内平野を流れ、大阪湾に注ぐ川。

35 次の傍線部「ば」と異なる用法のものを一つ選べ。〈立教大〉

家あるじの、「木にこれ結ひつけて持てまゐれ」と言はせたまひしかば、あるやうこそはとて、持てまゐりてさぶらひしを、

解答

33 ④

34 a＝①　b＝②　c＝②　d＝②

35 ④

ポイント解説

33 「に」は強意を示す格助詞。「〜に〜」という形で動詞の意味を強める用法。④が適当。

Check 13 接続助詞の順接と逆接 34

- **順接**⇩「〜ノデ」と訳す
- **逆接**⇩「〜ガ・〜ノニ」と訳す

34 **a**は「〜ノデ」の意で①順接。**b・c・d**は「〜ノニ」の意で②逆接。なお、**c**は逆接の接続助詞「ものを」の一部。

Check 14 接続助詞「ば」 35

- **未然形＋「ば」**⇩順接仮定条件（モシ〜ナラバ）
- **已然形＋「ば」**⇩順接確定条件（〜ノデ・〜ト・〜トコロ・〜トイツモ）

35 問題文の「ば」は已然形に接続、順接確定条件（原因理由）を表す。①②③はこれと同じ用法。④は未然形に接続し、順接仮定条件を表すので、これが正解。

Check 15 副助詞「だに」「さへ」「し」 36

・梅の木の枯れたりしか①ば、求めさせたまひしに、

・「（中略）きむぢ求めよ」とのたまひしか②ば、一京まかりあるきしかども

・勅なれ③ばいともかしこしうぐひすの宿はと問は④ばいかが答へむ　〈大鏡〉

（中央大）

36 次の傍線部の助詞の文法的意味の説明として最も適当なものを選べ。

宿思ふ我が出づる ᵃだに あるものを涙 ᵇさへ などとまらざるらむ　〈うつほ物語〉

① **a**は、類推の意を表し、**b**は、添加の意を表している。
② **a**は、願望の意を表し、**b**は、反語の意を表している。
③ **a**は、強調の意を表し、**b**は、詠嘆の意を表している。
④ **a**は、類推の意を表し、**b**は、詠嘆の意を表している。
⑤ **a**は、願望の意を表し、**b**は、添加の意を表している。
⑥ **a**は、強調の意を表し、**b**は、反語の意を表している。

（立教大）

➡ ①

37 次の空欄に入る最も適当な語を平仮名二字で答えよ。

暫くあつて、拍子を替へて囃《はや》す声を聞けば、「天王寺《てんのうじ》の妖霊星《ようれいぼし》を見［　　］」などぞ囃しける。　〈太平記〉

（学習院大）

➡ ばや

・**「だに」の意味**
⇩類推（～サエ）、最小限の限定（セメテ～ダケデモ）

・**「さへ」の意味**⇩添加（～マデモ）

・**「し（しも）」の意味**⇩強意（訳さなくともよい）

36 副助詞「だに」には、下に打消・反語表現や「まして」を伴うことが多い「類推（～サエ）」と、下に意志・願望・命令・仮定表現を伴う「最小限の限定（セメテ～ダケデモ）」の用法がある。**a**は類推。**b**の副助詞「さへ」は添加（～マデモ）の用法なので、①が適当。

Check 16 願望の終助詞 37

・他への願望（～してほしい）⇩「なむ」

・自己の願望（～たい）⇩「てしが」「てしがな」「にしが」「にしがな」「ばや」

・自己の願望（～があればいいなあ）
⇩「もが」「もがな」

37 「ばや」は自己の願望を示す終助詞。「～たい」と訳す。

問 次のそれぞれに答えよ。

38 次の傍線部と同じ種類の助詞を一つ選べ。

「宇、袴垂となんいはれさぶらふ」〈宇治拾遺物語〉

① まで　② に　③ で　④ を　⑤ ぞ　〈立正大〉

39 次の空欄に入れるべき語の形と、その終止形の組み合わせとして最も適当なものを選べ。

「道すがら、をやみなくなむ泣かせたまへ［　　］」〈堤中納言物語〉

① り・り　② る・り　③ る・る
④ るる・る　⑤ けり・けり　⑥ ける・けり　〈青山学院大〉

40 次の終止形で示した傍線部を、文法的に正しい形に直せ。

a 稲荷山越えてや来つほととぎすゆふかけてしも声のきこゆる　〈今鏡〉

b 木の葉散る宿は聞き分くことぞなし時雨《しぐれ》する夜も時雨せぬ夜も　〈成城大〉

41 次の空欄に入る最も適当な語を選べ。

四条大納言のかく何事もすぐれ、めでたくおはしますを、大入道殿、いかでかかから［　　］（中略）と申させたまひければ、〈大鏡〉

① む　② め　③ める　④ めれ　〈名城大〉

42 次の空欄に入る形容詞「頼もし」の最適な語形（活用させたもの）を答えよ。

解答

38 ⑤

39 ②

40 a＝つる　b＝なき

41 ①

42 頼もしき

ポイント解説

Check 17 係り結び 38～43

・**「ぞ」「なむ（なん）」**
⇩強意を表す（訳さない）
文末を連体形で結ぶ

・**「や」「か」「やは」「かは」**
⇩疑問（～カ）、反語（～カ、イヤ、～デハナイ）を表す
文末を連体形で結ぶ

・**「こそ」**
⇩強意を表す（訳さない）
文末を已然形で結ぶ

38 「なん（なむ）」と⑤「ぞ」は係助詞。

39 「たまへ」に接続していることから、完了の助動詞「り」が適当。係助詞「なむ」は文末を連体形で結ぶので、「り」の連体形「る」が入る。したがって②が適当。

40 aの「や」、bの「ぞ」はいずれも文末を連体形で結ぶので、完了の助動詞「つ」の連体形「つる」、形容詞「なし」の連体形「なき」が正解。

*像法《ざうほふ》転じては　*薬師の誓ひぞ［　　］一度《ひとたび》御名《みな》を聞く人は万《よろづ》の病なしとぞいふ　〈梁塵秘抄口伝集〉

＊像法転じては＝正しい仏法の行われる「正法」の時代の次に来る、教えや修行は行われるが悟りは得られない時代になること。

＊薬師＝病患・災厄を除く薬師如来のこと。

（青山学院大）

43 次の空欄に入る適当な語を選び、適切な活用形にして答えよ。

屋おほきなれども人のありげもなし。ただ女一人ぞあるけはひし［　　］。　〈宇治拾遺物語〉

① けり　② けむ　③ む

④ ず　⑤ まじ　（学習院大）

→ ける

44 次の傍線部の係助詞の結びの説明として最も適当なものを選べ。

さらにおどろきたまはねば、近く寄りて、表《うへ》の御袴《はかま》の裾《すそ》を荒らかにひかせたまふ折<u>ぞ</u>、おどろかせたまひて、さる御用意はならはせたまへれば、御櫛《くし》・*笄《かうがい》具したまへりける取り出《い》でて、つくろひなどして、おりさせたまひけるに、いささかさりげなくて、清らかにてぞおはしましし。　〈大鏡〉

＊笄＝整髪に使う道具。

① 結びは流れている　② 結びは省略されている

③ 結びは「し」である　④ 結びは「に」である

⑤ 結びは「ば」である　（國學院大）

→ ①

41 係助詞「か」があるので、結びは連体形になる。①③に絞れるが、副詞「いかで」は「どうして」の意の場合は推量と呼応するので、①「む」が適当。

42 同じ文中に「ぞ」があるため、係り結びにより文末は「頼もし」の連体形「頼もしき」となる。

43 直前がサ変動詞「し」の連用形であることと文脈から①「けり」が入る。係助詞「ぞ」があるので、結びは連体形「ける」。

Check 18 **特殊な係り結び** 44

・**結びの流れ**（結びの消滅）

⇩係助詞を受ける活用語が接続助詞などを伴ってさらに下に続く場合、係り結びが成立せず結びの語が流れる（消滅する）

・**結びの省略**

⇩係助詞を受ける結びの語が省略される（「あり・はべり・言ふ・聞く・思ふ」などを補って訳す）

44 係助詞「ぞ」を受けるので、結びは「おどろかせたまふ」と連体形になるはずだが、流れているので①が適当。

問 次のそれぞれに答えよ。

45 次の空欄に入る最も適当な語を選べ。

小野小町《をののこまち》こそ、みめ、容貌《かたち》も、もてなし、心遣ひよりはじめ、何事も、いみじかりけむと［　　］。〈無名草子〉

① おぼえ　② おぼゆ　③ おぼゆる
④ おぼゆれ　⑤ おぼえよ
〈東海大〉

46 次の傍線部の係りの助詞「こそ」の結びはどれか。最も適当なものを選べ。

去年見しに色もかはらず咲きにけり花こそものは思はざりけれ
とこそつかうまつりて候ひしか、といひければ、通俊の卿、よろしく詠みたり。（中略）とて
〈宇治拾遺物語〉

① まつりて　② （候ひ）しか
③ （候ひ）しかと　④ （いひ）ければ
⑤ （詠み）たり　⑥ 「結び」はない。
〈愛知学院大〉

47 次の空欄に入る最も適当な語を平仮名一字で答えよ。

死なむとするにいたりて、ことごとしき歌をよみ、あるひは道をさとれるよしなどをよめる、まことしからずしていとにくし。ただなる時こそ*狂言綺語《きやうげんきご》もまじら［　　］、今はとあらむ時だに心のまことにかへれかし。〈勢語臆断〉

*狂言綺語＝道理にあわない言、巧みに飾った語。小説・物語などを指していう。
〈京都産業大〉

解答

45 → ④
46 → ②
47 → め

ポイント解説

Check 19 「こそ」の用法 45〜47

- 「こそ」
⇩強意を表す
文末を已然形で結ぶ
- 「こそ」＋已然形、〜
⇩「こそ」を已然形で受けてそこで文が終止せず下に続く場合、逆接（〜ケレドモ・〜ガ）の意を表す

45 係助詞「こそ」があるので、結びは已然形になる。選択肢はいずれもヤ行下二段活用「おぼゆ」を活用させたものだが、已然形は「おぼゆれ」で、④が適当。

46 「候ひしか」で文がいったん終止し、それを受けて「といひければ」と続く。過去の助動詞「き」の已然形「しか」が結びの語となるので②が適当。

47 「こそ」の結びで文が終止せず、下に続き、逆接を表す用法。死ぬ間際にはおおげさな言葉を残さず、真実の心を表すべきだというのが文章全体の内容。「ただなる時（ふだん）には狂言綺語も混じってよいが、」という文脈を踏まえて適当の助

問　次の空欄に入る最も適当な語を選べ。

48 それは、さしもなさけ深き御心にて侍れば、むげに短き御心は、よもつかひ給は［　　］、とこそ思ひ侍れ。〈小夜衣〉

① む　② め　③ じ
④ まじ　⑤ るる　〈同志社大〉

→ ③

49 妻子なきかなしみて見るに、［　　］矢の跡なし。〈古今著聞集〉

① さらに　② あまりに　③ ゆくりなくも
④ あへなく　⑤ ちぢに　〈獨協大〉

→ ①

50 「親にて渡らせ給へば、［　　］違え奉るべき」〈西行物語〉

① いかにも　② いかばかり
③ いかでか　④ いかやうに　〈亜細亜大〉

→ ③

51 まことに知らぬなめりとおぼえたりしも、をかしくこそ」など語れば、「さらにな聞こえたまひ［　　］」など言ひて、日ごろ久しうなりぬ。〈枕草子〉

① し　② そ　③ て　④ ぬ　〈日本大〉

→ ②

問　次の空欄に入る最も適当な語を平仮名一字で答えよ。

52 それよりかみは、ゐのはなといふ坂の、［　　］もいはずわびしきをのぼりぬれば、三河の国の高師の浜といふ。〈更級日記〉〈福岡大〉

→ え

動詞「む」の已然形「め」を入れる。

Check 20 副詞の呼応 48～52

- **打消の意を表すもの**⇩え・さらに・あへて・つゆ・いさ・いまだ・たえて・をさをさ・さして・かまへて・よも（打消推量）、など
- **疑問・反語の意を表すもの**⇩いかが・いかで・いかに・など・などか、など
- **そのほか**⇩な（禁止）、さだめて（推量）、など

48 副詞「よも」は打消推量の助動詞③「じ」を伴って、「マサカ～ナイダロウ」という意を表す。

49 文末の打消表現「なし」と呼応するものは、副詞の①「さらに」である。「全然～ナイ」という意。

50 副詞の呼応「いかで（か）～べし」から、③が適当。

51 副詞の呼応「な～そ」で禁止の意を表すので②が適当。

52 「え～ず」という副詞の呼応関係から読み取る。

❖尊敬・謙譲・丁寧の三種類の敬語が示す意味をつかみ、文中の人物および作者の身分の上下を正確に読み取ろう。

問 **次のそれぞれに答えよ。**

53 次の傍線部の文法的説明として最も適当なものをそれぞれ選べ（同じものを何度選んでもよい）。

・円宗寺に a参りて b候ひしに、
・花の匂ひは昔にも変らず c侍りしかば、
・かかる人の撰集承りて dおはするは、

〈宇治拾遺物語〉

① 尊敬の動詞　② 謙譲の動詞　③ 丁寧の動詞
④ 尊敬の補助動詞　⑤ 謙譲の補助動詞
⑥ 丁寧の補助動詞　⑦ その他

（愛知学院大）

54 次の傍線部の敬語の説明として最も適当なものをそれぞれ選べ（同じものを二度選んでもよい）。

a 故院（堀河天皇）の御かたみには、（新帝を）ゆかしく思ひまゐらすれど、
b 世を思ひ捨てつと（白河院が）聞かせたまはば、
c （帝に）物まゐらせぬことなり。
d 君（新帝）は、いはけなくおはします。
e 慣らひにし者ぞとおぼしめすこともあらじ。

〈讃岐典侍日記〉

① 尊敬の本動詞　② 尊敬の補助動詞
③ 謙譲の本動詞　④ 謙譲の補助動詞
⑤ 丁寧の本動詞　⑥ 丁寧の補助動詞

（西南学院大）

解答

53 **a**＝②　**b**＝⑥　**c**＝③　**d**＝④

54 **a**＝④　**b**＝②　**c**＝③　**d**＝②　**e**＝①

ポイント解説

Check **21** **敬語の種類**　53・54

・**尊敬**⇩動作をする人を敬う
・**謙譲**⇩動作を受ける人を敬う
・**丁寧**⇩聞き手・読み手を敬う

53 **a** 神仏のところに「参る」のだから②謙譲の動詞（参上する）。**b**「動詞＋て＋候ふ・侍り」は⑥丁寧の補助動詞（〜ます）。**c** は「花の匂ひ」があることの丁寧表現なので③丁寧の動詞。**d** は「動詞＋て＋おはす・おはします」の形なので④尊敬の補助動詞。

54 **a**「まゐらす」は動詞に接続しているので「〜申し上げる」の意の④謙譲の補助動詞。**b** は主語と「せたまふ」の形から②尊敬の補助動詞。**c** は「差し上げる」の意の③謙譲の本動詞。**d** は「形容詞の連用形＋おはす・おはします」の形で「いはけなし」という状態に尊敬の意味を付け加える②尊敬の補助動詞。**e** は「思ふ」の尊敬表現で①尊敬の本動詞。

55 次の空欄には「給ふ」（四段・下二段）が入る。活用させた形として最も適当なものをそれぞれ選べ（同じものを二度選んでもよい）。

a ＊宰相君、御猟の御ついで、おのが草廬《さうろ》にゆくりなく入らせ［　］る、

＊宰相君＝福井藩主松平慶永のこと。

b せちにかしこく思う［　］らるる旨聞こえまつりてかく、

c といふ御歌あそばし［　］たりけり、〈志濃夫廼舎歌集〉

① 給は　② 給ひ　③ 給ふ

④ 給へ　⑤ 給ふる　⑥ 給ふれ

〈中央大〉

→ a＝④　b＝④　c＝②

56 次の空欄に平仮名一字を補え。

姫君、十三にもならせ給へば、容顔美麗にして天下無双の人にて渡ら［　］給へば、〈中将姫本地〉〈中京大〉

→ せ

57 次の傍線部「候ふ」と文法上同一のものを一つ選べ。

この助けられたる男、内裏《だいり》に参りて申すやう、「尋ねらるる色のかせぎは、その国の深山に候《さぶら》ふ。ありどころを知れり。狩人を給はりて取りて参らすべし」と申すに、〈宇治拾遺物語〉

① 「子細にや及び候ふ。」と中納言に鎧二領着せ奉り〈平家物語〉

② これなる磯べに様ありげなる松の候ふ〈松風〉

③ 山居し給ふお僧の御座候ふが〈芭蕉〉

④ 御行水はわき参らせ候ふ。はやとり給へ〈鉢かづき〉

⑤ 内々申し置き候ふ事ども埒明け申さるべく候ふ〈冥途の飛脚〉

〈関西学院大〉

→ ②

Check 22 「給ふ」

- **四段活用の「給ふ」**
  ⇩尊敬の意に広く用いられる
- **下二段活用の「給ふ」**
  ⇩謙譲の意で、会話文や手紙文の中で、心理・知覚動詞に付く

55·56

55 **a**の主語は「宰相君」なので尊敬表現となり、直後「る」が完了の助動詞「り」の連体形なので四段の已然形④「給へ」。**b**は直後に四段・ナ変・ラ変以外の未然形に接続する助動詞「らる」があるので、下二段の未然形④「給へ」。**c**は尊敬表現「御歌あそばし」に続くので尊敬表現で、直後に連用形接続の完了の助動詞「たり」があるので、四段の連用形②「給ひ」。

56 主語が「姫君」であること、前に「ならせ給へば」とあることから、尊敬の助動詞「せ（す）」を入れて二重敬語にする。

57 「あり」の丁寧語の本動詞の「候ふ」を選ぶ。「あります・います」と訳す。②がこれにあたる。なお②以外は丁寧の補助動詞で「～です・ます」の意。

問　次のそれぞれに答えよ。

58 傍線部「きこえ」と文法的に同じ働きのものを一つ選べ。

いとあやしくおぼえて、宮に語りきこえけれど、〈増鏡〉

① これ、昔、名高くきこえたるところなり

② 竹の中より見つけきこえたりしかど

③ 先帝の四の宮の、御かたちすぐれたまへるきこえ、高くおはします

④ そのころ都にきこえたる白拍子の上手

⑤ 菩薩は、色にも現ぜず、心にも離れ目にも見えず、香にもきこえたまはず

（甲南大）

解答 ②

59 次の傍線部「いますかり」と同じ活用をする動詞を一つ選べ。

弁の御息所とていますかりけるを、〈勢語臆断〉

① これまことありて人の教へにもよき歌なり。

② 在中将しのびてかよひけり。

③ 病もいとおもりて

④ その日になりにけり。

（京都産業大）

解答 ①

60 次の傍線部はだれのだれに対する敬意を表しているか。最も適当なものを選べ。

ある人のいはく、蟬丸は延喜第四の宮にてましますゆゑに、この関のあたりを、四の宮と名づけたりといへり。〈東関紀行〉

① 作者の蟬丸に対する敬意

② 作者の延喜帝に対する敬意

③ ある人の蟬丸に対する敬意

④ ある人の延喜帝に対する敬意

解答 ③

ポイント解説

Check 23 「聞こゆ」 58

- **動詞「聞こゆ」の本来の意味**

⇩聞こえる・評判になる

- **謙譲の動詞「聞こゆ」の意味**

⇩申し上げる・(手紙を)差し上げる・お〜申し上げる（補助動詞）

58 例文は謙譲の補助動詞で「お〜申し上げる」の意。②が同一の用法。①④は「噂《うわさ》される・評判になる」の意の動詞。③は「噂・評判」の意の名詞。⑤は「匂う」の意の動詞。

59 「いますかり」は「あり・をり」の尊敬語のラ変動詞で「いらっしゃる」の意。①「あり」が同じくラ変動詞。②はラ変型活用の助動詞。③④はラ行四段動詞。

Check 24 敬意の対象 60・61

- **だれからの敬意か**

⇩話し手・書き手

- **だれに対する敬意か**

⇩尊敬語は動作主、謙譲語は動作の受け手、丁寧語は聞き手・読み手

61 次の傍線部の敬語が敬意を表す人物として最も適当な組み合わせを選べ。 （神奈川大）

a 左は文徳《もんとく》天皇の*大后宮にて、君のかしこう<u>おはします</u>にしたがひて、 *大后宮＝皇太后または皇后。

b 右は桐壺更衣。父は大納言《だいなごん》などにて失《う》せしにや、たづきなうなり行くままに、御宮仕へに内裏《うち》へ参られ侍《はべ》りしを、*みかど時めかせ給ひて、年月はこなたにて明かし暮らし給ふ。かたへの人みなそねみ思ひ<u>給へ</u>らぬも侍らず。 *みかど＝桐壺帝のことを指す。

c 若宮*御服《ぶく》の間は、御祖母《うば》の尼君具し<u>奉り</u>て、 *御服＝喪に服すること。

d 光る君と名づけ奉り、*かの聖王の例をうけ給ひて、十二にて初冠《うひかうぶり》して、源の姓を<u>賜はり</u>給ふ。 *かの聖王＝中国古代の優れた天子。

〈伊勢源氏十二番女合〉

① a 文徳天皇　b かたへの人　c 祖母の尼君　d 光る君
② a 文徳天皇　b かたへの人　c 若宮　d みかど
③ a 文徳天皇　b 桐壺更衣　c 祖母の尼君　d みかど
④ a 大后宮　b 桐壺更衣　c 若宮　d 光る君
⑤ a 大后宮　b 桐壺更衣　c 祖母の尼君　d みかど

共通

→ ②

---

60 「ある人」が語っている部分なので「ある人」から、「まします」が尊敬語なので動作主である「蝉丸」に対する敬意を表す。したがって③が適当。

61 **a**「おはします」は尊敬語なので動作主の「君＝文徳天皇」が敬意の対象。**b**は識別が難しいが、「ら」が四段活用の已然形に接続する助動詞「り」の未然形であることがわかれば、それに接続する「給へ」が四段活用の「給ふ」の已然形であることがわかる。四段活用の「給ふ」は尊敬語であるので、動作主の「かたへの人」が敬意の対象となる。**c**は謙譲語なので動作の受け手、尼君が具し申し上げる人、すなわち「若宮」が敬意の対象。**d**は「受く・もらふ」の謙譲語（いただく）なので、敬意の対象は動作の受け手（この場合は与える人）。だれにいただいたのかを考えると、「姓」を与えることのできる人物ということで、文中にはないが、選択肢の中の**d**「みかど」であることが推察できる。したがって②が適当。

6 識別

❖ しっかりした文法の知識が必要となる。自分の力を試し、不十分なところを復習しよう。

問 **次のそれぞれに答えよ。**

62 次の傍線部の文法的説明として最も適当なものを選べ。

a さてもやはながらへ住むべき。また時の間の煙ともなりなん

b まことや、「からすの群れゐて池のかへるを取りければ、御覧じ悲しませ給ひてなむ」と人の語りしこそ、〈徒然草〉

① ナ行変格活用動詞の活用語尾に、推量の助動詞の接したもの
② 完了・強意の助動詞に、推量の助動詞の接したもの
③ 他に対する希望を表す終助詞
④ 係助詞

〈東洋大〉

63 次の傍線部と文法上同一のものを一つ選べ。

家の内にをれば、忽《たちまち》にひしげなむとす。〈方丈記〉

① 御送りして、とく往なむと思ふに、大御酒たまひ、
② 今日なむ天竺へ石の鉢取りにまかる。
③ 「惟光、とく参らなむ」とおぼす。
④ その犬、二人して打たんには、侍りなむや。
⑤ なりは塩尻のやうになむありける。

〈東洋大〉

64 次の傍線部「なむ」と文法上同一のものを一つ選べ。

解答

62 a＝② b＝④

63 ④

64 ④

ポイント解説

Check 25 「なむ」の識別 62～64

- **強意の助動詞「ぬ」の未然形＋推量（意志）の助動詞「む」** ⇩連用形に接続
- **終助詞（願望）** ⇩未然形に接続
- **係助詞（強意）** ⇩体言・連体形・副詞・助詞に接続
- **ナ変動詞の未然形活用語尾「な」＋推量（意志・婉曲）の助動詞「む」** ⇩上に「死」「往（去）」がある

62 **a**は連用形に接続しているので②が適当。**b**は助詞に接続しているので④が適当。

63 問題文はガ行下二段「ひしぐ」の連用形に接続しているので、「なむ」は「強意＋推量」。これと同じ「なむ」は、同じく連用形に接続している④の「なむ」。なお、①はナ変活用語尾＋意志「む」、②⑤は係助詞「なむ」で係り結びが成立している。③は未然形に接続しているので、願望の終助詞「なむ」。

かうやうに、例に違へるわづらはしさに、かならず心かかる御癖にて、いとよう見たてまつりつべかりしいはけなき御ほどを、見ずなりぬるこそねたけれ、世の中定めなければ、対面するやうもありなむかし、など思す。 〈源氏物語〉

① 重き病して、死なむとする心地にも

② 命尽きぬと聞こしめすとも、後のこと思しいとなむな

③ 夜半うち過ぐるほどになむ、絶えはてたまひぬる

④ この頼もし人は行く先短かりなむ

⑤ 死に入る魂のやがてこの御骸《から》にとまらなむ

（すべて『源氏物語』による） 〈関西学院大〉

65

次の傍線部の文法的説明として最も適当なものを選べ。

a いかで心なさけあらむ男にあひ得てしがなと思へど、

b 家にきてうちふせり。

c かの女のせしやうに、

d さむしろに衣かたしき今宵もや恋しき人にあはでのみ寝む 〈伊勢物語〉

① 願望の意を表す　② 反語

③ 完了の助動詞　④ 打消の接続助詞

⑤ サ変の動詞　⑥ 下二段活用の動詞

⑦ 場所を示す副助詞　⑧ 疑問の係助詞

〈愛知学院大〉

a＝①
b＝③
c＝⑤
d＝⑧

64 問題文の「なむ」は連用形に接続しているので、強意の助動詞「ぬ」の未然形に推量の助動詞「む」が接続したもの。これと同じ「なむ」は④である。①はナ変動詞「死ぬ」の未然形活用語尾の「な」に「意志の助動詞「む」が接続したもの。②は四段動詞「いとなむ」の一部。③は係助詞の「なむ」。⑤は願望の終助詞。

Check 26 「せ」の識別 65

- **サ変動詞「す」の未然形**⇩文節の頭にある。体言・助詞に接続
- **過去の助動詞「き」の未然形**⇩連用形に接続
- **使役・尊敬の助動詞「す」の未然形**
  - **連用形**⇩四段・ナ変・ラ変動詞の未然形に接続

65 **a**は「しが・しがな・てしが・にしが・にしがな」と同じ終助詞で、①願望の意を表す。**b**は四段活用動詞の已然形に接続する③完了の助動詞。**c**は助詞に接続し、「する」と口語訳できるので⑤サ変の動詞。**d**は文脈から⑧疑問の係助詞。

問 次のそれぞれに答えよ。

66 次の傍線部の文法的説明として最も適当な組み合わせを選べ。

a 深く隠して時々見などしけり。
b 日頃あながちに聞こえしことを、
c 秋の野をさへ移し植ゑて、
d 一時《ひととき》にはもの騒がしとて、
〈怪しの世がたり〉

① a 動詞の活用語尾　b 過去の助動詞
　 c サ行変格活用の動詞　d 形容詞の活用語尾
② a 副助詞　b 動詞の活用語尾
　 c サ行変格活用の動詞　d 過去の助動詞
③ a サ行変格活用の動詞　b 副助詞
　 c 形容詞の活用語尾　d 動詞の活用語尾
④ a サ行変格活用の動詞　b 過去の助動詞
　 c 動詞の活用語尾　d 形容詞の活用語尾
⑤ a 副助詞　b 形容詞の活用語尾
　 c 動詞の活用語尾　d 過去の助動詞

解答 ④

67 次の傍線部「あづかり侍りし」の「し」と文法上同一のものを一つ選べ。 共通

伝へうけたまはるに、このごろ美仲が歌に、まだこもりくのといふ歌よみて、いたく殿の御褒詞にあづかり侍りしよし、誠さることや侍りし。
〈泊洦筆話〉

解答 ③

ポイント解説

66 a サ変動詞「す」の連用形。b 動詞「聞こゆ」の連用形に接続し、形式名詞「こと」を伴うので、過去の助動詞「き」の連体形。c 動詞「移す」の活用語尾。d 形容詞「もの騒がし」の活用語尾。したがって④が適当。

67 問題文の「し」は過去の助動詞「き」の連体形。これと同じものは③である。①は助動詞「べし」の一部。②は助動詞「き」の已然形「しか」の一部。④は形容詞「歎かはしく」の一部。⑤動詞「申し」の一部。

Check 27 「に」の識別 68・69

- **形容動詞ナリ活用の連用形活用語尾**⇩事物の性質・状態を表す
- **断定の助動詞「なり」の連用形**⇩体言・連体形などに接続し、下に「あり」などを伴うことが多く「〜であって」の意を表す
- **完了の助動詞「ぬ」の連用形**⇩連用形に接続
- **格助詞**⇩体言・連体形に接続し、「〜に」の意を表す

① 人またあるべしとも覚えず　② ほめ給はせしかば
③ ものの心しりそめしほどより　④ いと歎かはしくこそ
⑤ 申しければ
（同志社大）

68 次の傍線部の中でほかと種類の異なるものを一つ選べ。

① 桐院《とうゐん》の左大将の出《い》だされたりける絵に、
② 世は皆夢の中のうつつとこそ思ひ捨つることとなるに、こはそも何事のあだし心ぞや。
③ 笠《かさ》宿りに立ち寄るべき心地にもおぼしめさず。
④ 御車に召されて、
⑤ 年久しく住み荒らしたる宿のものさびしげなるに、撥音気高く、*青海波《せいがいは》をぞ調べたる。
〈太平記〉

*青海波＝雅楽の曲名。

共通

69 次の傍線部と文法上同一のものを一つ選べ。

かく、おびたたしく震ることは、しばしにて止みにしかども、
〈方丈記〉

① さて、かしこまりゆるされて、もとのやうになりにき。
② かくてもあられけるよと、あはれに見ゆるほどに、
③ 京には見えぬ鳥なれば、みな人見知らず。
④ 誰をかもしる人にせむ高砂の松も昔の友ならなくに
⑤ ほととぎすこそ見し君もなき宿にいかに鳴くらんけふの初声
（東洋大）

68 → ②
69 → ①

- **接続助詞**⇩連体形に接続し、「〜ノニ・〜カラ・〜ト」などの意を表す
- **副詞の一部**⇩上の部分とともに連用修飾語となり、活用しない

68 ①③④はいずれも体言に接続するので、格助詞「に」。⑤は「に」の直前に体言を補うことができるので、やはり格助詞。②だけが逆接の接続助詞である。

69 問題文の「に」は連用形に接続しているので、完了の助動詞「ぬ」の連用形。同じく完了の助動詞「ぬ」であるのは①。②は形容動詞「あはれなり」の連用形活用語尾。③は打消の助動詞「ず」の連体形。④は打消の助動詞「ず」の上代にあった古い未然形で、「なくに」で「ないのに」の意。⑤は副詞「いかに」の一部。

問 次のそれぞれに答えよ。

70 次の傍線部と同じ用法のものを一つ選べ。

この人の才学よにすぐれたることを帝聞かせ給ひて、その国の守になされぬ。〈唐物語〉

① 我は皇子に負けぬべしと、胸うちつぶれて思ひけり
② 京には見えぬ鳥なれば、みな人見知らず
③ さしたる事なくて人のがり行くは、よからぬ事なり
④ いかさまにも今度のいくさには勝ちぬと覚ゆるぞ

（成城大）

71 次の傍線部の文法的説明として最も適当なものをそれぞれ選べ。

a 「人してこそいはせたまはめ。とく帰られね」
b 申しつぐべき人のさらにさぶらはねば、〈大鏡〉

① 完了の助動詞「ぬ」の未然形
② 完了の助動詞「ぬ」の已然形
③ 完了の助動詞「ぬ」の命令形
④ 打消の助動詞「ず」の未然形
⑤ 打消の助動詞「ず」の已然形
⑥ 打消の助動詞「ず」の命令形

（愛知大）

72 次の傍線部の文法的説明として最も適当な組み合わせを選べ。

a ただ今斬《き》られ給はんことをも知り給はず、
b いづこをそこととは知らねども、
c 力者《りきしゃ》どもに輿《こし》を舁《か》かせて、

解答

70 → ④
71 → a＝③ b＝⑤
72 → ①

ポイント解説

Check 28 「ぬ」の識別 70

- **完了の助動詞「ぬ」の終止形**⇨連用形に接続
- **打消の助動詞「ず」の連体形**⇨未然形に接続。下に体言があるか、または係助詞「ぞ」「なむ」などの結びとなる

70 連用形に接続しているので完了の助動詞「ぬ」の終止形。これと同じ「ぬ」は④。①は下に「べし」があるので強意の助動詞「ぬ」の終止形。②③は下に体言があるので打消の助動詞「ず」の連体形。

Check 29 「ね」の識別 71・72

- **完了の助動詞「ぬ」の命令形**⇨連用形に接続
- **打消の助動詞「ず」の已然形**⇨未然形に接続。下に「ど」「ども」「ば」を伴うか、または係助詞「こそ」の結びとなる

71 **a**は文末にあり、係り結びも関係ないの

d　その子にてましませば、入道殿も我等《われら》が主、〈保元物語〉

① a 受身の助動詞　b 打消の助動詞
　c 使役の助動詞　d 動詞の活用語尾

② a 自発の助動詞　b 完了の助動詞
　c 尊敬の助動詞　d 使役の助動詞

③ a 尊敬の助動詞　b 完了の助動詞
　c 動詞の活用語尾　d 尊敬の助動詞

④ a 受身の助動詞　b 打消の助動詞
　c 動詞の活用語尾　d 使役の助動詞

⑤ a 尊敬の助動詞　b 打消の助動詞
　c 使役の助動詞　d 動詞の活用語尾

73　次の傍線部の文法的説明として最も適当なものを選べ。　共通

a　あはれとは見たてまつれど、
b　はづかしくてものも申されず。
c　いとときよげに縫ひいで給へれば、〈落窪物語〉

① 動詞（補助動詞を含む）の活用形の一部
② 存続・完了の助動詞の活用形
③ 可能をあらわす助動詞の活用形
④ 尊敬をあらわす助動詞の活用形
⑤ 受身をあらわす助動詞の活用形
〈立正大〉

a＝①
b＝③
c＝②

で、③完了の助動詞「ぬ」の命令形。**b** は未然形に接続しているので、⑤打消の助動詞「ず」の已然形。

72

a「れ」はラ行四段動詞「斬る」の未然形に接続する助動詞「る」の連用形。尊敬の意の補助動詞「給ふ」を伴うので、「れ」は尊敬以外の意と判断される。**b**「ね」はラ行四段動詞「知る」の未然形に接続する打消の助動詞「ず」の已然形。**c**「せ」はカ行四段動詞「舁く」の未然形に接続する使役の助動詞「す」の連用形。「力者ども」が使役の対象者。**d**「せ」はサ行四段動詞「まします」の已然形の活用語尾。

Check 30 「れ」の識別

- **受身・可能・自発・尊敬の助動詞「る」の未然形・連用形**⇩四段・ナ変・ラ変動詞の未然形に接続
- **完了の助動詞「り」の已然形・命令形**⇩四段動詞の已然形、サ変動詞の未然形に接続
- **その他**⇩用言・助動詞の一部

73

73

a は動詞「たてまつる」の已然形の活用語尾。**b** は可能の助動詞「る」の未然形。**c** は存続・完了の助動詞「り」の已然形。

問 **次のそれぞれに答えよ。**

74 次の傍線部の文法的説明として最も適当なものを選べ。

a まがまがしく、尼にならむとのたまふなる、まことか。ゆめゆめ、しかなおぼしそ。

b 恨みこし背かまほしき世なりとも　みるめかづかぬあまになるなよ

c あまならでそれにもしほは垂るれども　うきめかづくとまたはなるべき

〈多武峰少将物語〉

① 断定の助動詞　② 存在の助動詞

③ 伝聞の助動詞　④ 形容動詞語尾

⑤ 動詞

（中央大）

75 次の傍線部の文法的説明として最も適当な組み合わせを選べ。

a 水鳥どものある中に、つがはぬ＊鴛鴦《をし》を見たまひて、かくなん、

＊鴛鴦＝オシドリ。冬の水鳥で、雌雄が常に一緒にいると言われる。

b いかなる所にかおはすらんと泣きたまふを、

c わが失《う》せたらんには、なかなかさはあらじと

d 姫君に婚《あ》はせんとありし宰相も、

〈住吉物語〉

① **a** 係助詞の一部　**b** 現在推量の助動詞の一部
c 現在推量の助動詞の一部　**d** 適当・勧誘の助動詞

② **a** 係助詞の一部　**b** 現在推量の助動詞の一部
c 仮定・婉曲《えんきょく》の助動詞　**d** 意志の助動詞

解答

74 **a**＝③　**b**＝⑤　**c**＝①

75 ②

ポイント解説

Check 31 「なり」の識別 74

- **四段動詞「なる」の連用形**⇩「になり」「となり」の形
- **形容動詞ナリ活用の活用語尾**⇩事物の性質・状態を表す
- **断定の助動詞「なり」**⇩体言・連体形などに接続
- **伝聞・推定の助動詞「なり」**⇩終止形（ラ変型は連体形）に接続

74 **a**は後に「まことか」とあり、人からの伝聞を確かめる部分なので「なる」は③伝聞の助動詞。**b**は「になる」の形なので⑤動詞の「なる」。**c**は体言に接続しているので①断定の助動詞。

Check 32 「む」の識別 75

- **助動詞「む」の意味**⇩意志（主語が一人称）、適当・勧誘（主語が二人称）、推量（主語が三人称）、仮定・婉曲（体言や助詞が続く）
- **その他**⇩助動詞「むず」「らむ」「けむ」などの一部

③ a 係助詞の一部　b 推量の助動詞　c 仮定・婉曲の助動詞　d 適当・勧誘の助動詞

④ a 終助詞の一部　b 推量の助動詞　c 仮定・婉曲の助動詞　d 適当・勧誘の助動詞

⑤ a 終助詞の一部　b 推量の助動詞　c 現在推量の助動詞の一部　d 意志の助動詞

共通

↓ ④

76

次の傍線部の文法的説明として最も適当な組み合わせを選べ。

a 世の中にありとある事にふれて、
b 恋しかるべきことは恋しく、
c 富める人は貧しき人の心を知らず、
d 子を思ふ道にまどひぬるかな

〈石上私淑言〉

① a 下二段動詞の一部　b 接尾語の一部　c 完了の助動詞　d 完了の助動詞の一部

② a ラ変動詞の一部　b 形容詞の活用語尾の一部　c 推量の助動詞の一部　d 下二段動詞の一部

③ a 連体詞の一部　b ラ変動詞の一部　c 推量の助動詞の一部　d 受身の助動詞

④ a ラ変動詞の一部　b 形容詞の活用語尾の一部　c 完了の助動詞　d 完了の助動詞の一部

⑤ a 下二段動詞の一部　b 接尾語の一部　c 推量の助動詞の一部　d 下二段動詞の一部

（二松學舍大）

75 **a**係助詞「なむ（ん）」の一部。**b**動詞「おはす」の終止形に接続しているので現在推量の助動詞「らむ（ん）」の一部。**c**助動詞「たり」の未然形に接続しているので仮定・婉曲の助動詞「む（ん）」。**d**動詞「あはす」の未然形に接続しているので意志の助動詞「む（ん）」。したがって②が適当。

Check 33 「る」の識別　76・77

- **自発・可能・受身・尊敬の助動詞「る」の終止形**⇩四段・ナ変・ラ変動詞の未然形に接続
- **完了の助動詞「り」の連体形**⇩四段動詞の已然形、サ変動詞の未然形に接続

76 **a**はラ変動詞「あり」の連体形「ある」の活用語尾。**b**はシク活用形容詞「恋し」の連体形「恋しかる」の活用語尾の一部。**c**は四段動詞の已然形に接続しているので、完了（存続）の助動詞「り」の連体形。**d**は完了の助動詞「ぬ」の連体形「ぬる」の一部。したがって④が適当。

問 次のそれぞれに答えよ。

77 次の傍線部「る」の文法的説明として最も適当なものを選べ。

首《かうべ》は霜に似たりと書きたまへる、あはれに思ひ合せらる。

〈東関紀行〉

① 補助動詞「たまふ」の活用語尾の一部
② 完了の助動詞「り」の連体形
③ 尊敬の助動詞「る」の終止形
④ 受身の助動詞「る」の終止形

78 次の傍線部a～dの品詞を選択肢の中からそれぞれ一つずつ選べ。（同じものを何度選んでもよい）。（神奈川大）

近ごろ、東の京に、幼くより*とり娘をしたる者ありけり。平家の流なりければ、源平の乱れの後は、[a]ただ命の生ける[b]ばかりを[c]いみじき事にて、世を渡る事などいひしらずぞ侍りける。かかりけるほどに、前後相違の恨み、昔よりありける事なれば、このとり娘先立ちて身まかり[d]にけり。その後さし続きて、この*とり親また亡せぬ。

〈閑居友〉

*とり娘＝養女。　*とり親＝養親。

① 名詞　② 動詞　③ 形容詞　④ 副詞
⑤ 連体詞　⑥ 助動詞　⑦ 助詞

79 次の傍線部の文法的説明として最も適当なものを選べ。（法政大）

かの仲範、未然に凶を鑑みける博覧《はくらん》の程こそ、あり難けれ。

解答

77 ②

78 a＝④　b＝⑦　c＝③　d＝⑥

79 ⑥

ポイント解説

77 四段動詞の已然形に接続するので、②完了の助動詞「り」の連体形。

78 aは「生ける」という動詞を修飾しているので、副詞。④が適当。bは限定を示す副助詞。⑦が適当。cは「事」という名詞を修飾しているので形容詞。③が適当。dは「けり」という助動詞に接続し、断定の意を表しているので、助動詞。⑥が適当。

79 「あり難し」という形容詞の已然形の活用語尾。文末であるのに已然形なのは、

〈太平記〉

① 動詞　② 完了の助動詞
③ 断定の助動詞　④ 伝聞推定の助動詞
⑤ 過去の助動詞　⑥ 形容詞の活用語尾
⑦ 形容動詞の活用語尾　⑧ 格助詞
⑨ 接続助詞

〈学習院大〉

80 次の傍線部の文法的説明として最も適当な組み合わせを選べ。

a うけがはれたるに、うれしきことたとへんものなし。
b 絃《げん》一筋ある琴なりき。
c 二筋に落つる涙も一筋の玉の小琴にかけにけるかも
d 調べ給へるよりはじまりて、今も伝はれるなりとぞ。

〈真葛がはら〉

① **a** 受身の助動詞　**b** 断定の助動詞
　c 完了の助動詞　**d** 動詞の活用語尾
② **a** 尊敬の助動詞　**b** 伝聞の助動詞
　c 格助詞　**d** 動詞の活用語尾
③ **a** 受身の助動詞　**b** 伝聞の助動詞
　c 断定の助動詞　**d** 完了の助動詞
④ **a** 尊敬の助動詞　**b** 断定の助動詞
　c 格助詞　**d** 動詞の活用語尾
⑤ **a** 尊敬の助動詞　**b** 断定の助動詞
　c 完了の助動詞　**d** 完了の助動詞

共通

↓ ⑤

「こそ」という係助詞があるため係り結びが成立しているからである。⑥が適当。

80 **a**「れ」はハ行四段動詞「うけがふ」の未然形に接続する受身または尊敬の助動詞「る」の連用形。**b**「なり」は体言に接続する断定の助動詞「なり」の連用形。**c**「に」はカ行下二段動詞「かく」の連用形に接続する完了の助動詞「ぬ」の連用形。**d**「る」はハ行四段動詞「給ふ」の已然形に接続する完了の助動詞「り」の連体形。したがって**a**が受身か尊敬かが判断できなくても**d**から⑤が適当。

第7章 古典文法問題 6 識別

問 次の傍線部の文法的説明として最も適当なものを選べ。

81 あたりの芝生は霜に残りて、みどりの色も<u>まじれる</u>に、桜の紅葉、ところどころに散りしきたる。〈遊角筈別荘記《つのはずのべつさうにあそぶのき》〉

① ラ行四段活用動詞「まじる」の已然形＋存続の助動詞「り」の連体形
② ラ行四段活用動詞「まじる」の已然形＋自発の助動詞「る」の連体形
③ ラ行下二段活用動詞「まじる」の連用形＋存続の助動詞「り」の連体形
④ ラ行下二段活用動詞「まじる」の未然形＋自発の助動詞「る」の連体形
〈龍谷大〉

解答 ①

82 ことかくとも<u>すまじきことぞかし</u>。〈十訓抄〉

① 形容詞の連体形＋名詞＋終助詞＋終助詞
② サ変動詞の終止形＋打消推量の助動詞＋過去の助動詞＋名詞＋終助詞＋終助詞
③ サ変動詞の終止形＋打消推量の助動詞＋名詞＋係助詞＋終助詞
④ 四段活用動詞の未然形＋打消の助動詞＋過去の助動詞＋名詞＋係助詞＋終助詞
⑤ 四段活用動詞の連用形＋過去の助動詞＋名詞＋終助詞＋終助詞

解答 ③

ポイント解説

81「まじれ」はラ行四段活用の動詞「まじる」の已然形。「る」は存続の助動詞「り」の連体形。したがって①が適当。

Check 34 「ぞかし」 82

- **「ぞかし」**⇩係助詞「ぞ」＋終助詞「かし」で、強調し念を押す意
- **「ぞ」の結び**⇩「ぞ」に結びの語がなく、この「ぞ」を終助詞とする説もある

82「す」はサ変動詞の終止形、「まじき」は打消推量の助動詞「まじ」の連体形、「こと」は名詞。「ぞ」は係助詞、「かし」は終助詞。したがって③が適当。

83

侘《わ》びぬれば身をうき草の根を絶《た》えて誘ふ水あらば往《い》なむとぞ思ふ 〈無名草子〉

(神戸学院大)

① ア行上一段活用の動詞の未然形＋願望の終助詞
② ナ行変格活用の動詞の未然形＋推量・意志の助動詞の終止形
③ ナ行変格活用の動詞の連用形＋完了の助動詞の未然形＋推量・意志の助動詞の終止形
④ ナ行四段活用の動詞の未然形＋願望の終助詞
⑤ ア行上一段活用の動詞の連用形＋完了の助動詞の未然形＋推量・意志の助動詞の終止形

(東海大)

↓②

84

「さは、おのづから同じ日も来て呼ばば、いかがせむずらむ。一《ひと》日《ひ》に五所《いつところ》も呼ばば、いかがせむずらむ」〈古本説話集〉

① サ行変格活用動詞「す」未然形＋推量助動詞「むず」連体形＋推量助動詞「らむ」終止形
② サ行変格活用動詞「す」未然形＋推量助動詞「むず」終止形＋推量助動詞「らむ」連体形
③ サ行変格活用動詞「す」未然形＋推量助動詞「む」終止形＋打消助動詞「ず」連用形＋推量助動詞「らむ」終止形
④ サ行変格活用動詞「す」未然形＋推量助動詞「む」連体形＋打消助動詞「ず」終止形＋推量助動詞「らむ」終止形
⑤ サ行変格活用動詞「す」未然形＋推量助動詞「む」終止形＋打消助動詞「ず」連体形＋推量助動詞「らむ」連体形

(甲南大)

↓②

Check 35 「いぬ」 83

- 「いぬ」⇩「往ぬ」「去ぬ」と書かれるナ行変格活用の動詞
- 注意⇩平仮名表記「いぬ」の場合に他の語と勘違いしやすい

83 「往な」はナ変動詞「往ぬ」の未然形、「む」は未然形に接続し、下に「と」を伴うことから、推量・意志の助動詞「む」の終止形。したがって②が適当。

84 「す」はサ行変格活用「す」の未然形。「むず」は推量の助動詞「むず」の終止形。「らむ」は推量の助動詞「らむ」の連体形。したがって②が適当。なお、「むず」が終止形なのは、「らむ」の接続による。また「らむ」が連体形なのは、「いかが」という副詞があるためで、副詞の係り結びとなる。

問 次の傍線部の文法的説明として最も適当なものを選べ。

85 「東の陣より出だすべきなり」とのたまふを聞きて、内の人ある限り、東の陣にかく出で行くを見んとて、つどひ集まりたるほどに、違《たが》へて西の陣より殿上の畳ながらかき出でて出でぬれば、人々も見ずなりぬ。〈宇治拾遺物語〉

① マ行上一段活用動詞の未然形＋打消の助動詞の終止形＋伝聞推定の助動詞の連用形＋完了の助動詞の終止形

② マ行上二段活用動詞の未然形＋打消の助動詞の連用形＋ラ行四段活用動詞の連用形＋打消の助動詞の連体形

③ マ行上一段活用動詞の未然形＋打消の助動詞の連用形＋ラ行四段活用動詞の連用形＋完了の助動詞の終止形

④ マ行上二段活用動詞の未然形＋打消の助動詞の終止形＋伝聞推定の助動詞の連用形＋打消の助動詞の連体形

〈名城大〉

86 人々寄り合ひて、さるべき遊びなどせむには、たとひ身にとりて、やすからず、くちをしきことにあひたりとも、かまへて、その日のさはりあらせじとはからふべきなり。〈十訓抄〉

① 下二段活用の動詞に接続助詞がついたもので、「前もって準備して」の意味をあらわす

② 下二段活用の動詞に接続助詞がついたもので、「身構えて」の意味をあらわす

解答

85 → ③

86 → ④

ポイント解説

85 「見」はマ行上一段動詞「見る」の未然形あるいは連用形となる。あとに「ず」という未然形接続の助動詞があるため、未然形となる。「ず」は打消の助動詞「ず」の連用形。あとに動詞「なり」が続くので連用形となる。「なり」はラ行四段活用の動詞「なる」の連用形。「ぬ」は完了の助動詞「ぬ」の終止形。したがって③が適当。

Check 36 「かまへて」 86

- **「かまへて」と命令・意志を表す語との呼応**⇩「必ず・きっと」の意
- **「かまへて」と打消・禁止を表す語との呼応**⇩「決して」の意
- **「かまへて」と同じく打消・禁止を表す語を伴う他の呼応の副詞**

⇩(打消) え・さらに・あへて・つゆ・いさ・いまだ・たえて・をさをさ・さして

(打消推量) よも

(禁止) な・ゆめ・ゆめゆめ

86 「かまへて」は「心して・注意して」の

③ 副詞で、意志や希望の表現と呼応して「ぜひとも」の意味をあらわす
④ 副詞で、禁止や打消意志の表現と呼応して「決して」の意味をあらわす
⑤ 副詞で、命令表現と呼応して「必ず」の意味をあらわす
(神戸学院大)

87

*今の入道殿の御子またもおはせざりしが、大納言の大将にて世になくかなしきことに思ひきこえ給ひたりしに、見目《みめ》・容貌《かたち》よりはじめて才《ざえ》・才覚につけて、世にとりて何事にも余り給ひたると言はれ給ひしかばにや、俄《には》かにいづちともなく失せさせ給ひてこの二十四年に及びたれど、生きてやおはすらん、いかがなり給ひける、知る人なし。

〈苔の衣〉

*今の入道殿の御子またもおはせざりしが＝「入道殿の男子は他にいらっしゃらなかったが」の意。入道殿は山伏の父で、かつて関白であった人物。

① サ行変格活用動詞「おはす」終止形＋助動詞「らむ」連体形
② サ行変格活用動詞「おはす」終止形＋助動詞「らむ」終止形
③ ラ行四段活用動詞「おはする」未然形＋助動詞「む」連体形
④ ラ行四段活用動詞「おはする」未然形＋助動詞「む」終止形
⑤ サ行四段活用動詞「おはす」終止形＋助動詞「らむ」終止形
⑥ サ行四段活用動詞「おはす」連体形＋助動詞「らむ」連体形
(関西学院大)

↓①

意の副詞。ここでは呼応の副詞として用いられ、打消意志の助動詞「じ」と呼応して「決して～ないようにしよう」という意を表す。したがって④が適当。

87 「らん(らむ)」は終止形に接続する助動詞で現在推量の意を表す。ここではサ変動詞「おはす」の終止形に接続し、「おはすらん」で「いらっしゃるのだろう」という意味を持つ。①が適当。

問 **次の傍線部の文法的説明として最も適当な組み合わせを選べ。**

88
a 若君の御料をさへ細やかに心して奉り給ひて、
b 御手に持ち給へる筆して、御堂の柱に物書き給ふを、〈竺志船物語〉

① a 名詞に副助詞が付いたもの
　 b 名詞に格助詞が付いたもの
② a 名詞に格助詞が付いたもの
　 b 名詞に動詞連用形と接続助詞が付いたもの
③ a 名詞に格助詞が付いたもの
　 b 動詞連用形に接続助詞が付いたもの
④ a 動詞連用形に接続助詞が付いたもの
　 b 名詞に動詞連用形と接続助詞が付いたもの
⑤ a 動詞連用形に接続助詞が付いたもの
　 b 名詞に格助詞が付いたもの

解答 → ⑤

89 共通
「小舟にて、天の川といふ渡《わたり》をして参りたり」と申ししかば、ここにもかかる渡のありけるよと思ふにも、あはれ星逢の浜のつづきに、この渡のあらましかばとぞ覚え侍る。〈道ゆきぶり〉

① 動詞「あり」の未然形＋反実仮想の助動詞「まし」の未然形＋接続助詞「ば」
② 動詞「あり」の未然形＋推量の助動詞「む」の未然形＋過去の助動詞「き」の已然形＋係助詞「ば」
③ 動詞「あり」の未然形＋反実仮想の助動詞「まし」の終止形

解答 → ①

ポイント解説

Check 37 「して」 88
- **サ変動詞「す」の連用形＋接続助詞「て」**
- **その他⇩格助詞、接続助詞**

88 **a** はサ変複合動詞「心す」（＝注意する）の連用形＋接続助詞「て」。**b** は名詞「筆」＋格助詞「して」（「手段・方法」の意＝～デ）。したがって⑤が適当。

Check 38 助動詞「まし」の四つの意味 89
- 反実仮想（もし…としたら～だろうに）
- ためらいの意志（～しようかしら）
- 実現不可能な願望（～ならいいのに）
- 単純な推量（～だろう）

89 動詞「あり」の未然形＋反実仮想の助動詞「まし」の未然形＋接続助詞「ば」。したがって①が適当。「あったならば（どんなにいいだろう）」と訳す。

+係助詞「か」+接続助詞「ば」

④ 名詞「あらまし」+係助詞「か」+接続助詞「ば」

⑤ 名詞「あらまし」+係助詞「か」+係助詞「ば」 （同志社大）

90 小夜更《さよふ》け、人静まりて、あながちにとがむる人あらじを、大淀《おほよど》ばかりの慰めにも、かの院の方様へおもむきやせまし」と、にはかに思し立ちて、〈いはでしのぶ〉

① 名詞「おもむき」+助詞「や」+サ行変格活用の動詞「す」の未然形+助動詞「まし」の連体形

② 名詞「おもむき」+助詞「や」+助動詞「き」の未然形+助動詞「まし」の終止形

③ 四段活用の動詞「おもむく」の連用形+助詞「や」+サ行変格活用の動詞「す」の未然形+助動詞「まし」の連体形

④ 四段活用の動詞「おもむく」の連用形+助詞「や」+助動詞「き」の未然形+助動詞「まし」の終止形 （龍谷大）

↓③

問 **傍線部を品詞ごとに分解したとき最も適当なものを選べ。**

91 政《まつりごと》うるはしくしのばしかりければ、〈今鏡〉

① しのば／しかり／けれ／ば

② しのばし／かり／けれ／ば

③ しのばしか／りけれ／ば

④ しのばし／かりけれ／ば

⑤ しのばしかり／けれ／ば （東海大）

↓⑤

90 四段活用の動詞「おもむく」の連用形+助詞「や」+サ行変格活用の動詞「す」の未然形+ためらいの意志を表す助動詞「まし」の連体形。したがって③が適当。「行きましょうかね」と訳す。

Check 39 **形容詞のカリ活用** 91

・**カリ活用**⇩形容詞の活用表の右列（く・く・し・き・けれ）を本活用、左列（から・かり・かる・かれ）をカリ活用または補助活用と呼ぶ

・**カリ活用の用法**⇩主に下に助動詞が付くときに使われる

91「しのばしかり」は一語で、シク活用形容詞「しのばし」（慕わしい・忘れがたい）の連用形、「けれ」は過去の助動詞「けり」の已然形、「ば」は接続助詞。したがって⑤が適当。

問 次の傍線部の文法的説明として最も適当なものを選べ。

92 旅人の宿もとめけるに、大きやかなる家の、あばれたるがありけるに、「や」とよりて、「ここにやどし給ひてむや」といへば、〈宇治拾遺物語〉

① 完了の助動詞＋推量の助動詞＋疑問の助詞
② 過去の助動詞＋意志の助動詞＋詠嘆の助詞
③ 接続の助詞＋意志の助動詞＋詠嘆の助詞
④ 完了の助動詞＋意志の助動詞＋疑問の助詞
⑤ 過去の助動詞＋推量の助動詞＋疑問の助詞

（学習院大）

解答 ①

93 安楽なる事、毘沙門、帝釈にもまさりたりといひけるを、帝釈きと御覧じてけり。〈宇治拾遺物語〉

① 形容詞＋助詞＋動詞＋助詞＋助動詞
② 名詞＋副詞＋動詞＋助動詞＋助動詞
③ 名詞＋助動詞＋助詞＋動詞＋助動詞＋助動詞
④ 名詞＋助詞＋動詞＋助詞＋助動詞

（京都外国語大）

解答 ②

94 夜更けて遥《はる》かにめぐらむこと、かなふまじきよし申し侍りしかども、〈弁内侍日記〉

① 動詞＋助動詞＋名詞＋動詞＋助動詞＋係助詞＋接続助詞
② 動詞＋形容詞＋名詞＋動詞＋補助動詞＋助動詞＋接続助詞
③ 動詞＋助動詞＋名詞＋動詞＋補助動詞＋助動詞＋接続助詞

解答 ③

ポイント解説

Check 40 「てむ」 92

- 「てむ」⇩完了の助動詞「つ」の未然形＋意志、推量、適当・勧誘の助動詞「む」
- 「む」の意味⇩「て」に続く場合は適当・勧誘の意の場合が多い

92 四段動詞「給ふ」の連用形に接続しているので、「て」は完了の助動詞「つ」の未然形。「〜てむ」の場合、「む」は適当・勧誘の意になりやすい。ここでは直前の「やどし給ひ」が「お泊めなさる・宿泊させなさる」の意であり、相手に宿泊の許可を求めているので、「む」は「勧誘」の意。しかし選択肢に「勧誘」がないので「推量」を選ぶ。「や」は疑問の係助詞。したがって①が適当。

Check 41 「てけり」 93

- 「てけり」⇩完了の助動詞「つ」の連用形＋過去の助動詞「けり」
- 「て」の意味⇩「けり」があとに続く場合、完了の意となる

④ 動詞＋助動詞＋名詞＋動詞＋補助動詞＋副助詞＋接続助詞

⑤ 動詞＋助動詞＋助動詞＋名詞＋動詞＋補助動詞＋副助詞＋接続助詞

〈駒澤大〉

問 次のそれぞれに答えよ。

95 次の傍線部のうち音便形の語を含まないものを一つ選べ。

① さとかきくらせば

② 暗うなりたるに

③ あてになまめかしう

④ つい給へるぞ

〈紫式部日記〉〈京都産業大〉

→ ①

96 次の和歌三首中にある全ての活用語の活用形のうち、未然形はいくつあるか。後から選べ。

a よもすがら契りし事を忘れずは恋ひむ涙の色ぞゆかしき

b *朝倉や *木の丸殿《まろどの》に入りながら君に知られで帰るかなしさ

*朝倉＝現在の福岡県にある地名で、斉明天皇の仮宮があった。

*木の丸殿＝丸木造りの粗末な御所。この表現は、「朝倉や　木の丸殿に　我が居《を》れば　我が居《を》れば　名乗りをしつつ　行くは誰《たれ》」という神楽歌による。

c 朝倉やただいたづらに帰すにも釣りする海人《あま》の音をのみぞ泣く

〈発心集〉

① なし　② 一つ　③ 二つ　④ 三つ　⑤ 四つ

〈早稲田大〉

→ ⑤

---

93 「帝釈」は名詞、「きと」は副詞、「御覧じ」はサ変動詞「御覧ず」の連用形、「て」は完了の助動詞「つ」の連用形、「けり」は過去の助動詞「けり」の終止形。したがって②が適当。

94 「かなふ」は四段動詞の終止形、「まじき」は不可能の助動詞「まじ」の連体形、「よし」は名詞、「申し」は四段動詞の連用形、「侍り」はラ変動詞（ここでは補助動詞）の連用形、「しか」は過去の助動詞「き」の已然形、「ども」は接続助詞。したがって③が適当。

95 ①「さと」は「さっと」という意の副詞で音便形ではない。②「暗う」は「暗く」がウ音便化したもの。③「なまめかしう」は「なまめかしく」がウ音便化したもの。④「つい」は「つき」がイ音便化したもの。したがって①が適当。

96 **a**「忘れず」はラ行下二段動詞「忘る」の未然形＋助動詞「ず」の連用形。「恋ひむ」はハ行上二段動詞「恋ふ」の未然形＋助動詞「む」の連体形。**b**「知られで」はラ行四段動詞「知る」の未然形＋助動詞「る」の未然形＋接続助詞「で」。**c**には未然形は用いられていない。したがって⑤が適当。

❖「チェックポイント」で学習した識別項目のうち主なものをまとめた。確実に覚えておこう。

★なむ（Check 25）

- 連用形＋なむ → 強意の助動詞「ぬ」＋推量(意志)の助動詞「む」
- 未然形＋なむ → 終助詞(願望)
- 体言・連体形・副詞・助詞＋なむ → 係助詞(強意)
- 死＋なむ・往(去)＋なむ → ナ変動詞の未然形活用語尾「な」＋推量(意志・婉曲)の助動詞「む」

★せ（Check 26）

- 文節の頭にある「せ」／体言・助詞＋せ → サ変動詞「す」
- 連用形＋せ → 過去の助動詞「き」の未然形
- 四段・ナ変・ラ変動詞の未然形＋せ → 使役・尊敬の助動詞「す」

★に（Check 27）

- 体言・連体形＋に
  - ①「〜であって」の意を表す → 断定の助動詞「なり」
  - ②「〜に」の意を表す → 格助詞
  - ③「〜ので・から・と」などの意を表す → 接続助詞
- 連用形＋に → 完了の助動詞「ぬ」
- 事物の状態や性質＋に → 形容動詞ナリ活用の活用語尾
- 「〜に」が連用修飾語になり活用しない → 副詞の一部

★ぬ・ね（Check 28 29）

- 連用形＋ぬ・ね → 完了の助動詞「ぬ」
- 未然形＋ぬ・ね(＋体言) → 打消の助動詞「ず」

★ぬ＋体言→打消、ね＋ど・ども・ば→打消
係り結びの結び→打消

★る・れ（Check 30 33）

- 四段・ナ変・ラ変動詞の未然形＋る・れ → 自発・可能・受身・尊敬の助動詞「る」
- 四段動詞の已然形、サ変動詞の未然形＋る・れ → 完了の助動詞「り」
- その他 → 用言・助動詞の一部

★係り結びの結び→完了

★なり（Check 31）

- に・と＋なり → 四段動詞「なる」
- 事物の状態や性質＋なり → 形容動詞ナリ活用の活用語尾
- 終止形(ラ変型は連体形)＋なり → 伝聞・推定の助動詞「なり」
- 体言・連体形＋なり → 断定の助動詞「なり」

第8章

古文解釈問題

❖ この章では、文章の流れや文法事項から話の内容を解釈する問題を扱う。単語の意味だけでなく、傍線部前後の内容や文法的知識を用いて話を把握していこう。

❖ 「文脈把握」では難解な語句を含む文の意味を前後の文脈から類推する問題を、「文法を用いた解釈」では助詞・助動詞や係り結び、副詞の呼応など文法的知識を用いた解釈問題を集めた。

❖難解な語句を中心にした問題。前後の文脈を把握して単語や部分の意味を類推してみよう。

問 次の傍線部の意味として最も適当なものを選べ。

1 三年をわたりてもなほ果つべくもあらぬを、菟道の王深く憂ひ給ひて、「あに久しく生きて天が下をわづらはしめんや」とて、みづからよはひを断たせ給ふものから、やんごとなくて兄の皇子御位につかせ給ふ。〈雨月物語〉

① 兄より長く生きることで、天の意志を背くようなことがあってはならない
② なぜ長く生きるのだろうか、天下の人々を心配させるだけではないか
③ どうして永久に生きることで、天下の命運を狂わせるのだろうか
④ 兄が長く生きることによって、天下の騒動になってはならない
⑤ どうしてこれ以上生きながらえて、天下の人々に迷惑をかけられようか

〈早稲田大〉

解答 ⑤

2 それ人道は、自然に基づくといへども、自然とは異なるものなり。如何となれば、人は米麦を食とす。米麦自然にあらず、田畑に作らざればなきものなり。その田畑といふもの、また自然にあらず、人の開拓によりていできたるものなり。その田を開拓するや、堤を築き、川を堰《せ》き、溝を掘り、水を上げ、畦《あぜ》を立てて、はじめて水田成

解答 ④

ポイント解説

1 あに〜打消〈豈〜〉

「あに〜んや」は反語を表し、「どうして〜か、いや〜ではない」と訳す。したがって⑤が適当。

2 いかが〈如何〉

「如何となれば」は「どうしてかというと」と理由を説明するときの語。④が適当。

る。もと自然に基づくといへども、自然にあらずして、人作なることと明らかなり。
〈二宮翁夜話〉

① それを疑問に思うわけは
② それを不思議に思うのならば
③ それをどうしたらよいかというと
④ それはどうしてかというと
⑤ それは何になったかといえば
〈青山学院大〉

↓③

3

この男、また、はかなきもののたよりにて、雲居よりもはるかに見ゆる人ありけり。ものいひつくべきたよりなかりければ、いかなるたよりして、気色見せむと思ひて、からうじて、たよりをたづねて、ものいひはじめてけり。「いかで、一度にても、御文ならで、聞えしがな」といふを、いかがはあべき。
〈平中物語〉

① なぜ、たった一度でも、お手紙ではなく、話を聞いてくださらないのだろう
② どうして、たった一度でも、お手紙ではなく、お話し申し上げられないのだろう
③ なんとかして、一度でもいいので、お手紙ではなく、お話し申し上げたい
④ どのようにすれば、一度だけでも、お手紙ではなく、お話し申し上げられるのだろう
⑤ どんな理由にせよ、一度だけでも、お手紙ではなく、話を聞いていただきたかったなあ
〈関西学院大〉

3 **いかで〈如何で〉**
「いかで～しがな」は「なんとかして～したいものだなあ」という意味を表す。
③が適当。

問 次の傍線部の意味として最も適当なものを選べ。

4 忍びてと思へば、はらからといふばかりの人にも知らせず、心ひとつに思ひ立ちて、明けぬらむと思ふほどに出で走りて、賀茂川のほどばかりなどにて、いかで聞きあへつらむ、追ひてものしたる人もあり。〈蜻蛉日記〉

① どうしたら事情が理解してもらえるのか
② どうして事情が了解されていなかったのか
③ なんとかして事情を聞きだそうとして
④ どのようにして事情が解ったのか
〈学習院大〉

5 我、物いみじく食ひて力ありとても、何の行なひをかしはべるべき。あやまりておこたりぞ出で来はべるべき。はや、ゆるぎなく思ひかためてし事なれば、いかにのたまはすとも、したがふまじきなり」とぞ答へける。〈閑居友〉

① どんなに私がご説明申し上げたとしても
② どのように仏がみなさんに語りかけていらっしゃっても
③ どんなにみなさんが励ましてくださっても
④ どれほど仏が正しい教えをお伝えになっても
⑤ どのようにみなさんがおっしゃったとしても
〈立教大〉

6 「これいつまでありなむ」と、人々にのたまはするに、（中略）「いかに」と問はせたまへば、「正月の十余日までは侍りなむ」と申すを、御前にも、「えさはあらじ」とおぼしめしたり。〈枕草子〉

解答

4 → ④
5 → ⑤
6 → ④

ポイント解説

4 いかで～らむ
「いかで～らむ」は理由をたずねる「いかで」に現在の原因推量の助動詞「らむ」が続くものであり、「どうして…（今）なのか」の意。「聞きあふ」は「はっきり聞きつける」の意。したがって④が適当。前後の文脈から判断する。

5 いかに〈如何に〉
「のたまはす」は「のたまふ」と同じく「言ふ」の尊敬語で「おっしゃる」と訳す。⑤が適当。

6 えさはあらじ
中宮が女房たちに「雪の山がいつまで残っているだろう」と尋ねる場面。「さ」

① いつまでもないでしょう
② 食べるものがないだろう
③ 年内、それも月末まではもつまい
④ 正月の十日ころまではもつまい
⑤ 簡単に消えるということはあるまい

（北海学園大）

7

「夜に入りて物のはえなし」といふ人、いと口惜し。万《よろづ》のものの綺羅《きら》・飾り・色*ふしも、夜のみこそめでたけれ。昼はことそぎ、およすげたる姿にてもありなん。夜は、きららかに、はなやかなる装束《さうぞく》、いとよし。〈徒然草〉

*色ふし＝色彩の目立つ箇所。

① 簡素で地味な感じの姿でもよいであろう
② 華やかで目立つ感じの姿でもよいであろう
③ 他の人たちと同じ感じの姿でもよいであろう
④ 質素で落ち着いた感じの姿でもあってほしい
⑤ いつでも外出できる感じの姿でもあってほしい

（法政大）

→ ①

8

見渡せば、その広きこと雲をしのぎ、霧にへだてて、ただ目のおよぶ所にかぎれり。〈英草紙〉

① 目の及ぶ限り雲霧で隔てられている
② ただ目の及ぶ所は限界がある
③ 見えるのはただ目の前に限られる
④ ただ目の及ぶ所が境界線である

（亜細亜大）

→ ④

は指示語。ここでの指示内容は、「正月の十余日までは侍りなむ」。したがってこの部分の内容を踏まえた④が適当。なお、「え」は打消の語と呼応し、不可能の意を表す副詞だが、ここでは打消推量の助動詞「じ」と呼応し、「できないだろう・できまい」と訳す。

7 **およすぐ・およすく**

「ことそぐ」は「簡素にする」の意。「およすぐ」は「地味に見える」の意。夜はきらきらと華やかのがよいというのに対して昼はどうあってほしいのかを対比させて考える。①が適当。

8 **かぎる〈限る〉**

「かぎる」は「（範囲などが）限定されている」の意。直前から直訳すると「見渡すと、その広いこと」は、「目の及ぶところに限定されている」すなわち「目に見えるところまでだ」の意となることから④が適当。

問 次の傍線部の意味として最も適当なものを選べ。

9 今は昔、誰とは聞きにくければ書かず、ある殿上人《てんじやうびと》の家に、やむごとなき名僧、忍びて通ひけるを、男、さも知らで過ぐしける程に、三月の二十日余りの程に、その人、内裏《うち》へ参りにけり。

〈今昔物語集〉

① ある名僧が、体裁を気にして、詳細を書き記さなかった、ということ。
② この話を語り伝えた人々は、その殿上人が誰なのか特定できなかった、ということ。
③ この物語の書き手が、外聞をはばかって、殿上人や僧の実名を伏せた、ということ。
④ 人々が眉をひそめないように、この話を伝え聞いた人が、真相をひた隠しにした、ということ。
⑤ 君達は事件を実際に見聞きしているため、これ以上具体的に書く必要がない、ということ。

10 そもそもこの頃の歌詠みどもは少し人にも優りて用ひらるるばかりにもなれば、おのれ一人この道得たる顔して心遣り高ぶるめれど、詠める歌書けるふみ言へる説などを聞けばひがことのみ多く皆いと未だしきものにて、これはと覚ゆるはいと難く、まして抜け出でたるはたえて無き世に、この藤谷はさるたぐひにあらず。

〈法政大〉

解答

9 → ③

10 → ③

ポイント解説

9 ききにくし〈聞きにくし〉

傍線部は「誰と聞いていて不愉快になるので書かない」という意味になる。前後の文脈からも考えて③を選ぶ。

10 こころやる〈心遣る〉

「心遣る」は「得意がる」の意。前後の文脈を踏まえて③を選ぶ。

① 歌の世界を生き抜く自信にみなぎり、もっと名声を得たいと力を込めているようだが

② 歌を詠む技術を我がものとし、もっと良い歌を作ろうと心を高ぶらせているようだが

③ 歌の世界を極めた気になって、得意になって誇っているようだが

④ 歌の師らしく風貌を整えて、今からもっと脚光を浴びようと狙っているようだが

⑤ 歌の大家然とした態度をこしらえ、大いばりして興奮しているようだが

〈玉勝間〉

（愛知学院大）

11 男片膝《かたひざ》をつきて、「わび人に侍り。寒さの堪へがたく侍るに、その奉りたる御衣《おんぞ》、一つ二つおろし申さんと思ひ給ふるなり」といふままに、飛びかからんと思ひたる気色《けしき》なりければ、「ことにもあらぬ事にこそあんなれ。かく恐ろしげにおどさずとも、ただ乞はで、けしからぬ主の心際かな」といふままに、

〈宇治拾遺物語〉

① 特別な用があるに違いない。

② 何でもないことではないか。

③ 他でもないそのことであるよ。

④ おろさないことがあるものか。

⑤ 飛びかからなくてよいではないか。

（神戸学院大）

↓②

11 ことにもあらず

「ことにもあらず」は「たいしたことではない」という意。「あんなれ」はラ変動詞の「あり」に断定の助動詞「なり」が接続したもの。「なれ」と已然形になっているのは「こそ」が文中にあり、係り結びによるもの。ここでは②が適当。

問 **次の傍線部の意味として最も適当なものを選べ。**

12 （隣に住む松子という女性がやってきて作者の作った歌を吟じてから話すには）「松（＝松子のこと）はよき折節とひまゐらせし。さあることに心移さんよりも、手習ひせよ、琴弾けよと父母の仰せゆゑ、詠みがたしとはいふものの、歌といふものはいかにして詠み出《いだ》さんといふ、その山口の道を知らねば、幸ひの折からなり、今日教へてたべ」〈松しま日記〉

① 梅の花をめでること
② 梅の花が香ること
③ 歌を詠むこと
④ 隣の人を訪ねること
⑤ 書をたしなむこと

13 共通 なえたる直垂、うちうちのままにてまかりたりしに、銚子《てうし》に土器《かはらけ》取り添へて持て出でて、「この酒をひとりたうべむがさうざうしければ、申しつるなり。肴《さかな》こそなけれ。人は静まりぬらむ。さりぬべき物やあると、いづくまでも求め給へ」とありしかば、〈徒然草〉

① 肴なしでこの酒だけを飲むのが物足りないので
② この酒でひとり酔ってしまうと騒々しくしてしまいそうなので
③ この酒をひとりで飲むのが心寂しいので
④ 肴もなくこの酒をひとりで飲んでいると心細くなってきたので

解答

12 ③

13 ③

ポイント解説

12 さ

「さ」は「かく・しか」と同様に指示語なので、指示内容を押さえること。「さあること」（＝そんなこと）よりも「手習ひせよ」「琴弾けよ」と両親が言うので「詠みがたし」とあり、その後、松子が作者に歌の道を教えてほしいと頼んでいることからも、「さ」の指す内容は③「歌を詠むこと」だと類推できる。なお、直前の「よき折節とひまゐらせし」は「ちょうどよい時にお訪ねしました」の意。

13 さうざうし

「たうべ」は「たうぶ（食ぶ）」の未然形。ここでは「（酒を）飲む」の意。「さうざうし」は「さびしくて心が物足りない、つまらない」の意。したがって③が適当。

で

⑤ この酒をひとりに与えてしまうと物騒なことが起こりそうなので

〈中京大〉

14 また、女房申しけるは、「今は何をか包み候ふべき。みづからは、この龍宮城の亀にて候ふが、ゑしまが磯にて、御身に命を助けられ参らせて候ふ、その御恩報じ申さむとて、かく夫婦とはなり参らして候ふ。またこれは、みづからがかたみに御覧じ候へ」とて、

〈浦島太郎〉

① 何を隠しましょうか。
② 何をお包みしましょうか。
③ 何をすべきだというのでしょうか。
④ 何をお渡ししましょうか。
⑤ 何を我慢すべきでしょうか。

〈愛知学院大〉

問 次の空欄に入る最も適当な語を選べ。

15 慈鎮和尚の御弟、奈良の一乗院にておはしましけり。八月十五夜名もしるく「　」月に、中門にたたずみ給ひし折節、御力者《りきしや》あまた御庭をはきけるが、「傍輩どち、いかに今夜慈鎮坊の歌よませ給ふらん」といひあへり。

〈正徹物語〉

① おぼろけなる ② さやかなる
③ ほのかなる ④ いざよひの
⑤ ゆみはりの

〈早稲田大〉

14 → ①

15 → ②

14 さうらふ〈候ふ〉

「包む」は「隠す」の意。「候ふ」は丁寧語。「べき」は意志の助動詞「べし」。前後の文脈を踏まえて①を選ぶ。

15 さやかなり〈分明なり〉

「八月十五夜」は満月であり、「しるく（きわだって）」という形容詞が付いていることから満月のことを表す語であるので②を選ぶ。なお、「さやかなり」は「はっきりしている」「明るい」の意。

問 **次の傍線部の意味として最も適当なものを選べ。**

16 （盗人の袴垂《はかまだれ》は一人で笛を吹いて歩いて行く人の着物をはぎ取ろうと）とざまかうざまするに、露ばかりも騒ぎたる気色なし。希有《けう》の人かなと思ひて、十余町ばかり具《ぐ》して行く。さりとてあらんやはと思ひて、刀をぬきて、走りかかりたる時に、〈宇治拾遺物語〉

① もう我慢の限界だ
② さっぱり手ごたえがないので
③ そうかといって、このまま引き下がれようか
④ さりげなくまわりをみたが誰もいないので
⑤ このまま逃がしてなるものか

（立正大）

17 「言ひ甲斐《かひ》なき身にて候へば、何事の所望か候ふべき」と、申し上げけれども、「など分《ぶん》に随《したが》ふ所望なかるべき」と仰せければ、「母にて候ふ者を、養ふほどの御恩こそ、所望に候へ」と申しければ、*百姓なりけるを、かの*所帯の公事《くじ》、一向《いつかう》御免ありて、永代を限りて、違乱《ゐらん》あるまじき由《よし》の御下文給《くだしぶみたま》はりて、下りけるとぞ。〈沙石集〉

＊百姓＝農民。　＊所帯の公事＝所有地に課せられる租税。

① どうして身分に相応の望みがないことがあろうか
② なぜ身分にふさわしい望みを言葉にしないのか
③ おまえのような身分の者にふさわしい望みなどない
④ 誰にだって身分に関係なく望みを持つ権利はある
⑤ なんとかして身分に見合った望みを持つべきである

（名城大）

解答

16 → ③

17 → ①

ポイント解説

16 さりとて

「さりとて」は「だからといって・とはいえ」の意。前に述べた内容を逆接で後に続ける働きを持つ。「やは・かは」は反語。「そうかといってこのままでいられようか、いや、いられない」という文脈なので、③が適当。

17 など

「など」は原因を問う副詞で「どうして」「なぜ」の意。ここでは反語の用法で、「どうして～か、いや～だろう」の意となっている。「分」は「身分」、「所望」は「望み」の意。したがって①が適当。

18

格子のひまより灯《ひ》の影見ゆる所を、なほもあらじに、やをら立ち寄りてのぞきたまへば、几帳どもあまた見ゆれど、押しやられなどして奥まで見通されたり。〈狭衣物語〉

① ますます見えづらくなったので
② もはや見続けられないので
③ そのまま見過ごせないので
④ やはりまったく見えないので
⑤ ほかには何も見つからないので

〈立教大〉

↓ ③

19

*粟《あは》田《た》讃岐守《さぬきのかみ》兼房《かねふさ》といふ《い》人ありけり。年ごろ、和歌を好みけれど、よろしき歌も詠み出ださざりければ、心に常に*人麻呂を念じけるに、ある夜の夢に、西坂本とおぼゆる所に、木はなくて、梅の花ばかり雪のごとく散りて、いみじく芳《かうば》しかりけり。〈十訓抄〉

*粟田讃岐守兼房＝藤原兼房（一〇〇一〜一〇六九）。平安時代の歌人。
*人麻呂＝柿本人麻呂。『万葉集』の代表的な歌人。

① 心の中でいつも人麻呂のことを非難していたところ
② 心の中でいつも人麻呂の歌を繰り返し唱えていたところ
③ 心の中でいつも人麻呂を敬って歌の上達を祈っていたところ
④ 心の中でいつも人麻呂が実際に存在したかどうか疑っていたところ
⑤ 心の中でいつも人麻呂に来世でめぐり合えるようにと願っていたところ

〈駒澤大〉

↓ ③

18 なほ〈猶・尚〉

「なほ」は「やはり」「そのまま」の意。「あらじ」は「ないだろう」の意で、傍線部からだけでは判断できない。前後の内容から③を選ぶ。

19 念ず

「念ず」は「（神仏に）祈る」の意。他に「がまんする」の意でも用いられる。ここでは、「柿本人麻呂（のように歌を詠みたい）と祈っていた」という内容を表す。したがって③が適当。

問 次の傍線部の意味として最も適当なものを選べ。

20 空のけしき曇りわたりたるに、中宮などには、*縫殿《ぬひどの》より御*薬《くす》玉《だま》とて色々の糸を組みさげてまゐらせたれば、御帳立てたる母屋の柱に、左右につけたり。〈枕草子〉

*縫殿＝縫殿寮のこと。中務省に属し、衣服の裁縫をつかさどる。

*薬玉＝薬や香料を入れた袋を造花や糸で飾ったもの。邪気を払い、不浄を避けるものとして柱や簾にかけた。

① 参上させたため
② 御覧に入れようと
③ さしあげなさったところ
④ 献上したので
⑤ お遣わしになるなら

〈成蹊大〉

解答 → ④

21 御殿籠《とのごも》れ。御格子も、更けぬらむ、人々参りたまへや 〈夜の寝覚〉

① 皆さんが参上しなさったよ
② 皆さんが退出なさったよ
③ 皆さんお集まりくださいよ
④ 皆さん閉めてさしあげてくださいよ

〈神奈川大〉

→ ④

22 (次の文章は、妻に先立たれた式部卿の宮を励まそうとする后の

→ ⑤

ポイント解説

20 まゐらす

「まゐらす」は「差し上げる」「献上する」の意。ここでは筆者が「中宮」に「御薬玉」を差し上げるという意。「まゐらす」の意では③か④か迷うところだが、③に「なさった」とあるのに着目する。尊敬の意はこの部分にはないので、④が適当。

21 みかうしまゐる〈御格子参る〉

傍線部の「参り」が直前の「御格子」と結びつくことに注意。「御格子参る」とは慣用句で、「貴人の部屋の格子を開ける・閉める」の謙譲表現。ここでは、「更けぬらむ」(＝夜が更けてしまっただろう)が慣用句の間に挿入されている。冒頭の「御殿(大殿)籠る」は「寝る」の尊敬表現。全体を直訳すると、「おやすみな

宮の言葉の一部である。)

世にたぐひなきことにしもあらず。いみじう思ひて、同じ道にと契りつる人も、しばしこそあれ、ほど経《ふ》れば忘れ草生《お》ほすなん、世の常のことなる。〈五葉〉

① 一緒に歩いていこうと誓い合った人
② ともに仏道修行をしようと約束した人
③ 旅に出る時は一緒にと約束した人
④ ともに技芸を磨こうと誓い合った人
⑤ 死んでからも一緒だと誓い合った人

23 共通

いまだいとときなかりし時は、心ばかりはいかにもてなしかしづき、院・内裏へも参らせむなどこそ思ひしに、わが身かやうになる上は、力及ばず。〈西行物語〉

① わたしの気持ちとしてはなんとか大切に育て、上皇御所か内裏にでも宮仕えさせようなどと思ったが
② 気持ちだけはどうにかして大事に育て、上皇か天皇の所に入内させようなどと思ったが
③ 少しばかりはなんとか大事に育て、上皇御所か内裏に参上させようなどと思ったが
④ 心の内ではどのように大切に育て、上皇や天皇の御所にお仕えさせようかなどと思ったが
〈亜細亜大〉

↓
①

さいませ。御格子も、夜が更けてしまいましたでしょう、皆さん閉めて差し上げなさってくださいよ」となる。したがって④が適当。

22 みち〈道〉

「道(みち)」には「道路・途中・人生の道・生き方・道理・仏道修行・技芸・手段・方法」などさまざまな意味がある。ここでは「いみじう思ひて」約束した人でも、「ほど経れば忘れ」てしまうという文脈から、「(男と女がともに生きる)人生の道」の意ととる。①と⑤で迷うが、妻に先立たれた式部卿の宮を励ます言葉であることを踏まえると⑤の方が適当。

23 もてなす

「もてなす」はここでは「世話をする」。「もてなしかしづく」で「大切に世話をする」意の慣用表現。まず「心ばかり」を「少しばかり」と解釈する③は不適当。「いかに〜む」で「なんとかして〜しよう」なので④は不適当。「まゐらす」は選択肢から使役の意味が表れているので、「まゐら＋す」で「参上させる」の意となる。「参らす」を「入内させる」とする②は不適当。したがって①が適当。

問 次の傍線部の意味として最も適当なものを選べ。

24 この心知りを見つけて、あさましと思ひげにて、ただ、やがてうつぶして、泣くよりほかの事なし。かたへの者ども、声を立てぬばかりにて、おとる袖なく絞りければ、御使ひも見捨てて帰るべき心地もせず。〈今物語〉

① わざとうつぶせになって、ひたすら泣いていた。
② しばらくうつぶせになって、泣くのをこらえた。
③ すぐにうつぶせになって、泣かないようにした。
④ そのままうつぶせになって、泣いてばかりいた。
⑤ じっとうつぶせになって、泣かないふりをした。

〈駒澤大〉

25 ほのかなるけはひ、いみじくあてに心恥づかしくよしあり、心にくきほど、都にもかばかりのけはひはありがたうおぼゆるに、*いづれならんと思ふもいとど心もとなければ、〈とりかへばや物語〉

*いづれならん＝答えたのは姉妹のうちのどちらだろうか

① たいそう上品でこちらが恥じ入るほど高貴で奥ゆかしい
② どうにもあてにならないことを恥じている様子が見える
③ 余りにあてにしてくれるので自分が恥ずかしくなる程だ
④ とてもあでやかで恥ずかしそうなのがかえって好ましい

〈近畿大〉

解答

24 → ④

25 → ①

ポイント解説

24 やがて

「やがて」は「そのまま」「すぐに」など時間的にも状態的にも隔たりがない様子を表す語。「泣くよりほかの事なし」は「泣くしかなかった」「泣いてばかりいた」の意。したがって④が適当。

25 よしあり

「あてに」は「あて（貴）なり」の連用形。「高貴だ」「上品だ」の意。「心恥ずかしく」は「こちらが恥じ入るさま」の意。「よしあり」は「由緒がある」「奥ゆかしい」の意。したがって①が適当。

2 文法を用いた解釈

助詞・助動詞や係り結び、副詞の呼応など文法的知識を用いた解釈で力を試してみよう。

問　次の傍線部の解釈として最も適当なものを選べ。

26　やうやうすべり失せなどして、ただ頭中将、源中将、六位一人残りて、よろづの事言ひ、経よみ、歌うたひなどするに、「明け果てぬなり。帰りなむ」とて、「露は別れの涙なるべし」といふ事を、頭中将のうち出だしたまへれば、〈枕草子〉

① 帰りたい。　② もう帰ろう。
③ 帰りたくない。　④ 帰らねばならない。
（上智大）

27　物に因果あり、その中に、その油売りが従弟《いとこ》ありて、この事を、聞きとがめ、「このままは、おかじ」と、俄《にはか》に、親類を集め、内談するを聞きて、〈本朝二十不孝〉

① これでいいのだ
② このままではすまない
③ ここでは相手にすまい
④ これからは重要だ
（明治学院大）

28　百年に一年たらぬつくも髪われを恋ふらしおもかげに見ゆ〈伊勢物語〉

① わたくしを恋うているようだ
② わたくしを恋うているにちがいない
③ わたくしを恋うているかしら
④ わたくしを恋うているのだろうか
（愛知学院大）

解答

26 ➡ ②
27 ➡ ②
28 ➡ ①

ポイント解説

26「なむ」は連用形に接続しているので、強意の助動詞「ぬ」の未然形に意志・推量の助動詞「ん（む）」が接続したもの。「〜しよう」あるいは「〜だろう」と訳す。文脈をとらえて②を選ぶ。

27「じ」は打消意志の助動詞（➡P.250 Check 8）。「〜マイ・〜ナイツモリダ」の意。直訳は「このままでは、おくまい・おかないつもりだ」となり、②が適当。

28「らし」は推定の助動詞。「おもかげに見ゆ」（＝顔つきからわかる）ということを根拠に「〜ラシイ・〜ヨウダ」と推定しているので、①が適当。なお、「らし」は平安時代には和歌にのみ使用された。

問 **次の傍線部の解釈として最も適当なものを選べ。**

29 「腰の程に、*ははくそといふ物の跡ぞ候ひし。それをしるしに御覧ぜよ」といふに、あけて見れば、帝釈それをまなばせ給はざらんやは。〈宇治拾遺物語〉

① 気持ちよく思われるはずがない。
② 学ばれるはずがない。
③ 思いつかれないことがあろうか。
④ まねをなさらぬことがあろうか。

*ははくそ＝ほくろ。

解答 ④

30 「阿古屋*の松を尋ねかねたり」と答へければ、老翁聞きて、「いとやさしくぞ侍る。これやこの、みちのくの阿古屋の松の木高きに出づべき月の出でやらぬかなといふこと侍り。このことを思ひ出でつつ、都よりはるばると尋ね下り給へるにや」といへば、実方「さにこそ」といふ。〈源平盛衰記〉

〈京都外国語大〉

*阿古屋の松＝現在の山形市東南にある千歳山の山頂にあったとされる松。

① （松の木が気高いので）その品格によって月の美しさが目立たないのだろうか
② （松の木が高貴すぎて）月が恥じて出てこないのだろうか
③ （松の木が美しいので）月の美しさと調和して何とも表現できないほどである

解答 ④

ポイント解説

Check **1** **疑問と反語** 29

- **疑問・反語を示す係助詞**
  ⇩「や（やは）」「か（かは）」
- **疑問・反語を示す呼応の副詞**
  ⇩「いかが」「いかで」など多数
- **疑問**⇩「～カ」と訳し、聞き手の返事を要求する
- **反語**⇩「～カ（イヤ、～ナイ）」と訳し、話し手の主張を強める

29 「まなば（まなぶ）」は「真似をする」の意。「せ給は」は主語が「帝釈（天）」すなわち神なので二重敬語。「ざら」は打消の助動詞「ず」の未然形。「ん」は推量の助動詞「ん」の終止形。「やは」は反語の係助詞。したがって④が適当。

30 「出づべき月」の「べき（べし）」という助動詞は当然の意。「出でやらぬ」の「ぬ」が打消の助動詞「ず」の連体形であることから、④が適当。

④（松の木が高いので）上っているはずの月が隠れて見えないのだろうか

⑤（松の木が高すぎて）月に届いてしまいそうだが、さすがに届かないのだろうか　〈青山学院大〉

31 □□ 松光がいはく、「おのれも小刀の細工は人に負くべしともおぼえ候はず。今日ここに参りて候ふは、そこと匠《たくみ》の道をくらべて負けたらん方はこの後弟子となりて、仕うまつるべく存じて候ふ。いかに試みて給はんや」と言へば、〈飛騨匠物語〉

① 人に負けても構わないと思ったことはありません

② 人より劣った方が良いとも思っておりません

③ 人より劣るだろうとも思っておりません

④ 人に負けたであろうことも覚えておりません

⑤ 人に負けるだろうと言われた記憶はありません　〈立教大〉

↓ ③

32 □□ 恐れの中に恐るべかりけるは、ただ地震なりけりとこそ覚え侍りしか。〈方丈記〉

① すぐに大きな地震が来るのだろうかと思われました

② すぐに大きな地震のようであるという感じがしました

③ なんと言っても地震であるよと思われました

④ なんと言っても地震の大きさには驚いたことでした

⑤ まったく大きな地震であったなあと思い出しました　〈東洋大〉

↓ ③

---

31 「負くべし」の助動詞「べし」は推量の意。「負くべし」は「負けるだろう」という意になるので、③が適当。

Check 2 「けり」の意味 32

- **「けり」の詠嘆用法**
  ⇩話し手の感想の中や和歌の中で用いられる
- **詠嘆の「けり」の意味**
  ⇩驚きや感動を表し、「〜タノダ・〜コトダナア」と訳す

32 「なりけり」は断定の助動詞「なり」の連用形に詠嘆の助動詞「けり」が接続したもの。したがって③が適当。

問 **次の傍線部の解釈として最も適当なものを選べ。**

33 思ひのままの道心起こす人びとには、こよなう後れたまひぬべかめり。〈源氏物語〉

① すっかり後れを取っておしまいになってしまった
② すっかり後れを取っておしまいになるにちがいない
③ すっかり後れを取っておしまいになるはずがない
④ すっかり後れを取っておしまいになったそうだ
〈近畿大〉

解答 ②

34 「何者ぞ」と問へば、「字、袴垂となんいはれさぶらふ」と答ふれば、〈宇治拾遺物語〉

① 「世間から、袴垂といわれております」
② 「世に、袴垂と呼ばれている者だ」
③ 「世間の者が、袴垂といっているつまらぬ者です」
④ 「通称、袴垂といわれている者を、おまえは聞いたことがないのか」
⑤ 「袴垂といわれて世に恐れられている者を、なんとするか」
〈立正大〉

解答 ①

35 「走りや出でなまし」と千《ち》たび思ひけれども、思ひ返し思ひ返しゐて、夜ひと夜泣きあかしけり。〈大和物語〉

① 走り出て会いに行ってしまおうか
② 走り出て会えばよかったのに
③ 走り出て会いに行きたい
④ 走って寺から逃げ出そう

解答 ①

ポイント解説

Check 3 「べかめり」 33

- **「べかめり」**⇩推量の助動詞「べし」の連体形「べかる」＋推定の助動詞「めり」の終止形
- **「べかめり」**の訳⇩「〜ニチガイナイヨウダ」

33 「ぬ」は強意の助動詞で、「タシカニ〜スル」の意。したがって②が適当。

34 「なん」は係助詞。「さぶらふ」は丁寧の補助動詞。したがって①が適当。

Check 4 疑問＋「まし」 35

- **疑問の語＋助動詞「まし」**
⇩ためらいの意志（〜ヨウカシラ）
主語は必ず一人称となる

35 「まし」は疑問の語を伴うとためらいの意志を表す。したがって①が適当。

36 「せ」はサ変動詞「す」の未然形、「られ」は主語が「親」なので尊敬の助動詞「らる」の連用形、「し」は過去の助動詞「き」の連体形で疑問の係助詞「や」の結びに

⑤ 走って寺から逃げ出してしまえばよかった　〈文教大〉

36 旅人問ふやうは、「この親は、もし易の占《うら》といふ事やせられし」と問へば、　〈宇治拾遺物語〉

① もしや易の占いで当てられたのではないでしょうか。
② もしかすると易の占いができるのではないでしょうか。
③ ひょっとして易の占いというものをなさっていたのでしょうか。
④ もしかして易の占いというものをしてもらっていたのではないでしょうか。
⑤ ひょっとすると易の占いをして差し上げたことがあった方ではないでしょうか。　〈学習院大〉

➡③

37 行頼《ゆきより》押しあけて、「これより入らせたまへ」と申せば、「人や見つけむ。軽々し」とはのたまへど、　〈夜の寝覚〉

① 人に見つけられるにちがいない
② 人に見つからないだろうか
③ 人が見つけようとしないだろうか
④ 人が見つけるのではないか　〈神奈川大〉

➡④

38 よろづのことをつつましうのみ思ひたるけにや、見どころ多かなるなまめかしさぞ劣りたる。　〈源氏物語〉

① 思っていたからだなあ
② 思っていたものだなあ
③ 思ってしまったのかなあ
④ 思っていなかったのではないか
⑤ 思っているからではないだろうか　〈國學院大〉

➡⑤

なっている（➡P.248 Check 4）。「せられ」が「（占いを）なさる」という意であることがわかれば③を正解とできるはず。

37 疑問の係助詞「や」と推量・意志の助動詞「む」の連体形「む」が係り結びとなっている（➡P.256 Check 17）。主語が「人」という三人称なので「む」の意味は推量とわかる（➡P.270 Check 32）。直訳は「人が見つけるだろうか」となり、④が適当。

Check 5 結びの語の省略　38

- **文末と省略される「結び」の主な例**

〜にや・〜にか
⇩あらむ・ありけむ・はべらむ
〜とぞ・〜となむ・〜とや・〜とか
⇩言ふ・聞く・言ひけむ・聞きけむ・思ひけむ

38 「け」は「故」と書き原因・理由を表す名詞で「〜から・ため」と訳す。「にや」は断定の助動詞「なり」の連用形「に」＋疑問の係助詞「や」。「や」の結びの語が省略されており、「あらむ」を補うと「にやあらむ」で「であろうか」と訳すことができる。したがって⑤が適当。

問 **次の傍線部の解釈として最も適当なものを選べ。**

39 「はやく痛手を負ひて、いかにものぶべくも覚えぬに、このくびうて」といふ。〈古今著聞集〉

① どうしても生きながらえそうには思えないから
② どうかして言葉を出そうとしたけれど出そうにもないので
③ たしかに延ばそうとしても延びないけれど
④ どのようにしても思いを伝えられそうにはないが
⑤ 実際には何ができるか思い出せなくて

（獨協大）

解答 → ①

40 「身なりいとあし。あはれとは見たてまつれど、まづやんごとなき子どものことをするほどに、え心知らぬなり」〈落窪物語〉

① 気遣っている余裕がない
② きもちが遠のいている
③ 真意を計り知れない
④ 同情の余地がない
⑤ 考えがまとまらない
⑥ 事情がよくわからない

→ ⑥

41 すでに頸をかかれんとしけるが、ちからは劣ったれども、心は剛なりければ、〈平家物語〉

① ひどく頸をしめつけられ息ができなくなって
② すでに頸を敵に授けた気になって

（立正大）

→ ④

ポイント解説

Check 6 呼応関係と意味 39〜42

- **いかにも〜打消**⇩ドウシテモ〜ナイ
- **え〜打消**⇩〜デキナイ
- **すでに〜推量**⇩モウ少シデ〜ダロウ
- **いかで〜推量**⇩ドウシテ〜ダロウカ

39 「いかにも」は打消の表現を伴い「どうしても〜ない」の意。「のぶ」は「生き延びる」の意。「べく」は可能。「覚え（覚ゆ）」は「思える」の意。「ぬ」は打消の助動詞「ず」の連体形。「に」は順接確定の接続助詞。したがって①が適当。

40 「心知ら（心知る）」は「事情を知る」の意。「え」は打消の助動詞「ず」の連体形「ぬ」と呼応し、不可能の意を表す。したがって⑥が適当。

41 「すでに」は推量の語を伴い「もう少しで」の意。「れ」は受身の助動詞「る」の未然形、「ん」は推量の助動詞。したがって④が適当。

③ もはや頸を切られるとさとって
④ あやうく頸を切られようとしたのだが
⑤ すっかり頸の動きを封じられて

（南山大）

42

さのみはいかでつゝみまゐらすべき。我こそむかししろしめされし高滝何某がなれるはてにて候

〈折たく柴の記〉

① どのようにして隠し通すとよいでしょうか。
② どうして隠しておかれましょうか。
③ 何とかして隠したまま差し上げたいものです。
④ どのように包んで差し上げるとよいでしょうか。

（明治大）

43

（次の文章は、父親の賀茂神社参詣に同行した若者が、帰途荒れた邸《やしき》で孤独に暮らす女性と一夜を過ごした、翌朝の別れの場面である。）

昨日、心地のあしく覚えしかば、参るまじかりしを、せちに＊のたまへば。そもかうここに参り来べかりければこそと、今なむ思ひ知らるる。

〈うつほ物語〉

＊のたまへば＝後に「賀茂神社に御供したのだ」という内容を省略。

① ここであなたと出逢う宿命だったからなのだ。
② もっと早くあなたを訪ねて来るべきだったのだ。
③ またここに来てあなたに逢えればよいのに。
④ どうしてこのようにあなたに出逢えたのだろう。
⑤ 必ずあなたに逢いにここに戻って来るつもりだ。

（立教大）

42 ↓ ②

43 ↓ ①

42 「いかで」は推量（可能）の助動詞「べき」と呼応して疑問・反語を表す。ここでは反語。「つつむ」は「隠す」の意。「まゐらす」は謙譲の補助動詞で「～申し上げる」の意。したがって②が適当。

Check 7 「ば」＋「こそ」

・**已然形＋「ば」＋「こそ」**
⇩原因・理由を強調して表す
「～からこそ～なのだ」の意

43

43 「ばこそ」は已然形に付くと順接の確定条件を表す。「かう」は「かく」のウ音便で、「このように」の意。「参り来」は謙譲語で「参上して来る」の意。「べかり」は助動詞「べし」の連用形でここでは当然の意。前の部分に具合が悪くて来ないはずだったのに賀茂神社に来たことが書かれているので、傍線部を直訳すれば、「（賀茂神社に来たのは）このようにここに参上して来るはず（の運命）だったからこそなのだ」となる。したがって①が適当。

問　次の傍線部の解釈として最も適当なものを選べ。

44

（次の文章は、源頼実という蔵人が、住吉神社の神に、自分の寿命と引き替えに名歌を願い、実際に名歌を得たのだが、命が惜しくなり、生き延びたいとお祈りをする場面である。）

家に侍りける女に住吉憑《つ》きたまひて、「さる歌詠ませしは。さればえ生くまじ」とのたまひけるにぞ、〈今鏡〉

＊憑きたまひて＝「憑く」は神がのり移ること。

① その歌は人に作らせたのだな
② あれほどの歌を詠ませたてではないか
③ そんな歌を詠まれたとは（なぜでしょうか）
④ あのような歌をお詠みになったとは（残念だ）〈成城大〉

解答 ②

45

こなたもかなたも竹のみしげりあひて、隔てつきづきしくも固めず、しどけなきに、行頼《ゆきより》押しあけて、「これより入らせたまへ」と申せば、「人や見つけむ。軽々し」とはのたまへど、〈夜の寝覚〉

① 今から入らせなさい　② こちらから入らせなさい
③ 私から先に入らせてください　④ ここからお入りください〈神奈川大〉

解答 ④

46

三河の国八橋といふ所を見れば、これも昔にはあらずなりぬるにや、〈うたたね〉

① 昔は有り得なかった　② 昔とは違ってしまった
③ 昔は荒れていなかった　④ 昔から失われていた
⑤ 昔にはないことであった〈中京大〉

解答 ②

ポイント解説

44「せ」は使役の助動詞「す」の連用形。「さる」は指示語で、「そのような」の意。「は」は詠嘆の終助詞。直後に「さればえ生くまじ」（＝だから生きることはできないだろう）とあることに着目し、文脈の流れから②を選ぶ。

Check 8「せ」＋「たまふ」
・「せ」＋「たまふ（給ふ）」
⇩二重敬語（最高敬語）
特に高貴な身分の人への高い敬意
（会話文の場合には通常の尊敬）
45

45「せたまふ〈せ給ふ〉」は二重敬語（最高敬語）。ここでは会話文で用いられているので、通常の尊敬語「〜なさる」と訳す。また「これ」は直前の「こなたもかなたも」の状況説明などから、場所を表すととる。したがって④が適当。

46「に」は断定の助動詞「なり」の連用形。「にはあらず」で「〜ではない」の意。「ぬる」は完了の助動詞。直訳は「昔ではなくなってしまった」なので、昔と変化したことを述べる②が適当。

第9章

漢文問題

❖ この章では、漢文に関する問題を扱う。まず必須の基本的な語と句形を復習しながら、自分の知識に漏れがないかどうかを確認しよう。

❖ 漢文は句形に基づいてきちんと読む姿勢が大切。ざっと読んで大意だけをつかもうとするのではなく、内容をじっくり把握する読み方を身につけよう。

1 語の読み・意味

❖漢文を書き下したり解釈したりするときにカギになる語を確認しよう。

問 次のそれぞれに答えよ。

1 次の傍線部の「為」の読みとして最も適当なものをそれぞれ選べ。

a 為レ善《ヲ》者《ニハ》、天報《ユルニ》レ之《ニ》以《テシ》レ福《ヲ》、

b 君子之学《ハ》、非《ザル》レ為《ニ》レ通《ズルガ》也。

〈荀子〉

① たすく　② おさむ　③ なす　④ はた

⑤ ため　⑥ たり　⑦ なる

（明治大）

2 次の傍線部の意味として最も適当なものを選べ。

初、久《シク》不《ルニ》二産育《セ》一、是《ノ》年忽有《リ》レ妊、生《ム》二一男《ヲ》一。

〈庚巳編〉

① 突然　② 急いで　③ ぼんやりと

④ しばらくして　⑤ おろそかにする

（立正大）

3 次の傍線部の読みとして最も適当な組み合わせを選べ。

a 飲《ムコト》レ酒《ヲ》過《ギ》レ多《キニ》竟大酔《シ》、

b 有《リテ》三*納巻《ノ》者過《グル》二其《ノ》旁《かたはラヲ》一、乃告《グ》レ之《ニ》。

*納巻者＝答案を回収する係の役人。

c 安得《ン》丁置《キ》二身《ヲ》天柱《ノ》頂《ニ》一、倒《さかしまニ》看《ルヲ》丙日月《ノ》走《ルヲ》乙人間《ヲ》甲

〈竹葉亭雑記〉

① a つひに　b すなはち　c いづくんぞ

② a すでに　b なほ　c いづくにか

解答

1 a＝③　b＝⑤

2 ①

3 ①

ポイント解説

Check **1** 「為」の読み方 1

- **「つくル」** ⇩作る
- **「なス」** ⇩行う・なす・する
- **「をさム」** ⇩治める・治療する・なおす
- **「なル」** ⇩〜となる
- **「たリ」** ⇩〜である
- **「ために」** ⇩〜のために

1 a 「なス」と読み、「する」の意。b 「ためニ」と読み、行為の目的を表す。

2 「忽」は「たちまチ」と読み、①「突然」の意。

3 a 「竟」は「つひニ」と読み、「結局・とうとう」の意。b 「乃」は「すなはチ」と読み、「そこで初めて」の意（⬇P.312 Check 7）。c 「安」は「いづクンゾ」と読む。したがって①が適当。なお「安」は「ン」と呼応して反語を表すが、ここでは「安《クンゾ》得《ン》二——一」で願望の意。

③ a つひに　b なほ　c いづくにか
④ a すでに　b すなはち　c いづくんぞ
⑤ a つひに　b なほ　c いづくんぞ

4 共通
次の傍線部の読みとして最も適当なものを選べ。
疑《フラクハ》其《ノ》疾是《レ》蛇《ノ》所レ為《ス》、蓋鶴善《ク》啄《ムナラン》レ蛇《ヲ》也。〈庚巳編〉
① ふた　② おほふ　③ なんぞ
④ けだし　⑤ そもそも
（大東文化大）

5
次の傍線部の読みとして最も適当なものを選べ。
奚為《ニシテ》レ見《ユルガ》二寡人《ニ》一、而夢《ニ》見《ルト》レ竈《ヲ》。〈韓非子〉
① しかるに　② なんぞ　③ すなはち
④ いづくに　⑤ ここに
（法政大）

6
次の傍線部a～cの意味として最も適当なものを選べ。
「老杜《ニ》云《フ》二『暫止啼《てい》烏《う》将数子《ト》』一、恐是《レ》其《ノ》類《ナルカト》。」
以道笑《ヒテ》曰《ハク》「君果誤《レリ》矣。『乞《フ》レ猫《ヲ》詩《ノ》』『数《ノ》』字《ハ》当二音《ハ》色主《ノ》反《ナル》一。（中略）」〈老学庵筆記〉
① a きっと　b 意外にも　c ～でなければならない
② a たぶん　b やはり　c ～であるはずだ
③ a 心配する　b 絶対　c ～かもしれない
④ a あるいは　b 案の定　c ～ようとする
⑤ a おそれる　b 図らずも　c ～ことができる
（文教大）

---

4 → ④
5 → ②
6 → ②

Check 2 「蓋」の読み方 4

- 「おほフ」⇩覆う
- 「けだシ」⇩思うに・たぶん・そもそも
- 「なんゾ～［セ］ざル」⇩どうして～しないのか、～すればよい（＝何不）

4 「蓋」は「けだシ」と読み、「思うに・たぶん・そもそも」の意。

5 「奚」は疑問形を表す語で「なんゾ」と読み、「どうして」という意。②が適当。

6 a「恐」は「おそラクハ」と読み、「ひょっとしたら・たぶん」の意。ある行為や状況についての推量を表す。b「果」は、「はタシテ」と読み、「やはり・案の定」と予期したとおりであることを表す。c「当」は再読文字。「まさニ～［ス］べシ」と読み、「きっと～のはずだ」の意。推定を表す。したがって②が適当。

問 次のそれぞれに答えよ。

7 次の傍線部と同じ意味の「見」を含む文を一つ選べ。

為《リ》レ人《ト》厳重《ニシテ》有《リ》レ威、見敬於州里。 〈後漢書〉

① 女無二美悪一、入レ宮見レ妬。
② 心不レ在レ焉、視而不レ見。
③ 小学而大遺、未レ見二其明一。
④ 読書百遍、而義自見。
⑤ 客為レ子報、往見二楚王一。 (法政大)

8 次の傍線部と同じ字義で用いているものを一つ選べ。

松《しょう》柏《はくハ》不《レバ》レ経二霜雪《ヲ》一不レ能《ハ》二堅固《ナル》一。 〈経鉏堂雑誌〉

① 政経　② 経常　③ 写経
④ 経路　⑤ 経緯

共通

問 次の傍線部の読みとして最も適当なものを選べ。

9 **今之学者、雖《モ》レ曰《フト》レ求《ムト》二聖人之*経《ヲ》一、固已《ニ》非《ズ》二其《ノ》真《ニ》一。** 〈衡廬精舎蔵稿〉

＊経＝聖人の教えや言行を記した書物。

① つねに　② かたく　③ もとより
④ ゆゑに　⑤ かへって

共通

10 **苟能《ク》*弭《やメ》レ兵《ヲ》靖《やすンジ》レ乱《ヲ》、活《カサバ》二百万《ノ》生霊《ヲ》於鋒《ほう》鏑《てき》之下《ニ》一、** 〈十八史略〉

＊弭兵＝戦いをやめる。

① いづくんぞ　② いやしくも
③ しかも　④ けだし (國學院大)

共通

解答

7 ↓ ①
8 ↓ ④
9 ↓ ③
10 ↓ ②

ポイント解説

Check 3 「見」の読み方 7

- 「みル／みユ」⇩見る・会う／見える・わかる
- 「まみユ」⇩お目にかかる
- 「〜る・〜らル」⇩〜される
- 「あらはル・あらはス」⇩現れる・現す

7 「見」は「らル」と読み、受身を表す。①がこれと同じ用法。②③は「みル」で「見る・会う」の意、④は「あらはル」で「現れる」の意、⑤は「まみユ」で「お目にかかる」の意。

8 「経」は「経過する」の意。これと同じ「経」を含むのは④「経路」。①は「政治の常道」、②は「一定不変」、③は「経文を書き写すこと、また書き写した経文」、⑤は「縦横・東西と南北」の意。

9 「固」は「もとヨリ」と読み、「もともと・言うまでもなく」の意。

10 「苟」は仮定を表す副詞。「いやしクモ〜バ」で「もし〜ならば」の意。

問 次のそれぞれに答えよ。

11 大ナル哉文王之道乎、 〈説苑〉

① なり　② さい　③ かな
④ か　⑤ よ
（國學院大）

12 次の傍線部の訓読みを、平仮名の現代かなづかいで答えよ。

皆以為ラク受命之君ナリト。 〈十八史略〉（学習院大）

13 次の傍線部の読みを答えよ（現代かなづかいでよい）。

終ニ餓二死セン溝中ニ一耳。 〈唐物語〉（成城大）

14 次の傍線部の読みとして最も適当なものを選べ。

吾ノ所二以ハ告グルレ子ニ一、若キレ是クノ而已。 〈史記〉

① しかして　② じき　③ すでに
④ しかのみ　⑤ のみ
（立正大）

15 次の傍線部の読みとして最も適当な組み合わせを選べ。

a 又必ズ食ヒレ肉ヲ、且無クレ所レ不ルレ食ハ、
b 蘇文忠公自リレ出デテレ獄ヲ後、但ダ食ヒ二已ニ死セル之物ノミヲ一、
c 因下己ノ親《みづか》ラ経ルコト二患難ヲ一、無キニ上レ異ナル三*鶏《けい》鴨《あふ》之在ルニ二庖《はう》厨《ちう》ニ一、
*鶏鴨＝ニワトリやアヒル。 〈山志〉

① a かつ　b やめて　c たのみて
② a かつ　b やめて　c よりて
③ a しばらく　b すでに　c たのみて
④ a かつ　b すでに　c よりて
⑤ a しばらく　b やめて　c よりて
共通

---

11 → ③
12 → おもえ
13 → のみ
14 → ⑤
15 → ④

---

11 「哉」は「かな」と読み、詠嘆を表す助字。本文は詠嘆の意を強めるために主語と述語を入れ替えた倒置文。

12 「以為」は、「以て〜為す」と使われることもあるが、基本的に、「思う」の意。「おもフ」「おもへラク」などと読む。

Check 4 「のみ」と読む字 13・14

- 「のみ」と読む字⇩「耳」「已」「而已」「而已矣」「爾」など
- 意味⇩限定（〜だけだ）

13 「耳」は「〜のみ」と読み、「〜だけだ」の意。文末にきて限定を表す。

14 「而已」は「のみ」と読み、「〜だけだ」の意。限定を表す。

15 a「且」は「かツ」と読み、「その上」の意。b「已」は用言を修飾するときは「すでニ」と読む。c「因」は「よリテ」と読み、原因を表す。したがって④が適当。

問 次のそれぞれに答えよ。

16 次の傍線部における「如」と同じ意味を示す漢字を一つ選べ。

如虎之室、如蛇之穴、而見《ル》レ之《ヲ》。〈晏子春秋〉

① 従　② 若　③ 同　④ 何　⑤ 往

（関西大）

17 次の傍線部の読み方を、送りがなも含めてひらがなで答えよ。

府主《ノ》所《ハ》レ悪不《ル》レ過《ギ》二鷺穢《ニ》一耳。〈夷堅志〉（立命館大）

問 次の傍線部の読みとして最も適当なものを選べ。

18 世民徐曰《ク》、世民覩《みルニ》二天《ノ》時人《ノ》事《ヲ》一如《シ》レ此《クノ》。〈十八史略〉

① ひそかに　② わづかに　③ おもむろに

④ まことに　⑤ にはかに

（國學院大）

19 *樵隠倶在《ルモ》レ山《ニ》 *由来事《ハ》不レ同《ジカラ》

不《ルハ》レ同《ジカラズ》非《ニ》二一事《ニ》一 養《フモ》レ痾《やまひヲ》亦《タ》*園中

*樵隠＝木こりと隠者。　*由来＝理由。

*養痾＝都の生活で疲れた心身を癒やす。

*園中＝庭園のある住居。

〈文選〉

① たまたま　② つぶさに　③ すでに

④ そぞろに　⑤ ともに

共通

20 *靡《び》迤《いトシテ》趨《おもむキ》二下田《ニ》一 *迢《てう》遰《ていトシテ》瞰《みル》二高峰《ヲ》一

寡レ欲《ヲ》不レ期《セ》レ労《ヲ》 即《シテ》レ事《ニ》罕《まれナリ》二人《ノ》功一

〈文選〉

解答

16 ⑤

17 にくむ

18 ③

19 ⑤

20 ③

ポイント解説

Check 5 「如」の読み方 16

- **「ごとシ」** ⇩～のようだ
- **「しク」** ⇩及ぶ
- **「ゆク」** ⇩行く
- **「もシ」** ⇩もし～ならば

16 「如」は「ゆク」と読み、「行く」の意。⑤「往ク」や「之ク」などと同じ意味で用いられる。

17 「悪」は「にくム」と読み、「憎む・嫌う」の意。主語が「府主」、「悪」の対象が「鷺穢」。

18 「徐」は③「おもむろニ」と読み、「ゆっくりと」「静かに」の意。

19 「倶」は「ともニ」と読み、「一緒に」の意。⑤が適当。

20 「寡」は「すくない」の意。③が適当。

＊靡迤＝うねうねと連なり続くさま。　＊迢逓＝はるか遠いさま。

① いつはりて　② つのりて　③ すくなくして

④ がへんじて　⑤ あづけて

共通

21 遂命《ジテ》二童子《ニ》一起《キテ》而逐《おハシム》レ之《ヲ》。 〈胡祭酒集〉

① つひに　② すでに　③ さらに

④ ことに　⑤ ただちに

共通

22 予窃謂、年歯寝《やうやク》高《クシテ》而能《ク》留《ムルハ》二意《ヲ》於学《ニ》一、此《レ》固《ヨリ》非《ズ》二易事《ニ》一。 〈梁谿漫志〉

① ただにおもふ　② あへていはん

③ ひそかにおもへらく　④ みづからいはく

⑤ あにおもはんや

共通

23 是《レ》愈疑《ハシメテ》二天下《ヲ》一、而《モ》何《ゾ》慰《メン》二秦之心《ヲ》一哉。 〈史記〉

① はた　② けだし　③ あるいは

④ いよいよ　⑤ すなはち 〈國學院大〉

問 次のa、bの傍線部の読みとして最も適当なものをそれぞれ選べ。

24 a 口弗二敢言《ハ》一。

b 豈以《テ》レ死《ヲ》倍《そむカン》二吾《ガ》心《ニ》一哉。 〈史記〉

① はた　② なんぞ　③ あへて　④ あに

⑤ かつて　⑥ けだし　⑦ つひに 〈明治大〉

↓ ①

↓ ③

↓ ④

↓ a＝③　b＝④

21 「遂」は「つひニ」と読み、「そこで・こうして・そのまま」の意。それまでのある経過を踏まえた一つの過程や結果を表す。

Check 6 「謂」の読み方 22

- 「いフ」⇩言う・話す
- 「おもフ・おもへラク」⇩思う・思うことには

22 「窃」は「ひそカニ」と読み、「個人的には・私見では」の意。考えを述べるときに謙遜して使う。「謂」は「おもヘラク」と読み、「思うことには」という意味。③「ひそかにおもへらく」が適当。

23 「愈」は「いよいよ」と読み、「ますます」「まさしく」の意。④が適当。

24 **a** 「敢」は「あへテ」と読み、「弗(不)二敢〜一」で「しいて〜しようとはしない」という否定を表す。**b** 「豈」は反語を表す。「あニ〜［セ］ンヤ」で「どうして〜だろうか、いや、〜ない」の意。

問 次のそれぞれに答えよ。

25 次の傍線部の読みを答えよ（現代かなづかいでよい）。

払《もとレバ》レ耳《ニ》則子《し》胥《しよ》＊不レ失《ハ》。〈韓非子〉

＊不失＝思うことをすべて言いつくすこと。〈学習院大〉

26 次の傍線部の読みとして最も適当なものを選べ。

即自《リ》二環衛一驟《にはカニ》遷《ス》二数級《ヲ》一。〈詩律武庫〉

① たとひ　② すなはち　③ つきて　④ もし　⑤ かへって〈立教大〉

27 次の傍線部の意味として最も適当なものを選べ。

天命既に改まり、生人は以て正しきに及んで、乃ち大法を出して、用て聖師と為る。〈箕子廟の碑陰に書す〉

① そこで　② つまり　③ もしそうならば　④ かえって〈獨協大〉

28 次の傍線部と同じ字義で用いているものを一つ選べ。

如《キハ》＊蔡《さい》伯《はく》喈《かい》之秘《スルガ》二＊『論衡《ヲ》』一、亦《タ》通人之一＊蔽《へいニシテ》、非《ザレバ》二君子《ノ》所《ニ》レ尚《ブ》、不《ル》レ可《カラ》レ法《のつとル》也。〈帰潜志〉

＊蔡伯喈＝後漢の有名な文人、蔡邕《さいよう》のこと。

＊論衡＝後漢の王充の著。蔡邕はこの書が世に知られる前に入手し、秘蔵して自分の言説に利用した。　＊蔽＝弊に同じ。

① 通行　② 精通　③ 通常　④ 流通　⑤ 通念

共通

解答

25 すなわち
26 ②
27 ①
28 ②

ポイント解説

Check 7 「すなはチ」と読む字 25～27

- 「則」⇩「～ならば・～すればそのときには」の意
- 「乃」⇩「そこで・かえって・なんと・やっと」などの意
- 「即」「便」⇩「そのまま・すぐに」の意
- 「輒」⇩「そのたびごとに」の意

25 「則」は「すなはチ」と読み、「～ならば・～すればそのときには」という意。

26 「即」は「すなはチ」と読み、「すぐに」の意。

27 「乃」は「すなはチ」と読み、①「そこで」の意。

28 「通人」で熟語となり、「知識人」の意。ここでは「蔡伯喈」のことを指す。「通」は「物を知っていること」の意で、②「精通」が適当。

29 「毎」は「ごとニ（＝する度に～する）」「つねニ（＝いつも～する）」の読みがあるが、ここでは「高祖が酒を買って飲むたびに、酒の売り上げが数倍となる」と解釈でき

問 次の傍線部の読みを答えよ（現代かなづかいでよい）。

29 高祖毎ニ㆓*酤《か》ヒテ留マリテ飲ム㆒、酒ノ*讎《う》ルルコト数倍ス。〈史記〉

*酤＝酒を買う。　*讎＝売り上げ。（学習院大）

→ ごと

30 酔ヒテ臥セバ、*武負・王媼見テ㆓其ノ上ニ常ニ有ルヲ㆒㆑龍、怪シム㆑之ヲ。〈史記〉

*武負・王媼＝二人とも酒屋を営む老婆。（学習院大）

→ ふ

31 不㆑要《もと》メ㆓人ノ随フヲ㆒只ダ独行ク 〈誠斎集〉（立命館大）

→ ひとり

32 能就㆓江楼㆒*銷㆑暑否 〈江楼夕望招客〉

能江楼に就《つ》きて暑さを銷《け》さんや否《いな》や

*銷＝「消」に同じ。（成城大）

→ よく

問 次のそれぞれに答えよ。

33 次の傍線部と同じ字義で用いているものを一つ選べ。

王ハ不シテ㆑知ラ㆓客之欺クヲ㆒㆑己ヲ、而誅《せ》ム㆓学ブ者之晩キヲ㆒也。〈韓非子〉

① 早晩　② 晩唐　③ 昨晩

④ 晩酌　⑤ 晩年

（中京大）

→ ①

34 次の傍線部の読みとして最も適当なものを選べ。

安可ケンヤ㆑不ル㆕*攀《はん》附《ぶ》㆓景《けい》仰《こう》セ㆔之ニ㆒乎。〈顔氏家訓〉

*攀附景仰＝そばに近づき敬慕する。

① いづくんぞ　② やすんじて　③ ここに

④ いづこに　⑤ やすらかに

（愛知大）

→ ①

るので「ごとニ」が適当。

30「臥」は「ふス」と読み、「横たわって寝る」の意。

31「独」は「ひとリ」と読み、「一人」の意味。

Check 8 「能」の読み方 32

- 「あたフ」⇩～できる
  「不㆑能」は「あたハず」と読む
- 「よク」⇩～できる
  サ変動詞として「よクス」とも読む

32「能」は「よク」と読み、「～できる」の意。

33「晩」は「早」の対義語で、「おそシ」と読む。時期が遅れているさまなので、①「早晩」（「おそかれはやかれ」の意）が適当。②「晩唐」と⑤「晩年」の「晩」は「ある時期の終わりごろ」の意で、③「昨晩」と④「晩酌」の「晩」は「夜」の意。

34「安」は疑問・反語を表し、「いづクンゾ・いづクニカ」と読む。「悪・焉」に書き換えられる。

問 次の傍線部の読みとして最も適当なものを選べ。

35 隋《ずい》ノ田《でん》・楊《やう》与二鄭《てい》法《はふ》士《し》一倶ニ以テレ能クスルヲレ画ヲ名アリ。〈衡廬精舎蔵稿〉

① あづかりて　② より　③ くみして
④ と　⑤ あたへて

解答 ④

36 与語リテ大イニ説《よろこ》ビテ曰ハク、「自リ二吾ガ先君太公一曰ハク、『当ニ下有リテ二聖人一適《ゆ》ク上レ周ニ。周以テ興ラント。』子ハ真ニ是レナル邪《か》。吾ガ太公望ムコトレ子ヲ久シト矣。」〈史記〉 共通

① あたへ　② あづかり
③ ここに　④ すでに
⑤ ともに

解答 ⑤

問 次のそれぞれに答えよ。

37 次の傍線部のa読み、b意味として最も適当なものを選べ。

凡大人の道に三有り。〈箕子廟の碑陰に書す〉 共通

a ① それ　② けだし　③ まさに　④ およそ
b ① そもそも　② おそらく
③ だいたい　④ それこそ

解答 a＝④　b＝①

38 次の空欄には「ちょうど～のようだ」という意味の再読文字が入る。最も適当なものを選べ。〈獨協大〉

解答 ③

ポイント解説

Check 9 「与」の読み方 35・36

- **「ともニ・ともニス」** ⇩いっしょに
  - ・いっしょに行う
- **「と」** ⇩～と（＝並列）
- **「より（ハ）」** ⇩～よりは
- **その他** ⇩「あたフ」「くみス」「あづかル」「～か（や）」（＝疑問・反語）「～か（かな）」（＝詠嘆）

35 ここでの「与」は、直後に「倶に」とあるので、④「と」と読む。

36 「与」は「と」「あたふ」「あづかる」など多くの意味・読みがある。ここでは「と」と同じ種類の意味で、⑤「ともに」が適当。

37 「凡」は「およソ」と読み、文頭に置いて一般的な内容を述べたり、一般化できる内容をまとめて示したりするときに使う。意味は「そもそも」。

38 「ちょうど～のようだ」の意の再読文字は③「猶」で「なホ～［ノ］ごとシ」と読む。①「将」は「まさニ～［セ］ントす」と読む再読文字で「～しようとする・～するつもりだ」の意（⬇P.319 Check 14）。

畏《ルル》二王之甲兵《ヲ》一也、□《ルコト》二百獣之畏《ルルガ》レ虎《ヲ》也。〈戦国策〉

①将 ②未 ③猶 ④況 ⑤如 （東海大）

問 次の傍線部の読みとして最も適当なものを選べ。

39 与《よりハ》二其《ノ》有《ラン》レ誉《ほまれ》二於前《ニ》一、孰二若無《キニ》レ毀《そしり》二於其《ノ》後《ニ》一。〈送李愿帰盤谷序〉

①いづれぞ ②かくのごとき ③たれゆゑか ④なんぞもしは ⑤まづもつて （早稲田大）

40 二子何如。〈十八史略〉

①なんぞと ②いかんと ③しかずと ④いづれぞと （國學院大）

41 余既《ニ》博《ク》観《ルニ》二乎天下《ヲ》一、曷有《ラン》三庶《ち》二幾《かキモノ》乎夫子之所《ニ》レ為《ス》。〈祭田横墓文〉

①なんぞ ②あに ③たれか ④なんぢ ⑤まさに （國學院大）

問 次の傍線部のa読み（現代かなづかいでよい）、b意味を答えよ。

42 於是、恵子恐《レテ》捜《スコト》二於国中《ニ》一三日三夜《ナリ》。〈荘子〉 （二松學舍大）

39 → ①
40 → ②
41 → ①
42 → a＝ここにおいて b＝そこで

39 ②「未」は「いまダ～［セ］ず」と読む再読文字で「まだ～しない」の意。④「況」は抑揚形「いはンヤ～ヲや」で強調を表し、「まして～の場合はなおさらだ」の意（➡P.332 Check 26）。
「其のAせんよりはBするに孰若れぞ」で「AするよりはBする方がよいのではないか」と、AとBを比較してBを選択する句形。①「いづれぞ」が適当。

Check 10 「いかん」と読む字 40

- 「何如」「何若」⇩状況や程度に関する問いかけで「～はどのようか」「～はどうであるか」の意
- 「如何」「奈何」「若何」⇩手段や方法、処置に関する問いかけで「～はどうしたらよいか」の意

40 「何如」は「いかん」と読み、「～はどうであるか」の意。②が適当。

41 「曷」は、「なんゾ～［セ］ンや」で「どうして～だろうか、いや、～ない」と反語の意を表す。

42 「於レ是」は「ここニおイテ」と読み、それまでの記述を「そこで・こうして」と受けて、以下に結末を述べる。

問 43 次の傍線部の意味として最も適当なものを選べ。

及ビ二仲寝ヌルニレ疾ニ、桓公詢《はか》ルニ以テシ二政柄ノ所ヲレ属《しよく》スル、且ツ問フ二鮑《はう》叔《しゆく》之為リヲレ人ト。〈千百年眼〉

① 評判　② 実績　③ 習癖
④ 短所　⑤ 性格

共通

問 44 次の傍線部の読みを、平仮名の現代かなづかいで答えよ。

昏暮ニ叩キテ二人之門戸ヲ一、求ムルニ二水火ヲ一、無キハ二弗ルレ与ヘ者一、至リテ足レバナリ矣。〈孟子〉（学習院大）

問 45 次の傍線部の読みとして最も適当なものを選べ。

所二-以ハ枕スルレ流ニ、〈蒙求〉

① ゆかり　② ありか
③ ゆゑん　④ いはゆる

（國學院大）

問 46 次の傍線部の意味として最も適当なものを選べ。

銀台金闕夕ニ沈沈タリ　独宿相思ウテ在リ二翰林ニ一
三五夜中新月ノ色　二千里外故人ノ心

〈八月十五日夜、禁中独直、対月憶元九〉

① すでに亡くなった知人　② 故事に登場する人物
③ 古くからの友人　④ ゆえあって左遷された人

（早稲田大）

47 未ダル二嘗テ須《しゆ》臾《ゆ》モ離レレ此ヲ也。〈宋史〉

① 些細《ささい》な相違　② 少ない回数　③ わずかな時間

解答

43 ⑤
44 ざ
45 ③
46 ③
47 ③

ポイント解説

43 「為レ人」は「ひとトなリ」と読み、⑤「性格」の意。

44 「弗」は「不」と同じく、打消の意。助動詞「ず」を活用させて読む。

Check 11 「所以」 45

• 読み⇩「ゆゑん」
• 意味⇩「〜の理由・手段」、「〜するところのもの・〜するためのもの」（下にくる用言を体言化する）

45 「所以」は「ゆゑん」と読み、「〜の理由」の意。

46 「故人」は現在の日本では亡くなった人のことをいうが、漢文では多くの場合、③「古くからの友人」の意で用いる。「故」は「古い」の意。

47 「須臾」は「しゅゆ」と読み、一〇〇〇兆分の一を表す数の単位。転じて③「わずかな時間」の意。

48
*玉《ハ》仁愛《ニシテ》不レ矜《ほこラ》、雖二貧賤《ノ》*廝《し》養《やう》一、必《ズ》尽《クス》二其《ノ》心《ヲ》力《ヲ》一。 〈後漢書〉 共通

*玉＝郭玉。中国古代の医者。 *廝養＝雑役を行う召使い。

① であれば ② であっても ③ だけではなく
④ よりはむしろ ⑤ でありながら 〈立教大〉

→ ②

49
凡そ大人の道に三有り。 〈箕子廟の碑陰に書す〉

① 成人 ② 君子 ③ 帝王 ④ 先生 〈獨協大〉

→ ②

問 次のそれぞれに答えよ。

50
「助字」とは、実質的な意味を持つ実字に対して、他の語に付属して語勢などを助ける虚字を指す。傍線部が「助字」である例を一つ選べ。

① 愛而知二其悪一、憎而知二其善一。
② 李下不レ正レ冠。
③ 与二朋友一交、言而有レ信。
④ 及レ時当二勉励一。
⑤ 并レ力西向、秦必破矣。 〈関西学院大〉

→ ⑤

51
次の傍線部の読みとして最も適当なものを選べ。

従《より》レ秦為《サバ》レ*媾《こうヲ》、*韓・魏聞《キテ》レ之《ヲ》必《ズ》尽重《ンゼン》レ王《ヲ》。 〈史記〉

*媾＝講話。また、講和する。
*韓・魏＝ともに国の名。

① なほ ② つひに ③ おほいに
④ なかりせば ⑤ ことごとく 〈國學院大〉

→ ⑤

48 「雖」は逆接仮定の接続詞で、「[〜ト]いへどモ」と読み、「たとえ〜であっても」の意。

49 ② 「たいじん」と読み、「徳の高い人」の意。「君子」も「徳のある立派な人物」をいう。

Check 12 助字 50
- **助字とは**⇩日本語の助詞・助動詞・接続詞に相当する働きをする語で、置き字もその中に含まれる
- **主な置き字**⇩而・乎・於・于・焉・矣・兮

50 ⑤ 「矣」は置き字であり、訓読する際に読まない。語勢を強める働きがある。

51 「尽」は「ことごとク」と読み、「すべて」の意。⑤が適当。

問 52 次の傍線部の返り点の付け方と書き下し文との組み合わせとして、最も適当なものを選べ。

西伯将出猟卜之。〈史記〉

① 西 伯 将二 出レ 猟 卜一レ 之
西伯将に猟《か》りに出《い》でて之を卜《うらな》ふべし

② 西 伯 将 出 猟 卜レ 之
西伯の将出でて猟りして之を卜ふ

③ 西 伯 将 出レ 猟 卜レ 之
西伯将《は》た猟りに出でて之を卜ふか

④ 西 伯 将レ 出レ 猟 卜レ 之
西伯猟りに出づるを将《ひき》ゐて之を卜ふ

⑤ 西 伯 将二 出 猟一 卜レ 之
西伯将に出でて猟りせんとし之を卜ふ

解答 ⑤

問 53 次の傍線部の解釈として最も適当なものを選べ。 共通

以為《おも》ヘラク君子ハ惟ダ欲レシ淑《よ》クセンコトヲ二諸《これ》ヲ人ニ一、有二奇書一当下与二朋友一共上ニセ之、何ゾ至三ランヤ靳《を》シミ蔵《かく》シ、独リ広ムルニ二己之聞見ヲ一。〈帰潜志〉

① すぐれた内容の書物があれば、友人たちに与えて研究させる

解答 ④

ポイント解説

Check 13 再読文字 52・53

・**一度目の読み**⇩返り点を無視し、副詞的に読む
・**二度目の読み**⇩返り点に従って助動詞や動詞として読む
⬇342ページ「**漢文のまとめ**」

52 「将」は「まさニ～す」と訓読する再読文字。「いまにも～しようとする」の意。したがって⑤が適当。

53 「当」は再読文字で「まさニ～［ス］べシ」と読み、「～すべきである・きっと～のはずだ」の意。並列を表す。「与」は返読文字で「～と」の意。傍線部の直後に「どうして物惜しみしてその書物を隠し、自分の知識を広めることだけに至ろうか、いや、至らない」と述べていることから、「与二朋友一共上之」は「奇書」を友人たちと共有することを述べていると考えられる。したがって④が適当。

べきである。

② 奇妙な内容の書物を所有していたら、友人たちに与えてしまうのがよい。

③ 不思議な書物に出会ったら、友人たちと一緒に読むべきである。

④ 珍しい書物を持っていたら、友人たちと共有のものとすべきである。

⑤ すばらしい書物を見つけたら、友人たちと共同で購入するのがよい。

共通

問 54 次の傍線部の書き下し文として最も適当なものを選べ。

方将献楚王、＊経テレ宿ヲ而鳥死ス。〈笑林〉

＊経宿＝一晩経過して。翌朝。

① 方《はじ》めて将《まさ》に楚王に献ずるも

② 将《は》た楚王に献ずるに方《あた》りて

③ 方《まさ》に将《まさ》に楚王に献ぜんとするも

④ 方《まさ》に楚王に献ずるを将《も》ってするも

⑤ 将を方《なら》べて楚王に献じ

〈法政大〉

↓ ③

Check 14 「将」

・**読み**⇩まさニ～［セ］ントす

・**意味**⇩～しようとする・～するつもりだ

54

54 「将」は再読文字で「まさニ～［セ］ントす」と読む。「～しようとする」という意。これにあてはまるのは③。

問 **次の傍線部の解釈として最も適当なものを選べ。**

55 **流非レ可レ枕、石非レ可レ漱。**〈蒙求〉

① 流れてしまっては枕にならないし、石をすすぐこともできないだろう。

② 流れを枕にすることはできないし、石で口をすすぐことはできないだろう。

③ 流れてしまっては枕にできないし、石で口をすすぐべきではないだろう。

④ 流れに枕を置くことはできないし、石をすすぐこともできないだろう。

解答 ②

56 **大弐《だいに》実政《さねまさ》は春宮《とうぐう》の御時の学士《がくし》にて侍《はべ》りしを、（中略）甲《か》斐《ひの》守《かみ》に侍りければ、かの国より上《のぼ》りてまゐるまじき心がまへしけるに、下《くだ》りけるに、餞《はなむけ》せさせ給ふとて、**

州《くに》ノ民縦ヒ発《な》ストモ二甘《かん》棠《たう》ノ詠ヲ一 莫レ忘 多クノ年風月ノ遊ビ

とつくらせ給へりけるになむ、え忘れまゐらせざりける。〈今鏡〉

① 忘れてしまえ　② 忘れないだろう

③ けっして忘れるな　④ よもや忘れはしない

⑤ 忘れることがあるだろうか、いや、ない

（國學院大）

解答 ③

57 **歳終リテ、度レ不レ能レ報、輒焚レ券、終不二復言一。**〈柳河東集〉

① 借金の額があまりにも多かったので、自分で証文を焼いてしまい、最後までそれを黙っていた。

（東海大）

解答 ④

ポイント解説

Check 15 単純な否定形・禁止形 55～58

- 「不（弗）」⇩「～ず」
- 「非（匪）」⇩「～ニあらズ」
- 「無（莫・勿・毋）」⇩「～なシ」
- 「勿（無・莫・毋）」⇩「～なカレ」

55 まず「流非レ可レ枕」と「石非レ可レ漱」が対句であることを押さえる。また、「非」は体言や名詞句を否定するので、「非レ可二～一」は直訳すると「～できるものではない」となる。さらに「流」「石」がそれぞれ「非レ可レ枕」「非レ可レ漱」の意味上の補語であることを踏まえると②が適当。

56 「莫」は単純否定の「～なシ」、禁止の「～なカレ」の二通りの読みが考えられるが、ここでは東宮が実政へのはなむけとして詠んでいるので「忘れるな」と解釈するのがよい。したがって③が適当。

57 傍線部の書き下し文は「報ずる能はざるを度り、輒ち券を焚き、終に復た言はず」となる。「不レ能」は「あたハず」と読み、「～できない」の意。「不二復～一」は「ま

② お礼をすることができなかったので、その人の証文を焼き捨て、最後までそのことを黙っていた。

③ 借金が多くて返せず、証文を焼いてしまった人がいても、そのことを最後まで問いつめはしなかった。

④ 相手が借金を返せないのだろうと思うと、そのつど証文を焼き捨て、そのことを最後まで口にしなかった。

（南山大）

問 58 **次の傍線部のa返り点の付け方と書き下し文の組み合わせ、b解釈として最も適当なものを選べ。**

同《ジクスル》レ試《ヲ》者疾《ミ》二其《ノ》毎《ニ》レ試居《ルヲ》レ首《ニ》、不肯呼之使醒。有《リテ》三納巻者過《グル》二其《ノ》旁《かたはラヲ》一、乃《チ》告《グ》レ之《ニ》。〈竹葉亭雑記〉

a

① 不下肯呼二之使一醒上　肯《あ》へて之の使ひを呼ぶも醒《さ》めず

② 不レ肯二呼レ之使一レ醒　之を呼ぶも醒めしむるを肯《がへ》んぜず

③ 不レ肯下呼二之使一醒上　之の使ひを呼ぶも醒むるを肯んぜず

④ 不二肯呼一之使レ醒　肯へて呼ばず之きて醒めしむ

⑤ 不二肯呼レ之使一レ醒　肯へて之を呼びて醒めしめず

b

① 声をかけるのを遠慮してそばまで行って目覚めさせた。

② 声をかけて起こそうとしたが目覚めさせられなかった。

③ 声をかけて目覚めさせてやろうという気にならなかった。

④ その使いの者を呼んだが目覚めさせることに賛成しなかった。

⑤ 勇気を出してその使いの者に声をかけたが起きなかった。

共通

a＝⑤
b＝③

タ～［セ］ず」と読み、「決して～しない・二度とは～しない」の意。「輒」は「すなはチ」と読み、「そのたびごとに」の意。したがって④が適当。

58

a「不肯～」は「あへテ～［セ］ず」または「～［スル］（コト）ヲがへンぜず」と読み、「進んで～しようとしない」または「～することを承知しない」の意味。ここでは「呼之使醒」の読み方が決め手になる。「使」は「しム」と読む使役の助字で返読文字なので、「使醒」は「醒めしむ」と読む。したがって、正解は②④⑤に絞られる。②の「之を呼ぶも」の「も」は逆接の接続助詞なので、もしこう読むなら「呼之」を文頭に出して「呼之不肯使醒」となるはずなので不適。④は「之」を動詞「ゆク」としているが、「不肯」で否定する範囲が「呼」だけという形は不自然。したがって⑤が適当。

bについては、**a**で選んだ⑤「肯へて之を呼びて醒めしめず」を直訳すると、「進んで之に声をかけて目覚めさせようとしない」となる。したがって③が適当。なお、傍線部の後に、「答案を回収する役人がその傍らを通り過ぎて、そこで初めてこれに知らせた」という内容が続く。

問 **次のそれぞれに答えよ。**

59 次の空欄には、「生き返ることはない」という意味の文が入る。最も適当なものを選べ。

死《スル》者［　　］。 〈祭田横墓文〉

① 不復生　② 非不生　③ 不倶生
④ 倶不生　⑤ 無不生 （國學院大）

60 次の傍線部の解釈として最も適当なものを選べ。

小時《ニハ》*了了《タルモ》、大未必佳。 〈世説新語〉

*了了＝利口で聡明

① 大人になってから、必ずしも才知優れた人になるとは限らない。
② いざというときに、必ずしも優れた才知を働かせることができるとは限らない。
③ 未来のことはまったく分からないが、必ずしも徳の高い人になるとは限らない。
④ 大事に至る前に手を打ったとしても、必ずしもよい結果が得られるとは限らない。
⑤ どんなに優れた才能を持っていても、必ずしもすべてのことに対応できるとは限らない。 （立教大）

61 次の書き下し文に対応する漢文として最も適当なものを選べ。

朕《ちん》は必ず喜びに因つて人を賞し、怒りに因つて人を刑せず。

解答

59 ①
60 ①
61 ④

ポイント解説

Check 16 いろいろな否定形 59～62

- **全部否定**⇨副詞＋否定語（副詞が否定語の上にくる）
- **部分否定**⇨否定語＋副詞（副詞が否定語の下にくる）
- **二重否定**⇨否定語＋否定語（強い肯定を示す）

59「生き返ることはない」という意味の文なので部分否定の句形（否定語＋副詞）を選ぶ。これにあてはまる①と③のうち、①「不復生」は「またハいキず」と読み、「二度とは生きることがない」という意。③「不倶生」は「ともニハいキず」と読み、「一緒に生きるというわけではない」という意。したがって①が適当。

60「未二必～一」は部分否定で「必ずしも～というわけではない」の意。また傍線部が直前の部分と対になっていることを踏まえると①が適当。書き下し文は「大にしては未だ必ずしも佳ならず」。なお、「未」は通常「まだ～しない」の意だが、この句形では「これまでそんな例はなかった」という意味を含むものの通常は訳さない。

① 朕必因㆑喜賞㆑人、不㆓因㆑怒刑㆒㆑人。
② 朕必因㆑喜賞㆑人、因㆑怒不㆑刑㆑人。
③ 朕不㆓必因㆑喜賞㆑人、因㆑怒刑㆒㆑人。
④ 朕必不㆓因㆑喜賞㆑人、因㆑怒刑㆒㆑人。

〈十八史略〉

〈上智大〉

→ ④

62 次の傍線部の訓読として最も適当なものを選べ。

賓客莫不奇之。

① ばくとしてこれをきとせず
② これをきとするなからず
③ ばくとしてきせざるなり
④ これをきとせざるなし
⑤ きとせずんばあらず

〈世説新語〉

〈立教大〉

→ ②

63 次の傍線部の解釈として最も適当なものを選べ。

古之学者ハ潜メ㆓心ヲ乎*六芸之文ニ㆒、退キテ而考ヘ㆓諸《これ》ヲ日用ニ㆒、有レバ㆑疑フコト焉則チ問ヒ、問ヒテ㆑之ヲ弗レバ㆑得弗ル㆑措《お》カ也。

*六芸之文＝儒教の経典

〈朱子文集〉

① 機会を逃さず質問する。
② 納得するまで質問し考える。
③ 質問する機会を得るために努力する。
④ 質問する前に自分で納得するまで考える。
⑤ 質問する機会が得られなければ自分で考える。

〈早稲田大〉

61 部分否定の「必ずしも〜ず」ではなく、「必ず〜ず」の形なので全部否定の句形「必不㆓〜㆒」である。否定する内容が「必ず喜びに……人を刑せ」で、④が適当。文意は「朕は決して喜怒哀楽の私情によって人を賞したり、罰したりはしない」。

62 「莫㆑不㆓〜㆒」は二重否定で「〜［セ］ざル（ハ）なシ」と読み、「〜しないことはない」の意。したがって④が適当。

63 「之を問ひて得ざれば措かざるなり」と訓読する。「弗」は「不」と同じく打消の助動詞「ず」。「措く」は「そのままにしておく、質問しないでいる」の意。したがって②が適当。

問 次の傍線部の解釈として最も適当なものを選べ。

64 画者祝《いの》リテ曰ハク、「苟近レ我、我当レ図レ之。」〈箏経室集〉

① どうか私に近づいてきて、私がおまえの絵を描けるようにしてほしい。

② ようやく私に近づいてきたのだから、私はおまえの絵を描くべきだろう。

③ ようやく私に近づいてきたのだが、どうしておまえを絵に描けるだろうか。

④ もし私に近づいてくれたとしても、どうしておまえを絵に描けただろうか。

⑤ もしも私に近づいてくれたならば、必ずおまえを絵に描いてやろう。

解答 → ⑤

65 吾方《まさ》ニ揚ゲテ二*鬐《き》ヲ於*渤《ぼっ》澥《かい》ニ一而振ハントス二羽ヲ於*雲《うん》霄《せう》之上ニ一。安ンゾ能ク復タ投ジテ二*網《まう》罟《こ》ニ一而入ラン二*樊《はん》籠《ろう》ニ一乎《や》。 共通

*鬐＝せびれ。　*渤澥＝渤海のこと。　*雲霄＝大空。

*網罟＝あみ。　*樊籠＝鳥かご。　〈王陽明全集〉

① 網の中に飛び込んだり鳥かごの中に入ったりするように、諸君の求めるままに喜んで帰郷したい。

② 網の中に飛び込みなおかつ鳥かごの中に入るように、あえて無理なことに挑戦したい。

③ 網の中に飛び込みなおかつ鳥かごの中に入ることが無理なの

解答 → ⑤

ポイント解説

Check 17 仮定形 64

- **仮定の副詞**⇩如（もシ～バ）・縦（たとヒ～トモ）・苟（いやしクモ～バ）
- **接続詞を用いた仮定**⇩雖（～トいへども）・則（～バすなはチ）

64 「苟も我に近づけば、我当に之を図くべし」と訓読する。「苟」は「かりにも」「もしも」の意で仮定を表す。「当」は「まさに」と読み、「必ず」の意。したがって⑤が適当。

Check 18 疑問形・反語形 65～67

- **疑問の基本的意味**⇩～か
- **反語の基本的意味**⇩～か、いや、～ない
- **文頭に用いる疑問の副詞**⇩何・胡・奚・曷・寧・豈
- **文末に用いる疑問の助字**⇩乎・邪・耶・也・哉・夫・与・歟

65 「安んぞ能く復た網罟に投じて樊籠に入らんや」と訓読する。直訳すると「どう

と同様、帰るか留まるかは決められない。
④ 網の中に飛び込むよりも鳥かごの中に入ることを選ぶのと同様、私はいつまでもここに留まりたい。
⑤ 網の中に飛び込んだり鳥かごの中に入ったりするような状況に、もういちど身を置くことなどできない。（立教大）

問 次のそれぞれに答えよ。

66 次の傍線部の書き下し文として最も適当なものを選べ。

為楽当及時　何能待*来茲　〈文選〉

＊来茲《らいじ》＝来年。

① 楽しみの為に当《まさ》に時に及ぶに、何か能《よ》く来茲《らいじ》を待つ
② 楽しみを為すは当《まさ》に時に及ぶべし、何ぞ能《よ》く来茲《らいじ》を待たん
③ 楽を為して当《まさ》に時に及び、何か能ありてか来茲《らいじ》を待たん
④ 楽を為すは時に及ぶに当《あ》て、何ぞ能《よ》く来茲《らいじ》に待つ（南山大）

→ ②

67 次の傍線部の解釈として最も適当なものを選べ。

相知豈在レ多　但問同不レ同　〈別元九後詠所懐〉

① 友人は多い方が良いが、但し意見の違いは認めるべきだ。
② 友人は多い方が良いが、ただ意見を同じくするものは少ない。
③ 友人を多くするには、意見や態度が同じかどうかを聞けばよい。
④ 友人は多いことが問題ではなく、心情を同じにするかどうかだ。
⑤ 友人など多くはいらない、ただ意見に賛成するかどうかが問題だ。（関西大）

→ ④

して再びあみの中に飛び込んだり、鳥かごに入ったりできようか」という反語の意となる。ここから⑤が適当となる。

66 「当」は再読文字で「まさニ～［ス］べシ」と読み、「～すべきである」の意。「何能～」は反語形で「なんゾよク～［セ］ン」と読み、「どうして～できようか、いや、～できない」の意。したがって②が適当。
文意は「楽しみを求めようとするなら、今の機会を逃さないようにすべきだ、／どうして来年を待つことができようか、いや、待つことはできない」となる。

67 「豈」は反語を表す副詞で「あニ～［セ］ンヤ」と読み、「どうして～だろうか、いや、～ない」の意。ここでは「『相知』（友人）が多ければよい訳ではない」という意である。「同不レ同」とは「同じ志を持っているかどうか」という意。したがって④が適当。書き下し文は「相知豈に多きに在らんや／但だ問ふ同じきや同じからざるやと」となる。

問 68 次の傍線部の訓読として最も適当なものを選べ。

無如多人何也。 〈呻吟語〉

① なきはひとおほきがごとくなるはなんぞや
② ひとおほきをいかんともするなきなり
③ ひとおほきこといかんぞなからんや
④ ひとおほきにしくなきはなんぞや
⑤ ひとおほきことのなんたるかにしくはなきなり

〈立教大〉

→ ②

問 69

留マルコト数日、病如クレ故《もと》ノ、甥常使人随之。 〈庚巳編〉

① つねにひとにこれをしたがはしむ
② つねにひとをしてこれにしたがはしむ
③ つねにひとにしてこれをしたがはしむ
④ つねにひとをつかひてこれにしたがふ
⑤ つねにひとをつかはしてこれをしたがはしむ

〈大東文化大〉

→ ②

問 次のそれぞれに答えよ。

70 次の傍線部の返り点・送り仮名の付け方と書き下し文との組み合わせとして、最も適当なものを選べ。

*旦日必ズ*部二分シテ衆狙ヲ于庭ニ一、使老狙率以之山中、求草木之実。 〈郁離子〉

*旦日＝明け方。　*部分＝グループごとに分ける。

① 使ム下老狙ヲシテ率ヰテ以テ之キ二山中ニ一、求メ中草木之実ヲ上

→ ①

解答

ポイント解説

68「如A何」は「Aヲいかんトスル」「Aヲいかんセン」と読み、上に「無」がある場合「Aヲいかんトスルなシ」と読むこともある。いずれにしろAが目的語となる。したがって②が適当。

Check 19 使役形 69・70

- **使役の基本**⇩だれかに何かをさせることを表し、「しム」と読む
- **使役の助字**⇩使・令・教・遣
- **使役を暗示する動詞**⇩命・説など
（➡Check 20）
- **注意**⇩命じる相手には多くの場合「ヲシテ」という言葉が付く

69「使二AB一」は使役形で「AヲシテB［セ］しム」と読み、「AにBさせる」の意。したがって②が適当。

70「使AB」は「AヲシテB［セ］しム」という使役の句法で、「AにBをさせる」の意。ここでは「老いた猿に草木の実を探させた」の意で、①が適当。

老狙をして率《ひき》ゐて以て山中に之《ゆ》き、草木の実を求めしむ

② 使ヒテ二老狙ヲ一率ネ以テ之カシメ二山中ニ一、求ム二草木之実ヲ一
老狙を使ひて率《おほむ》ね以て山中に之かしめ、草木の実を求む

③ 使メテ二老狙ヲシテ率ヘ一以テ之キ二山中ニ一、求ム二草木之実ヲ一
老狙をして率《とら》へしめて以て山中に之き、草木の実を求む

④ 使シ老狙率ヰテ以テ之カバ二山中ニ一、求ム二草木之実ヲ一
使《も》し老狙率《ひき》ゐて以て山中に之かば、草木の実を求む

⑤ 使ム下老狙ヲバ率ヘテ以テ之キ二山中ニ一、求メ中草木之実ヲ上
老狙をば率《とら》へて以て山中に之き、草木の実を求めしむ

共通

71

次の傍線部の解釈として最も適当なものを選べ。

胡子度ル二鼠之不ルヲ一レ能ハレ去ル也《や》、於イテレ是ニ命ジ二*童子ニ一取リ二*狸奴ヲ一置カ二*臥内ニ一。〈胡祭酒集〉

*童子＝召使いの少年。　*狸奴＝猫の別称。
*臥内＝寝室。

① 童子が胡子の猫を受け取って、寝室の中へ閉じ込めた。
② 童子が胡子の猫をけしかけて、寝室の鼠を捕まえさせた。
③ 胡子が童子に指示して、寝室の中で猫を捕まえさせた。
④ 胡子が童子の猫をけしかけて、寝室の鼠を捕まえさせた。
⑤ 胡子が童子に指示して、飼っていた猫を寝室に移させた。

共通

↓⑤

Check 20 使役を暗示する動詞 71

- 命レAB⇩読み「Aニ命ジテB［セ］シム」、意味「Aに命じてBさせる」
- 説レAB⇩読み「Aニ説キテB［セ］シム」、意味「Aを説得してBさせる」

71 「命レAB」は使役形で「Aニめいジテ B［セ］シム」と読み、「Aに命じてBさせる」の意。ここでは主語が「胡子」で、Aに当たるのが「童子」、Bに当たる行為が「取狸奴置臥内」である。したがって⑤が適当。傍線部の書き下し文は「童子に命じて狸奴を取りて臥内に置かしむ」。

問 次のそれぞれに答えよ。

72 次の傍線部の書き下し文として最も適当なものを選べ。

使㆔《メ》虎《ヲシテ》釈㆓《テ》其《ノ》爪牙㆒《ヲ》、而使㆓《メバ》狗《ヲシテ》用㆒㆑《ヒ》之《ヲ》、則《チ》虎反《ッテ》服㆓於狗㆒矣。 〈韓非子〉

① 狗に服せん　② 狗を服せん
③ 狗に服せられん　④ 狗よりも服せん （上智大）

解答 → ③

73 次の傍線部の訓読として最も適当なものを選べ。

為十*目十手所隔、弗得遂願。 〈情史〉

*十目十手＝衆人環視のさまをいう。

① じゅうもくじっしゅのためにへだつるところ、ねがいをとぐるをえず。
② じゅうもくじっしゅのためにへだつるところ、ついにねがうをえず。
③ じゅうもくじっしゅのへだつるところとなり、ねがいをとぐるをえず。
④ じゅうもくじっしゅのへだつるところとなり、ついにねがうをえず。 （日本大）

→ ③

問 次の傍線部の解釈として最も適当なものを選べ。

74 世之為㆑《ス》欺《ヲ》者不㆑寡《カラ》矣、而《シテ》独我也乎。 〈売柑者言〉

① 私だけがだまされずにすんだのでしょうか。

→ ③

ポイント解説

Check 21 受身形 72・73

- **受身の助字⇩見・被・所・為**
- **受身の置き字を用いる形**
  ⇩A㆓《[セ]ラル》於（于・乎）B㆒《ニ》
- **その他の句形⇩為㆓《ル》A《ノ》所㆒㆑《ト》B《[スル]》**

72 「A㆓於B㆒」は受身形で「BニA〔セ〕ル〔ラル〕」と読み、「BにAされる」の意。「矣」は断定の助字。受身の意味から③が適当。

73 「為㆓A所㆒㆑B」は「AノB〔スル〕ところトなル」と読み、「AにBされる」という受身の意を表す。「弗」は「不」に書き換えることができる。「遂」はここでは動詞で③が適当。

Check 22 限定形 74・75

- **文頭に用いる限定の副詞⇩惟・唯・但・只・徒・独**
- **文末に用いる限定の助字⇩已・耳・爾・而已・而已矣**
- **意味⇩**（ただ）～だけだ

② 私だけがそのように思っているのでしょうか。
③ 私だけがだましたということになるのでしょうか。
④ 私だけが疑いの目で見られるのでしょうか。
（上智大）

75

＊郁《いく》離《り》子《し》曰《ハク》、「世《ニ》有《ルハ》下以《テ》レ術《ヲ》使《ヒテ》レ民《ヲ》而無《キ》二＊道揆一者上、其《レ》如《キ》二狙公《ノ》一乎。惟其昏而未レ覚也。一旦有《ラバ》レ開《クコト》レ之《ヲ》、其《ノ》術窮《セント》矣。」
〈郁離子〉

＊郁離子＝著者劉基の自称。
＊道揆＝道理にかなったきまり。

① ただ民たちが疎くてこれまで気付かなかっただけである
② ただ民たちがそれまでのやり方に満足していただけである
③ ただ猿たちがそれまでのやり方に満足しなかっただけである
④ ただ猿飼いの親方がそれまでのやり方のままにしただけである
⑤ ただ猿飼いの親方が疎くて事態の変化にまだ気付いていなかっただけである

共通

↓ ①

問 次の傍線部の書き下し文として最も適当なものを選べ。

76

吾今日見《ルニ》二老子《ヲ》一、其猶龍邪。
〈史記〉

① それなほ龍のよこしまなるかと
② それもすべからず龍のごとくかと
③ それいまだ龍ならずかと
④ それなほ龍のごときかと
⑤ それはまさに龍とすかと

（立正大）

↓ ④

74 「独〜乎」はここでは限定形の反語を表し、「ひとり〜ノミナランや」と読む。「どうして〜だけだろうか、いや、〜だけではない」の意で③が適当。傍線部の書き下し文は「独り我のみならんや」。

75 「未」は「いまダ〜ず」と訓読する再読文字。「まだ〜しない」の意。ここから①か⑤が正解とわかる。あとは、「其」が指す者が「民」なのか「猿飼いの親方」なのかという点を考える。前の文との関連で①が適当。

Check 23 文末の詠嘆の助字 76

- **文末に用いる詠嘆の助字**⇩哉・矣・乎・夫・也・与・歟・邪・耶
- **読み**⇩〜かな・〜か・〜や
- **意味**⇩〜だなあ・〜ことよ

76 「邪」はここでは「か」と読み、詠嘆の助字。「猶」は再読文字で「なホ〜ごとシ」と読むので④が適当。傍線部の文意は「（老子は）まるで龍のよう（にとらえられない人）だなあ」。

問 次のそれぞれに答えよ。

77 次の傍線部の解釈として最も適当なものを選べ。

鮑叔曰《ハク》、「*公《ハ》必《ズ》行《ヘト》二*夷《い》吾《ご》之言《ヲ》一。」叔不二惟《ダニ》薦《ムルノミナラ》レ仲《ヲ》、又能《ク》左二右《スルコト》之《ヲ》一如《シ》レ此《クノ》。真《ニ》知己也。 〈千百年眼〉

＊公＝桓公。斉の君主。　＊夷吾＝管仲のこと。

① 鮑叔は管仲を宰相に推薦しただけでは心配で、このように自らもまた桓公を通じて政治に関与していたのである。
② 鮑叔が管仲を宰相に推薦しただけではなく、このように管仲もまた鮑叔のことを気づかうことができたのである。
③ 鮑叔は管仲を宰相に推薦しただけでは心配で、このように管仲が道を踏みはずさぬように導いてもいたのである。
④ 鮑叔が管仲を宰相に推薦しただけではなく、このように管仲もまた鮑叔と権力をわけあうことができたのである。
⑤ 鮑叔は管仲を宰相に推薦しただけではなく、このように見えないところでうまく管仲を補佐してもいたのである。 共通

解答 ⑤

78 次の傍線部の訓読として最も適当なものを選べ。

東《とう》坡《ば》云《フ》、「此事不二独今人不一レ能、古人亦自少也。」 〈梁谿漫志〉

① このことひとりきんじんのよくせざるのみにあらず、こじんもまたみづからすくなしとするなり
② このことただにきんじんのみあたはざるにあらず、こじんも

解答 ⑤

ポイント解説

Check 24 累加形 77・78

・**不二唯（惟）～一** ⇩読み「たダニ～ノミナラず」、意味「ただ～だけではない」
・**不二独～一** ⇩読み「ひとリ～ノミナラず」、意味「ただ～だけではない」
・**非二唯（惟）～一** ⇩読み「たダニ～ノミニあらズ」、意味「ただ～だけではない」
・**非二独～一** ⇩読み「ひとリ～ノミニあらズ」、意味「ただ～だけではない」

77 「不二惟A一、又B」は累加形で「たダニAノミナラず、またB」と読み、「ただAだけではなく、その上Bでもある」の意。「左右」は「補佐する・助ける」の意。したがって⑤が適当。なお、⑤の文中の「うまく」に相当するのが「能」である。傍線部の書き下し文は、「叔惟だに仲を薦むるのみならず、又能く之を左右すること此くのごとし」。

78 「不二独～一」は累加形で「ひとリ～ノミナラず」と読み、「ただ～だけではない」の意。「自少也」の主語は「此事」であり、

またみづからすくなきなり

③ このことわづかにきんじんのあたはざるにあらず、こじんもまたみづからすくなしとするなり

④ このことただにはきんじんのあたはざるのみならず、こじんもまたおのづからすくなければなり

⑤ このことひとりきんじんのみよくせざるにあらず、こじんもまたおのづからすくなきなり

共通

79 次の傍線部の書き下し文として最も適当なものを選べ。

孔子曰《ハク》、無友不如己者。　〈顔氏家訓〉

① 己の如からざる者を友とする無かれ。

② 友の己に如かざる者無し。

③ 己に如かざる者を友とする無かれ。

④ 友無きは己に如かざる者なり。

⑤ 友の己の如からざる者無し。

〈愛知大〉

→ ③

80 次の傍線部の解釈として最も適当なものを選べ。

吾ニ有リ二千里ノ馬一　*毛骨何*蕭《せう》森タル

疾《はやク》馳《はスレバ》如ク二奔風ノ一　白日ニ無シレ留ムルレ陰ヲ

〈欧陽文忠公集〉

*毛骨＝馬の毛なみと骨格。　*蕭森＝ひきしまって美しい。

① どこが　② いつから　③ どのように

④ どうして　⑤ なんと

共通

→ ⑤

人間が主語ではないので、「みづから」（「自分から」の意）ではなく「おのヅカラ」（「自然と」の意）と読むのがよい。したがって⑤が適当。ここでは「のみ」が「今人」にかかっていること、「不」から「不」に返るに当たって「ざるにあらず」と読むことに注意。傍線部の文意は「このことはただ今の人ができないだけではなく、昔の人もまたできることが自然と少なかったのだ」。

Check 25 比較形 79

- A C二於（于・乎）B一 ⇩読み「AハBヨリ（モ）C」、意味「AはBよりもCだ」
- A不レ如（若）レB ⇩読み「AハBニしカず」、意味「AはBに及ばない」

79 「無」は「～無カレ」という禁止の意。「不レ如レ～」は「～ニしカず」と読み、「～に及ばない」という比較を表す。したがって③が適当。

80 「何」は「なんゾ」と読み、「なんと～か」の意となる。したがって⑤が適当。

問 次の傍線部は「寧A乎、寧B乎」という句法を用いている。この句法の意味として最も適当なものを選べ。

81 此《ノ》亀《ナル》者、寧其死為留骨而貴乎、寧其生而曳尾於塗中乎。〈荘子〉

① AとBとの対比
② AとBとの並列
③ AとBとの比較選択
④ Aの原因にBの結果
⑤ AとB双方に対する否定

（立正大）

解答 → ③

問 次の傍線部の書き下し文として最も適当なものを選べ。

82 以《テ》レ之《ヲ》修《ムレバ》レ身《ヲ》、則《チ》同《ジクシテ》レ道《ヲ》而相益《マシ》、以《テ》レ之《ヲ》事《フレバ》レ国《ニ》、則同心而共済、終始如一。〈朋党論〉

① 則ち心を同じくして共に済《な》し、終始一《いつ》のごとし。
② 則ち心と共に済《な》すことを同じくし、終に一《いつ》のごときを始む。
③ 則ち心を同じくして共に済《な》し、終に一《いつ》のごときを始む。
④ 則ち心と同じくして共に済《な》し、終始のごときは一《いつ》ならん。
⑤ 則ち同じく心を共に済《な》せば、終始一《いつ》のごとし。

（國學院大）

解答 → ①

83 死馬且買之。況生者乎。〈十八史略〉

① 死馬すら且《か》つ之《これ》を買ふ。況《いは》んや生ける者をや。

解答 → ①

ポイント解説

Check 26 さまざまな句形 81~85

- **選択形**⇩二つのものを比べてどちらか一方を選ぶ句形
- **比況形**⇩あるものの動作や状態を何かほかのものにたとえる句形
- **抑揚形**⇩初めに「AでさえBである」と軽く抑えて言い、次に「ましてCはなおさらBである」と後文を強調する句形
- **願望形**⇩自分の希望や相手への願望を表す句形

81「寧A乎、寧B乎」は選択形で「むしロA［セ］ンか、むしロB［セ］ンか」と読み、「Aする方がよいか、Bする方がよいか」の意。したがって③が適当。書き下し文は「此の亀なる者は、寧ろ其れ死して骨を留めて貴ばれんか、寧ろ其れ生きて尾を塗中に曳かんか」、文意は「この亀は、死んで骨を残して大切に保存された方がよかったか、それとも生きて尾を泥の中に引きずっていた方がよかったか」。

② 死馬且《まさ》に之《これ》を買はんとす。生に況《くら》ぶる者ならんや。
③ 死馬は且《しばら》く之《これ》を買はん。況《あ》に生ける者をや。
④ 死馬は且《しばら》く之《これ》買はん。況《いは》んや生ける者ならんか。
⑤ 死馬は且《か》つ買ひて之《ゆ》く。況生《きやうせい》なる者か。

（成蹊大）

↓ ④

84

況 乎 天 理 之 冥* 冥、又 安 可 得 而 推。

〈祭欧陽文忠公文〉

＊冥冥＝奥深く果てしない。

① 天理の冥冥たるに況ずるは、又安くんぞ得て推すべし
② 天理の冥冥たるを況ずるに、又安くにか得て推すべきか
③ 況乎として天理の冥冥たる、又安くんぞ得て推すべけんや
④ 況んや天理の冥冥たるは、又安くんぞ得て推すべけんや
⑤ 況んぬるかな天理の冥冥たるは、又安くにか得て推すべき

（関西大）

↓ ①

問 次の傍線部の解釈として最も適当なものを選べ。

85

冀二 速 已一。

〈柳河東集〉

① すみやかに病気がなおることを望んだ。
② はやく薬を換えようと思った。
③ あっという間に病気が癒えたのだった。
④ われ先にと宋清のもとにおしかけた。

（南山大）

---

82 「如二〜一」は比況形で「〜ノごとシ」と読み、「〜のようだ」の意。また「則同心而共済」は傍線部の前の「則同道而相益」と対応している。したがって①が適当。傍線部の文意は「互いに心を一つにして共同で事業を成し遂げ、始めから終わりまで少しも変わらない」となる。

83 「A且B。況C乎」は抑揚形で「AスラかツB。いはンヤCヲや」と読み、「AでさえBだ。ましてCの場合はなおさら（B）だ」の意。①が適当。文意は「死んだ馬でさえ（大金で）買うのだ。まして生きた馬の場合はなおさら（大金で買うはず）だ」となる。

84 「況A、安B」は抑揚形に反語形が続く形で、「いはンヤA、いづクンゾB［セ］ン（ヤ）」と読み、「ましてAは、どうしてBだろうか、いや、Bしない」の意。したがって④が適当。「而」は接続の働きをする置き字。「可」は下に動詞を伴うので「べシ」と読み、可能を表す。

85 「冀」は「こひねがフ」と読み、願望形を表す。したがって①が適当。「已」は「やム」と読み、ここでは「病気が治る」の意。

問 86 次のそれぞれに答えよ。

次の傍線部の、a書き下し文、b解釈として最も適当なものを選べ。

＊西施非ザル二能ク亡《ほろ》ボスニレ呉ヲ也。而後世以二亡国之罪一帰二之西施一、過矣。

〈壮悔堂文集〉

＊西施＝春秋時代、越の国の女性。越王句践《こうせん》の命令によって呉の国に遣わされ、呉王の心を奪った。

a
① 而《しか》るに後世亡国の罪を以て之《これ》を西施に帰《き》するは、過《あやま》てり。
② 而《しか》して後世亡国の罪を以て之《ここ》に西施を帰《かへ》すも、過《す》ぎたり。
③ 而《しか》して後世亡国の罪を以て之《これ》に西施を帰《とつ》がするは、過《あやま》てり。
④ 而《しか》れども後世亡国の罪を以て之《こ》の西施を帰《き》するは、過《くわ》なり。
⑤ 而《しか》るに後世亡国の罪を以て之《こ》れ西施に帰《かへ》るは、過《す》ぎたり。

b
① とはいえ、のちに呉王が、自分の罪に気がついて西施を越に戻したとしても、遅かったであろう。
② だからこそ、呉が滅んだ後に呉の人々は、呉の国を滅ぼした罪によって西施を責めたのである。
③ そののち、世の人が、呉を滅ぼしたのは越が西施を送り込んだためだ、と言いふらしたのである。
④ にもかかわらず、のちの時代の人が、呉の国が滅んだのを西施のせいにするのは、間違っている。
⑤ しかしながら、そののち越王が、呉の国を滅ぼすために西

解答
a＝①
b＝④

ポイント解説

Check 27 接続詞の「而」 86

- **順接**（「そして」の意）⇩読みは「しかうシテ・しかシテ」
  ※順接の場合、置き字となり訓読しない場合も多い。
- **逆接**（「しかし」の意）⇩読みは「しかレドモ・しかルニ・しかモ」

86 「而」が順接か逆接かを判断するために、まず「而」の前後の内容を見てみると、「而」の直前の一文が「西施が呉を滅ぼすことができたわけではない」の意であるのに対し、「而」の後に「『後世』の人が『亡国之罪』を西施のせいにするのは」と逆の内容が続くので、この「而」は逆接を表すと判断できる。「帰」は「きス」と読み、「結果としてあるところに行き着く・人に負わせる」の意。さらに、「過」はここまでの文脈から「あやまツ」と読み、「間違いを犯す」の意にとるのが適当。したがってaは①、bは④が適当。

Check 28 返読文字 87

施を嫁がせたのは、やり過ぎであった。

87 次の傍線部の書き下し文を元の漢文にしたものとして最も適当なものを選べ。 共通

凡そ大人の道に三有り。〈箕子廟の碑陰に書す〉

① 大人之道有三　② 有大人之道三
③ 大人之道三有　④ 有三大人之道

→ ①

88 次の傍線部のa返り点の付け方とb書き下し文の組み合わせ、b解釈として最も適当なものを選べ。（獨協大）

君子不奪人所好、己ノ所ハ㆑不ル㆑欲セ勿《な》シ㆑施ス㆓於人ニ㆒。〈帰潜志〉

a
① 君子不㆑奪㆑人㆑所㆑好　君子は好む所の人より奪はず
② 君子不㆓奪㆑人所㆒㆑好　君子は人より奪ふは好む所ならず
③ 君子不㆑奪㆑人所㆑好　君子は人より奪はずして好まる
④ 君子不㆑奪㆓人所㆒㆑好　君子は人の好む所を奪はず
⑤ 君子不㆑奪㆓人所㆑好㆒　君子は人に好まるる所を奪はず

b
① 君子は好んでいる人からものを奪わない
② 君子は人が好んでいるものを奪わない
③ 君子は人から場所を奪わないので好まれる
④ 君子は人からものを奪うことを好まない
⑤ 君子は人に好まれている場所を奪わない　共通

→ a＝④　b＝②

- **返読文字**⇩「ヲ・ニ・ト・ヨリ」などの送り仮名に関係なく、下から返って読まれる文字
- **基本的な返読文字**
  ⇩有・無・多・少・難・易・可・与・所・如・若・自・従・為・所以

87「有」は存在または所有を表す返読文字。必ず下から返って読む。これに加え、傍線部が「立派な人間の生き方には三つある」の意だと推測できれば、①を選ぶことができる。なお、「大人」とは「徳の高い人」のこと。

Check 29 対象を指示する「所」 88
- **A所㆑B**
  ⇩下にくる用言を受けて体言化する
  読みは「AノB［スル］ところ」
- **所㆑AB**
  ⇩修飾成分を作る
  読みは「A［スル］ところノB」

88「所」は下にくる用言を受けて体言化する働きをする。「人所㆑好」で「ひとノこのムところ」と読み、「人の好むもの」の意。「不㆑奪」（奪はず）の対象がこの「人所㆑好」なので、aは④、bは②が適当。

問 次のそれぞれに答えよ。

89 かっこ内に示した傍線部の読みに従った返り点の付け方として最も適当なものを選べ。

知可以戦、与不可以戦者勝。 〈孫子〉

（もってたたかふべきと、もってたたかふべからざるとをしるものはかつ）

① 知下可レ以レ戦、与上不レ可二以戦一者勝
② 知可二以戦一、与不レ可二以戦一者勝
③ 知下可二以戦一、与上レ不可二以戦者一勝
④ 知下可二以戦一、与上レ不レ可二以戦一者勝
⑤ 知可下以レ戦、与上不可二以戦一者勝

（中京大）

90 次の傍線部の書き下し文として最も適当なものを選べ。

*虞《ぐ》卿《けい》聞《キ》レ之《ヲ》、往《キテ》見《まみエテ》レ王《ニ》曰《ク》、危哉楼子之所以為秦者。 〈史記〉

*虞卿聞之＝虞卿は、遊説の士。「聞之」の「之」は、楼子が王に具申したことを指す。

① 危ふきかな楼子の秦の為《ため》にする所以の者は
② 危ふきかな楼子を之れ秦の為《ため》とする所以の者は
③ 危ふきかな楼子の所以は秦の為《ため》にする者なればなり
④ 楼子を危ふしとするは之れ秦の為《ため》にする所以の者なり
⑤ 楼子を危ふしとする所以は秦の為《ため》にする者なればなり

（國學院大）

解答

89 → ④

90 → ①

ポイント解説

Check 30 「A与B」 89

・A与レB ⇩ 読み「AトBと」
意味「AとBと」

89 「A与B」は「AトBと」と訓読するので、「もってたたかふべきと」＝「可以戦」、「もってたたかふべからざるとを」＝「与不可以戦」と分けられ、それぞれ一・二点とレ点を用いる。「とをしるもの」で、「与」から「知」へ返るので、上下点を用いる。この際、「とを」のところで上点とレ点の複合が起きる。したがって④が適当。

90 「危ふきかな楼子の秦の為にする所以の者は」と書き下すので①が適当。「危ういことですね、楼子の秦を利するようなやり方は」という意味となる。

91

次の傍線部の解釈として最も適当なものを選べ。

鮑叔《ハ》君子也。*千乗之国《モ》、不《レバ》レ以《テセ》二其《ノ》道《ヲ》一、予《あたフルモ》レ之《ヲ》不《ル》レ受《ケ》也。〈千百年眼〉

*千乗之国＝兵車千両を出すことのできる大国。

① 経緯を明らかにしなくては、与えたものですら受け取らない。
② 規範を示さなければ、与えたものを受け取る気を起こさない。
③ 大義がなければ、与えたところで受け取ろうとはしない。
④ 主義に合致していなければ、与えても受け取るすべを知らない。
⑤ 方法を知らないままでは、与えたものを受け取ろうとしない。

↓ ③

92

次の空欄に入る最も適当な語を選べ。 共通

*針《ニ》有《リ》二分寸一、*時《ニ》有《リ》二破《は》漏《ろう》一、重《ヌルニ》以《テシ》二恐懼之心《ヲ》一、□以《テスレバ》二*裁慎之志《ヲ》一、〈後漢書〉

*針有分寸＝針を打つには深浅がある。
*時有破漏＝日には凶の日がある。
*裁慎＝慎重であること

① 軽　② 長　③ 最　④ 強　⑤ 加 〈立教大〉

↓ ⑤

93

次の傍線部の解釈として最も適当なものを選べ。

翁曰《ク》、子幾得レ道、恨《ムラクハ》於《テ》レ此《ニ》不レ成《ラ》。〈後漢書〉

① 君があらゆる困難に耐えて道を会得したとしても
② 君が道を会得しようとどんなに努力しても
③ 君はもう少しで道を会得できたのに
④ 君はあんなに道を会得したがっていたのに 〈南山大〉

↓ ③

Check 31 動詞の「以」 91

・ひきヰル⇩意味「率いる」
・もつテス⇩意味「手段・方法とする」

91 「以」は「もつテス」と読み、手段を表す。「道」は「正しい道理」の意。「不レ以ニ其道一」で「其の道を以てせざれば」と読み、「正しい道理を手段とするのでなければ」の意。「予」は「あたフルモ」と読み、「与えたところで」の意。したがって③が適当。「鮑叔は君子だから、たとえ『千乗之国』を与えようと言われても、適切な手段・方法を用いるのでなければ、受け取らない」という文脈となる。

92 「重以恐懼之心」「□以裁慎之志」が対応関係にあり、□が「重」と対応することに着目。ここでの「重」は「加える」の意であり、「針有分寸、時有破漏」に「恐懼之心」が加わると述べている。さらに、「裁慎之志」が加わるというのである。したがって⑤が適当。

93 「幾」は「ほとんド」と読み、「ほとんど～だ」の意。直訳すると、「君はほとんど道を会得していたのに」となる。これに近い意味の③が適当。

問 94 次の傍線部の書き下し文として最も適当なものを選べ。

今日*寡《くわ》人《じん》出猟シ、上レバ㆑山ニ則チ見㆑虎ヲ、下レバ㆑沢ニ則チ見ル㆑蛇ヲ。殆所謂不祥也。〈晏子春秋〉

*寡人＝君主の自称。

① あやふくしやうならざらんといふところと。
② ほとんどいふところしやうならざるなりと。
③ あやふくふしやうといふところなりと。
④ ほとんどいはゆるふしやうならんと。
⑤ あやふくしやうならずといふところと。

（関西大）

解答 ④

問 95 次の傍線部の解釈として最も適当なものを選べ。

君若シ欲セバ㆑害セント㆑之ヲ、不㆑若カ㆔一タビ為ニ下シテ㆑水ヲ以テ病㆓其所㆒㆑種。〈戦国策〉

① 穀物を植えている土地を使えなくする。
② 植えているものの水の心配をする。
③ 植えているものをだめにしてしまう。
④ 何を植えてよいか悩んでしまう。

（上智大）

解答 ③

問 96

思ヒ㆑還ルヲ㆓故《もと》ノ*里《り》閭《りよ》ニ㆒欲㆑帰道無㆑因〈文選〉

*里閭＝集落。

① 帰ろうとしても帰る手だてはない。
② 帰ろうとすれば道はどこにでもある。

解答 ①

ポイント解説

94 「殆」は「ほとんド」と読み、「たぶん・おそらく」の意。行為や状況に対する推測を表す。「所謂」は「いはゆる」と読み、「世にいう」の意。「不祥」は「不吉な兆候」の意で、ここでは「ふしやう（ふしょう）」と音読みする。したがって④が適当。傍線部の意味は「恐らく世にいう不吉な兆候を示しているのだろう」。

95 「所」は「〜こと（もの）」など下にくる用言を受けて体言化する（➡P.335 Check 29）。「種」はここでは「うウル」と読む。「所種」は「植えているもの」であり、これにあてはまるのは②③。さらに、「病其所種」は「不若」に返り、「〜に及ばない」「〜ほうがよい」という意。直前の「君若欲害之（＝あなたがもしこれをさまたげたいならば）」から文脈的に③が適当。

96 「欲」は「〜しようとする」という意。「道」はここでは「手段・方法」の意。「因」は「よル」と読み、「たよりにする」の意。したがって①が適当。傍線部の書き下し文は「帰らんと欲するも道因る無し」。

③ 帰り道に災いなどありませんようにと願う。

④ 帰りには道に迷うことがありませんようにと願う。 (南山大)

問 次の傍線部のa書き下し文、b解釈として最も適当なものを選べ。

97 然則学㆑杜者当㆓何如㆒而可。 〈野鴻詩的〉

a

① 然らば則ち杜を学ぶ者は何れのごときに当たらば而《すなは》ち可ならんや

② 然らば則ち杜を学ぶ者は当に何如ぞ而ち可とせんや

③ 然らば則ち杜を学ぶ者は当に何れのごとくにすべくんば而ち可なり

④ 然らば則ち杜を学ぶ者は当に何如なるべくんば而ち可なるか

⑤ 然らば則ち杜を学ぶ者は何如に当たりて而ち可ならんか

b

① それならば、杜詩を学ぶ者はいったいどのようであればいいのであろうか。

② そうではあるが、杜詩を学ぶ者はどうしたらいいのかわかっているのであろうか。

③ それならば、杜詩を学ぶ者はどのようなときに対処できるのであろうか。

④ そうではあるが、杜詩を学ぶ者は本当にどのようなことも可能になるのだ。

⑤ さもなければ、杜詩を学ぶ者はどのようなときにも実力を発揮できないのではないか。 共通

→ a＝④ b＝①

97 「当」は「まさニ～［ス］べシ」と読む再読文字で「～すべきである・きっと～のはずだ」の意。「何如」は「どうであるか」という疑問を表す。「而《すなは》チ」は「則」と書き換え可能で、「而」の前が仮定の意を表す。「可」は下に動詞を伴わない場合、「かナリ」と読み、「よい」という意。aは④、bは①が適当。

❖漢詩については形式・押韻・対句に関する出題が非常に多い。しっかりと整理して覚えておこう。

問 次のそれぞれに答えよ。

98 次の漢詩の形式を漢字四字で答えよ。

江州重別薛六柳八二員外　劉長卿

生涯豈料承優詔　世事空知学酔歌
江上月明胡雁過　淮《わい》南木落楚《そ》山多
寄身且《しばらク》喜滄《さう》洲《しうノ》近《ちかキヲ》　顧影無如白髪何
今日竜《りよう》鍾《しょうトシテ》人共棄　媿君猶遣慎風波

（二松學舍大）

99 次の漢詩について、a漢詩の形式として最も適当なものを選び、b韻を踏んでいる文字をすべて抜き出して記せ。

楓《ふう》橋《けう》夜泊　張継

月落烏《からす》啼《なキテ》霜満天
江楓漁火対愁眠
姑《こ》蘇《そ》城外寒山寺
夜半鐘声到《いたル》客船

a
① 七言古詩　② 七言楽府
③ 七言律詩　④ 七言排律
⑤ 七言絶句

（愛知大）

解答

98 七言律詩

99 a＝⑤
b＝天　眠　船

ポイント解説

Check 32 漢詩の形式　98〜100

- **漢詩の形式**⇩「古体詩」（自由詩）と「近体詩」（定型詩）に大別
- **近体詩の種類**⇩五言絶句・七言絶句・五言律詩・七言律詩・五言排律
- **押韻**⇩原則として五言は偶数句末、七言は第一句と偶数句末

98 一句の中の字数を「言」という。ここでは一句が七字なので、「七言」となる。八句から成る詩を「律詩」という。

99 一句が七字なので「七言」であり、四句から成る詩を「絶句」というので、⑤が適当。原則として七言詩は第一句末と偶数句末が押韻する。

100 次の漢詩の韻字の組み合わせとして最も適当なものを選べ。

月夜　杜甫

今夜鄜州ノ月　閨中只《ひとへニ》独リ看ルナラン
遥カニ憐レム小児女ノ　未ダ《ざルヲ》レ解セレ憶フコトヲ二長安ヲ一
香霧雲鬟湿ヒ　清輝玉臂寒カラン
何レノ時カ倚リテ二虚幌ニ一　双ビ照ラサレテ涙痕乾カン

① 月・寒・乾　② 看・安・寒・乾
③ 看・幌・乾　④ 閨・清・双
⑤ 長・安・痕・寒

（東海大）

↓ ②

101 次の傍線部の書き下し文として最も適当なものを選べ。

春晴懐フ二故園ノ海《かい》棠《だう》ヲ一　楊万里

竹辺ノ台榭《しゃ》水辺ノ亭　不レ要《もとメ》二人ノ随フヲ一只ダ独リ行ク
乍《たちまチ》暖カニシテ柳条ハ無ク二気力一　淡晴ニシテ花影ハ不二分明ナラ一
一番ノ過雨来タリ二幽径ニ一　無数新禽有喜声
只ダ欠ク翠紗《さ》ノ紅映ズルヲレ肉ニ　両年寒食負《そむク》二先生ニ一

① 無数の新禽《きん》、有りて声を喜ばす
② 無数の新禽、喜声有り
③ 新禽を数ふる無く、喜声のみ有り
④ 新禽を数ふる無く、声を喜ばすこと有り
⑤ 新禽に喜声有るを数ふる無し
⑥ 新禽を数ふるも、喜声有ること無し

（立命館大）

↓ ②

100 五言詩は偶数句末が押韻するので②が適当。

Check 33 対句
- **律詩の対句**⇩頷《がん》聯（第三・四句）と頸《けい》聯（第五・六句）は対句となる
- **対句の原則**⇩対応する語の字数が等しく、二つの句の文法的構造が同じで、意味の上でも関連を持つ

101

101 七言律詩では第三句と第四句、第五句と第六句が対句となることに着目する。傍線部と対になる第五句が、「一番」「過雨」「来二幽径一」と三つに分けられることから、傍線部の第六句もこれと同じ対応関係を考え、「無数」「新禽」「有喜声」に分けられる。「無数」は「多くの」、「禽」は「鳥」。「有」は返読文字である点から考え、②が適当。なお、傍線部の意味は、「多くのひなどりたちが喜びの声をあげる」となる。

❖「チェックポイント」で学習した語に加え、訓読の基礎となる再読文字をまとめた。

重要漢字・複合語

悪 ①にくム（＝憎む） ②いづクンゾ（＝どうして―か）

為 ↓Check❶ ①つくル（＝作る） ②なス（＝行う） ③をさム（＝治める・治療する） ④―なル（＝―となる） ⑤―たり（＝―である） ⑥ためニ（＝―のために）

焉 ①いづクンゾ（＝どうして―か） ②いづクニカ（＝どこに―か） ③これ・ここ（＝これ・ここ） ④置き字

蓋 ↓Check❷ ①おほフ（＝覆う） ②けだシ（＝思うに・たぶん） ③なんゾ―［セ］ざル（＝どうして―しないのか、―すればよい）

見 ↓Check❸ ①みル／みユ（＝見る・会う／見える・わかる） ②まみユ（＝お目にかかる） ③―［セ］る・らル（＝―される） ④あらはル・あらはス（＝現れる・現す）

之 ①ゆク（＝行く） ②これ・こノ・ここ（＝これ・この・ここ） ③これ（＝これこそ） ④―の（＝―の）

自 ①みづから（＝自分から） ②おのヅカラ（＝自然に） ③―より（＝―から） ④―よりス（＝―からする・―から始まる）

爾 ①なんぢ（＝君・あなた） ②しかり（＝そのとおり） ③―のみ（＝―だけだ）↓Check❹

如 ↓Check❺ ①ごとシ（＝―のようだ） ②しク（＝及ぶ） ③ゆク（＝行く） ④もシ（＝もし―ならば）

勝 ①たフ（＝耐える・できる） ②あゲテ（＝残らず・ことごとく） ③かツ（＝勝つ） ④まさル（＝優れる）

謂 ↓Check❻ ①いフ（＝言う・話す） ②おもフ・おもへラク（＝思う・思うことには）

能 ↓Check❽ ①あたフ（＝―できる） ②よク（＝―できる）

与 ↓Check❾ ①とも二・ともニス（＝いっしょに・いっしょに行う） ②と（＝―と） ③より（＝―より）

所謂 ①いはゆる（＝世にいう）

以為 ①おもヘラク―ト（＝―だと思う）

庶幾 ①こひねがハクハ（＝どうか―させてください）

何為 ①なんすレゾ（＝どうして―か） ②なんすル（＝どういう―か）

所以 ↓Check⓫ ①ゆゑん（＝―の理由・―の手段・―するためのもの）

再読文字

未《いまダ》ず 二｜一 ［セ］
読 いまダ―［セ］ず
意 まだ―しない。

将《まさニ》す 二｜一 ［セ］ント ↓Check⓮
読 まさニ―［セ］ントす
意 ―しようとする。―するつもりだ。

且《まさニ》す 二｜一 ［セ］ント
読 まさニ―［セ］ントす
意 ―しようとする。―するつもりだ。

当《まさニ》ベシ 二｜一 ［ス］
読 まさニ―［ス］ベシ
意 ―すべきである。きっと―のはずだ。

応《まさニ》ベシ 二｜一 ［ス］
読 まさニ―［ス］ベシ
意 きっと―だろう。―すべきである。

宜《よろシク》ベシ 二｜一 ［ス］
読 よろシク―［ス］ベシ
意 ―するのがよい。

須《すべかラク》ベシ 二｜一 ［ス］
読 すべかラク―［ス］ベシ
意 ―する必要がある。

猶《なホ》〔**由**〕ごとシ 二｜一 ノ［スル］ガ
読 なホ―ノごとシ・なホ―［スル］ガごとシ
意 ちょうど―のようだ。

盍《なんゾ》〔**蓋**〕ざル 二｜一 ［セ］
読 なんゾ―［セ］ざル
意 どうして―しないのか（―すればよい）。

第10章

文学史問題

❖この章では、主に文学的文章（小説・随筆など）の読解に必要な語句を扱う。慣用句や故事成語を中心に、自分の語彙力を試してみよう。

❖共通テストや私大入試で、小説の中の語句の知識を問う問題は頻出。問題文から類推する方法だけでは限界がある。辞書的な意味を覚えていこう。

1 上代文学・和歌

❖万葉・古今・新古今の三大歌集を押さえることが最も重要。自分の知識を確認していこう。

問 次のそれぞれに答えよ。

1 次の空欄に入る作品として最も適当なものを選べ。

日本人は徹底的に無条件に、大陸文化をとり入れざるをえなかった。そうして、その影響は、『[　　]』のかかれた八世紀から計算しても、十九世紀まで、十世紀以上におよんだ。

〈吉田秀和「荷風を読んで」〉

① 源氏物語　② 西遊記　③ 今昔物語集
④ 古事記　⑤ 史記

（国士舘大）

2 『万葉集』の中で明記されている作歌年代として、一番新しい時期に最も近い西暦年代を選べ。

① 六〇〇年　② 八〇〇年　③ 一〇〇〇年
④ 一二〇〇年　⑤ 一四〇〇年

（東京理科大）

3 『万葉集』の編者として中心的な役割を果たしたとして知られる人物を一人選べ。

① 藤原定家　② 在原業平　③ 紀貫之
④ 鴨長明　⑤ 大伴家持

（東京経済大）

4 『日本霊異記』より前に成立した作品を二つ選べ。

① 大鏡　② 懐風藻　③ 今昔物語集

解答

1 ④
2 ②
3 ⑤
4 ②⑥

ポイント解説

Point 1 上代の文学 1〜4

- 『古事記』⇩七一二年成立の歴史書で、稗田阿礼《ひえだのあれ》が口述したものを太安万侶《おおのやすまろ》が撰録《せんろく》
- 『日本書紀』⇩七二〇年成立の歴史書で、舎人親王《とねりしんのう》ら編
- 『万葉集』⇩現存する最古の歌集
作歌年代や歌風から四期に分かれる
第一期＝壬申《じんしん》の乱（六七二年）まで
第二期＝平城京遷都(七一〇年)まで
第三期＝七三三年まで
第四期＝七五九年まで
- 『懐風藻《かいふうそう》』⇩現存最古の漢詩集
- 『風土記《ふどき》』⇩地誌

1 ④『古事記』が適当。日本最古の書物。①『源氏物語』は十一世紀初めの成立。②『西遊記《さいゆうき》』は一五七〇年頃に成立した中国、明《みん》代の長編小説。③『今昔物語集』は平安末期の成立。⑤『史記』は紀元前九一年頃完成した中国の歴史書。

④ 将門記　⑤ 古今和歌集　⑥ 日本書紀　（早稲田大）

5 次の歌集のうち、紀貫之が撰者の一人となっているものを一つ選べ。

① 後撰和歌集　② 万葉集　③ 古今和歌集
④ 千載和歌集　⑤ 新古今和歌集　（名城大）

→ ③

6 次の和歌が載せられている、平安時代の歌集を選べ。

色見えで移ろふものは世の中の人の心の花にぞありける
侘《わ》びぬれば身をうき草の根を絶《た》えて誘ふ水あらば往《い》なむとぞ思ふ
思ひつつ寝《ぬ》ればや人の見えつらむ夢と知りせば覚《さ》めざらましを
〈三首とも小野小町の作〉

① 万葉集　② 山家集　③ 古今和歌集
④ 新古今和歌集　⑤ 玉葉和歌集　（東海大）

→ ③

7 次の傍線部に当てはまる人名を四つ選べ。

かの古今歌集に、六人《むたり》の歌を判《ことわ》るに、　〈にひまなび〉

① 在原業平　② 紀貫之　③ 小野小町
④ 大伴家持　⑤ 高市黒人　⑥ 文屋康秀
⑦ 源順　⑧ 喜撰法師　（上智大）

→ ①③⑥⑧

---

2 『万葉集』の最終的な編者、大伴家持《おおとものやかもち》の最も新しい歌が詠まれたのは七五九年。

3 『万葉集』の編者は複数にわたると考えられるが、最終段階では⑤大伴家持が関与したとする説が有力。

4 『日本霊異記《にほんりょういき》』は平安初期に成立した、現存する最古の説話集。これより前に成立したのは②『懐風藻』と⑥『日本書紀』。

Point ② 平安時代の和歌　5~7

『古今《こきん》和歌集』に注目し、その内容と関連する語句を学ぶこと

- 九〇五年に成立した勅撰《ちょくせん》和歌集
- 紀貫之《きのつらゆき》・紀友則《きのとものり》らが編纂《へんさん》
- 紀貫之の序文は「仮名序《かなじょ》」と呼ばれる
- 六歌仙《ろっかせん》⇩『古今和歌集』を代表する六人の歌人のこと
  在原業平《ありわらのなりひら》、小野小町《おののこまち》、文屋康秀《ふんやのやすひで》
  喜撰法師《きせんほうし》、僧正遍昭《そうじょうへんじょう》、大伴黒主《おおとものくろぬし》

5 紀貫之は『古今和歌集』の撰者で、巻頭に「仮名序」と呼ばれる序文を記した。

6 「小野小町」は③『古今和歌集』の代表的な歌人の一人。

7 「六人」とは「六歌仙」のこと。

問 **次のそれぞれに答えよ。**

8 天皇や上皇の命令によって編まれた公的な和歌集を勅撰和歌集という。次の中から、勅撰和歌集を選べ。

① 金槐和歌集　② 新古今和歌集　③ 新撰菟玖波集
④ 風葉和歌集　⑤ 新撰万葉集

（駒澤大）

9 『源氏物語』と同時期に成立した勅撰和歌集の名称を漢字で答えよ。

（西南学院大）

10 『千載和歌集』の編者の名を一つ選べ。

① 紀貫之　② 藤原俊成
③ 藤原定家　④ 後鳥羽院

（西南学院大）

11 西行の私家集を次から一つ選べ。

① 古今和歌集　② 山家集　③ 新古今和歌集
④ 閑吟集　⑤ 金槐和歌集

（福岡大）

12 藤原道長の活躍時期に成立した文学作品を一つ選べ。

① 伊勢物語　② 宇治拾遺物語　③ 古今和歌集
④ とはずがたり　⑤ 和漢朗詠集

（法政大）

解答

8 ②
9 拾遺和歌集
10 ②
11 ②
12 ⑤

ポイント解説

Point ③ 八代集・私家集・歌謡 8～12

- **八代集**⇩『古今和歌集』『後撰《ごせん》和歌集』『拾遺《しゅうい》和歌集』『後拾遺《ごしゅうい》和歌集』『金葉《きんよう》和歌集』『詞花《しか》和歌集』『千載《せんざい》和歌集』『新古今《しんこきん》和歌集』
- **私家集**⇩歌人たちの個人歌集
『山家《さんか》集』（西行《さいぎょう》）平安末期
『金槐《きんかい》和歌集』（源 実朝《みなもとのさねとも》）鎌倉初期
- **歌謡**⇩『和漢朗詠《わかんろうえい》集』（藤原公任《きんとう》撰）
『梁塵秘抄《りょうじんひしょう》』（後白河法皇《ごしらかわほうおう》撰）

8 『古今和歌集』を初めとする「八代集」最後が②『新古今和歌集』。

9 『源氏物語』は十一世紀初めの成立。同時期に成立した『拾遺和歌集』は『古今和歌集』の伝統を受け継いでいる。

10 『千載和歌集』は、後白河院の命で②「藤原俊成《としなり》」が撰《えら》んだ勅撰和歌集。「八代集」の一つで、一一八七年に成立した。

11 『新古今和歌集』の代表歌人である西行の私家集は②『山家集』である。

12 ⑤『和漢朗詠集』は一〇一二年頃の成立。道長《みちなが》が摂政《せっしょう》となったのが一〇一六年。

2 作り物語・歌物語

❖物語の知識は古文の読解につながる。内容についても調べてみよう。

問 次のそれぞれに答えよ。

13 物語文学に関する説明として最も適当なものを選べ。

① 『平中物語』の影響を受けて書かれた『伊勢物語』は、歌物語を代表する作品である。
② 『源氏物語』の後に書かれた『宇治拾遺物語』は、「宇治十帖」を模した男女の恋愛物語である。
③ 『竹取物語』は物語文学の最初の作品として、『源氏物語』の中に記されている。
④ 『堤中納言物語』は「ある男（＝中納言）」を主人公とした一代記の体裁をとっている。

（神奈川大）

14 『宇津保物語』よりも後に成立したものを一つ選べ。

① 土佐日記　② 竹取物語　③ 古今和歌集
④ 狭衣物語　⑤ 日本霊異記

（二松學舍大）

15 『竹取物語』と関わりのないものを一つ選べ。

① 火鼠《ひねずみ》の皮衣　② 蓬萊《ほうらい》の玉の枝
③ 志貴皇子　④ 羽衣伝説
⑤ 物語の出できはじめの祖《おや》

（専修大）

解答

13 ③
14 ④
15 ③

ポイント解説

Point ④ 平安時代の物語 13～17

- **作り物語**⇩空想的・伝奇的な虚構
代表作＝『竹取《たけとり》物語』（『源氏《げんじ》物語』で「物語の出来《いでき》はじめの祖《おや》」と評される）
- **歌物語**⇩和歌を話の中心に置く
- **『源氏物語』**⇩作り物語と歌物語が統合された古典文学の最高傑作
- **主要物語成立の順**⇩『竹取物語』『伊《い》勢《せ》物語』『大和《やまと》物語』『平中《へいちゅう》物語』『宇《う》津《つ》保《ほ》物語』『落窪《おちくぼ》物語』『源氏物語』『堤中納言《つつみちゅうなごん》物語』『浜松《はままつ》中納言物語』『狭衣《さごろも》物語』『とりかへばや物語』

13 ③が適当。なお、①『平中物語』は『伊勢物語』の後にできた歌物語。②『宇治《うじ》拾遺《しゅうい》物語』は説話集。④『堤中納言物語』はさまざまな主人公が出てくる短編集。

14 『宇津保物語』は十世紀後半に成立。④『狭衣物語』は十一世紀の作品。

15 ③「志貴皇子」は天智天皇の皇子で、実在の人物。歌人としても知られる。

問 次のそれぞれに答えよ。

16 『落窪物語』より前に成立した文学作品として最も適当な組み合わせを選べ。

ア　宇治拾遺物語　イ　竹取物語　ウ　十六夜日記
エ　古事記　オ　方丈記

①　アとエ　②　イとオ　③　ウとエ
④　イとエ　⑤　ウとオ

（文教大）

解答 ④

17 『源氏物語』に大きな影響を与えた作品を一つ選べ。

①　伊勢物語　②　大鏡　③　更級日記
④　夜の寝覚　⑤　平家物語

（青山学院大）

解答 ①

18 『伊勢物語』と同様の文学ジャンルに属する作品を一つ選べ。

①　大鏡　②　大和物語　③　好色一代男
④　徒然草　⑤　沙石集　⑥　更級日記
⑦　奥の細道　⑧　平家物語　⑨　笈の小文
⑩　栄花物語

（北海学園大）

解答 ②

19 『伊勢物語』の主人公の「男」であると考えられている人物名を一つ選べ。

①　紀貫之　②　西行法師　③　在原業平　④　平貞文

（京都産業大）

解答 ③

20 『源氏物語』の影響を強く受けて成立したとされる作品一つ選べ。

①　落窪物語　②　竹取物語　③　狭衣物語

解答 ③

ポイント解説

16 成立順は以下のとおり。
エ『古事記』（七一二年）
イ『竹取物語』（九〇一～九五六年頃）
『落窪物語』（十世紀後半）
オ『方丈記《ほうじょうき》』（一二一二年）
ア『宇治拾遺物語』（十三世紀前半）
ウ『十六夜《いざよい》日記』（十三世紀後半）

17 『源氏物語』は十一世紀初めの作品。物語の祖と言われる『竹取物語』、歌物語である『伊勢物語』から影響を受けたと考えられている。したがって①が適当。

Point 5 歌物語など 18～22

- 『伊勢物語』⇩歌物語の代表作
  在原業平《ありわらのなりひら》と思われる「男」の一代記
- **歌物語成立の順**⇩『伊勢物語』『大和物語』『平中物語』
- **『源氏物語』**⇩十一世紀初期成立
  作者は紫式部《むらさきしきぶ》
  三部構成、全五十四帖から成る

18 『伊勢物語』は平安前期に成立した歌物語。これと同じく歌物語であるのは②『大和物語』。

④ 大和物語　⑤ 宇治拾遺物語 〈立命館大〉

21 『平中物語』と同じく歌物語に分類される作品を一つ選べ

① 大和物語　② 保元物語　③ 春雨物語

④ 宇治拾遺物語 〈日本大〉

→ ①

22 次の空欄に入る『源氏物語』の主人公の名を漢字で答えよ。

そもそもこの物語は、まさしく世にありし事のごと書きたれども、みなつくりものがたりにて、［　］の君といひし人をはじめ、何も何もことごとしく、夢に見たりし事のごとくなるを、

〈源氏物語玉の小櫛〉〈福岡大〉

→ 光（源氏・光源氏）

23 御伽草子と同じころに書かれた作品の中で、説明が誤っているものを一つ選べ。

① 太平記…軍記物語で、鎌倉時代末から南北朝時代の動乱を描く

② 菟玖波集…連歌撰集で、低く見られていた連歌の地位を高めた

③ 風姿花伝…観阿弥の能楽論書で、能の美しさを花にたとえて論じている

④ 義経記…源義経の英雄伝説で、義経は貴公子として描かれている

⑤ 増鏡…鎌倉時代の宮廷の歴史を、行事を中心に叙述している 〈専修大〉

→ ③

---

19 『伊勢物語』の主人公「男」は③在原業平と言われており、『在五が物語』『在五中将の日記』とも呼ばれている。

20 ③『狭衣物語』は平安時代後期に成立した作品。『源氏物語』の影響が非常に強く見られる。

21 歌物語は『伊勢物語』『平中物語』と①『大和物語』の三つを覚えておくこと。

22 『源氏物語』第一・二部の主人公は「光の君」と呼ばれた光源氏であり、第三部の主人公は光源氏の息子の薫《かおる》である。なお、『源氏物語玉《たま》の小櫛《おぐし》』は江戸時代に書かれた『源氏物語』の注釈書。

Point ⑥ 中世の物語 **23**

- **擬古物語・歴史物語・軍記物語**の三つの系列から成る
- **擬古物語**⇩平安時代の王朝物語に似せて作った物語。『住吉物語《すみよしものがたり》』など
- 御伽草子《おとぎぞうし》⇩擬古物語の後を受けた室町時代の通俗的な短編物語集
- **歴史物語・軍記物語**⬇P.350 Point ⑦ Point ⑧

23 ③『風姿花伝《ふうしかでん》』は能楽論書だが、著者は観阿弥《かんあみ》ではなく世阿弥《ぜあみ》。

3 歴史物語・軍記物語・説話

中古（貴族の時代）から中世（武士の時代）への文学の流れをつかもう。

問 次のそれぞれに答えよ。

24 歴史物語『大鏡』と最も関係の深い人物を選べ。
① 稗田阿礼　② 清少納言　③ 藤原道長
④ 鴨長明　⑤ 藤原定家

25 『大鏡』と同じジャンルの作品を一つ選べ。（学習院大）
① 平家物語　② 源氏物語　③ 保元物語
④ 栄花物語　⑤ 平治物語

26 「四鏡」についての説明として誤っているものを一つ選べ。（関西学院大）
① 『大鏡』は、仮名書きによる最初の歴史物語で、道長を賛美する内容が紀伝体で書かれ、「四鏡」の中でも最高傑作の位置をしめている。
② 『今鏡』は、整然とした紀伝体で書かれているが、内容が平板単調になってしまい、『大鏡』に比べると文学的評価は劣るとされている。
③ 『水鏡』は、それまでと異なる編年体を用いて書かれ、『大鏡』に扱われる以前の神武天皇から仁明天皇までの時代について描かれている。
④ 『増鏡』は、『水鏡』と同じ編年体を採用し、豊富な資料を基

解答
24 ③
25 ④
26 ①

ポイント解説

Point 7 歴史物語 24～26
- 平安時代後期、貴族階級の衰退を受けて成立
- **代表作（成立順）**⇩『栄花《えいが》（華）物語』『大鏡《おおかがみ》』『今鏡《いまかがみ》』『水鏡《みずかがみ》』『増鏡《ますかがみ》』（『大鏡』以下の四つを「四鏡《しきょう》」という）

24 『大鏡』は③藤原道長の栄華が描かれている。

25 『大鏡』とほぼ同じ時期を描き、同じ時期に成立したと思われる歴史物語は④『栄花物語』。

26 『大鏡』には道長に対する批判も記されており、道長を賛美する立場で書かれた『栄花物語』に比べて、歴史資料としての価値が高いと評されている。

Point 8 軍記物語 27・28
- **代表作（成立順）**⇩『将門記《しょうもんき》』『陸《む》奥《つ》話《わ》記』『平家《へいけ》物語』『保元《ほうげん》物語』

に公家側に立って風雅な宮廷社会を流麗な擬古文で描いている。（神奈川大）

27 『義経記』と同じジャンルの作品を一つ選べ。
① 太平記　② 方丈記
③ 俊頼髄脳　④ 十訓抄
（龍谷大）
→ ①

28 『平治物語』と同じく「軍記物語」と呼ばれる作品を二つ選べ。
① 今鏡　② 宇治拾遺物語　③ 源氏物語
④ 太平記　⑤ 日本書紀　⑥ 平家物語
（國學院大）
→ ④⑥

29 『今昔物語集』以前に成立した作品を一つ選べ。
① 増鏡　② 沙石集　③ 新古今和歌集
④ 更級日記　⑤ 宇治拾遺物語
（文教大）
→ ④

30 『閑居友』と同じく鎌倉時代に書かれた作品を一つ選べ。
① 大鏡　② 笈の小文　③ 伊勢物語
④ 発心集　⑤ 世間胸算用
（法政大）
→ ④

31 『古今著聞集』と異なる文学ジャンルの作品を一つ選べ。
① 十訓抄　② 山家集　③ 今昔物語集
④ 宝物集　⑤ 日本霊異記　⑥ 発心集
（立命館大）
→ ②

32 成立した時期が「古今著聞集」と最も離れた作品を次から選べ。
① 平家物語　② 方丈記　③ 宇治拾遺物語
④ 雨月物語　⑤ 十六夜日記
（専修大）
→ ④

『平治《へいじ》物語』『承久《じょうきゅう》記』『太平《たいへい》記』『曽《そ》我《が》物語』『義経《ぎけい》記』

27 『義経記』は室町時代初期の軍記物語。これと同じ軍記物語は①『太平記』。

28 ④『太平記』は南北朝の動乱を、⑥『平家物語』は源平の合戦を描く。どちらも軍記物語。

Point 9 説話 29～32
- 仏教の教えや教訓が説かれている
- **代表作（成立順）**⇩『日本霊異記』『今《こん》昔《じゃく》物語集』『発心《ほっしん》集』『宇治拾遺物語』『閑居友』『十訓《じっきん》抄』『古今著聞《ここんちょもん》集《じゅう》』『沙石《しゃせき》集』

29 『今昔物語集』は平安末期の成立。④『更級《さらしな》日記』は平安時代の作品。

30 鎌倉時代に成立したものは、鴨長明が編者の仏教説話集④『発心集』である。

31 『古今著聞集』は説話集である。①③④⑤⑥はすべて説話集であるが、②『山家集』だけは西行による私歌集である。

32 『古今著聞集』は橘成季による説話物語で一二五四年成立。

33

問 次のそれぞれに答えよ。

次の空欄に入る最も適当な語を選べ。

わが国最初の仮名で書かれた日記の題名は［ a ］、作者は、［ b ］である。この作品は、［ c ］として書かれており、その特色は、［ d ］という点にある。また作者は、［ e ］の撰者でもあり、その巻頭に書いたとされる［ f ］は和歌の理念を著したものとして名高い。

a　①　十六夜日記　②　土佐日記
　　③　更級日記　④　明月記

b　①　菅原孝標女　②　阿仏尼
　　③　藤原定家　④　紀貫之

c　①　出家した後に自分の人生を振り返ってみる回想
　　②　時間的経過とともに日を追って執筆した記録
　　③　かつての激しい恋愛とその挫折を記した回顧
　　④　任地から都へ帰る途中の記録を書いた日記

d　①　現実の出来事を誇張し、非現実であるかのように装う手法を用いている
　　②　芸術論として後世に影響を与えたほど非常に優れている
　　③　男性の作者が女性に仮託している

解答

a＝②
b＝④
c＝④
d＝③
e＝①
f＝②

ポイント解説

Point 10 平安時代の日記文学 33～38

- 自照的に回想録の形で書かれたものが多い
- **代表作（成立順）** ⇩『土佐日記』『蜻蛉《かげろう》日記』『和泉《いずみ》式部日記』『紫式部日記』『更級日記』『讃岐《さぬきのす》典侍《け》日記』
- 『土佐日記』⇩『古今和歌集』の撰者紀貫之が、女性に仮託して記した最初の仮名文の日記

33 九三五年頃に成立したa②『土佐日記』は、仮名で書かれた最初の日記文学。作者はb④「紀貫之」。『土佐日記』は紀貫之が土佐の守《かみ》の任を終えてc④「任地から都へ帰る途中の記録を書いた日記」。これはd③「男性の作者が女性に仮託している」点に特色がある。この作品により、女性の心情の表現形態として日記文学の道が開かれた。紀貫之はe①『古今和歌集』の撰者でもある。その巻頭には紀貫之によって仮名で書かれたf②「仮名序」

④ 年老いた自分を若かりし頃の自分に喩えている

e ① 古今和歌集 ② 拾遺和歌集
③ 山家集 ④ 新古今和歌集

f ① 本歌取り ② 仮名序
③ 長歌 ④ 擬古文
（名城大）

34 日記文学の作者を一人選べ。
① 小野小町 ② 赤染衛門 ③ 藤原公任
④ 紫式部 ⑤ 紀友則
（青山学院大）

35 『蜻蛉日記』と同時期に成立した作品を一つ選べ。
① 十六夜日記 ② とはずがたり ③ 万葉集
④ うつほ物語 ⑤ 今昔物語集
（学習院大）

36 紫式部と同じ時代の日記文学作者を一人選べ。
① 藤原公任 ② 西行 ③ 赤染衛門
④ 藤原道綱母 ⑤ 藤原定家 ⑥ 清少納言
⑦ 小野小町
（法政大）

37 『紫式部日記』より前に成立した作品を一つ選べ。
① 栄花物語 ② 新古今和歌集 ③ 蜻蛉日記
④ 東関紀行 ⑤ 今昔物語集
（専修大）

38 『更級日記』の作者を一人選べ。
① 弁内侍 ② 俊成卿女 ③ 菅原孝標女
④ 藤原道綱母
（日本大）

34 → ④
35 → ④
36 → ④
37 → ③
38 → ③

がある（➡P.345 Point②）。「仮名序」は我が国最初のまとまった文学論である。

34 ④「紫式部」は一〇一〇年頃に成立した『紫式部日記』の作者。中宮彰子《ちゅうぐうしょうし》の出産や作者の消息文《しょうそこぶみ》などが記されている。

35 蜻蛉日記は平安時代中期の成立。同時期のものは④『うつほ物語』。③『万葉集』は奈良時代、①『十六夜日記』、②『とはずがたり』は鎌倉時代、⑤『今昔物語集』は平安時代末期の作品。

36 紫式部の『源氏物語』『紫式部日記』などは十一世紀初めに成立。この時代の日記文学の作者としては、『蜻蛉日記』の作者④藤原道綱《みちつなの》母が挙げられる。

37 成立順は以下のとおり。
③『蜻蛉日記』（九七四年頃）
『紫式部日記』（一〇一〇年頃）
①『栄花物語』（平安末期）
⑤『今昔物語集』（平安末期）
②『新古今和歌集』（一二〇五年）
④『東関《とうかん》紀行』（一二四二年頃）

38 『更級日記』の作者は③菅原孝標女。『夜の寝覚』『濱松中納言物語』の作者とも推定される。

問 次のそれぞれに答えよ。

39 『雫ににごる』と同じく鎌倉時代に成立した作品を一つ選べ。
①　十六夜日記　②　後撰和歌集　③　俊頼髄脳
④　栄花物語　⑤　風姿花伝
（関西学院大）

解答 → ①

40 『十六夜日記』の作者を一人選べ。
①　菅原孝標女　②　建礼門院右京大夫
③　藤原俊成女　④　阿仏尼
（上智大）

解答 → ④

41 『東関紀行』と時代・ジャンルともに類似する作品を一つ選べ。
①　土佐日記　②　十六夜日記
③　方丈記　④　野ざらし紀行
（神奈川大）

解答 → ②

42 『弁内侍日記』は中世に成立した作品である。中世の作品を一つ選べ。
①　万葉集　②　奥の細道　③　大鏡
④　好色一代男　⑤　古今著聞集
（成蹊大）

解答 → ⑤

43 藤原定家の作品を一つ選べ。
①　太平記　②　方丈記　③　明月記
④　十六夜日記　⑤　神皇正統記
（西南学院大）

解答 → ③

44 後深草院に仕えた女房である二条の記した日記を一つ選べ。
①　枕草子　②　蜻蛉日記　③　更級日記
④　土佐日記　⑤　とはずがたり
（成蹊大）

解答 → ⑤

45 『枕草子』と同じジャンルの**a**作品と、**b**その作者をそれぞれ選べ。

解答 → **a**＝①

ポイント解説

Point 11 中世の日記文学 39～44

- 宮廷を中心とするものと、『海道《かいどう》記』『東関紀行』『十六夜日記』などの旅日記（紀行文）とがある
- **代表作（成立順）**⇩『建春門院中納言日記』『海道記』『建礼門院《けんれいもんいんの》右《う》京《きょうの》大夫《だいぶ》集』『明月《めいげつ》記』『東関紀行』『弁《べんの》内侍《ないし》日記』『十六夜日記』（阿仏尼《あぶつに》作）『とはずがたり』

39 鎌倉時代に成立したのは①『十六夜日記』。②③④は平安時代、⑤は室町時代の成立。

40 『十六夜日記』は④阿仏尼の作品。鎌倉に出向いた際の旅日記。

41 『東関紀行』は鎌倉時代（一二四二年頃）に成立した旅日記。これと同じ時代の旅日記は②『十六夜日記』。

42 『弁内侍日記』は鎌倉時代（一二五二年頃）の成立。同じく鎌倉時代に成立したのが⑤『古今著聞集』（一二五四年）。

43 ③『明月記』は藤原定家の日記。

44 ⑤『とはずがたり』は後深草院《ごふかくさいん》二条《にじょう》が書いた日記。鎌倉時代の成立。

a ① 玉勝間　② 浮世風呂　③ 源氏物語
④ 土佐日記　⑤ 古今著聞集　⑥ 日本永代蔵

b ① 紀貫之　② 橘成季　③ 紫式部
④ 井原西鶴　⑤ 式亭三馬　⑥ 本居宣長 （國學院大）

46 『発心集』の作者である鴨長明の作品を一つ選べ。
① 今鏡　② 十訓抄　③ 徒然草
④ 方丈記　⑤ 無名草子 （駒澤大）

47 『徒然草』と同じジャンルの作品を二つ選べ。
① 土佐日記　② 和漢朗詠集　③ 枕草子
④ 源氏物語　⑤ 平家物語　⑥ 方丈記
⑦ 奥の細道　⑧ 好色一代男 （東洋大）

48 『俊頼髄脳』と同じく、和歌について論じた歌論書（歌学書）を一つ選べ。
① 山家集　② 日本霊異記　③ 狭衣物語
④ 沙石集　⑤ 無名抄 （法政大）

49 『無名抄』の作者を選べ。
① 藤原定家　② 紫式部　③ 鴨長明
④ 吉田兼好　⑤ 世阿弥 （京都外国語大）

50 世阿弥の作品を一つ選べ。
① 愚管抄　② 風姿花伝
③ 猿蓑　④ 毎月抄 （西南学院大）

---

b＝⑥
46 → ④
47 → ③⑥
48 → ⑤
49 → ③
50 → ②

Point 12 随筆・評論 45〜50

- **古典三大随筆**⇩
『枕草子』（清少納言作・平安中期）
『方丈記』（鴨長明作・鎌倉初期）
（『無名抄《むみょうしょう》』『発心集』も長明の作）
『徒然草《つれづれぐさ》』（兼好《けんこう》法師作・鎌倉末期）
- **代表的な評論（成立順）**⇩
『俊頼髄《としよりずい》脳《のう》』（歌論）『古来風体抄《こらいふうていしょう》』（歌論）
『無名草子《むみょうぞうし》』（物語論）『無名抄』（歌論）『風姿花伝』（能楽論）『三冊子《さんぞうし》』（俳論）『去来抄《きょらいしょう》』（俳論）

45 『枕草子』は平安時代の随筆。これと同じジャンルは、a ①『玉勝間《たまかつま》』である。

46 『発心集』は鴨長明による仏教説話集。同じく鴨長明の作品は④『方丈記』。

47 『徒然草』は鎌倉時代の随筆。これと同じジャンルは、平安時代の③『枕草子』と鎌倉時代の⑥『方丈記』である。

48 『俊頼髄脳』は平安時代後期の歌人源俊頼による歌論書。

49 『無名抄』は③「鴨長明」の歌論書。

50 ②『風姿花伝』は室町時代の世阿弥による能楽論書。

5 連歌・俳諧・近世文学

❖中世（鎌倉・室町時代）から近世（江戸時代）への文学の流れをつかもう。

問 次のそれぞれに答えよ。

51 二条良基がその成立に深く関わった作品を一つ選べ。

① 今鏡　② 愚管抄　③ 神皇正統記
④ 菟玖波集　⑤ とはずがたり

（早稲田大）

52 松尾芭蕉の作品を一つ選べ。

① 閑吟集　② 菟玖波集　③ 梁塵秘抄
④ 笈の小文　⑤ 去来抄　⑥ 誹風柳多留

（関西学院大）

53 芭蕉の句ではないものを一つ選べ。

① 五月雨をあつめて早し最上川
② 閑さや岩にしみ入る蝉の声
③ 夏草や兵どもが夢の跡
④ 菜の花や月は東に日は西に
⑤ 行く春や鳥啼き魚の目は泪

（法政大）

54 江戸時代の俳人小林一茶の作品を一つ選べ。

① 笈の小文　② 徒然草　③ 奥の細道
④ おらが春　⑤ 新花つみ

（拓殖大）

55 江戸時代に活躍したのではない人物を一人選べ。

① 井原西鶴　② 上田秋成　③ 藤原定家
④ 松尾芭蕉　⑤ 本居宣長

（駒澤大）

解答

51 ④
52 ④
53 ④
54 ④
55 ③

ポイント解説

Point 13 連歌《れんが》・俳諧《はいかい》 51～54

- **連歌**⇩南北朝時代の二条良基《にじょうよしもと》、室町時代の宗祇
- **俳諧**⇩江戸時代の松尾芭蕉《まつおばしょう》の蕉風《しょうふう》俳諧、与謝蕪村《よさぶそん》、小林一茶《いっさ》など

51 ④『菟玖波《つくば》集』は南北朝時代、二条良基が師の救済《きゅうせい》と編纂した最初の連歌集。

52 ④『笈《おい》の小文《こぶみ》』は松尾芭蕉の紀行文。

53 ④は与謝蕪村の作品。他はすべて松尾芭蕉の作品である。

54 ④『おらが春』は小林一茶の代表作。

Point 14 近世文学 55～61

- **元禄期（江戸前期）**

松尾芭蕉（俳諧集『猿蓑《さるみの》』、紀行文『更科紀行』『笈の小文』『奥の細道』）
井原西鶴《いはらさいかく》（浮世草子《うきよぞうし》『好色一代男』『好色五人女』『日本永代蔵《にっぽんえいたいぐら》』『世間胸算用《せけんむねさんよう》』）
近松門左衛門《ちかまつもんざえもん》（浄瑠璃《じょうるり》『曽根崎心中《そねざきしんじゅう》』『国性爺合戦《こくせんやかっせん》』）

56 『日本永代蔵』の作者井原西鶴の作品ではないものを一つ選べ。

① 好色五人女　② 好色一代男
③ 世間胸算用　④ 曽根崎心中

（学習院大）

→ ④

57 井原西鶴と同時期に活躍した人物を一人選べ。

① 近松門左衛門　② 山東京伝　③ 式亭三馬
④ 上田秋成　⑤ 曲亭馬琴

（学習院大）

→ ①

58 滝沢馬琴の作品を一つ選べ。

① 東海道四谷怪談　② 南総里見八犬伝
③ 国性爺合戦　④ 雨月物語
⑤ 菅原伝授手習鑑

（国士舘大）

→ ②

59 本居宣長たちが行った学問を総称して何というか。最も適当なものを選べ。

① 漢学　② 国学　③ 蘭学
④ 江戸学　⑤ 朱子学

（國學院大）

→ ②

60 本居宣長と同じ江戸時代の国学者を選べ。

① 林羅山　② 賀茂真淵　③ 与謝蕪村
④ 新井白石　⑤ 曲亭馬琴

（福岡大）

→ ②

61 制作時期が江戸時代ではない作品を一つ選べ。

① 世間胸算用　② 笈の小文　③ 方丈記
④ 雨月物語　⑤ 玉勝間

（関西学院大）

→ ③

・文学の分野の広がり

仮名草子《かなぞうし》、読本《よみほん》（『雨月《うげつ》物語』『南総《なんそう》里見八犬伝《さとみはっけんでん》』）、滑稽本《こっけいぼん》（『東海道中《とうかいどうちゅう》膝栗毛《ひざくりげ》』）、歌舞伎《かぶき》（『東海道四谷《よつや》怪談』）、国学（賀茂真淵《かものまぶち》、本居宣長《もとおりのりなが》）、儒学（新井白石《あらいはくせき》）

55 ③「藤原定家」は鎌倉時代の人。

56 ①②③は井原西鶴の作品。④『曽根崎心中』は近松門左衛門が著した浄瑠璃。

57 井原西鶴は、松尾芭蕉や①「近松門左衛門」と同じ江戸中期の浮世草子作家。

58 滝沢（曲亭）馬琴は江戸時代に伝奇小説の②『南総里見八犬伝』を著した。

59 本居宣長は賀茂真淵が確立した②「国学」を完成させた。著作に『玉勝間《たまかつま》』『源氏《げんじ》物語玉《たま》の小櫛《おぐし》』など。

60 ②「賀茂真淵」は本居宣長の師。

61 ③『方丈記』は鎌倉時代の初期に成立した鴨長明による随筆。他は江戸時代の作品。

6 近現代の文学

❖各時代の文学の傾向をつかみ、作者を中心に文学作品を整理していこう。

問 次のそれぞれに答えよ。

62 『小説神髄』を著した作家の名前を一つ選べ。

① 夏目漱石　② 二葉亭四迷　③ 森鷗外
④ 樋口一葉　⑤ 坪内逍遙
（関西学院大）

63 「言文一致運動」とかかわりの深い作家と作品の組み合わせを一つ選べ。

① 太宰治『人間失格』　② 芥川龍之介『鼻』
③ 森鷗外『舞姫』　④ 夏目漱石『吾輩は猫である』
⑤ 二葉亭四迷『浮雲』
（追手門学院大）

64 次の空欄に入る最も適当なものを選べ。

『世界お伽噺』の著者の小波山人（巌谷《いわや》小波《さざなみ》）は、硯友社同人となり、特に童話作家として活躍した。硯友社は、『多情多恨』『［ a ］』を著した尾崎紅葉らによって結成され、紅葉の門下には『歌行燈』『［ b ］』などで知られる泉鏡花がいた。

a ① 金色夜叉　② 小説神髄　③ 浮雲　④ 舞姫
b ① 武蔵野　② 高野聖　③ 高瀬舟　④ 蒲団
（日本大）

65 次の空欄に入る最も適当なものを選べ。

慶応三年江戸に生まれ、明治中期に活躍した［ a ］は、仕事に誇りをもつ豪快な職人の男性を主人公にした世界を描いた。小説［ b ］がその作風をよく表現している。

解答

62 ⑤
63 ⑤
64 a＝①　b＝②
65 a＝②　b＝⑤

ポイント解説

Point 15 写実主義と擬古典主義 62～65

- **写実主義**⇩坪内逍遥《つぼうちしょうよう》、二葉亭四迷《ふたばていしめい》
- **擬古典主義**⇩尾崎紅葉《おざきこうよう》、幸田露伴《こうだろはん》

62 ⑤が適当。『小説神髄』は勧善懲悪一辺倒の戯作文学を否定し、写実主義を唱えた点で意義深い。

63 「言文一致運動」は書き言葉を話し言葉に近づけようとする明治以後の運動。⑤「二葉亭四迷『浮雲《うきぐも》』」はその先駆的作品。

64 尾崎紅葉は擬古典主義の作家で、代表作はa①『金色夜叉《こんじきやしゃ》』。泉鏡花《いずみきょうか》は浪漫主義の作家で、代表作はb②『高野聖《こうやひじり》』。

65 a②幸田露伴は、代表作のb⑤『五《ご》重《じゅうの》塔《とう》』のほかに『風流仏《ふうりゅうぶつ》』も有名。

Point 16 浪漫《ろうまん》主義 66～68

- **浪漫主義**⇩森鷗外〈初期〉、北村透谷《きたむらとうこく》、樋口一葉《ひぐちいちよう》、泉鏡花、国木田独歩《くにきだどっぽ》〈初期〉

66 北村透谷は浪漫主義運動の拠点となった

a
①尾崎紅葉　②幸田露伴　③北村透谷
④芥川龍之介　⑤巌谷小波

b
①肉体の門　②楚囚之詩　③断腸亭日乗
④多情多恨　⑤五重塔
（文教大）

66 北村透谷の作品を一つ選べ。
①若菜集　②高野聖
③運命論者　④人生に相渉るとは何の謂ぞ
（神奈川大）

→ ④

67 作者と作品の組み合わせとして誤っているものを一つ選べ。
①田山花袋……田舎教師　②堀辰雄……風立ちぬ
③川端康成……伊豆の踊子　④中島敦……李陵
⑤樋口一葉……一房の葡萄
（専修大）

→ ⑤

68 森鷗外の小説を一つ選べ。
①浮雲　②三四郎　③たけくらべ
④金色夜叉　⑤舞姫
（成蹊大）

→ ⑤

69 自然主義文学として有名な作品を一つ選べ。
①太宰治『人間失格』　②古井由吉『杳子』
③島崎藤村『破戒』　④三島由紀夫『金閣寺』
（日本大）

→ ③

70 永井荷風の作品を一つ選べ。
①それから　②高野聖　③ふらんす物語
④春琴抄　⑤高瀬舟
（国士舘大）

→ ③

71 谷崎潤一郎の作品を一つ選べ。
①千羽鶴　②春琴抄　③舞踏会
④金閣寺　⑤高野聖　⑥十三夜
（立命館大）

→ ②

雑誌「文学界」の創刊に参加した。④「人生に相渉《あいわた》るとは何の謂《い》ぞ」は文学の非功利性を主張した評論。

67 ⑤「樋口一葉」は女性初の職業作家。『にごりえ』『たけくらべ』などが代表作。『一房《ひとふさ》の葡萄《ぶどう》』は有島武郎《ありしまたけお》の作品。

68 森鷗外は第一作⑤『舞姫』を著して浪漫主義を打ち出した。

Point 17 自然主義と耽美《たんび》派 69～71

- **自然主義**⇩国木田独歩〈後期〉、島崎《しまざき》藤村《とうそん》〈後期〉、田山花袋《たやまかたい》、正宗白鳥《まさむねはくちょう》、徳田秋声《とくだしゅうせい》
- **耽美派**（反自然主義）⇩永井荷風《ながいかふう》、谷崎潤一郎《たにざきじゅんいちろう》、佐藤春夫《さとうはるお》

69 ③島崎藤村の『破戒』は日本における自然主義文学の第一作となった。他に田山花袋、正宗白鳥、徳田秋聲などが自然主義作家を代表する。

70 永井荷風は反自然主義的な耽美派の作家。作品は③『ふらんす物語』のほかに、『あめりか物語』『すみだ川』などがある。

71 ②『春琴抄』は谷崎潤一郎の小説。

問　次のそれぞれに答えよ。

72　次の空欄に入る作品名を一つ選べ。

「山道を登りながら、かう考へた。」で始まる夏目漱石の『[　　　]』からちょっと引用してみよう。

〈森澄雄「俳句への旅」〉

①　行人　②　硝子戸の中　③　彼岸過迄

④　道草　⑤　草枕

（国士舘大）

解答　⑤

73　夏目漱石の晩年の思想を表す言葉として最も適当なものを選べ。

①　大器晩成　②　和魂洋才　③　天人合一

④　生々流転　⑤　則天去私

（北海学園大）

解答　⑤

74　森鷗外の作品を一つ選べ。

①　三四郎　②　高瀬舟

③　高野聖　④　五重塔

（日本大）

解答　②

75　志賀直哉の作品を一つ選べ。

①　城の崎にて　②　友情　③　人間失格　④　遠野物語

（拓殖大）

解答　①

76　志賀直哉と関わりのある雑誌名とその同人の作家名の組み合わせとして最も適当なものを選べ。

①　『新思潮』――有島武郎　②　『三田文学』――永井荷風

③　『スバル』――森鷗外　④　『白樺』――武者小路実篤

（明治大）

解答　④

ポイント解説

Point 18　余裕派（高踏《こうとう》派）　72～74

・**余裕派（高踏派）（反自然主義）**⇩
夏目漱石《なつめそうせき》、森鷗外《もりおうがい》〈後期〉

72　⑤『草枕』は夏目漱石の初期の名作。

73　⑤「則天去私《そくてんきょし》」は、夏目漱石が晩年に理想としたと言われる境地で、「自然に従い我執を捨て去った生き方」のこと。

74　①は夏目漱石、③は泉鏡花、④は幸田露伴の作品。②『高瀬舟』が森鷗外の作。

Point 19　白樺《しらかば》派　75～78

・**白樺派（反自然主義）**⇩武者小路《むしゃのこうじ》実《さね》篤《あつ》、志賀《しが》直哉《なおや》、有島武郎、里見《さとみ》弴《とん》、長与《ながよ》善郎《よしろう》

75　①『城の崎にて』は志賀直哉の代表作の一つ。②は武者小路実篤、③は太宰治、④は柳田国男の作品。

76　志賀直哉は学習院在学中の仲間とともに『白樺』という雑誌を創刊し「白樺派」と呼ばれ、理想主義的、人道主義的な立場をとった。

77 有島武郎は文学史上、どれに分類されるか。最も適当なものを選べ。
① 自然主義　② プロレタリア文学　③ 白樺派
④ 第三の新人　⑤ 耽美《たんび》派
（南山大）
→③

78 文学史上、白樺派とみなされない作家を一人選べ。
① 志賀直哉　② 田山花袋　③ 有島武郎
④ 武者小路実篤　⑤ 里見弴
（専修大）
→②

79 久米正雄と共に雑誌『新思潮』で活躍したのは誰か、一人選べ。
① 石川啄木　② 志賀直哉　③ 芥川龍之介
④ 佐藤春夫　⑤ 梶井基次郎
（中京大）
→③

80 芥川龍之介の作品ではないものを一つ選べ。
① 藪の中　② 杜子春　③ 西方の人
④ 城の崎にて　⑤ 歯車
（国士舘大）
→④

81 小林多喜二の代表作を次から選べ。
① 太陽のない街　② 蟹工船　③ 海に生くる人々
④ 破戒　⑤ 蒲団
（青山学院大）
→②

82 横光利一は、川端康成とともにある文学運動に関わった。そのグループの名称を次から選べ。
① プロレタリア文学派　② 新感覚派
③ 自然主義文学派　④ コギト派
⑤ 私小説派
（青山学院大）
→②

---

77 有島武郎は、武者小路実篤や志賀直哉とともに文芸雑誌「白樺」を創刊し、理想主義とヒューマニズムを掲げて活動した。

78 ②田山花袋は自然主義の作家。

Point 20 新思潮派 79・80

- **新思潮派**⇩芥川《あくたがわ》龍之介《りゅうのすけ》、菊池《きくち》寛《かん》、久《く》米《め》正雄《まさお》、山本有三《ゆうぞう》

79 「新思潮」は明治時代に端を発し、断続的に刊行された文芸雑誌。

80 ④『城の崎にて』は志賀直哉の心境小説。

81 小林多喜二はプロレタリア文学の代表的作家。②『蟹工船』はその代表作。

Point 21 芸術派と無頼《ぶらい》派 82〜88

- **芸術派**
  新感覚派⇩横光利一《よこみつりいち》、川端康成《かわばたやすなり》
  新興芸術派⇩井伏鱒二《いぶせますじ》、梶井基次郎《かじいもとじろう》
  新心理主義⇩伊藤整《いとうせい》、堀辰雄《ほりたつお》
- **無頼派**（新戯作《げさく》派）⇩織田作之助《おださくのすけ》、太宰治《だざいおさむ》、石川淳《いしかわじゅん》、坂口安吾《さかぐちあんご》

82 横光利一や川端康成の文学活動は②「新感覚派」で、感覚的描写や表現形式を重視した。

問 次のそれぞれに答えよ。

83 梶井基次郎の作品を二つ選べ。

① 城の崎にて　② 友情
③ カインの末裔　④ 奉教人の死
⑤ 城のある町にて　⑥ 櫻の森の満開の下
⑦ 櫻の樹の下には　⑧ 多甚古村
⑨ 風立ちぬ　⑩ 山月記
（法政大）

84 川端康成の作品を一つ選べ。

① 草の花　② 青年　③ 山の音
④ 刺青　⑤ 砂の女　⑥ 夕鶴
（立命館大）

85 堀辰雄の作品を一つ選べ。

① 斜陽　② 日輪　③ 檸檬《れもん》
④ 菜穂子　⑤ 月に吠える
（國學院大）

86 井伏鱒二の代表作『黒い雨』と同じく、原爆を扱った他の作家の小説を一つ選べ。

① 夏の花　② 人間の条件　③ 人間失格
④ 死者の奢り　⑤ 太陽の季節　⑥ パニック
（立命館大）

87 太宰治の作品を一つ選べ。

① 暗い絵　② 桜島　③ 地獄変　④ 津軽
（西南学院大）

88 坂口安吾の作品を一つ選べ。

① 芸術と実生活　② 様々なる意匠　③ 堕落論

解答

83 ⑤ ⑦
84 ③
85 ④
86 ①
87 ④
88 ③

ポイント解説

83 梶井基次郎の代表作は『檸檬《れもん》』、⑤『城のある町にて』⑦『櫻の樹の下には』など。

84 ③は川端康成の作品。①は福永武彦、②は森鷗外、④は谷崎潤一郎。⑤は安部公房。⑥は木下順二がそれぞれの作者。

85 ④『菜穂子』は堀辰雄が戦前発表した小説。

86 ①『夏の花』は原民喜の原爆を題材にした作品。

87 太宰治は青森県出身の作家で、④『津軽』は故郷を新たな視点で捉えた作品。太宰は人間信頼の姿を描いた『走れメロス』を著す一方、晩年は破滅的な傾向を強めて『斜陽』『人間失格』などを著した。

88 ③『堕落論』は坂口安吾の評論。

Point 22 戦時下の文学・戦後派 89・90

- **戦時下の文学**⇩火野葦平《ひのあしへい》、中島敦《なかじまあつし》
- **第一次戦後派**⇩野間宏《のまひろし》、椎名麟三《しいなりんぞう》、梅崎春生《うめざきはるお》、武田泰淳《たけだたいじゅん》、中村真一郎《なかむらしんいちろう》
- **第二次戦後派**⇩大岡昇平《おおおかしょうへい》、安部公房《あべこうぼう》、三島由紀夫《みしまゆきお》、島尾敏雄《しまおとしお》

④ 風俗小説論　⑤ 文学論　（学習院大）

89 『李陵』『山月記』などの小説で知られる作家を選べ。
① 武田泰淳　② 梶井基次郎　③ 大岡昇平
④ 中島敦　⑤ 井上靖　（南山大）
→④

90 三島由紀夫の作品を一つ選べ。
① 人間失格　② 沈黙　③ 金閣寺
④ 個人的な体験　⑤ 野火　（国士舘大）
→③

91 仏教をテーマとした近代の小説に『天平の甍《いらか》』があるが、その作者を選べ。
① 尾崎紅葉　② 志賀直哉　③ 武田泰淳
④ 泉鏡花　⑤ 井上靖　⑥ 森鷗外　（立命館大）
→⑤

92 傍線部に影響を受けて書かれ、二〇〇九年に刊行された『1Q84』の作者である日本人作家の他の作品を一つ選べ。
消滅した書物は、両方ともジョージ・オーウェルの著作で『動物農場』と『一九八四』だった。〈港千尋「書物の変―グーグルベルグの時代」〉
① 高瀬舟　② 万延元年のフットボール
③ 二十億光年の孤独　④ 海辺のカフカ
⑤ 人間失格　（東京経済大）
→④

93 次の作家を文壇に登場した順に並べ替えたとき、三番目となるものを選べ。
① 小林多喜二　② 森鷗外　③ 大江健三郎
④ 国木田独歩　⑤ 武者小路実篤　（文教大）
→⑤

89 『李陵《りりょう》』『山月記』は④「中島敦」の代表作。

90 三島由紀夫の作品は③『金閣寺』のほかに『仮面の告白』『潮騒《しおさい》』などがある。

Point 23 現代への道 91～93
- **戦後派以後⇩第三の新人、中間小説、内向の世代、戦後生まれの作家**
- **ノーベル文学賞⇩**川端康成（一九六八年）、大江《おおえ》健三郎《けんざぶろう》（一九九四年）

91 『天平の甍』は、⑤「井上靖《いのうえやすし》」の作品。

92 村上春樹の作品は④『海辺のカフカ』。

93 ②「森鷗外」は明治二十年代、④「国木田独歩」は明治三十年代、⑤「武者小路実篤」は明治四十年代、①「小林多喜二」は昭和初期、③「大江健三郎」は昭和三十年代の登場。したがって⑤が適当。

問　次のそれぞれに答えよ。

94 柳田国男の作品を一つ選べ。

①　破戒　②　遠野物語　③　死者の書
④　蒲団　⑤　武蔵野
（関西学院大）

95 次の説明と関連の深い作家を一人選べ。
中世の古典文学に沈潜し、評論文『無常といふ事』、『本居宣長』などを書いた。

①　安部公房　②　小林秀雄　③　丹羽文雄
④　中島敦　⑤　堀辰雄
（文教大）

96 島崎藤村の作品を二つ選べ。

①　破戒　②　三四郎　③　河童　④　若菜集
⑤　人間失格　⑥　蜘蛛の糸　⑦　明暗　⑧　舞姫
⑨　海潮音　⑩　雁
（学習院大）

97 次の空欄に入る最も適当な人名を選べ。
森鷗外の『諸国物語』とか［　　］の『海潮音』の何編かは、翻訳作品であるが、日本語芸術作品としても最高の部類に入るであろう。
〈平川祐弘「アーサー・ウェイリー」〉

①　上田敏　②　堀口大學　③　与謝野鉄幹
④　島崎藤村　⑤　小泉八雲
（早稲田大）

98 北原白秋の作品集を一つ選べ。

①　邪宗門　②　月に吠える　③　道程
④　測量船　⑤　若菜集
（南山大）

解答

94 ②
95 ②
96 ①④
97 ①
98 ①

ポイント解説

Point 24　民俗学・近代評論　94・95

- **柳田国男《やなぎたくにお》**⇩日本民俗学の創始者
- **小林秀雄《こばやしひでお》**⇩近代文芸批評の確立者

94 柳田国男は、国内の民俗・伝承を調査し、日本の民俗学を確立した。著作に②『遠野物語』『不幸なる芸術』など。

95 『無常といふ事』『本居宣長』は②「小林秀雄」の著作。小林秀雄は、『様々《さまざま》なる意匠《いしょう》』で文壇デビューして以降、近代批評（評論）というジャンルを確立した。

Point 25　近代詩　96〜101

- **近代詩の流れ**⇩新体詩、浪漫詩、象徴詩、口語自由詩、プロレタリア詩、モダニズム、四季派、歴程派、戦後詩

96 ①『破戒』は藤村の自然主義小説。④『若菜《わかな》集』は藤村の第一詩集。

97 『海潮音』は①「上田敏」がフランスを中心とした西欧近代詩を翻訳した詩集。

98 ①『邪宗門《じゃしゅうもん》』は北原白秋の異国情緒や官能美にあふれた詩集。ほか『思ひ出』など。

99 a高村光太郎とb萩原朔太郎の代表的な詩集を一つずつ選べ。

① 春と修羅　② 測量船　③ 山の絵本　④ 青猫
⑤ 愛の詩集　⑥ 思ひ出　⑦ 山羊の歌　⑧ 道程

（立命館大）

→ a＝⑧　b＝④

100 室生犀星の詩歌の一節を一つ選べ。

① ふるさとは遠きにありて思ふもの／そして悲しくうたふもの
② 汚れつちまつた悲しみに／今日も小雪の降りかかる
③ ハナニアラシノタトヘモアルゾ／「サヨナラ」ダケガ人生ダ
④ まてどくらせどこぬひとを／宵待草のやるせなさ
⑤ まだあげ初めし前髪の／林檎のもとに見えし時

（国士舘大）

→ ①

101 宮沢賢治の詩集を一つ選べ。

① 山羊の歌　② 春と修羅　③ 一握の砂
④ 若菜集　⑤ 青猫

（西南学院大）

→ ②

102 和歌を革新して近代短歌を確立した正岡子規が設立した結社を選べ。

① あさ香社　② 硯友社　③ 新詩社　④ 竹柏会
⑤ 根岸短歌会　⑥ パンの会

（立命館大）

→ ⑤

103 与謝野晶子の夫が主宰し、晶子も寄稿した雑誌を一つ選べ。

① 白樺　② アララギ　③ 明星
④ 赤い鳥　⑤ 文学界

（西南学院大）

→ ③

104 明治期に写生俳句を唱えて、近代俳句を確立した俳人の名前と、彼の活動の舞台となった俳句雑誌名を答えよ。

（西南学院大）

→ 正岡子規・ホトトギス

---

99 ⑧『道程』は高村光太郎《たかむらこうたろう》の詩集。ほかに『智恵子抄』など。④『青猫』は萩原朔《はぎわらさく》太郎《たろう》の詩集。ほかに『月に吠《ほ》える』など。

100 ①は室生犀星の『小景異情』の一節。②は中原中也の『汚れつちまつた悲しみに』、③は井伏鱒二の『勧酒』、④は竹久夢二の『宵待草』、⑤は島崎藤村『初恋』。以上がそれぞれの出典の作品名。

101 ②『春と修羅《しゅら》』は宮沢賢治《みやざわけんじ》が生前に出した唯一の詩集。

Point 26 近代短歌・俳句 102〜104

- **近代短歌**⇩佐佐木信綱《ささきのぶつな》、与謝野晶子《よさのあきこ》、正岡子規《まさおかしき》らによる短歌の近代化
- **俳句**⇩正岡子規、高浜虚子《たかはまきょし》、河東碧《かわひがしへき》梧桐《ごとう》らによる俳句の創始

102 正岡子規は「写生」を提唱し、近代短歌の礎を築いた。⑤「根岸短歌会」を主宰。

103 ③「明星《みょうじょう》」は与謝野晶子の夫・与謝野鉄《てっ》幹《かん》により一九〇〇年に創刊された雑誌。浪漫主義の拠点となり、与謝野晶子、高村光太郎、石川啄木《いしかわたくぼく》らが活躍。

104 正岡子規は、「写生」という作句方法を提唱。河東碧梧桐、高浜虚子らを指導した。俳句雑誌「ホトトギス」を主宰。

7 中国文学史

❖ 思想と詩が重要。漢文学習の基盤となる知識をまとめておこう。

問 次のそれぞれに答えよ。

105 『詩経』は中国最古の詩集であり、儒教の基本経典の一つとされている。儒教のもととなる教えを説き、『詩経』の編集をしたとも伝えられる中国の思想家を一人選べ。（東海大）

① 孔子　② 老子　③ 荘子
④ 韓非子　⑤ 孟子

106 孟子の思想を表すことばを一つ選べ。（学習院大）

① 無為自然　② 兼愛説
③ 性善説　④ 性悪説

107 荀子は何という説を唱えたか。最も適当なものを選べ。（立正大）

① 性同説　② 性悪説　③ 性善説
④ 性変説　⑤ 地動説

108 『中庸』は儒家が重んじる「四書五経」の一つである。次の書の中で、「四書五経」に含まれないものを一つ選べ。（立正大）

① 詩経　② 春秋　③ 孟子
④ 爾雅　⑤ 易経

109 荘子の属する学派を選べ。（立正大）

① 儒家　② 墨家　③ 法家
④ 道家　⑤ 陰陽家

解答

105 ①
106 ③
107 ②
108 ④
109 ④

ポイント解説

Point 27 諸子百家 105〜109

- **詩経**⇩春秋時代に成立した中国最古の詩集で孔子《こうし》が編纂したといわれる
- **儒家《じゅか》**⇩孔子、孟子《もうし》、荀子《じゅんし》など
- **四書五経《ししょごきょう》**⇩儒家で重んじた経典
「四書」が『大学』『中庸』『論語』『孟子』、「五経」が『易経《えききょう》』『書経』『詩経』『礼記《らいき》』『春秋』
- **道家**⇩老子《ろうし》、列子《れっし》、荘子《そうし》など

105 ①「孔子」は春秋時代の思想家で儒学の祖。『論語』は孔子の言行録。

106 孟子が主張したのは③「性善《せいぜん》説」。人は修養によって仁義礼智の四徳を成就する可能性があると説いた。

107 孟子の③「性善説」に対し、荀子は②「性悪説」を唱えた。

108 ④『爾雅《じが》』は中国最古の辞書。

109 荘子（荘周《そうしゅう》）は戦国時代の思想家で、老子を祖とする④「道家」を継承・発展させ、「無為自然」を主張した。

110 杜甫の活躍した時代を選べ。

① 後漢　② 唐　③ 宋
④ 明　⑤ 元

（東海大）

↓ ②

111 劉長卿と同じく盛唐期の詩人を一人選べ。

① 杜牧　② 白居易　③ 王維
④ 宋之問　⑤ 柳宗元

（二松學舍大）

↓ ③

112 白居易は中唐期の詩人である。同じ時期の詩人を一人選べ。

① 杜甫　② 李白　③ 王維
④ 韓愈　⑤ 孟浩然

（関西大）

↓ ④

113 欧陽公（北宋の文人）すなわち欧陽脩は、唐宋八大家の一人に数えられる。唐宋八大家に含まれていない人物を一人選べ。

① 韓愈　② 柳宗元
③ 杜甫　④ 蘇軾
⑤ 王安石

（愛知大）

↓ ③

114 明代に編まれた書物を一つ選べ。

① 唐詩選　② 文選
③ 論語　④ 楚辞

（日本大）

↓ ①

115 「孫悟空」がでてくる物語の題名を選べ。

① 西遊記　② 三国志
③ 水滸伝　④ 孫子
⑤ 史記

（国士舘大）

↓ ①

---

110 杜甫は「詩聖」と呼ばれ、同時期に活躍した李白（「詩仙」）と並び称される。

111 ③「王維」が盛唐期の代表的詩人。

112 白居易と④「韓愈」は中唐期の詩人。

Point 28 唐詩 110～112

- **代表的詩人**⇩
（盛唐期）李白《りはく》、杜甫《とほ》、王維《おうい》など
（中唐期）白居易《はくきょい》、韓愈《かんゆ》など
（晩唐期）杜牧《とぼく》など

113 ③「杜甫」は盛唐期の詩人。

Point 29 唐宋八大家《とうそうはちだいか》 113

- **唐宋八大家**⇩韓愈、柳宗元《りゅうそうげん》、欧陽脩《おうようしゅう》、王安石《おうあんせき》、蘇洵《そじゅん》、蘇軾《そしょく》、蘇轍《そてつ》、曽鞏《そうきょう》

114 ①『唐詩選』は明代に編集された。

Point 30 白話《はくわ》小説 115

- **白話小説**⇩明《みん》・清《しん》の通俗伝奇小説
- **代表作**⇩明代の『三国志演義《さんごくしえんぎ》』『水《すい》滸伝《こでん》』『西遊記《さいゆうき》』『金瓶梅《きんぺいばい》』、清代の『紅楼夢《こうろうむ》』『聊斎志異《りょうさいしい》』など

115 「孫悟空《そんごくう》」が登場するのは伝奇小説の①『西遊記』。呉承恩《ごしょうおん》の作とされる。

❖ 文学史の総合力が試される問題。時代を超え、ジャンルを超え、幅広く日本文学を捉えよう。

問 次のそれぞれに答えよ。

116 文学作品の説明として正しくないものを一つ選べ。

① 枕草子…長短三百あまりの章段からなり、作者の鋭い審美的感覚をうかがうことができる。清少納言の作品

② 世間胸算用…大みそかに悪戦苦闘する中・下層の町人の悲喜劇を描いたもの。井原西鶴の作品

③ 堤中納言物語…中納言が出世を争いながらも、娘への愛情深さを示した物語。赤染衛門の作品

④ 蒲団…美しい女弟子に寄せる中年作家の密かな恋情を描いた小説。事実通りと受け止められたために反響が大きかった。田山花袋の作品

⑤ 雨月物語…執念に凝集した人間性の真実を、怪異の出現を通して描き出した短編小説集。上田秋成の作品

（専修大）

解答 ③

117 作品が古い順に並んでいないものを一つ選べ。

① 方丈記（鴨長明）――花月草紙（松平定信）――小説神髄（坪内逍遙）

② 浮雲（二葉亭四迷）――春琴抄（谷崎潤一郎）――容疑者Xの献身（東野圭吾）

③ 夜半楽（与謝蕪村）――おらが春（小林一茶）――奥の細道

解答 ③

ポイント解説

Point 31 時代とジャンル 116～118

- **時代を捉える**⇩まず古典と現代文とを分けたうえで、作品をそれぞれの時代ごとに整理してみよう
- **ジャンルを捉える**⇩物語（小説）・日記・随筆・評論・詩歌などに区分して整理してみよう

116 ③の内容が不適当。『堤中納言物語』は、「虫めづる姫君」などの十編の短編から成る物語集。成立年代や作者はそれぞれ異なる。赤染衛門《あかぞめえもん》は『後拾遺和歌集』などに歌がある女流歌人であり、『栄花物語』正編の作者であるという説もある。なお、①『枕草子』は平安時代、②『世間胸算用』は江戸時代、③『堤中納言物語』は平安時代、⑤『雨月物語』は江戸時代の作品。④『蒲団』は一九〇七年（明治時代）に成立した田山花袋の小説であり、近代文学に分類される。

117 ①『方丈記』は鎌倉時代、『花月草紙』

（松尾芭蕉）

④ 武家義理物語（井原西鶴）——雨月物語（上田秋成）——南総里見八犬伝（曲亭馬琴）

⑤ 若菜集（島崎藤村）——悲しき玩具（石川啄木）——二十億光年の孤独（谷川俊太郎）

（専修大）

118 次の文中の空欄**a**～**e**に入る最も適当な作家名または作品名を、それぞれ一つずつ選べ。

昭和八年、堀辰雄らが雑誌『四季』を創刊、そこに詩人たちが集った。第一詩集『［ **a** ］』を発表していた三好達治は、西欧近代詩の素養をもとに叙情性を追求する。十四行詩ソネットを愛好した［ **b** ］は、詩集『萱草《わすれぐさ》に寄す』などを発表するが、二十四歳で亡くなった。哀愁を漂わせる情緒を音楽的な言葉で歌った中原中也《ちゅうや》は、詩集『［ **c** ］』を発表した。

中也とともに雑誌『歴程』を創刊した［ **d** ］は、蛙《かえる》を題材とした詩を多く残したことで知られる。同じ『歴程』に寄稿した［ **e** ］は、詩集『鮫《さめ》』によって抵抗詩人としての名声を確立した。

① 金子光晴　② 北原白秋　③ 草野心平
④ 佐藤春夫　⑤ 高村光太郎　⑥ 立原《たちはら》道造
⑦ 萩原朔《さく》太郎　⑧ 宮沢賢治　⑨ 室生犀星《さいせい》
⑩ 青猫　⑪ 叙情小曲集　⑫ 測量船
⑬ 第百階級　⑭ 道程　⑮ 山羊《やぎ》の歌

（名城大）

a＝⑫
b＝⑥
c＝⑮
d＝③
e＝①

は江戸時代、『小説神髄』は明治時代の作品で時代順。

②『浮雲』は明治時代、『春琴抄』は昭和時代初期、『容疑者Xの献身』は平成時代の作品で時代順。

③はすべて江戸後期の作品だが、『夜半楽』は一七七七年、『おらが春』は一八一九年、『奥の細道』は一六九四年以前の成立のため、時代順では『奥の細道』―『夜半楽』―『おらが春』の順となる。

④もすべて江戸時代の作品で、『武家義理物語』は一六八八年成立、『雨月物語』は一七七六年成立、『南総里見八犬伝』は一八四一年成立で、時代順。

⑤『若菜集』は明治時代、『哀しき玩具』は大正時代、『二十億年の孤独』は昭和時代の作品で時代順。

118

a三好達治の第一詩集は⑫『測量船』。叙情的な作風で反響を呼んだ。**b**『萱草に寄す』の作者は⑥立原道造である。**c**は⑮『山羊の歌』が適当。**d**③草野心平は蛙に関する詩集を四冊残している（『第百階級』『蛙』『底本　蛙』『第四の蛙』）。**e**①金子光晴は現実批判、抵抗、反骨の詩人として知られる。

古典文学の流れ

❖「チェックポイント」の内容を中心に文学の流れをまとめた。赤字は「ポイント解説」で赤字になっている作品を示す。

上代	中古	
奈良	平安	倉

800　900　1000　1100　1200

散文

神話・伝説　Point ①(P.344)
古事記　日本書紀　風土記

作り物語　Point ④(P.347)
竹取物語 ― 宇津保物語　落窪物語 ― 源氏物語 ― 堤中納言物語　夜の寝覚　浜松中納言物語　狭衣物語 ― とりかへばや物語

歌物語　Point ⑤(P.348)
伊勢物語 ― 大和物語　平中物語

擬古物語　Point ⑥(P.349)
松浦宮物語 ― 住吉物語　苔の衣

歴史物語　Point ⑦(P.350)
栄花物語 ― 大鏡① ― 今鏡②　水鏡③ ― 愚管抄

軍記物語　Point ⑧(P.350)
将門記 ― 陸奥話記 ― 平家物語　保元物語　平治物語　承久記

説話　Point ⑨(P.351)
日本霊異記 ― 三宝絵詞 ― 今昔物語集　打聞集 ― 宝物集 ― 発心集　宇治拾遺物語　閑居友

日記・紀行　Point ⑩(P.352)
土佐日記 ― 蜻蛉日記 ― 和泉式部日記　紫式部日記 ― 更級日記 ― 讃岐典侍日記
Point ⑪(P.354)
建春門院中納言日記　海道記　建礼門院右京大夫集　明月記

随筆　Point ⑫(P.355)
枕草子 ― 方丈記

韻文

和歌集　Point ②(P.345)　Point ③(P.346)
万葉集 ― 古今和歌集① ― 後撰和歌集② ― 拾遺和歌集③ ― 後拾遺和歌集④ ― 金葉和歌集⑤ ― 詞花和歌集⑥ ― 千載和歌集⑦　山家集 ― 新古今和歌集⑧　金槐和歌集

※①～⑧＝八代集
①～③＝三代集

歌論
古今和歌集仮名序 ― 和歌体十種
Point ⑫(P.355)
俊頼髄脳 ― 袋草子 ― 古来風体抄　無名草子〈物語論〉　近代秀歌　無名抄　毎月抄

漢詩集
懐風藻 ― 凌雲集　文華秀麗集　経国集　菅家文草

歌謡　Point ③(P.346)
和漢朗詠集 ― 梁塵秘抄

近世			中		
江戸		安土桃山	室町	南北朝	
1800	1700	1600	1500	1400	130

御伽草子
- 酒呑童子
- 一寸法師

- 神皇正統記
- 増鏡④

※①〜④＝四鏡

- 太平記
- 曽我物語
- 義経記

- とはずがたり

- **徒然草**

能楽論 Point⑫(P.355)
- **風姿花伝**
- 花鏡
- 申楽談儀

仮名草子 Point⑭(P.356)
- 伽婢子
- 伊曽保物語
- 浮世物語

浮世草子
- 好色一代男
- 好色五人女
- 日本永代蔵
- 世間胸算用

読本
- 英草紙
- 雨月物語
- 椿説弓張月
- 南総里見八犬伝

洒落本
- 通言総籬
- 傾城買四十八手

人情本
- 春色梅児誉美

滑稽本
- 東海道中膝栗毛
- 浮世風呂

国学
- 万葉代匠記
- 万葉考
- 玉勝間
- 古事記伝
- 源氏物語玉の小櫛

- 野ざらし紀行
- 更科紀行
- 笈の小文
- **奥の細道**
- 折たく柴の記

浄瑠璃
- 出世景清
- 曽根崎心中
- 冥途の飛脚
- 国性爺合戦
- 心中天網島
- 女殺油地獄
- 菅原伝授手習鑑
- 仮名手本忠臣蔵

歌舞伎
- 東海道四谷怪談

連歌 Point⑬(P
- 菟玖波集
- 新撰菟玖波集

連歌論
- 筑波問答
- ささめごと

俳諧連歌
- 新撰犬筑波集

- 閑吟集

俳諧・俳文 Point⑬(P.356)
- 芭蕉七部集（冬の日・春の日・曠野・ひさご・猿蓑・炭俵・続猿蓑）
- 誹風柳多留（川柳）
- 鶉衣
- 蕪村句集
- おらが春

俳論 Point⑫(P.355)
- 三冊子
- 去来抄

近現代文学の流れ

❖「チェックポイント」の内容を中心に文学の流れをまとめた。
赤字は「ポイント解説」で赤字になっている作家・作品を示す。

明治

明治元 1868 ／ 明治10 1877 ／ 明治20 1887 ／ 明治30 1897 ／ 明治40 1907 ／ 大正元・明治45 1912

小説・評論など

戯作
仮名垣魯文

写実主義 Point ⑮(P.358)
坪内逍遥
二葉亭四迷
↓
擬古典主義
尾崎紅葉
幸田露伴

浪漫主義 Point ⑯(P.358)
森鷗外〈初期〉
北村透谷
樋口一葉
泉鏡花
国木田独歩〈初期〉

自然主義 Point ⑰(P.359)
国木田独歩〈後期〉
島崎藤村〈後期〉
田山花袋
正宗白鳥
徳田秋声

新早稲田派
葛西善蔵
広津和郎
宇野浩二

〈反自然主義〉

耽美派 Point ⑰(P.359)
永井荷風
谷崎潤一郎
佐藤春夫

白樺派 Point ⑲(P.360)
武者小路実篤
志賀直哉
有島武郎
里見弴
長与善郎

余裕派（高踏派） Point ⑱(P.360)
夏目漱石
森鷗外〈後期〉

民俗学 Point ㉔(P.364)
柳田国男

新思潮派 Point ⑳(P.361)
芥川龍之介
菊池寛
久米正雄
山本有三

詩

新体詩 Point ㉕(P.364)
『新体詩抄』（外山正一・矢田部良吉・井上哲次郎）

浪漫詩
森鷗外〈初期〉『於母影《おもかげ》』
島崎藤村〈初期〉『若菜集』
土井晩翠

象徴詩
上田敏『海潮音《かいちょうおん》』
薄田泣菫
蒲原有明
北原白秋『邪宗門《じゃしゅうもん》』『思ひ出』
三木露風

口語自由詩
高村光太郎『道程』『智恵子抄』
萩原朔太郎『月に吠える』『青猫』

短歌

根岸短歌会 Point ㉖(P.365)
正岡子規『歌よみに与ふる書』

アララギ派
伊藤左千夫
長塚節
斎藤茂吉
土屋文明
中村憲吉
島木赤彦

心の花
佐佐木信綱
木下利玄

明星派
与謝野鉄幹
与謝野晶子『みだれ髪』
窪田空穂

耽美主義
北原白秋
吉井勇

自然主義
若山牧水
前田夕暮

生活派
石川啄木『一握の砂』『悲しき玩具』
土岐哀果

俳句

近代俳句成立 Point ㉖(P.365)
正岡子規「ホトトギス」

伝統俳句
高浜虚子
飯田蛇笏
村上鬼城

新傾向俳句
河東碧梧桐

自由律俳句
荻原井泉水
尾崎放哉

昭和50	昭和40	昭和30	昭和20	昭和10	昭和元・大正15
1975	1965	1955	1945	1935	1926

プロレタリア文学
葉山嘉樹
平林たい子
小林多喜二

転向文学
中野重治
高見順
島木健作

新日本文学
宮本百合子

Point ㉓(P.363)

大江健三郎
開高健

第三の新人
安岡章太郎
吉行淳之介
遠藤周作
庄野潤三

中間小説
井上靖
水上勉
松本清張

内向の世代
古井由吉
黒井千次
小川国夫
後藤明生
阿部昭

都会派
村上龍
村上春樹
島田雅彦

野坂昭如
五木寛之
丸谷才一
森敦

中上健次

Point ㉑(P

新感覚派
横光利一
川端康成

新興芸術派
梶井基次郎
井伏鱒二

新心理主義
堀辰雄
伊藤整

(P.362) Point ㉒

戦時下の文学
火野葦平
中島敦

第一次戦後派
野間宏
椎名麟三
梅崎春生
武田泰淳
中村真一郎

第二次戦後派
大岡昇平
安部公房
三島由紀夫
島尾敏雄

女流
倉橋由美子
瀬戸内晴美
大庭みな子
津島佑子
干刈あがた
吉本ばなな

戦後評論
荒正人
本多秋五
平野謙
埴谷雄高
中村光夫
山本健吉
唐木順三
河上徹太郎
吉本隆明
江藤淳
磯田光一
柄谷行人
秋山駿
蓮實重彦

(P.361) Point ㉑

新戯作派(無頼派)
織田作之助
太宰治
石川淳
坂口安吾

(P.364) Point ㉔

近代評論
小林秀雄

宮沢賢治『春と修羅《しゅら》』

プロレタリア詩
中野重治

モダニズム
西脇順三郎
安西冬衛

四季派
中原中也
伊東静雄
三好達治
立原道造
丸山薫

歴程派
草野心平
金子光晴
山之口貘

戦後詩
(荒地)
鮎川信夫
田村隆一
黒田三郎

(歴程)
石垣りん
山本太郎

(櫂)
川崎洋
茨木のり子
谷川俊太郎
大岡信
吉野弘

(列島)
関根弘
黒田喜夫

近藤芳美
宮柊二

前衛短歌
塚本邦雄
岡井隆
寺山修司

高野素十
阿波野青畝
山口青邨

新興俳句
水原秋桜子
山口誓子
日野草城
西東三鬼
秋元不死男

人間探求派
石田波郷
加藤楸邨
中村草田男

中村汀女
飯田龍太
金子兜太

索引

＊現代文単語、古文単語、古典常識には意味を、漢文には読みと意味を、文学史には関連事項を、それぞれ下段に掲載しています。
なお、下段は、本書内で扱っている内容に限っています。

漢字・現代文単語

あ

□ 頑《がん》として	自説を譲らないさま	40
□ 頑迷《がんめい》	かたくなでものの道理がわからないこと	15
□ 関与《かんよ》	影響などを相手に及ぼす	46
□ 官僚《かんりょう》	役人・官吏	43
□ 気《き》が置《お》けない	(配慮や遠慮をする必要のない)親しいさま	71
□ 機《き》が熟《じゅく》す	物事を始めるのにちょうどよい時となること	94
□ 気《き》がそがれる	何かをしようという意気込みがくじかれる	94
□ 起死回生《きしかいせい》	死にかけたものを生き返らせること	57
□ 擬似的《ぎじてき》	本物によく似ているようす	49
□ 机上《きじょう》の空論《くうろん》	机の上の考えだけで、実際には役に立たない考え	94
□ 疑心暗鬼《ぎしんあんき》を生《しょう》ず	疑う心があるために、何でもないことも恐ろしく感じたり疑ったりすること	95
□ 傷《きず》	身体や物の表面にできた痛むところやその跡	15
□ 既成《きせい》	すでに現実に存在していること	40
□ 犠牲《ぎせい》	ある事のために大事なものを捧げること	43
□ 毅然《きぜん》	意志が強く、物事に動じないさま	108
□ 喫緊《きっきん》	さしせまっていて、大切なこと	16・71
□ 木《き》によって魚《うお》を求《もと》む	方法を間違えると成功できないこと	95
□ 帰納的《きのうてき》	具体的な事例から一般的・普遍的な法則を導くさま	127
□ 奇抜《きばつ》	他と違っていて風変わりな様子	16
□ 忌避《きひ》	きらって避けること	16
□ きまりが悪《わる》い	体裁が悪い・恥ずかしい	71
□ 欺瞞《ぎまん》	あざむきだますこと	10・109
□ 逆説《ぎゃくせつ》(的《てき》)	一見真理に反するように見えて、よく考えると一面の真理を表している説	49・132
□ 虐待《ぎゃくたい》	むごい扱いをすること	43
□ 客観的《きゃっかんてき》	主観から独立して存在し、誰もが同意する普遍性を持っていること	49
□ 脚光《きゃっこう》	舞台前面の床から俳優を照らすライト	43
□ 嗅覚《きゅうかく》	においの感覚	109
□ 九死《きゅうし》に一生《いっしょう》を得《え》る	九分通り助からない命がかろうじて助かること	95
□ 供給《きょうきゅう》	必要に応じて物を与えること	16・142
□ 胸襟《きょうきん》	胸のうち	9
□ 境遇《きょうぐう》	その人の置かれた環境や事情	43
□ 僥倖《ぎょうこう》	偶然の幸運	6
□ 峡谷《きょうこく》	幅が狭く、両岸が険しい崖になっている谷	43
□ 興《きょう》じ合《あ》う	おもしろがって楽しむこと	72
□ 享受《きょうじゅ》	物事を受け入れて自分のものにすること	109
□ 郷愁《きょうしゅう》	故郷をなつかしく思う気持ち	43
□ 恭順《きょうじゅん》	つつしんで従うこと	110
□ 強靱《きょうじん》	強く粘りのあるさま	6
□ 業績《ぎょうせき》	事業や研究でなしとげた成果	40
□ 形相《ぎょうそう》	激しい感情が表れた顔つき	43
□ 仰天《ぎょうてん》	意外なことに出会い、驚くこと	16
□ 狂奔《きょうほん》	くるったように走り回ること	110
□ 興味《きょうみ》	心がひかれておもしろいと感じること	17
□ 極端《きょくたん》	はなはだしくかたよっていること	40
□ 毀誉褒貶《きよほうへん》	ほめたりけなしたりすること・世間の評判	17
□ 亀裂《きれつ》	堅いものにひびが入ること	43
□ 軌《き》を一《いつ》にする	方向や考え方が同じこと	72
□ 琴線《きんせん》(に触《ふ》れる)	人間の心の奥深くにある感じやすい心情、感動し、共鳴する心情	72・110
□ 吟味《ぎんみ》	物事を念入りに調べること	43・132
□ 寓意《ぐうい》	それとなくある意味をほのめかすこと	111
□ 空山《くうざん》	人けのないさびしい山	111
□ 釘付《くぎづ》け	動かない状態にする(なる)こと	95
□ 愚直《ぐちょく》	融通がきかない正直さ	43
□ 朽《く》ちる	腐ってぼろぼろになる	17
□ 覆《くつがえ》す	ひっくりかえす	17
□ 屈折《くっせつ》	折れ曲がること・感情などが素直に表現されないさま	132
□ 苦杯《くはい》を喫《き》す	にがい経験をすること	95
□ 首《くび》をもたげる	下げていた頭を起こす	73
□ 薫風《くんぷう》	若葉のかおりがただよう初夏の風	7
□ 群雄割拠《ぐんゆうかっきょ》	多くの英雄が各地にたてこもり、互いに勢力を振るって対立すること	43
□ 芸《げい》がない	工夫がなくてつまらない	96
□ 慧眼《けいがん》	物事をよく見抜く鋭い洞察力	112
□ 契機《けいき》	きっかけ	41
□ 迎合《げいごう》	相手の気に入るように努めること	112・132
□ 鶏口牛後《けいこうぎゅうご》	大きな集団のしりになるよりも小さな集団の頭になる方がよい	96
□ 警鐘《けいしょう》	警告のためにならす鐘	40
□ 継承《けいしょう》	引き続いて受け継ぐこと	113
□ 稀有《けう》	めったにないこと	6
□ 怪訝《けげん》	わけが分からなくて納得できないさま	73
□ 月下氷人《げっかひょうじん》	男女の縁を取り持つ人	58
□ 懸念《けねん》	気になって不安なこと	9
□ 権益《けんえき》	権利とそれにともなう利益	17

□	査定《さてい》	調べたうえで合否・等級・評価を決定すること	21
□	些末《さまつ》	わずかなこと・取るに足りないこと	114
□	去《さ》る者《もの》は日日《ひび》に疎《うと》し	親しかった相手でも会わなくなると、間柄が遠くなっていくこと	84
□	傘下《さんか》	ある勢力に属してその支配を受ける立場にあること	44
□	参詣《さんけい》	寺や神社にお参りすること	21
□	三々五々《さんさんごご》	少人数ごとにちりぢりになっているさま	74
□	賛辞《さんじ》	ほめことば	21
□	山紫水明《さんしすいめい》	自然の景色が清らかで美しいこと	58
□	斬新《ざんしん》	発想が独自で新しいさま	42
□	暫定《ざんてい》	正式に決まるまで仮に定めること	21
□	散文《さんぶん》	韻律・字数・句法などに制限のない通常の文章	127
□	恣意《しい》	勝手気ままな思いつき	75
□	使役《しえき》	人に物事をさせること	46
□	資格《しかく》	ある事をするのに必要な地位や身分	42
□	自家撞着《じかどうちゃく》	同じ人物の発言がくいちがって矛盾していること	58
□	弛緩《しかん》	緊張しているべき状態のものがたるむこと	21
□	色彩《しきさい》	色・色合い	22
□	試金石《しきんせき》	物の価値や人物の能力などを評価するために試みる物事	97
□	示唆《しさ》	ほのめかすこと	22
□	獅子《しし》身中《しんちゅう》の虫《むし》	味方でありながら、味方に害をなす裏切り者のこと	75
□	私淑《ししゅく》	直接教えを受けていないが、その人を規範として学ぶこと	130
□	指針《ししん》	方針	22
□	市井《しせい》	まち・ちまた・一般	10
□	自重《じちょう》	自分のからだを大事にすること	44
□	疾患《しっかん》	からだの部位の故障	22
□	実況《じっきょう》	実際の状況・様子	22
□	桎梏《しっこく》	自由な行動を束縛するもの	10・114
□	昵懇《じっこん》	親しいこと・こころやすい関係にあること・懇意	115
□	質実剛健《しつじつごうけん》	まじめでしっかりしていること	58
□	質的《しつてき》	質の面で	144
□	実力伯仲《じつりょくはくちゅう》	互いに力がつり合っていて優劣をつけがたいこと	59
□	自得《じとく》	経験を通じて自ら悟ること	22
□	指南《しなん》	教え導くこと	44
□	至難《しなん》	きわめて難しいこと	44
□	紙背《しはい》	文章の奥に含まれている意義	40
□	暫《しばら》く	少しの間	10
□	死命《しめい》を制《せい》す	他人の急所を押さえること	76
□	釈然《しゃくぜん》	疑いが消えてすっきりするさま	22
□	遮光《しゃこう》	光をさえぎること	44
□	奢侈《しゃし》	身分不相応なくらしをすること	115
□	遮蔽《しゃへい》	覆いをかけて、他から見えないようにすること	115
□	終焉《しゅうえん》	生命が終わること	7
□	縦横無尽《じゅうおうむじん》	縦にも横にも自在に動くさま	84
□	蒐集《しゅうしゅう》	趣味や研究のためにいろいろと集めること	134
□	習熟《しゅうじゅく》	慣れて上手になること	23
□	重層的《じゅうそうてき》	いくつもの層が重なっているさま	50
□	習俗《しゅうぞく》	世の中の習慣や風俗	128
□	周知《しゅうち》	広く知れ渡っていること	23
□	柔軟《じゅうなん》	やわらかな様子	23
□	主客転倒《しゅかくてんとう》	人の立場や順序などが逆になること	57
□	熟練《じゅくれん》	慣れて上手なこと	23
□	主宰《しゅさい》	人の上に立ち、中心となり物事を行うこと・人	134
□	出藍《しゅつらん》の誉《ほま》れ	弟子が先生の能力を超えること	97
□	首尾一貫《しゅびいっかん》	初めから終わりまで矛盾なく貫かれていること	59
□	循環《じゅんかん》	めぐってもとに戻ることを繰り返すこと	24
□	準拠《じゅんきょ》	よりどころとすること・標準としてそれに従うこと・従うべき標準	116
□	遵守《じゅんしゅ》	守ること	7
□	純真無垢《じゅんしんむく》	心が清らかなさま	10
□	順応《じゅんのう》	環境・境遇に適応すること	24・135
□	春風駘蕩《しゅんぷうたいとう》	のどかで温和なこと	58
□	峻別《しゅんべつ》	厳重に区別をすること	128
□	常軌《じょうき》	ふつうであること	44
□	詳細《しょうさい》	くわしくこまやかなこと	128
□	上梓《じょうし》	本を出版すること	135
□	精進《しょうじん》	ひたすら修行に励むこと	24
□	饒舌《じょうぜつ》	口数が多くおしゃべりなこと	116
□	承諾《しょうだく》	相手の申し出や頼みを聞き入れること	128
□	冗長《じょうちょう》	むだが多く長いさま	24
□	焦点《しょうてん》	中心点・問題点	24
□	常套《じょうとう》	きまりきったやり方	116
□	焦眉《しょうび》	危険が迫っていること	116
□	承服《しょうふく》	主張をもっともだとし、従うこと	134

□ 先達《せんだち》	学問・技芸・修行などで、先にその道に達し、他を導いてくれる人	119
□ 前提《ぜんてい》	ある事が成り立つためのもとの条件	28
□ 扇動《せんどう》	大衆がある行動を起こすよう仕向けること	8
□ 羨望《せんぼう》	うらやむこと	45
□ 鮮明《せんめい》	色鮮やかで印象に強く残る様子	45
□ 浅慮《せんりょ》	考えが浅いこと	119
□ 遭遇《そうぐう》	思いがけない人や物に出会うこと	28
□ 双肩《そうけん》に担《にな》う	重要な任務を引き受ける・責任を背負う	79
□ 相好《そうごう》を崩《くず》す	にこやかな表情になる	79
□ 相殺《そうさい》	ふたつを差し引いてゼロにする	130
□ 捜索《そうさく》	捜し求めること	45
□ 造作《ぞうさ》ない・造作《ぞうさ》もない	たいして面倒でもなく、たやすいさま	29
□ 総《そう》じて	全般的に	29
□ 壮絶《そうぜつ》	他に類するものがないほど激しい	29
□ 壮大《そうだい》	大きくて立派なこと	42
□ 相対性《そうたいせい》	ほかとの関連で初めてそのものが存在するさま	51
□ 総体的《そうたいてき》	あるものの全体にわたるさま	29
□ そうは問屋《とんや》が卸《おろ》さない	そう簡単に思うようにはいかない（いかせない）	98
□ 早晩《そうばん》	いずれいつかは	45
□ 増幅《ぞうふく》	物事の程度や範囲が大きくなること	29
□ 双璧《そうへき》	優れている二つのもの	136
□ 疎外《そがい》	よそよそしくすること・ほかを避けること	40
□ 促進《そくしん》	早く進むようにうながすこと	30
□ 齟齬《そご》	食い違い・行き違い	119
□ 遡行《そこう》	さかのぼる	120
□ 損《そこ》なう	壊してだめにする	45
□ 粗雑《そざつ》	いいかげんでおおざっぱなこと	45
□ 楚々《そそ》たる	清らかで美しいさま	80
□ 疎通《そつう》	両者の意見が互いに通じ合うこと	30
□ 率先垂範《そっせんすいはん》	先に立って模範を示すこと	57
□ 側杖《そばづえ》を食《く》う	無関係のことに巻き込まれて災難に遭う	80
□ 空《そら》で言《い》う	文字を見ることなく記憶に頼るだけで言うこと	80
□ 存外《ぞんがい》	思いがけないこと・予想外	120

た

□ 大局《たいきょく》	物事の全体のありさまや、成り行き	120
□ 体系《たいけい》	筋道を立ててまとめた知識・理論の全体	30
□ 対峙《たいじ》	対立してにらみ合うこと	30
□ 台頭《たいとう》	新しいものが勢力を得て、進出してくること	30
□ ダイナミズム	迫力・活力・力強さ	146
□ 多寡《たか》	多いことと少ないこと	30
□ 高《たか》みの見物《けんぶつ》	関係のない気楽な立場から成り行きを傍観すること	99
□ 多岐《たき》	物事が多方面に分かれていること	136
□ 卓越《たくえつ》	群を抜いて優れていること	31
□ 惰性《だせい》	これまでの習慣や癖	45
□ 多《た》多《た》ますます弁《べん》ず	多ければ多いほど都合がいい	80
□ 立《た》て板《いた》に水《みず》	よどみなく話すさま	99
□ 妥当《だとう》	実情によく当てはまっていること	9
□ タブー	禁忌	147
□ 他律的《たりつてき》	自分の意志でなくほかからの圧力や強制によって動くさま	51
□ 足《た》るを知《し》る	満足すること	81
□ 断行《だんこう》	反対などを押し切って実行すること	136
□ 丹誠《たんせい》	心を込めて物事をすること	81
□ 端的《たんてき》	はっきりと明確なさま	81
□ 単刀直入《たんとうちょくにゅう》	前置きや婉曲表現抜きで直接本題に入ること	60
□ 知己《ちき》	自分をよく理解してくれる人・知人・友人	136
□ 逐電《ちくでん》	逃げ去って行方をくらますこと	137
□ 窒息《ちっそく》	息が詰まるなどにより呼吸が止まること	45
□ 因《ちな》みに	ついでにいうと	41
□ 巷《ちまた》	世間・町中	82
□ 緻密《ちみつ》	細かく、くわしいこと	120
□ 抽象《ちゅうしょう》	事物からある側面・性質を抜き出して把握すること	31
□ 紐帯《ちゅうたい》	人々のつながり・地縁・血縁	137
□ 躊躇《ちゅうちょ》	ためらうこと	137
□ 稠密《ちゅうみつ》	多くの家や人などがある地域に密集していること	121
□ 朝三暮四《ちょうさんぼし》	目先の違いに気を取られて実際は同じであるのに気づかないこと	60
□ 嘲笑《ちょうしょう》	あざけり笑うこと	10
□ 挑発《ちょうはつ》	相手を刺激して事をおこすようしむけること	31
□ 重宝《ちょうほう》がる	便利であること・都合のよいこと	82
□ 聴聞会《ちょうもんかい》	行政機関が行政上の決定をする際、利害関係者の意見を聞く場	8
□ 直感的《ちょっかんてき》	証明や推理を経ずに感覚的に感じ取ること	53
□ 著名《ちょめい》	世間に名前がよくしられていること	31
□ 陳腐《ちんぷ》	ありふれてつまらない平凡なこと	121

古文単語

語	意味	ページ
かたはらいたし	苦々しい・気の毒だ・きまりが悪い	184
互《かたみ》に	互いに	206
徒歩《かち》	歩いて行くこと・徒歩	222
被《かづ》く	貴人が下人の労をねぎらい、褒美をとらせる	173
愛《かな》しむ	いとおしむ・かわいいと思う	214
かまへて	きっと・なんとかして	206
許《がり》	～のもとへ	219
かりそめなり	ほんの一時的である	198
聞《き》きにくし	聞き苦しい・聞いて不愉快だ	288
聞《き》こし召《め》す	召し上がる	173
際《きは》	身分	201
具《ぐ》す	伴う・連れる・添える	173
口惜《くちを》し	残念だ・がっかりだ	185
雲居《くもゐ》	空・雲・はるか遠くの場所	201
希有《けう》なり	めったにないことである	220
けしうはあらず	悪くはない・変ではない	211
気色《けしき》	機嫌・顔色・病状・意向	202
実《げ》に	本当に・なるほど（そのとおり）	206
困《こう》ず	苦しむ・疲れる	174
ここら	これほど多く・これほど甚だしく	206
心驕《こころおご》り	得意になること・思い上がること	222
心劣《こころおと》り	幻滅を感じること	222
心《こころ》づきなし	気に入らない・不愉快だ・愛想がない	185
心《こころ》もとなし	不安だ・待ち遠しい・じれったい	186
心安《こころやす》し	安心だ・親しい・簡単だ	218
心遣《こころや》る	得意がる	288
慰《こしら》ふ・喩《こしら》ふ・誘《こしら》ふ	説得する	174
こちたし	大げさだ・甚だしい	186
骨《こち》なし	作法がなっていない様子	186
言付《ことづ》く	口実にする	214
ことにもあらず	たいしたことではない	289
理《ことわり》	道理	202
細《こま》やかなり・濃《こま》やかなり	こまかい・愛情が深い・濃い・上品だ	220
さ		
さ	そう・そのように	290
さうざうし	さびしくて心が物足りない・つまらない	290
装束《さうぞ》く	身支度する・装う・整える	214
候《さうら》ふ	～ございます・～です	291
さながら	そっくりそのまま	206
分明《さやか》なり	はっきりしている・明るい	291
更《さら》なり	言うまでもない・もちろんだ	198
更《さら》に～否定語	まったく～ない・少しも～ない・決して～ない	207
さりとて	だからといって・とはいえ	292
然《さ》る	そのような・相当な	210
潮垂《しほた》る	涙を流す・涙でぬれる	174
上臈《じやうらふ》	高僧・上流階級の人	222
知《し》る・治《し》る・領《し》る	治める・領有する	215
著《しる》し	はっきりしている・明らかである	187
すずろなり	思わず	198
術《ずち》なし	どうしようもない	187
消息《せうそこ》	便り（口で言うことも手紙のこともある）・連絡・挨拶	202
切《せち》なり	ぜひとも・なんとかして	198
せんかたなし・せむかたなし	どうしようもない	187
そこばく	たくさん	207
漫《そぞ》ろなり	何ということもなく・むやみに・思いがけなく	199
そのかみ	その昔	202
た		
ただならずなる	身ごもる・妊娠する	211
突《つ》い居《ゐ》る	かしこまって座る・ひざまずく・ちょっと腰を下ろす	215
つきなし	ふさわしくない	187
包《つつ》む	包む・隠す	174
つとめて	早朝・その翌朝	203
つやつや	まったく～ない・少しも～ない	207
つれなし	平然としている・冷淡だ・何事もない	188
手振《てぶり》	風習・習わし・従者・身振り	222
所得《ところう》	よい地位を占める・得意になる・いい気になる	216
所狭《ところせ》し	窮屈だ	188
疾《と》し	急いで	188
年頃《としごろ》・年比《としごろ》・年来《としごろ》	数年の間・長年	203
訪《とぶら》ふ	見舞う	175
頓《とみ》なり	急だ・突然だ	199
乏《とも》し	不十分である・足りない	219

古典常識

□	築地《ついぢ》	土塀	228
□	つごもり	月末	227
□	厨子《づし》	書画などを載せる戸棚・仏像などを安置する両扉の戸棚	228
□	局《つぼね》	板や壁・屏風で仕切られた独立した部屋・居室	228
□	妻戸《つまど》	建物の四隅にある両開きの板戸	228
□	釣殿《つりどの》	東西の廊の南端にある池に臨む建物	228
□	殿上《てんじやう》	昇殿すること	227
□	殿上人《てんじやうびと》	清涼殿の殿上の間に昇殿を許された四位、五位の者と六位の蔵人	227
□	舎人《とねり》	天皇・皇族の雑用・警護をする役人	227
□	宿直《とのゐ》	宮中や役所に宿泊して勤務・警護すること	231
な			
□	長月《ながつき》	九月	226
□	長押《なげし》	柱から柱へ横に渡した木	228
□	入道《にふだふ》	髪を下ろして僧衣をまとってはいるが、寺に入らず家にいる人	229
□	塗籠《ぬりごめ》	母屋の一部を仕切って周囲を壁で塗り込めた部屋	228
□	念誦《ねんず》《ねんじゅ》	仏の加護を心に念じ経文や仏名を唱えること	229
は			
□	端《は》	はし・へり	231
□	階《はし》	庭から家へ上がる階段	228
□	葉月《はづき》	八月	226
□	播州《ばんしゅう》	兵庫県	229
□	肥後《ひご》	熊本県	229
□	提子《ひさげ》	酒などを入れる注ぎ口のある器	228
□	廂《ひさし》	母屋の外、簀子の内にある細長い部屋	228
□	聖《ひじり》	徳の高い僧侶	229
□	未の刻《ひつじのとき》	午後一時ごろから午後三時ごろ	227
□	単衣《ひとへぎぬ》《ひとへ》	装束の一番下に着る裏地のない衣	227
□	鄙《ひな》	田舎	231
□	比喩《ひゆ》	和歌では、物に心情や自分の状態をたとえる	236
□	火桶《ひをけ》	木製の円筒形の火鉢	228
□	衾《ふすま》	寝るときにかける夜具	228
□	伏籠《ふせご》	炉の上において上に衣服をかけて香を衣服にたきしめたり乾かすかご	228
□	文《ふみ》	手紙	230
□	文月《ふみつき》	七月	226
□	発心《ほつしん》	悟りの境地を得ようと心を起こすこと	229
ま			
□	枕詞《まくらことば》	五音で特定の語を導き出す修飾語	234
□	御簾《みす》	貴人の邸の室内外を仕切るすだれ	228
□	御帳台《みちやうだい》	母屋の中央に帳を垂らし天井をつけた寝所・座所	228
□	水無月《みなづき》	六月	226
□	冥加《みやうが》	知らないうちに受ける神仏の加護	229
□	行幸《みゆき》	天皇のお出かけ	229
□	葎《むぐら》	つる草	232
□	睦月《むつき》	一月	226
□	望月《もちづき》	満月	226
□	物忌《ものいみ》	一定期間、家の中にこもって飲食・言行を慎み心身を清めること	229
□	物詣《ものまうで》	神社仏閣に参詣すること	229
□	母屋《もや》	建物中央に位置する奥の間	228
や			
□	弥生《やよい》	三月	226
□	遣戸《やりど》	引き戸	228
□	遣水《やりみづ》	貴族の邸などの庭に作った人工的な小川	228
□	泔坏《ゆするつき》	髪を洗ったりすくための水を入れる器	228
わ			
□	渡殿《わたどの》	建物と建物をつなぐ屋根のある廊下	228
□	円座《わらふだ》	藁・蒲・菅などを渦巻き状に円く平たく編んだ敷物の一種	228
□	痴《をこ》	おろかなこと・ばかげたこと	231

漢文

あ

か

見出し	読み	意味	頁
□夫	か・や	~か(疑問)・~か、いや、~ない(反語)	324
□与	か・や	~か(疑問)・~か、いや、~ない(反語)	314・316
□歟	か・や	~か(疑問)・~か、いや、~ない(反語)	324
□且	かツ	その上	309
□必不~	かならズ~ず	決して~しない	322
□与	くみス	味方する・賛成する	314
□蓋	けだシ	思うに・たぶん・そもそも	307
□於是	ここニおイテ	そこで・こうして	315
□故人	こじん	古くからの友人	316
□尽	ことごとク	すべて	317
□如	ごとシ	~のようだ	310
□毎	ごとニ	する度に~する	313
□冀	こひねがフ	どうか~させてください・どうか~してください	333
さ			
□而	しかうシテ・しかシテ	そして	334
□而	しかレドモ・しかルニ・しかモ	しかし	334
□如	しク	及ぶ	310
□使	しム	~させる	326
□令	しム	~させる	326
□教	しム	~させる	326
□遣	しム	~させる	326
□須臾	しゅゆ	わずかな時間	316
□不	ず	~しない・~でない	320
□弗	ず	~しない・~でない	323・316・320
□寡	すくなシ	すくない	310
□已	すでニ	すでに・もはや	309
□乃	すなはチ	そこで・かえって・なんと・やっと	306・312
□則〔而〕	すなはチ	~ならば・~すればそのときには	312・324
□即	すなはチ	そのまま・すぐに	312
□便	すなはチ	そのまま・すぐに	312
□輒	すなはチ	そのたびごとに	312・321
□~且…。況ー乎	~スラかツ…。いはンヤーヲや	~でさえ…だ。ましてーの場合はなおさら(…)だ	332
□不肯~	~[スル](コト)ヲがヘンぜず	進んで~しようとしない・~することを承知しない	321
□所~…	~[スル]ところノ…	~するその…	335
□莫不~	~[セ]ざル(ハ)なシ	~しないことはない	323
た			
□大人	たいじん	徳の高い人	317・335
□惟	たダ~ノミ	(ただ)~だけだ	328
□唯	たダ~ノミ	(ただ)~だけだ	328
□但	たダ~ノミ	(ただ)~だけだ	328
□只	たダ~ノミ	(ただ)~だけだ	328
□徒	たダ~ノミ	(ただ)~だけだ	328
□不唯〔惟〕~	たダニ~ノミナラず	ただ~だけではない	330
□不惟~、又…	たダニ~ノミナラず、また…	ただ~だけではなく、その上…でもある	330
□非唯〔惟〕~	たダニ~ノミニあらズ	ただ~だけではない	330
□忽	たちまチ	突然	306
□縦	たとヒ~トモ	たとえ~としても・かりに~であっても	324
□為	ためニ	~のために	306
□為	たリ	~である	306
□為	つくル	作る	306
□竟	つひニ	結局・とうとう	306
□遂	つひニ	そこで・こうして・そのまま	311

見出し	読み	意味	ページ
□ 独	ひとリ	一人	313
□ 独	ひとリ~ノミ	(ただ) ~だけだ	328
□ 不独~	ひとリ~ノミナラず	ただ~だけではない	330
□ 独~乎	ひとリ~ノミナランや	どうして~だけだろうか、いや、~だけではない	328
□ 非独~	ひとリ~ノミニあらズ	ただ~だけではない	330
□ 経	ふ	経過する	308
□ 臥	ふス	横たわって寝る	313
□ 可	ベシ	~できる	333
□ 欲	ほつス	~しようとする	338
□ 幾	ほとんド	ほとんど~だ	337
□ 殆	ほとんド	たぶん・おそらく	338

ま

見出し	読み	意味	ページ
□ 当	まさニ~［ス］ベシ	~べきである・~はずである	307・318・325・339
□ 将	まさニ~［セ］ントす	~しようとする・~するつもりだ	314・318・319
□ 不復~	まタ~ず	決して~しない・二度とは~しない	320・322
□ 見	まみユ	お目にかかる	308
□ 道	みち	正しい道理	337
□ 道	みち	手段・方法	338
□ 見	みユ	見える・わかる	308
□ 見	みル	見る・会う	308
□ 寧~乎、寧…乎	むしロ~［セ］ンか、むしロ…［セ］ンか	~する方がよいか、…する方がよいか	332
□ 如	もシ~バ	もし~ならば	310・324
□ 以	もつテス	手段・方法をとる	337
□ 固	もとヨリ	もともと・言うまでもなく	308

や

見出し	読み	意味	ページ
□ 已	やム	病気が治る	333
□ 如	ゆク	行く	310
□ 所以	ゆゑん	~の理由・手段~するところのもの・~するためのもの	316
□ 能	よク	~できる	313
□ 与	より（ハ）	~よりは	314
□ 因	よリテ	そこで・だから	309
□ 因	よル	たよりにする	338

ら

見出し	読み	意味	ページ
□ 見	る・らル	~される	308・328
□ 被	る・らル	~される	328
□ 所	る・らル	~される	328
□ 為	る・らル	~される	328

わ

見出し	読み	意味	ページ
□ 無如~何	~ヲいかんトスルなシ	~をどうすることもできない	326
□ 為	をさム	治める・治療する・なおす	306

文学史

さ

追加問題

最新の入試から、最終チェック問題を章別にまとめました。
本冊の問題演習後に、ＱＲコードを読み込んで総仕上げとして挑戦してみよう。

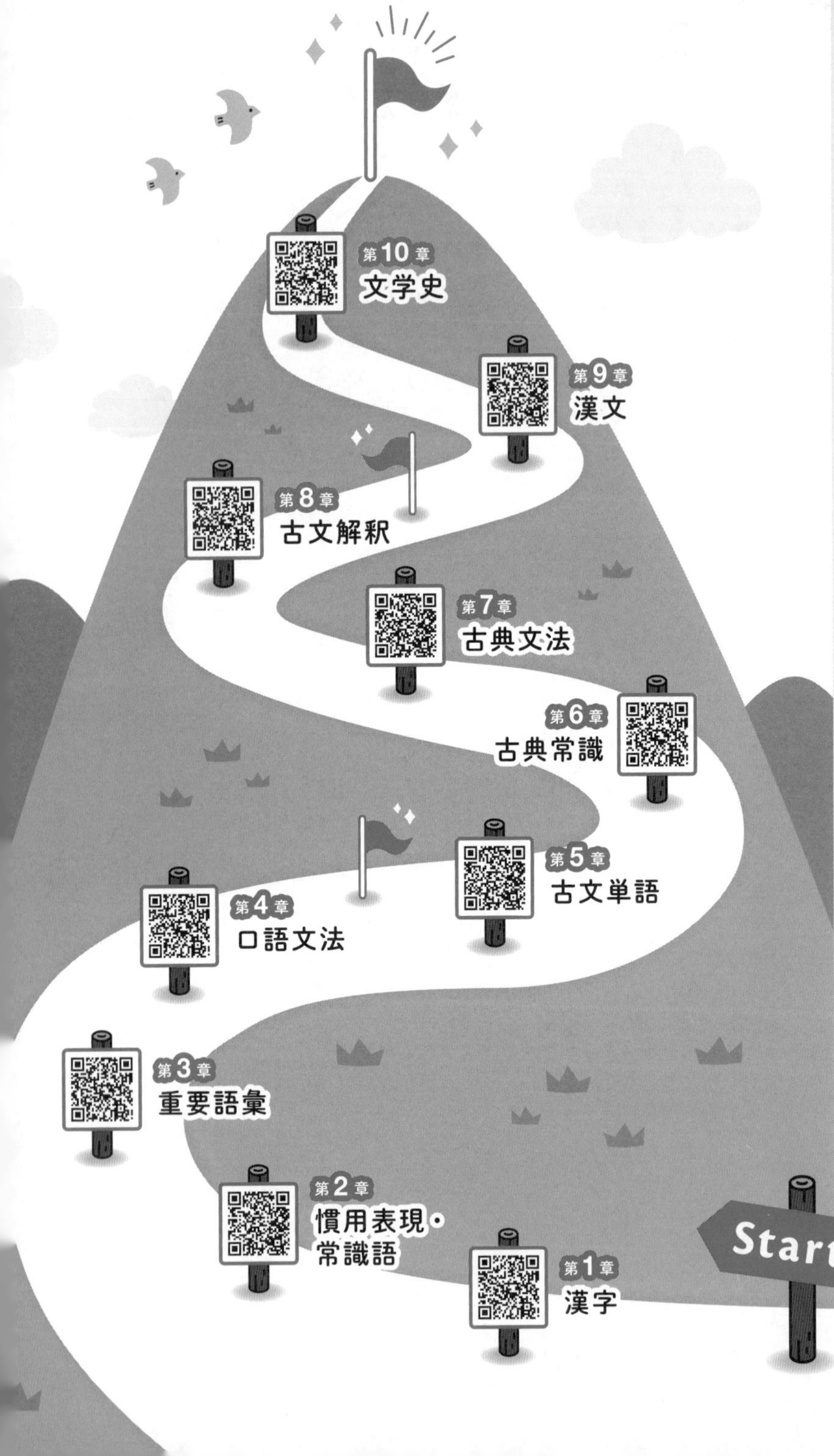

即戦ゼミ 入試頻出

新国語問題総演習

［四訂版］ 桐原書店編集部 編

重要ポイント 直前チェック集

桐原書店

送りがなを伴う読みや特殊な読みをする熟語は、短文とあわせて覚えると身につきやすくなります。

現代文 / 古文単語 / 古典常識 / 古典文法 / 古文解釈 / 漢文 / 文学史

□ **概《おおむ》ね**
意 だいたいの趣意・大意
例 今回の試験は**概ね**好成績だった。

□ **仮《か》借《しゃく》**
意 かりること・見逃すこと
例 人を傷つける行為は決して**仮借**しない。

□ **糾《きゅう》弾《だん》**
意 罪や悪事を問いただして明らかにすること
例 汚職に手を染めた政治家を**糾弾**する。

□ **胸《きょう》襟《きん》**
意 胸のうち
例 友人と**胸襟**を開いて語り合った。

□ **稀《け》有《う》**
意 めったにないこと
例 彼は百年に一人の**稀有**な才能の持ち主だ。

□ **克《こっ》己《き》**
意 自分にうちかつこと
例 **克己**して学業にはげむ。

□ **声《こわ》高《だか》**
意 声が大きいさま
例 目標を**声高**に宣言する。

□ **索《さく》引《いん》**
意 書物の中の語句・事項などを抜き出し、探す手引きとして一定の順序で配列したもの
例 地図帳の**索引**から出身地を探す。

□ **市《し》井《せい》**
意 まち・ちまた・一般
例 **市井**でうわさの有名店に行く。

□ **企《たくら》む**
意 悪事をくわだてる
例 修学旅行での単独行動を**企む**。

□ **繕《つくろ》う**
意 整える・破れや壊れをなおす
例 シャツの袖のほつれを**繕う**。

□ **滞《とどこお》る**
意 物事が順調に進まず、つかえる
例 帰省ラッシュで高速道路が**滞る**。

□ **破《は》綻《たん》**
意 うまくいかなくなること
例 国家の財政が**破綻**する。

□ **頒《はん》布《ぷ》**
意 大人数に分けること
例 新店のクーポン券が無料で**頒布**された。

□ **氾《はん》濫《らん》**
意 水があふれること
例 大型台風によって川が**氾濫**する。

□ **比《ひ》肩《けん》**
意 対等な力を持つこと
例 野球で彼に**比肩**する者はいない。

□ **風《ふ》情《ぜい》**
意 風流・風雅の趣
例 **風情**のある旅館に泊まる。

□ **払《ふっ》拭《しょく》**
意 払いぬぐい去ること
例 悩みを**払拭**して行動に移す。

□ **明《めい》晰《せき》**
意 あきらかではっきりしていること
例 筆者の主張が実に**明晰**な文章。

□ **流《る》布《ふ》**
意 世間に広まり行き渡ること
例 個人情報の**流布**に注意する。

☐ **煽《あお》る**
意 ある行動をするよう仕向ける
例 消費者の購買意欲を**煽る**文句。

☐ **軋轢《あつれき》**
意 不和・摩擦
例 **軋轢**が生じないよう努める。

☐ **憤《いきどお》り**
意 怒り・腹立ち
例 彼の態度に**憤り**を覚える。

☐ **一縷《いちる》**
意 一本の細い糸
例 夢の実現に**一縷**の望みを託す。

☐ **倦《う》む**
意 あきる・いやになる
例 **倦む**ことなく学問に取り組む。

☐ **餌食《えじき》**
意 野心や欲望のための犠牲になるもの
例 鹿がライオンの**餌食**になる。

☐ **開墾《かいこん》**
意 荒れ野を切り開くこと
例 土地を**開墾**し未来を見すえる。

☐ **誤謬《ごびゅう》**
意 あやまり
例 文章にひそんだ**誤謬**を正す。

☐ **遡《さかのぼ》る**
意 過去や根本になることに戻る
例 先週の記憶を**遡る**。

☐ **暫《しばら》く**
意 少しの間
例 **暫く**会わなかった友人に会う。

☐ **鐘楼《しょうろう》**
意 鐘つき堂
例 **鐘楼**から鐘を鳴らす音がする。

☐ **熾烈《しれつ》**
意 勢いが強くはげしいようす
例 **熾烈**な争いが繰り広げられる。

☐ **杜撰《ずさん》**
意 いいかげん
例 きわめて**杜撰**な物言いだ。

☐ **脆弱《ぜいじゃく》**
意 もろくて弱いさま
例 雨で崩れるとは**脆弱**な橋だ。

☐ **貪欲《どんよく》**
意 非常に欲が深いこと
例 夢のためなら多少**貪欲**で良い。

☐ **和《なご》やか**
意 とげとげしくなく親しみが感じられる
例 **和やかな**雰囲気の中話し合う。

☐ **瀕《ひん》する**
意 良くない事態がせまっている
例 絶滅の危機に**瀕する**動物。

☐ **疎《うと》む**
意 いやだと思う
例 自分勝手な振る舞いを**疎む**。

☐ **驕《おご》る**
意 才能などを誇って思い上がった振る舞いをする
例 成功しても**驕る**気持ちを持たない。

☐ **夥《おびただ》しい**
意 数や量が非常に多い
例 休日の観光地は**夥しい**人出だ。

☐ **脅《おびや》かす**
意 こわがらせて従わせる
例 感染症は生命を**脅かす**存在だ。

☐ **闊達《かったつ》**
意 心が広く小事にこだわらないさま
例 自由**闊達**で穏やかな人柄。

☐ **薫風《くんぷう》**
意 若葉のかおりがただよう初夏の風
例 **薫風**の候に手紙を書く。

☐ **懸念《けねん》**
意 気になって不安なこと
例 豪雨の影響に対する**懸念**が高まる。

☐ **言上《ごんじょう》**
意 申し上げること
例 先生に御礼を**言上**する。

☐ **相好《そうごう》**
意 顔つき
例 大学合格の知らせに**相好**を崩す。

☐ **拙《つたな》い**
意 下手である
例 話すにはまだ**拙い**英語力だ。

☐ **必定《ひつじょう》**
意 そうなると決まっていること
例 この試合の勝利は**必定**である。

☐ **凌駕《りょうが》**
意 他のものを追い抜いてその上に立つこと
例 前回の作品を**凌駕**する高評価だ。

☐ **流浪《るろう》**
意 さまよい歩くこと
例 都会を離れ**流浪**の旅に出る。

意味もセットで覚えると、文脈から正しい表記が想定できるようになります。

□ 行《あん》脚《ぎゃ》
意 各地をめぐり歩くこと
例 長期休暇に東北地方を行脚する。

□ 著《いちじる》しい
意 はっきりしていて目立つさま
例 成長期に入り身長の伸びが著しい。

□ 冒《おか》す
意 危険や困難を承知のうえで、あえてする
例 風雨を冒して遭難者の救助に向かう。

□ 納《おさ》める
意 決められた期限までに、受け取り手に渡す
例 大学へ入学金を納める。

□ 修《おさ》める
意 自身を高める努力をする
例 外国語を修めるのには時間がかかる。

□ 感《かん》慨《がい》
意 しみじみとした気持ちになること
例 他人の優しさに大きな感慨を覚える。

□ 喚《かん》起《き》
意 呼び起こすこと
例 彼の話は人々の興味を喚起する。

□ 肝《かん》心《じん》
意 もっとも大切なこと
例 成果を出すには日頃の行いが肝心だ。

□ 業績《ぎょうせき》
意 事業や研究でなしとげた成果
例 父の会社は業績が順調だ。

□ 形相《ぎょうそう》
意 激しい感情が表れた顔つき
例 怪談を恐ろしい形相で語る。

□ 覆《くつがえ》す
意 ひっくりかえす
例 逆境を覆すべく努力を重ねる。

□ 警鐘《けいしょう》
意 警告のためにならす鐘
例 気が緩まないよう警鐘を鳴らす。

□ 鼓《こ》舞《ぶ》
意 気持ちをふるいたたせること
例 学生の向学心を鼓舞する本。

□ 懇《こん》意《い》
意 特に親しく仲の良いさま
例 幼少期から懇意にしている友人。

□ 示《し》唆《さ》
意 ほのめかすこと
例 成功の可能性を示唆する提案。

□ 循環《じゅんかん》
意 めぐってもとに戻ることを繰り返すこと
例 室内の空気を循環させる。

□ 浸《しん》透《とう》
意 思想などが広くいき渡ること
例 新しい思想が世間に浸透する。

□ 紡《つむ》ぐ
意 繊維を引き出し糸にすること
例 真綿から糸を紡ぐ。

□ 発《はっ》揮《き》
意 持っている力を十分に働かせること
例 努力の成果を発揮する。

□ 要《よう》請《せい》
意 必要であると願い求めること
例 資金の協力を要請する。

漢字重要書き30

□ **欺《あざむ》く**
意 本当だと思わせる
例 彼は人を**欺く**ようなことはしない。

□ **印象《いんしょう》**
意 人の心に対象が与える感じ
例 幼少期から**印象**に残っている風景。

□ **閲覧《えつらん》**
意 書物や新聞を調べ読む
例 図書館で資料を**閲覧**する。

□ **回避《かいひ》**
意 避けること
例 リスクを**回避**する方策を練る。

□ **偏《かたよ》る**
意 物事が特定の方向に集中して、バランスが崩れる
例 外食ばかりでは栄養が**偏る**。

□ **合致《がっち》**
意 ぴったりと当てはまること
例 希望条件に**合致**する住居を探す。

□ **含蓄《がんちく》**
意 内に深い意味がこめられていること
例 **含蓄**のある意見を述べる。

□ **起因《きいん》**
意 物事が起こる原因
例 このけだるさは発熱に**起因**する。

□ **既成《きせい》**
意 すでに現実に存在していること
例 **既成**の価値観にとらわれない意見。

□ **祈念《きねん》**
意 神仏に祈ること
例 家族の健康を**祈念**する。

□ **忌避《きひ》**
意 きらって避けること
例 苦手な害虫を**忌避**する。

□ **郷愁《きょうしゅう》**
意 故郷をなつかしく思う気持ち
例 自然豊かな場所で**郷愁**の念に駆られる。

□ **契機《けいき》**
意 きっかけ
例 受験を**契機**に学業に励む。

□ **言及《げんきゅう》**
意 あることに話がふれる
例 環境問題について**言及**する。

□ **謙虚《けんきょ》**
意 慎ましく控えめであるさま
例 彼女は**謙虚**な性格だ。

□ **倹約《けんやく》**
意 むだづかいしないように努めること
例 **倹約**してずっと欲しかった時計を買った。

□ **克服《こくふく》**
意 努力して困難を乗り越えること
例 内向的な性格を**克服**する。

□ **斬新《ざんしん》**
意 発想が独自で新しいさま
例 彼のアイデアはいつも**斬新**だ。

□ **暫定《ざんてい》**
意 正式に決まるまで仮に定めること
例 **暫定**首位のチームがその後最下位になった。

□ **使役《しえき》**
意 人に物事をさせること
例 戦時中は捕虜を**使役**した。

□ **柔軟《じゅうなん》**
意 やわらかな様子
例 彼女は**柔軟**な発想力を持っている。

□ **冗漫《じょうまん》**
意 表現がくどく、長たらしいようす
例 この文章は**冗漫**なところがある。

□ **摂取《せっしゅ》**
意 取り入れて自分のものにすること
例 運動をする際は水分の**摂取**が大切だ。

□ **促進《そくしん》**
意 早く進むようにうながすこと
例 国家の経済成長を**促進**する。

□ **疎通《そつう》**
意 両者の意見が互いに通じ合うこと
例 チームメイト同士で意思の**疎通**を図る。

□ **対峙《たいじ》**
意 対立してにらみ合うこと
例 決勝戦で強豪校と**対峙**する。

□ **卓越《たくえつ》**
意 群を抜いて優れていること
例 あの科学者は**卓越**した知識を持っている。

□ **吹聴《ふいちょう》**
意 言いふらすこと
例 自慢話を**吹聴**して回る。

□ **平生《へいぜい》**
意 ふだん・つねひごろ
例 **平生**から勉強しておけば慌てることはない。

□ **悠揚《ゆうよう》**
意 ゆったりと落ち着いているさま
例 担任の先生はいつも**悠揚**迫らぬ態度である。

最重要三字熟語20

また、二字＋一字構成のものが多いので、接尾語に注意して意味を押さえていきましょう。

☐ **大雑把《おおざっぱ》**
意 細かいことにこだわらないさま
例 私の兄は**大雑把**な性格だ。

☐ **金釘流《かなくぎりゅう》**
意 筆跡の下手な様子
例 **金釘流**だった字を時間をかけて改善した。

☐ **金字塔《きんじとう》**
意 後世に長く残る優れた業績
例 日本映画の**金字塔**と称される作品。

☐ **修羅場《しゅらば》**
意 激しい戦闘の場面
例 父は多くの**修羅場**をくぐり抜けてきた。

☐ **正念場《しょうねんば》**
意 ここぞという大事な場面
例 受験勉強がいよいよ**正念場**にさしかかる。

☐ **真骨頂《しんこっちょう》**
意 それの真価である本来の姿
例 ステージでの漫才がこの芸人の**真骨頂**だ。

☐ **独壇場《どくだんじょう》**
意 その人だけが思うままに活躍できる場所
例 決勝戦は我が校の**独壇場**だった。

☐ **日和見《ひよりみ》**
意 情勢を見極めながら有利な方に付くこと
例 彼は**日和見**主義で都合の良いことばかり言う。

☐ **未曽有《みぞう》**
意 今まで一度も起こったことがないこと
例 **未曽有**の大災害をなんとか乗り越えた。

☐ **役不足《やくぶそく》**
意 (自分の力量に対して)割り当てられた役が不足している
例 単純作業が続く仕事は彼には**役不足**だ。

☐ **可及的《かきゅうてき》**
意 可能な限り・できるだけ
例 クレームに対して**可及的**に対処する。

☐ **間接的《かんせつてき》**
意 他の何かを通して働きかけるさま ↕対 直接的
例 彼のことは友人を通して**間接的**に知っている。

☐ **逆説的《ぎゃくせつてき》**
意 普通とは逆の言い回しで物事を説明するさま
例 **逆説的**に言えば睡眠は健康に有害である。

☐ **客観的《きゃっかんてき》**
意 主観から独立して存在し、誰もが同意する普遍性を持っていること ↕対 主観的
例 自分の行いを**客観的**に分析してみる。

☐ **制度的《せいどてき》**
意 国家や社会に制定された決まりによるさま
例 日本の**制度的**には私の年齢でも投票できる。

☐ **相対性《そうたいせい》**
意 ほかとの関連で初めてそのものが存在するさま ↕対 絶対性
例 アインシュタインの**相対性**理論。

☐ **他律的《たりつてき》**
意 自分の意志でなくほかからの圧力や強制によって動くさま ↕対 自律的
例 勉強は**他律的**にやるものではない。

☐ **直感的《ちょっかんてき》**
意 証明や推理を経ずに感覚的に感じ取ること ↕対 論理的
例 これ以上の介入は**直感的**に危険だと感じた。

☐ **能動的《のうどうてき》**
意 自分から他にはたらきかけること ↕対 受動的
例 **能動的**に地域ボランティアに参加する。

☐ **必然的《ひつぜんてき》**
意 必ずそうなるさま
例 彼との出会いは**必然的**なものだった。

最重要四字熟語30

四字熟語は、意味のほかに熟語の一部の空欄を補充する問題がよく出題されます。それぞれの四字熟語を構成している文字を一字ごとにしっかりと覚えよう。

- □ 意気軒昂《いきけんこう》　意　意気込みが盛んな様子
- □ 一期一会《いちごいちえ》　意　一生に一度かぎり
- □ 有為転変《ういてんぺん》　意　この世の中の事物は仮に存在しているもので、つねに移り変わり、はかないもの
- □ 岡目八目《おかめはちもく》　意　第三者には、当事者よりもわかることがある
- □ 我田引水《がでんいんすい》　意　自分の利益になるようにすること
- □ 画竜点睛《がりょうてんせい》　意　物事の最も肝心なこと
- □ 換骨奪胎《かんこつだったい》　意　先人の詩文の言葉や趣意を生かしつつ、新しい工夫を加え、自分の作品とすること
- □ 起死回生《きしかいせい》　意　死にかけたものを生き返らせること
- □ 虚心坦懐《きょしんたんかい》　意　心にわだかまりがなく、さっぱりしているさま
- □ 月下氷人《げっかひょうじん》　意　男女の縁を取り持つ人
- □ 堅忍不抜《けんにんふばつ》　意　かたくこらえて心がぐらつかないこと
- □ 巧言令色《こうげんれいしょく》　意　人に気に入られるためにこびへつらう、不誠実な態度
- □ 言語道断《ごんごどうだん》　意　とんでもないこと・もってのほか
- □ 才気煥発《さいきかんぱつ》　意　頭の働きがきわめて優れているさま
- □ 才色兼備《さいしょくけんび》　意　優れた才能を持ち、顔かたちも美しいこと
- □ 自家撞着《じかどうちゃく》　意　同じ人物の発言がくいちがって矛盾していること
- □ 主客転倒《しゅかくてんとう》　意　人の立場や順序などが逆になること
- □ 首尾一貫《しゅびいっかん》　意　初めから終わりまで矛盾なく貫かれていること
- □ 針小棒大《しんしょうぼうだい》　意　物事をおおげさに言うこと
- □ 森羅万象《しんらばんしょう》　意　宇宙に存在するすべてのもの
- □ 率先垂範《そっせんすいはん》　意　先に立って模範を示すこと
- □ 単刀直入《たんとうちょくにゅう》　意　前置きや婉曲表現抜きで直接本題に入ること
- □ 朝三暮四《ちょうさんぼし》　意　目先の違いに気を取られて実際は同じであるのに気づかないこと
- □ 同工異曲《どうこういきょく》　意　見かけは違うようだが、中身は同じであること
- □ 博覧強記《はくらんきょうき》　意　広く古今東西の書物を読み、物事をよく覚えていること
- □ 馬耳東風《ばじとうふう》　意　他人の言うことを聞こうとしないこと
- □ 美辞麗句《びじれいく》　意　うわべを飾った美しい言葉
- □ 明鏡止水《めいきょうしすい》　意　澄み切って静かな心のさま
- □ 滅私奉公《めっしぼうこう》　意　私欲や私情を捨てて全体や主君のために力を尽くすこと
- □ 臨機応変《りんきおうへん》　意　その場その場で適切な手段をとっていくこと

慣用表現は、意味を問われるのはもちろん、文章の内容を正しく捉えるために必要不可欠
文中にどのように現れるのか、例文にもしっかり目を通そう。

□ 呆気《あっけ》にとられる

意 意外なことに出会って呆然となる
例 旅行先で終電車を逃してしまい**呆気にとられる**。

□ ありありと

意 考えや気持ちなどがはっきりと外に現れているさま
例 彼女が喜んでいることは**ありありと**態度に出ている。

□ 言《い》い得《え》て妙《みょう》

意 実にうまく言い当てているさま
例 あまりにも**言い得て妙**で思わず笑ってしまった。

□ 息《いき》をつく

意 ほっとする
例 この小説は**息をつく**間もないほどスリル満点だ。

□ いじらしさ

意 けなげで、いたわしく、かわいそうな感じがすること
例 母を探して鳴く子猫の**いじらしさ**に胸がしめつけられる。

□ 依然《いぜん》

意 もとのとおりであるさま・変わらないさま
例 彼は**依然**として目標達成のために学習し続けた。

□ 一矢《いっし》を報《むく》いる

意 少しだけでも反撃する
例 強豪校との試合では**一矢を報いる**暇もない。

□ いぶかる

意 様子がはっきりしないで怪しむ・疑う
例 感情を表に出さない彼の態度を**いぶかる**。

□ いわく言《い》い難《がた》い

意 言葉では簡単には説明できない
例 **いわく言い難い**ほど幸せな気持ちに満たされる。

□ いわゆる

意 世間一般に言われている
例 私の父の職業は**いわゆる**小説家だ。

□ 意《い》を汲《く》む

意 事情や気持ちをよく理解する
例 正反対の意見を持つ人の**意を汲む**姿勢が大切だ。

□ うらぶれる

意 落ちぶれてみじめな様子になること
例 商店街の店が次々閉店してすっかり**うらぶれる**。

□ 押《お》し並《な》べて

意 全体にわたって
例 彼女の成績は**押し並べて**とても良い。

□ おのずと

意 自然と
例 生まれた国が違えば**おのずと**価値観も異なる。

□ おぼつかない

意 はっきりしない状態
例 生まれたての動物は立ち上がるのも**おぼつかない**。

□ おもむろに

意 ゆっくりと
例 ずっと黙っていた兄が**おもむろに**語り出した。

□ 気《き》が置《お》けない

意 （配慮や遠慮をする必要のない）親しいさま
例 **気が置けない**仲間たちと思い出話に浸る。

□ 気《き》がそがれる

意 何かをしようという意気込みがくじかれる
例 穏やかな態度の彼女にすっかり**気がそがれる**。

□ **喫緊《きっきん》**
意 さしせまっていて、大切なこと
例 明日提出の課題を終わらせることが**喫緊**の目標だ。

□ **嫌《きら》いがある**
意 よくない傾向
例 彼女はつい人に遠慮してしまう**嫌いがある**。

□ **怪訝《けげん》**
意 わけが分からなくて納得できないさま
例 彼は黙り込んだ私に対して**怪訝**な様子だった。

□ **恣意《しい》**
意 勝手気ままな思いつき
例 これは**恣意**的判断に委ねてはならない大問題だ。

□ **～次第《しだい》で**
意 ～のなりゆきによって
例 天候**次第で**体育祭が順延するかもしれない。

□ **人口《じんこう》に膾炙《かいしゃ》した**
意 広く知られている
例 彼の小説は映画化され**人口に膾炙**した。

□ **すこぶる**
意 はなはだ
例 今日は**すこぶる**天気が良く絶好の行楽日和だ。

□ **筋金入《すじがねい》り**
意 しっかりとした信念をもった
例 部活の先輩は**筋金入り**の音楽好きだ。

□ **関《せき》の山《やま》**
意 精一杯
例 テスト前は課題をこなすのが**関の山**だ。

□ **ぞんざい**
意 いい加減に物事をするさま
例 試験の終了が迫りつい**ぞんざい**な筆跡になった。

□ **月並《つきな》み**
意 型にはまって平凡な様子
例 **月並み**な表現だが彼はとても優しい。

□ **手《て》すさび**
意 なんとなくする手のわざ
例 暇つぶしの**手すさび**に落書きをする。

□ **とりわけ**
意 ことさらに・特に
例 果物の中では**とりわけ**りんごが好きだ。

□ **歯《は》が立たない**
意 手ごわくてたちうちできない
例 口論になると姉にはまるで**歯が立たない**。

□ **畢竟《ひっきょう》**
意 結局・つまり
例 **畢竟**努力せずに夢を叶えることは不可能だ。

□ **身《み》の丈《たけ》に合《あ》う**
意 背伸びすることなく自分の力に合っている
例 自分の**身の丈に合う**生活を送るべきだ。

□ **身《み》も蓋《ふた》もない**
意 露骨すぎて話にならない
例 やる前に諦めると言われては**身も蓋もない**。

□ **名状《めいじょう》しがたい**
意 言葉で表すのが難しいこと
例 なんとも**名状しがたい**美しい風景。

□ **目星《めぼし》を付《つ》ける**
意 およその見当をつける
例 事件の容疑者の**目星を付ける**。

□ **～やいなや**
意 ～するかしないかのうちに・ただちに
例 彼は私に会う**やいなや**昨夜の出来事を語り始めた。

□ **躍起《やっき》になる**
意 あせってむきになること
例 話を聞くと彼女が**躍起になる**理由が分かった。

□ **勇《ゆう》を鼓《こ》す**
意 勇気を奮う
例 少年は**勇を鼓す**と森の奥地へと進んでいった。

最重要語彙20

語彙を増やすことは、文章を読む際の基本姿勢といえます。知っている語が増えた分だけ読解力がアップするので、一語ずつ着実に覚えよう。

□ **依《い》拠《きょ》**
意 よりどころとすること
例 彼の考えは多数派の意見に**依拠**している。

□ **格《かっ》好《こう》**
意 あつらえ向きの
例 この街は子育てには**格好**の環境だ。

□ **葛《かっ》藤《とう》**
意 異なるものがもつれ絡みあい、争うこと
例 家族に悩みを打ち明けるべきか**葛藤**する。

□ **看《かん》過《か》**
意 たいしたことでないとして見過ごす
例 彼の失言はとても**看過**できるものではない。

□ **毅《き》然《ぜん》**
意 意志が強く、物事に動じないさま
例 **毅然**とした態度で記者の質問に答える。

□ **興《きょう》趣《しゅ》**
意 味わいのあるおもしろみ
例 音楽に対する**興趣**が尽きない。

□ **享《きょう》受《じゅ》**
意 物事を受け入れて自分のものにすること
例 何気ない日常生活を送る幸せを**享受**する。

□ **昵《じっ》懇《こん》**
意 親しいこと・こころやすい関係にあること・懇意
例 私と彼女は幼少期から**昵懇**の間柄である。

□ **順《じゅん》応《のう》**
意 環境・境遇に適応すること
例 初めての一人暮らしにようやく**順応**した。

□ **焦《しょう》眉《び》**
意 危険が迫っていること
例 試験が明日に迫りまさに**焦眉**の急である。

□ **真《しん》摯《し》**
意 真面目でひたむきなさま
例 彼の意見には**真摯**に耳を傾けるべきだ。

□ **碩《せき》学《がく》**
意 学問の広い人・大学者
例 **碩学**で知られる教授が物理学賞を受賞した。

□ **浅《せん》慮《りょ》**
意 考えが浅いこと
例 将来について**浅慮**な判断はしたくない。

□ **端《たん》的《てき》**
意 はっきりと明確なさま
例 **端的**に言うと彼の主張はずれている。

□ **体《てい》裁《さい》**
意 物の、外から見える形・様子
例 少しでも良い印象になるように**体裁**を繕う。

□ **韜《とう》晦《かい》**
意 才能や地位、形跡などを包み隠すこと・くらますこと
例 彼女は自信のなさから自己**韜晦**するところがある。

□ **媒《ばい》体《たい》**
意 一方から他方へ伝えるためのなかだちとなるもの
例 電子**媒体**で読書をする人が急増している。

□ **背《はい》馳《ち》**
意 反対になること・背くこと
例 子どもの頃の理想と**背馳**した現実。

□ **反《はん》芻《すう》**
意 繰り返し考え、味わうこと
例 旅行先の風景を帰宅して何度も**反芻**している。

□ **所《ゆえ》以《ん》**
意 そうである理由・そうするいわれ
例 困ったときの頼もしさは彼が先輩たる**所以**だ。

類義語・対義語とセットでよく問われる語彙はそのまま覚えよう。外来語は論理的文章によく現れるので、知識として身につけておくと役に立ちます。

重要語彙10

□ **帰納的《きのうてき》**
意 具体的な事例から一般的・普遍的な法則を導くさま
例 この実験によって**帰納的**に定義づけられる。 ↔対 演繹的

□ **具体《ぐたい》**
意 全体の中で個々の直接知覚できるもの
例 改善法について**具体**例を挙げて説明する。 ↔対 抽象

□ **峻別《しゅんべつ》**
意 厳重に区別をすること
例 公私の**峻別**は社会人として必要なことだ。 ↔対 混同

□ **総合《そうごう》**
意 個々のものを一つに合わせまとめること
例 体育祭の**総合**司会を務める。 ↔対 分析

□ **典型《てんけい》**
意 同類の中で最もよくその特徴を示すもの
例 彼の振る舞いは日本男児の**典型**だ。 ↔対 例外

□ **発露《はつろ》**
意 あらわして隠さないこと
例 抑えていた怒りの感情が**発露**する。 ↔類 表明

□ **必然《ひつぜん》**
意 必ずそうなること
例 彼の努力から合格は**必然**の結果だと言える。 ↔対 偶然

□ **無常《むじょう》**
意 万物が変転して移り変わること
例 平家物語から**無常**観を学ぶ。 ↔対 常住

□ **模倣《もほう》**
意 まねること
例 彼女の行いは**模倣**したいほど素晴らしい。 ↔対 創造

□ **連帯《れんたい》**
意 二つ以上のものが結びつくこと
例 練習を通じてチームの**連帯**感が生まれる。 ↔対 孤独

外来語15

□ **アイロニー**
意 皮肉・風刺・当てこすり

□ **アフォリズム**
意 警句・金言・箴言

□ **コンセプト**
意 全体を統合する統一的な視点、考え方、概念

□ **コントラスト**
意 対照・対比

□ **セラピー**
意 治療・療法

□ **ダイナミズム**
意 迫力・活力・力強さ

□ **タブー**
意 禁忌

□ **ニュアンス**
意 感情、意味、色、音などの微細な差異、陰影

□ **パースペクティブ**
意 物の見方・視野・将来を見通すこと

□ **フレーズ**
意 成句（慣用句）

□ **プロセス**
意 過程・経過・手順・物事をたどる筋道

□ **フロンティア**
意 新開拓地域

□ **ミニチュア**
意 縮図・小型化した模型

□ **メディア**
意 媒体

□ **ユニーク**
意 ほかに類がない・独特な

口語文法

口語文法に関する出題で多く見られるのが、文中の空欄にあてはまる接続詞は何かを問う問題
それぞれの語が持つ意味や役割を、しっかりと確認しておこう。

順接・逆接の接続詞

★順接…前の文が原因・理由、後の文が結果・結論となる関係

「だから」「それで」「そのため」「そこで」「したがって」「ゆえに」「するると」「それなら」「それでは」 等

例 今日は夕方から大雨の予報だ。**だから**、外出するときは傘を忘れずに持っていこう。

例 テスト範囲を反復して学習した。**すると**、いつもより高得点を取ることができた。

★逆接…前の文と後の文が、反対の内容となる関係

「しかし」「けれども」「だが」「ところが」「それでも」 等

例 私は小さい頃からずっと犬が好きだ。**しかし**、兄は犬よりも猫が好きらしい。

例 その事件はすぐに解決すると思われた。**ところが**、三年たった今もまだ犯人は捕まっていない。

累加・対比・説明・補足

★累加…後に事柄を付け加える

「そして」「それから」「また」「しかも」「それに」「さらに」 等

例 今朝はいつもより早く目が覚めた。**さらに**、気分が良かったのでウォーキングに出かけた。

★対比…前後の事柄を比べる

「それとも」「あるいは」「または」「もしくは」「一方」 等

例 旅行に行くなら、飛行機に乗って行くような遠方が良い。**あるいは**、新幹線で行くところも良い。

★説明・補足…後に説明や補足をする

「なぜなら」「ただし」「もっとも」「なお」「そもそも」 等

例 私は野菜が大好きだ。**なぜなら**、身体に良いからだ。

例 来週は新入部員の歓迎会があります。**なお**、詳細については追って連絡します。

要約を示す接続詞

後に続く文には、筆者の主張がまとめて書かれている場合が多い

「つまり」「すなわち」「言い換えれば」「換言すれば」 等

例 人間の身体の60パーセントは水でできている。**つまり**、半分以上が水だということだ。

次のそれぞれに答えよ。

問 傍線部と同じような意味の四字熟語として最も適当なものを次の中から一つ選べ。

1 自らを否定するものを守るという、その論理的矛盾は容認できない
〈田中修「日本人と資本主義の精神」〉

① 鶏鳴狗盗　② 自家撞着　③ 四面楚歌
④ 理路整然　⑤ 不倶戴天
〈成蹊大〉解答：②

問 次の文において、傍線部が本来とされる意味で使われていれば①を、本来とは違う意味で使われていれば②を、それぞれ答えよ。

2 旧知の間柄ばかり、気が置けない仲間と楽しく過ごした。
〈名城大〉解答：①

3 彼の力量の高さからすれば、係長では役不足と思われる。
〈名城大〉解答：①

問 傍線部の意味に最も近いものを、次の中から一つ選べ。

4 さっさと退社する部下や同僚が許せないという悪循環は、月並みな光景だろう。
〈平野啓一郎「自由のこれから」〉

① いじらしい　② ありふれた　③ みっともない
④ ふっきれた　⑤ あきれた
〈大阪学院大〉解答：②

5 もとより韜晦《とうかい》をも含むのだろうが、それだけにまた、心を表現する可能性の模索に務めた自負を込めているともいえる。
〈渡部泰明「心と言葉の迷宮」〉

① ぼんやりと物思いする　② 現実から逃避する
③ 信念を持って執筆する　④ 本心などを包み隠す
⑤ 過去の思い出に浸る
〈國學院大〉解答：④

問 次の空欄にあてはまる語の組み合わせとしてもっとも適切なものを選べ。

6 かつては、多くの優秀な人材を自社の組織のなかに抱えることが、そのような人材をもたないライバルに対する競争力の源泉となると考えられていた。［**ア**］、資金力もあり、人材も抱え込める巨大企業ほど、イノベーションを起こす優位をもつと考えられていた時代があった。［**イ**］90年代に、アメリカ企業が競争力を再構築するなかで明白になったのは、それがイノベーションを起こすための唯一無二の方法ではなかったという点である。［**ウ**］、自社で多くの人材を抱え込む自前主義では、漸進的なイノベーションは可能だが、非連続的で革新的なイノベーションは起こりにくい。「イノベーションのジレンマ」があるからである。［**エ**］、組織を超えた多様な人材のネットワークのなかでは、競争と協調がより広範に起こりうる。
〈尾崎俊哉「ダイバーシティ・マネジメント入門」〉

① **ア** それで　**イ** だが　**ウ** さらに　**エ** そのため
② **ア** それゆえ　**イ** それにも関わらず　**ウ** 言い換えれば　**エ** また
③ **ア** だが　**イ** そのうえで　**ウ** そのため　**エ** しかし
④ **ア** そのため　**イ** しかし　**ウ** もっといえば　**エ** それに対し
⑤ **ア** しかし　**イ** そして　**ウ** そのために　**エ** 付け加えれば
〈京都外国語大〉解答：④

古文を読む際、理解必須の重要語[illegible]を集めました。
★は現代と意味が異なる単語です。特に注意して覚えよう。

動詞

- □ 憧《あくが》る　意 浮かれ、さまよい歩く
- □ 掟《おき》つ　意 指図する・決めておく
- □ 怠《おこた》る　★意 回復する・病気が治る
- □ 驚《おどろ》く　★意 はっと目が覚める・気がつく
- □ 大殿籠《おほとのごも》る　意 おやすみになる・お眠りになる
- □ 掻《か》き暗《くら》す　意 辺り一面を暗くする・悲しみで心を暗くする
- □ 被《かづ》く　意 貴人が下人の労をねぎらい、褒美をとらせる
- □ 聞《き》こし召《め》す　意 召し上がる
- □ 判《ことわ》る　意 (道理に従って)説明する・判断する・判定する
- □ 訪《とぶら》ふ　意 見舞う
- □ ののしる　★意 大声で騒ぐ・評判になる・勢力を振るう
- □ まかづ　意 退出する
- □ 守《まも》る　★意 見つめる・じっと見る
- □ 休《やす》らふ　意 ためらう
- □ 遣《や》る　意 行かせる・送る・贈る・晴らす

形容詞

- □ 侘《わ》ぶ　意 困る・嘆く・落ちぶれる・～しかねる
- □ あさまし　★意 (意外なことに)驚きあきれる・情けない・みすぼらしい
- □ 怪《あや》し・奇《あや》し　★意 不思議だ・変だ
- □ 賤《あや》し　意 身分が低い・粗末だ
- □ いとほし　意 気の毒だ
- □ いはけなし　意 子どもっぽくて頼りない
- □ いみじ　意 すばらしい・ひどい・とても
- □ 憂《う》し　意 つらい・つれない
- □ 後《うし》ろめたし　★意 気がかりだ・心配だ
- □ うたてし　意 嫌だ・不快だ・嘆かわしい
- □ 美《うつく》し・愛《うつく》し　★意 かわいい・いとしい
- □ 麗《うる》はし・美《うるは》し　★意 整っている
- □ 大人《おとな》し　★意 大人びている・思慮分別がある・主だっている
- □ おどろおどろし　意 大げさだ・気味が悪い
- □ おぼつかなし　★意 はっきりしない・気がかりだ・待ち遠しい

- □ 賢《かしこ》し　★ 意 都合がよい・ありがたい
- □ かたはらいたし　★ 意 苦々しい・気の毒だ・きまりが悪い
- □ 口惜《くちを》し　意 残念だ・嫌だ
- □ 心苦《こころぐる》し　★ 意 気の毒だ・気がかりだ
- □ 心《こころ》づきなし　意 気に入らない・不愉快だ・愛想がない
- □ 心《こころ》もとなし　★ 意 不安だ・待ち遠しい・じれったい
- □ こちたし　意 大げさだ・甚だしい
- □ 骨《こち》なし　意 作法がなっていない様子
- □ 著《しる》し　意 はっきりしている・明らかである
- □ 術《ずち》なし　意 どうしようもない
- □ つきなし　意 ふさわしくない
- □ つつまし　★ 意 遠慮される・気が引ける・恥ずかしい
- □ 所狭《ところせ》し　意 窮屈だ・気詰まりだ・大げさだ
- □ なつかし　★ 意 親しみ深い・心引かれる・好ましい
- □ はかなし　★ 意 頼りない・ちょっとした・取るに足りない
- □ 便《びん》なし　意 不都合だ
- □ 正無《まさな》し　意 よくない・都合が悪い・見苦しい
- □ 未《まだ》し　意 未熟だ・まだ早い・まだだ

- □ 難《むつか》し　★ 意 うっとうしい・気味が悪い・わずらわしい
- □ 目安《めやす》し　意 （見た目の）感じがよい・見苦しくない
- □ 恥《やさ》し・優《やさ》し　★ 意 つらい・恥ずかしい
- □ 止《や》む事無《ごとな》し　意 高貴だ
- □ ゆかし　意 見たい・聞きたい・知りたい
- □ ゆくりなし　意 突然だ・急だ・思いがけない
- □ ゆゆし　意 不吉だ
- □ 由《よし》なし　意 つまらない・関係がない・方法がない・しかたがない
- □ よろし　意 悪くはない
- □ 理無《わりな》し　意 ひどい・どうしようもない
- □ 烏滸《をこ》がまし　意 ばかげたことをすること

形容動詞

- □ あからさまなり　★ 意 ついちょっと・一時的に
- □ 徒《あだ》なり・不実《あだ》なり　意 むだなこと
- □ 強《あなが》ちなり　意 強引だ・むやみに
- □ あやにくなり　意 意地が悪い・あいにくだ
- □ 徒《いたづ》らなり　意 むだだ・むなしい
- □ うちつけなり　意 軽率だ
- □ 疎《おろ》かなり　★ 意 いい加減だ・並ひととおりだ

- □ すずろなり　意 思わず
- □ 漫《そぞ》ろなり　意 何ということもなく・むやみに・思いがけなく
- □ 頓《とみ》なり　意 急だ・突然だ
- □ なほざりなり　意 いいかげんだ
- □ 懇《ねんご》ろなり　意 丁寧だ・親密だ
- □ 忠実《まめ》やかなり　意 真面目だ・誠実だ・本格的だ・本当だ

名詞

- □ 際《きは》　★ 意 身分
- □ 気色《けしき》　意 機嫌・顔色・病状・意向
- □ 障《さは》り　意 障害・差し支え
- □ 方便《たづき》　意 手段・方法・様子
- □ 例《ためし》　意 先例・前例
- □ 頼《たよ》り・便《たよ》り　★ 意 よりどころ・つて・きっかけ・よい機会
- □ 年頃《としごろ》　★ 意 長年・数年間
- □ 僻事《ひがごと》　意 間違い
- □ 本意《ほい》　意 こうしたい、こうありたいと願うもともとの意向
- □ 設《まう》け・儲《まう》け　★ 意 準備・用意
- □ 料《れう》　意 ある目的のために用意したもの・代金・ため・わけ

副詞

- □ いかで　意 どうして〜か・どうにかして〜したい
- □ うたて　意 不快に・気味が悪く
- □ 互《かたみ》に　意 互いに
- □ ここら　意 これほど多く・これほど甚だしく
- □ さながら　意 そっくりそのまま
- □ そこばく　意 たくさん
- □ なかなか　★ 意 かえって・むしろ
- □ などて　意 どうして
- □ 並《な》べて　意 普通・すべて
- □ やをら　意 静かに
- □ 夜《よ》もすがら　意 一晩中・夜通し

連体詞

- □ ありつる　意 先ほど
- □ 然《さ》る　意 そのような・相当な

慣用詞

- □ あから目《め》もせず　意 よそ見もせず
- □ けしうはあらず　意 悪くはない・変ではない
- □ 斜《なの》めならず　意 並々でない・並ひととおりではない・格別だ
- □ 例《れい》ならず　意 普段と違う

古典常識語 45

古文に描かれている季節や場所、登場人物の関係性などを正しく理解するために覚えておくべき語をまとめました。読みを問う問題も出題されやすいので、意味とセットで覚えよう。

◆季節と陰暦の月の名

春

- □ 睦月《むつき》　一月
- □ 如月《きさらぎ》　二月
- □ 弥生《やよい》　三月

夏

- □ 卯月《うづき》　四月
- □ 皐月《さつき》　五月
- □ 水無月《みなづき》　六月

秋

- □ 文月《ふみつき》　七月
- □ 葉月《はづき》　八月
- □ 長月《ながつき》　九月

冬

- □ 神無月《かんなづき》　十月
- □ 霜月《しもつき》　十一月
- □ 師走《しはす》　十二月

◆官位・官職に関する語

- □ 上達部《かんだちめ》（かんだちべ）（公卿《くぎやう》）　大臣や大納言など三位以上の者と四位の参議
- □ 受領《ずりやう》　任国に赴任して政務を執る国司最高位の者
- □ 地下《ぢげ》　殿上を許されない六位以下
- □ 殿上人《てんじやうびと》　清涼殿の殿上の間に昇殿を許された四位、五位の者と六位の蔵人
- □ 舎人《とねり》　天皇・皇族の雑用・警護をする役人

◆住居に関する語

庭

- □ 勾欄《かうらん》　殿舎の周囲や廊下に付けられた欄干
- □ 透垣《すいがい》　竹や板で間を透かして作った垣根
- □ 前栽《せんざい》　観賞用の草木を植えた庭・その草木
- □ 築地《ついぢ》　土塀
- □ 遣水《やりみづ》　貴族の邸などの庭に作った人工的な小川

屋内

- □ 几帳《きちやう》　室内の隔てや仕切りの家具
- □ 蔀《しとみ》　格子の裏に板を張った戸
- □ 簀子《すのこ》　竹などを並べ編んだ敷物や床・寝殿造りの外縁
- □ 局《つぼね》　板や壁・屏風で仕切られた独立した部屋・居室
- □ 長押《なげし》　柱から柱へ横に渡した木
- □ 廂《ひさし》　母屋の外、簀子の内にある細長い部屋
- □ 御簾《みす》　貴人の邸の室内外を仕切るすだれ
- □ 母屋《もや》　建物中央に位置する奥の間

室内調度

- □ 帷子《かたびら》　几帳・帳などに用いた布
- □ 炭櫃《すびつ》　いろり・炉
- □ 高坏《たかつき》　食べ物をのせる高い脚のついた台
- □ 提子《ひさげ》　酒などを入れる注ぎ口のある器
- □ 衾《ふすま》　寝るときにかける夜具

◆宗教・信仰に関する語

信仰一般

- □ 方違《かたたが》へ　陰陽道で外出の時に凶とされる方角を避けるため、前夜、吉方で一泊し方角を変えて目的地へ行くこと
- □ 験者《げんざ》　修験道の修行者。病魔・妖怪退散のために加持祈祷を行った者
- □ 験《しるし》　霊験・御利益

仏教語

- □ 功徳《くどく》　現在・未来に幸福をもたらすよい行い
- □ 後世《ごせ》（来世《らいせ》・後生《ごしやう》）　死後に生まれ変わっていく世
- □ 今生《こんじやう》（現世《げんぜ》）　この世に生きている間・現世
- □ 衆生《しゆじやう》　人間その他すべての生き物
- □ 誦経《ずきやう》（念誦《ねんじゆ》）　経文を暗記して読むこと
- □ 聖《ひじり》　徳の高い僧侶
- □ 発心《ほつしん》　悟りの境地を得ようと心を起こすこと

入試古文中に現れることの多い和歌に詠み込まれた情景や心情をより深く理解するために覚えておくべき修辞についてまとめました。枕詞・掛詞の主だった例は、しっかりと覚えておこう。

枕詞《まくらことば》

五音で特定の語を導き出す修飾語。現代語訳しなくてもよい。

	◀主な枕詞	◀導き出される語
□	あかねさす［茜さす］	日・光・紫・君
□	あさぢふの［浅茅生の］	野・小野
□	あづさゆみ［梓弓］	いる・ひく・はる
□	うつせみの［空蝉の］	命・人・世・身
□	くさまくら［草枕］	旅

	◀主な枕詞	◀導き出される語
□	たまのをの［玉の緒の］	絶ゆ・長し・短し
□	たらちねの［垂乳根の］	母・親
□	ちはやぶる［千早振る］	神・宇治
□	ぬばたまの［射干玉の］	黒・夜・髪
□	もののふの［武士の・物部の］	八十・五十・宇治

掛詞《かけことば》

同音異義により一つの語に二重の意味を持たせる。二つとも現代語訳する。

	◀主な掛詞	◀二つの意味
□	あき	秋―飽き
□	うき	浮き―憂き
□	かる	枯る―離る
□	ながめ	眺め―長雨
□	ひとよ	一節―一夜

	◀主な掛詞	◀二つの意味
□	ふみ	踏み―文
□	ふる	降る―経る
□	まつ	待つ―松
□	みをつくし	身を尽くし―澪標
□	よる	寄る―夜

序詞《じょことば》

七音以上。不特定の語を導き出す。「〜のように・〜ではないが」などと、導き出される語に続くように現代語訳する。

例 あしひきの山鳥の尾のしだり尾のながながし夜をひとりかも寝む

〈山鳥の尾の長く垂れ下がる尾のように、長い夜を私は一人で寝るのだろうかなあ〉

縁語《えんご》

ある語を中心にして、関係の深い語を用いて全体に広がりをもたせる。歌の解釈には関係しない。

例 玉の緒よ絶えなば絶えねながらへば忍ぶることの弱りもぞする

〈私の命よ、絶えてしまうなら絶えてしまえ。生きながらえていると、この恋を忍び耐える私の心が弱くなると困るから〉

句切《くぎ》れ

和歌が意味上切れるところで、詠嘆の気持ちを表す。結句以外の句の終わりに終止形・命令形・係り結び・終助詞・倒置などがあれば切れる。

例 野辺見れば若菜摘みけり*むべしこそ垣根の草も春めきにけれ

*むべしこそ＝「し」は強意の副助詞、「こそ」は強意の係助詞。

〈野のあたりを見ると若菜を摘んでいるよ。なるほど（だから）垣根の草も春めいてきたのだな。〉

季語《きご》

俳諧・連歌などでその季節を表すと定められた言葉。表す季節は、新年・春・夏・秋・冬の五つ。

◀季節・時節	◀主な季語
新年	正月・初富士《はつふじ》・歌留多《かるた》・若菜摘《わかなつみ》・伊勢海老《いせえび》
春	朧月夜《おぼろづきよ》・残雪・花見・雲雀《ひばり》・桜
夏	五月雨《さみだれ》・更衣《ころもがえ》・時鳥《ほととぎす》・蛍・紫陽花《あじさい》
秋	稲妻・紅葉狩《もみじがり》・蜻蛉《とんぼ》・栗・鈴虫
冬	短日・初雪・鴨《かも》・鶴《つる》・山茶花《さざんか》

古典文法基礎

歴史的仮名遣いや品詞など、古典文法の導入にあたる項目についてまとめました。基礎を盤石にすることでケアレスミスをなくし、得点源を着実に増やそう。

◆歴史的仮名遣いの読み方

① **(語中・語尾の) は・ひ・ふ・へ・ほ→ワ・イ・ウ・エ・オ**

例 おほとのごもる〈大殿籠る〉→おオとのごもる
うるはし〈麗はし・美し〉→うるワし　きは〈際〉→きワ

② **ゐ・ゑ・を→イ・エ・オ**

例 くちをし〈口惜し〉→くちオし　くもゐ〈雲居〉→くもイ
ゑそらごと〈絵空事〉→エそらごと

③ **(助動詞・助詞の) む→ン**

例 助動詞「む」「らむ」「けむ」→「ン」「らン」「けン」
助詞「なむ」→「なン」

④ **母音＋母音→長音**

au→ō 例 まうけ〈設け・儲け〉→モーけ
iu→yū 例 いうなり〈優なり〉→ユーなり
eu→yō 例 せうそこ〈消息〉→ショーそこ
ou→ō 例 らうたげなり→ローたげなり

⑤ **くわ・ぐわ→カ・ガ**

例 くわいき〈回忌〉→カいき　ぐわんりき〈願力〉→ガンりき

⑥ **その他**

例 ねんじゆ〈念誦〉→ねんじュ　えいりよ〈叡慮〉→えいりョ

◆単語と品詞

品詞 単語を文法上の性質・機能から分類したもの。

- 単語
  - 自立語
    - 活用する
      - 述語になる — 用言
        - ウ(u)段の音で言い切る(ラ変は「り」) — **動詞**
        - 「し」で言い切る — **形容詞**
        - 「なり」「たり」で言い切る — **形容動詞**
    - 活用しない
      - 主語になる — 体言
        - **名詞**
        - **代名詞**
      - 主語にならない
        - 修飾語になる
          - 用言を修飾する — **副詞**
          - 体言を修飾する — **連体詞**
        - 修飾語にならない
          - 接続を表す — **接続詞**
          - 独立語になる — **感動詞**
  - 付属語
    - 活用する — **助動詞**
    - 活用しない — **助詞**

① **自立語と付属語**

自立語…実質的な意味をもち、単独で文節になることができる語。
●動詞・形容詞・形容動詞を用言、名詞・代名詞を体言という。
付属語…実質的な意味をもたず、常に自立語の下につく語。

② **活用する語（活用語）と活用しない語**

活用語…用い方によって語形が変化するもの。
活用しない語…語形が変化しないもの。

◆用言

用言

活用のある自立語で、単独で述語になることができる。動詞・形容詞・形容動詞の三種類ある。

★**動詞**…ウ段（一部はイ段）で言い切り、事物の動作・作用・存在などを表す。

★**形容詞**…「…し」で言い切り、事物の性質・状態・人の感情などを表す。

★**形容動詞**…「…なり」「…たり」で言い切り、事物の性質・状態などを表す。

活用形

活用語が活用した語形。用法によって六つに分類される。

★**未然形**…未だ然らざる（まだそういう動作・状態ではない）形。

例 雪降らず。（雪が降らない。）

例 雪降らば、行かず。（もし雪が降るならば、行かない。）

★**連用形**…用言（動詞・形容詞・形容動詞）に連なる形。

例 急ぎ行く。（急いで行く。）

例 雪降り、風吹く。（雪が降り、風が吹く。）

例 眠る→眠り

★**終止形**…文が終始する形。＝基本形

例 雪降る。（雪が降る。）

★**連体形**…体言（名詞・代名詞）に連なる形。

例 雪の降る夜。（雪が降る夜。）

例 雪の降る、いとをかし。（雪が降るのは、たいへん趣深い。）

例 雪や降る。（雪が降るか。）

例 なんぞ雪降る。（どうして雪が降るのだろうか。）

例 あはれ、雪のをかしう降る。（ああ、雪が趣深く降ることだ。）

★**已然形**…已に然る（すでにそういう動作・状態になっている）形。

例 雪こそ降れ。（雪が降る。）

例 雪降れば、行かず。（雪が降るので、行かない。）

★**命令形**…命令する形。

例 雪降れ。（雪よ降れ。）

例 雪降らば降れ。（雪よ降るならば降ってもかまわない。）

動詞の活用の種類

古語では九種類に分類される。

	活用の種類	語例
正格活用	四段《よだん》活用	「聞く・思ふ・書く・言ふ」など多数
	上一段《かみいちだん》活用	「着る・煮る・似る・干《ひ》（乾《ひ》）る・見る・射《い》る・鋳《い》る・居《ゐ》る・率《ゐ》る」など（本来のもので重要なものは九語）
	下一段《しもいちだん》活用	「蹴《け》る」の一語
	上二段《かみにだん》活用	「起く・過ぐ・落つ・老《お》ゆ」など多数
	下二段《しもにだん》活用	「受く・捨つ・求む・植《う》う」など多数
変格活用	カ行変格活用（カ変）	「来《く》」（本来のものは一語）
	サ行変格活用（サ変）	「す・おはす」（本来のものは二語）
	ナ行変格活用（ナ変）	「死ぬ・往《い》（去《い》）ぬ」の二語
	ラ行変格活用（ラ変）	「あり・居《お》り・侍《はべ》り・いまそかり」の四語

形容詞の活用の種類

種類	語例	語幹	未然形	連用形	終止形	連体形	已然形	命令形
ク活用	長し	長	（く） から	く かり	し	き かる	けれ	かれ
シク活用	美し	美	（しく） しから	しく しかり	し	しき しかる	しけれ	しかれ

形容動詞の活用の種類

種類	語例	語幹	未然形	連用形	終止形	連体形	已然形	命令形
ナリ活用	静かなり	静か	なら	なり に	なり	なる	なれ	（なれ）
タリ活用	堂々たり	堂々	（たら）	たり と	たり	たる	（たれ）	（たれ）

音便 単語の中のある音節が、もとの音と異なる音に変化すること。

★**イ音便**…イ（i）音に転じる。

例 書きたり→書いたり　悲しきかな→悲しいかな

★**ウ音便**…ウ（u）音に転じる。

例 歌ひて→歌うて（ウトーテ）と発音する　美しくて→美しうて

★**撥音便**…撥音「ン」に転じる。

例 飛びたり→飛んだり　多かるめり→多かんめり・多かンめり

苦しかるなり→苦しかんなり（形容動詞の音便は撥音便のみ）

★**促音便**…促音「ッ」に転じる。古語では「つ」と普通の大きさで表記する。

例 立ちたり→立ったり　取りて→取って

◆助動詞

助動詞 活用のある付属語で、自立語だけでは表せないより詳しい状態や心情などの意味を付け加えるはたらきがある。

助動詞については、以下の三点を抑える。

★**接続**…接続がわかると、助動詞が特定できる。

接続している活用語の活用形によって、助動詞がしぼれる。

★**活用の型**…活用の型がわかると、文中から探しやすくなる。

助動詞は活用のある付属語。それぞれの助動詞がどのように活用するか覚えておく。

★**意味**…意味がわかると、正確な現代語訳ができる。

自立語だけでは表せない詳しい状態や判断等を表せる。

★**接続**

未然形	＋	る　らる　す　さす　しむ　む むず　まし　ず　じ　まほし
連用形	＋	き　けり　つ　ぬ　たり（完了）　けむ　たし
終止形 ラ変型連体形	＋	べし　らし　らむ　めり　まじ　なり （伝聞・推定）
連体形	＋	なり（断定）　ごとし
サ変未然形 四段已然形	＋	り ◇四段活用の動詞の命令形に接続するという説もある。
体言 助詞	＋	なり（断定）　たり（断定）　ごとし

★活用の型

活用の型		助動詞
動詞型	四段型	む　らむ　けむ
	下二段型	る　らる　す　さす　しむ　つ
	サ変型	むず
	ナ変型	ぬ
	ラ変型	けり　たり(完了)　り　めり　なり(伝聞・推定)
形容詞型	ク活用型	べし　たし　ごとし
	シク活用型	まじ　まほし
形容動詞型	ナリ活用型	なり(断定)
	タリ活用型	たり(断定)
特殊型		ず　き　まし
無変化型		らし　じ

特殊型の助動詞助動詞の活用は、用言の活用の型が基礎になっている。特殊型の「ず」「き」「まし」を新たに覚えておこう。

基本形	未然形	連用形	終止形	連体形	已然形	命令形
過去「き」	(せ)	○	き	し	しか	○
打消「ず」	(ず)　ざら	ず　ざり	ず	ぬ　ざる	ね　ざれ	ざれ
反実仮想「まし」	ましか　(ませ)	○	まし	まし	ましか	○

★意味

複数の意味がある助動詞は、前後の文脈から判断しよう。

る・らる	①自発自然と…される　②可能…ができる　③受身…られる　④尊敬お…になる
す・さす・しむ	①使役…させる　②尊敬お…になる

き	①(経験)過去…た
けり	①(伝聞)過去…た　②詠嘆…だなあ
つ・ぬ	①完了…た　②強意きっと…
たり・り	①存続…ている　②完了…た
む・むず	①推量…だろう　②意志…よう　③適当…がよい・勧誘…てはどうだ　④仮定…としたら・婉曲…ような
べし	①推量…だろう　②意志…よう　③可能…ができる　④当然…べきだ　⑤適当…がよい・勧誘…てはどうだ　⑥命令…せよ
らむ	①現在推量今ごろは…ているだろう　②現在の原因推量〈どうして〉…のだろう　③現在の伝聞…という・婉曲…ような
けむ	①過去推量…ただろう　②過去の原因推量〈どうして〉…たのだろう　③過去の伝聞…たという・婉曲…たような
らし	①推定…らしい
めり	①推定・婉曲…ようだ
なり	①伝聞…そうだ　②推定…ようだ
まし	①反実仮想もし…としたら～だろうに　②ためらいの意志…ようかしら　③実現不可能な願望…ならいいのに　④単純な推量…だろう
ず	①打消…ない
じ	①打消推量…まい　②打消意志…まい
まじ	①打消推量…まい　②打消意志…まい　③不可能…できそうもない　④打消当然…はずがない　⑤不適当…ないのがよい・禁止…てはならない
なり	①断定…である　②存在…にある
たり	①断定…である
まほし・たし	①願望…たい・てほしい
ごとし	①比況…ようだ　②例示…ようだ

◆助詞

格助詞

主として体言や活用語の連体形に付き、語と語の関係を示す。

★「が」「の」

①「…が」（主格）
②「…の」（連体修飾格）
③「…で」（同格）
④「…のもの」（体言の代用）
⑤「…のように」（比喩）※「の」のみ

★「より」

①「…から」（動作の起点）
②「…より」「…を通って」（経由する場所）
③「…より」「比べて」「…以外」（比較の基準・限定）
④「…で」「…によって」（手段・方法）
⑤「…やいなや」「…とすぐに」（即時）

接続助詞

主に活用語に付き、下にくる文に続ける働きをもつ。

★「ば」

①「もし…ならば」（順接仮定条件）
②「…ので」（原因・理由）
③「…と」「…ところ」（偶然条件）
④「…といつも」（恒常条件）
※②～④（順接確定条件）

★「が」「に」「を」

①「…が」「…のに」「…けれども」（逆接確定条件）
②「…と」「…（た）ところ」（単純接続）
③「…ので」「…から」（順接確定条件）

係助詞

強意・疑問・反語などの意味を添え、文の結び方に一定の制約を加える。

★「ぞ」「なむ」「こそ」→強意

★「や」「やは」「か」「かは」→疑問・反語

副助詞

種々の語に付き、下にくる用言にかかる。

★「だに」

①「せめて…だけでも」（最小限の限定）
②「…（で）さえ」「…さえも」（程度の軽いものを挙げ重いものを類推させる）

★「し（しも）」→強意

終助詞

禁止・願望・詠嘆などの意味を添え、文を終止させる。

★「なむ」→「…てほしい」（他への願望）

★「ばや」→「…たい」（自己の願望）

★「（な）…そ」→「…〈する〉な」（禁止）

★「かし」「ぞかし」→「…（だ）よ」（念を押す）

問 傍線部の活用の種類として最も適当なものを次の中から選べ。

1　身疲れ力弱りて、起居すること得ず。〈日本霊異記〉

①　四段活用　②　上一段活用　③　上二段活用
④　下一段活用　⑤　下二段活用

（愛知学院大）解答：⑤

問 傍線部と活用の種類が同じものとして最も適当なものを次の中から選べ。

2　一休にはわざと魚類の膳を据ゑけり。〈一休ばなし〉

①　射る　②　舞ふ　③　蹴る
④　承く　⑤　試みる

（関西学院大）解答：④

問 傍線部の活用形として最も適当なものを次の中から選べ。

3　いかに思ふらむと、思ひやるもやすからず。〈源氏物語〉

①　未然形　②　連用形　③　終止形
④　連体形　⑤　已然形　⑥　命令形

（立命館大）解答：③

4　いはむや法師の形として、その衣を着ながら、この犯をなすこと、ひとかたならぬ咎《とが》、のがるるところなし〈十訓抄〉

①　未然形　②　連用形　③　終止形
④　連体形　⑤　已然形　⑥　命令形

（法政大）解答：④

問 傍線部の意味として最も適当なものを次の中から選べ。

5　老いのしるしには、見し人も恋しく思ひ聞こゆれど、おぼろけにては立ち寄り給はねば、恨み聞こえてなん。〈小夜衣〉

①　打消　②　完了　③　断定
④　伝聞推定　⑤　推量

（立教大）解答：①

6　つとめて、いととく、少納言の命婦《みやうぶ》といふが、御文まゐらせたるに、このことを啓したりければ、下なるを召して、「さることやありし」と問はせたまへば、〈枕草子〉

①　打消　②　過去　③　完了
④　使役　⑤　尊敬　⑥　断定

（國學院大）解答：②

7　この正月の礼に、大坂へくだりて、何のやうなきに、三月のすゑになつて、さそふ水ありとて、のぼり舟の慰みものにせられて、知恵のない男こそおもしろけれ。〈西鶴名残の友〉

①　推量　②　意志　③　可能　④　自発
⑤　尊敬　⑥　受身　⑦　打消推量　⑧　打消意志

（立教大）解答：①

問 空欄に入る語として適当なものを次の中から一つ選べ。

8　ゆくてばかりの言伝《ことづ》て［　］かき絶えたれば、「よし、さばかりにてやみ給へね。あいなき憂き名にたち騒がれ、人わろき恥に身をやつさんより」と、〈しら露〉

①　など　②　さへ　③　のみ
④　だに　⑤　まで

（神戸学院大）解答：④

問 傍線部の文法的説明として最も適当なものを次から選べ。

9　雉《きじ》に合はするに必ず五十丈が内を過ぎずして捕りける鷹なれば、それをば惜しみて、次なりける鷹を取り出でて与へてけり。〈今昔物語集〉

①　格助詞　②　副助詞　③　係助詞
④　接続助詞　⑤　終助詞

（中央大）解答：①

古典文法

古文特有の用法である係り結びや、穴埋め・解釈問題でよく問われる呼応の副詞についてまとめました。一点でも多く得点するために、古文攻略の土台として確実に身につけましょう。

係り結び

文中に係助詞「ぞ」「なむ」「や」「か」「こそ」があると特別な結び方をし、強意・疑問・反語を表す。

▼係助詞	▼結び	▼意味	▼例文
ぞ なむ	連体	強意	人の声ぞ（なむ）聞こゆる。 〈人の声が聞こえるよ。〉
や か	連体	疑問 反語	人の声や聞こゆる。 〈人の声が聞こえるか。〉
こそ	已然	強意	人の声こそ聞こゆれ。 〈人の声が聞こえるよ。〉

□ **結びの流れ（消滅・消去）**

「結び」の語が接続助詞などを伴って下に続く場合。

例 葉のひろごりざまぞ、うたてこちたけれど、

□ **結びの省略**

解釈の際には「あり・はべり・言ふ・聞く・思ふ・なり」などの語を補う。

例 ひとり歩かむ身は心すべきことにこそと思ひけるころしも、

＊「あれ」が省略。

□ **こそ＋已然形、〜**

「こそ」の結びの語の直後に読点が付いて、文が終止せずに下に続く場合。逆接の用法（〜けれども・〜が）。

例 中垣こそあれ、ひとつ家のやうなれば、

〈中の垣根はあるけれども、一軒の家のようなので、〉

呼応の副詞

一定の語句と呼応し、「打消・禁止・疑問・反語・仮定・推量・比況・願望・当然」などの意味を表す。

□ **あへて・おほかた・さらに／たえて・つゆ・よに／〜打消・打消推量・禁止（ず・なし・で・じ・まじ・な）**　まったく（少しも・決して）〜ない（ないだろう・するな）

□ **え〜打消（打消推量）**　〜できない（できないだろう）

□ **かまへて・ゆめ・ゆめゆめ〜禁止**　まったく（決して）〜するな

□ **な〜そ**　〜するな

□ **をさをさ〜打消**　ほとんど〜ない

□ **あに〜や**　どうして〜か、いや、〜ではない

□ **よも〜打消推量**　まさか〜ないだろう

□ **よしや〜とも**　たとえ〜としても

□ **あたかも〜ごとし**　まるで〜のようだ

□ **いかばかり〜推量（む・らむ・けむ・べし）**　どれほど〜だろう

□ **さだめて〜推量**　きっと〜だろう

□ **いかで〜願望（ばや・なむ・もがな）**　なんとかして〜したい

□ **いつしか〜願望**　早く〜してほしい

古文敬語は、文章の読解はもちろん、登場人物の立場を正しく捉えるうえで重要な項目です。三種類の敬語の用法と各語の意味を、しっかりとおさえておこう。（補は補助動詞を表す。）

尊敬語　動作する人を敬う。

□	いますかり	いらっしゃる
□	おはす・おはします	いらっしゃる　補 ～ていらっしゃる
□	仰《おほ》す	おっしゃる
□	思《おぼ》す・思《おぼ》しめす	お思いになる
□	大殿籠《おほとのごも》る	おやすみになる
□	聞《き》こしめす	お聞きになる・召し上がる
□	御覧《ごらん》ず	御覧になる
□	奉《たてまつ》る	召し上がる・お召しになる・お乗りになる ＊相手が人物以外の動作を示す「たてまつる」は尊敬語。
□	給《たま》ふ・賜《たま》ふ	お与えになる　補 ～なさる ＊尊敬語の「たまふ」は四段活用の動詞。
□	宣《のたま》ふ・宣《のたま》はす	おっしゃる
□	まします	いらっしゃる・おいでになる　補 ～ていらっしゃる・お～になる
□	参《まゐ》る	召し上がる・なさる

謙譲語　動作を受ける人を敬う。

□	聞《き》こゆ・聞《き》こえさす	申し上げる・（手紙を）差し上げる　補 お～申し上げる
□	啓《けい》す	（皇后・中宮・皇太子に）申し上げる
□	奏《そう》す	（天皇・上皇に）申し上げる
□	奉《たてまつ》る	差し上げる　補 お～申し上げる ＊人物相手の動作を示す「たてまつる」、補助動詞の「たてまつる」は謙譲語。
□	給《たま》はる・賜《たま》はる	いただく
□	給《たま》ふ	いただく　補 ～させていただく・～ております ＊謙譲語の「たまふ」は下二段活用の動詞。
□	仕《つか》(う)まつる	お仕え申し上げる・いたす　補 お～申し上げる
□	侍《はべ》り・候《さぶら》《さうら》ふ	お仕え申し上げる
□	罷《まか》る・罷《まか》づ	退出する
□	参《まゐ》らす	差し上げる　補 お～申し上げる
□	参《まゐ》る・詣《まう》づ	参上する・参詣する

丁寧語　聞き手・読み手を敬う。

□	侍《はべ》り	あります・います・ございます　補 ～です・～ます・～ございます
□	候《さぶら》《さうら》ふ	あります・います・ございます　補 ～です・～ます・～ございます

識別のまとめ

識別には、助詞・助動詞などの品詞や活用形、活用語尾といった多くの知識が必要になります。総合力が問われるので、入試にも頻出です。一つずつ着実に身につけていこう。

なむ

上の語との接続に注目して判断しよう。

連用形 ＋ **なむ** → 強意の助動詞「ぬ」＋推量（意志）の助動詞「む」

例 雨降りなむ
〈雨が降るだろう〉

未然形 ＋ **なむ** → 願望の終助詞「なむ」

例 雨降らなむ
〈雨が降ってほしい〉

体言・連体形・副詞・助詞 ＋ **なむ** → 強意の係助詞「なむ」

例 雨なむ降る
〈雨が降る〉

死 ＋ **なむ**
往(去) ＋ **なむ**
→ ナ変動詞の未然形活用語尾＋推量（意志・婉曲）の助動詞「む」

例 我死なむ
〈私は死んでしまおう〉

なり

「伝聞・推定」か「断定」かを見分けることが大事。

に・と ＋ **なり** → 四段動詞「なる」

例 火桶の火も白き灰がちになりてわろし
〈火桶の火も白い灰が多くなってみっともない〉

事物の状態や性質 ＋ **なり** → 形容動詞ナリ活用の活用語尾

例 寺のさまもいとあはれなり
〈寺の様子も大変趣がある〉

終止形(ラ変型は連体形) ＋ **なり** → 伝聞・推定の助動詞「なり」

例 侍従の大納言の御女なくなりたまひぬなり
〈侍従の大納言の御息女がお亡くなりになったそうだ〉

体言・連体形 ＋ **なり** → 断定の助動詞「なり」

例 月の都の人なり
〈月の都の人である〉

に

主なものは次の四つ。他に形容動詞・副詞の一部など。

連用形 ＋ **に** → 完了の助動詞「ぬ」

例 寝入りたまひにけり 〈お眠りになってしまった〉

体言・連体形 ＋ **に** ＋ **あり・さぶらふ・はべりなど** → 断定の助動詞「なり」

例 この国の人にもあらず 〈この国の人ではない〉

体言・連体形 ＋ **に** → 格助詞「に」

例 片田舎に住みけり 〈片田舎に住んでいた〉

連体形 ＋ **に（「～が・～ので・～と」などの意味）** → 接続助詞「に」

例 あまり憎きに、その法師をばまづ斬れ 〈あまりに憎いから、その法師を最初に斬れ〉

ぬ・ね

上の語が連用形か未然形かで判断しよう。

連用形 ＋ **ぬ・ね** → 完了の助動詞「ぬ」

例 竹を取ること、久しくなりぬ 〈竹を取ることが長く続いた〉

例 夜ふけぬ。帰りたまひね 〈もう夜がふけた。お帰りなさい〉

未然形 ＋ **ぬ・ね（＋体言）** → 打消の助動詞「ず」

例 さはあらぬことなり 〈それはそうではないことだ〉

例 風波やまねば、なほ同じ所に泊れり 〈風波がやまないので、やはり同じところに泊まっている〉

る・れ

接続する動詞の活用の種類と活用形を見きわめよう。

四段・ナ変・ラ変動詞の未然形 ＋ **る・れ** → 自発・可能・受身・尊敬の助動詞「る」

例 冬はいかなる所にも住まる 〈冬はどんな所にも住むことができる〉

四段動詞の已然形、サ変動詞の未然形 ＋ **る・れ** → 完了の助動詞「り」

例 冬はいかなる所にも住まる 〈冬はどんな所にも住むことができる〉

その他 → 用言・助動詞の一部

複数の意味を持つ古文単語の意味を区別する際は、前後の文脈を正しく捉えましょう。意味を読み誤ってしまうと、話の流れも変わってしまうので気をつけよう。

◆複数の意味を持つ重要古文単語10

□ あらぬ
- 別の、違う、無関係な
- 意外な、とんでもない

□ いかで
- どうして、どうやって、どういうわけで（疑問）
- どうして…か、いや…ない（反語）
- どうにかして、なんとかして（願望・意志）

□ 意趣《いしゅ》
- 考え
- 理由
- 意地
- 恨み

□ さかしら
- 優れている
- 利口ぶっている
- おせっかい

□ 念《ねん》ず
- （神仏に）祈る
- がまんする

□ 深《ふか》し
- 道をきわめている
- 技能に習熟している
- 親密である
- 色が濃い、香りが強い

□ まゐらす
- 差し上げる、献上する
- お…申し上げる、…差し上げる

□ もてなす
- 世話をする
- ふるまう、ふりをする
- 処置する
- 取り扱う

□ やがて
- そのまま、このまま
- すぐに、ただちに
- 連続して
- ほかならぬ

□ 由《よし》あり
- 由緒がある
- 奥ゆかしい、情趣がある

文法を用いた解釈

古文の解釈には、単語の知識はもちろん文法的な知識も必須。助動詞の持つ意味やその識別、呼応関係等を確実に身につけておこう。

疑問と反語

疑問は「〜か」と訳し、返事を要求する。
反語は「〜か（いや、〜ない）」と訳し、主張を強める。

★係助詞「や（やは）」「か（かは）」

例 年老いたる翁嫗**や**ある。
〈年を取ったおじいさんおばあさんはいるのか。〉

例 これ知らぬ人はたれ**か**あらむ。
〈これを知らない人はだれがあろう**か（いや、ありはしない）**。〉

★副詞「いかが」「いかで」など

例 一人して二人が物をば、**いかで**持たるべきぞ。
〈一人で二人がかりの物をどうして持つことができるだろう**か（いや、持てはしない）**。〉

「らむ」の識別

★ウ段音＋らむ　現在推量の助動詞「らむ」終止形・連体形

例 夜半にや君がひとり越ゆ**らむ**
〈あなたはひとりこの夜ふけに越えて**いるのだろうか**〉

★エ段音＋らむ　完了の助動詞「り」未然形＋推量の助動詞「む」終止形・連体形

例 生け**らむ**ほどは、武に誇るべからず。
〈この世に生きて**いる**間は、武勇を誇ってはいけない。〉

★その他＋らむ　活用語の未然形の一部＋推量の助動詞「む」終止形・連体形

例 恋しか**らむ**をりをり、とり出でて見たまへ。
〈恋しいと思われる**ような**折々に、取り出してごらんください。〉

結びの語の省略

係助詞で終わり、結びが省略される。

文末と省略される「結び」の主な例

★「〜にや」「〜にか」→あらむ・ありけむ・はべらむ

例 いづれの御時**にか**（あらむ）、女御更衣あまたさぶらひ給ひけるなかに
〈どの帝の御代**であっただろうか**、女御や更衣が大勢お仕えしていらっしゃった中に〉

★「〜とぞ」「〜となむ」「〜とや」「〜とか」→言ふ・聞く・言ひけむ・聞きけむ・思ひけむ

例 飼ひける犬の、暗けれど主を知りて、飛びつきたりける**とぞ**（いふ）
〈飼っていた犬が、暗いけれど飼い主とわかって、飛びついたのだっ**たということだ**。〉

チェック問題

次のそれぞれに答えよ。

問 傍線部の意味として最も適当なものを選べ。

1 南殿の方より、夜中過ぎて、人々の気色して、いとしるく聞きつけまゐらせて見ゐたれば、〈四条宮下野集〉

① やかましく　② なんとなく　③ のんびりと
④ すばやく　⑤ はっきりと

〈東洋大〉**解答：⑤**

2 道々の物の上《じやう》手《ず》のいみじき事など、かたくななる人の、その道知らぬは、そぞろに神のごとくに言へども、道知れる人は更に信もおこさず。〈徒然草〉

① むやみやたらに　② そろそろと
③ ぼんやりした様子で　④ 思いがけず
⑤ 知ったかぶりで

〈明治学院大〉**解答：①**

3 やをら行く程に、西の台盤所に、少し端《はし》近き格子《かうし》、遣戸《やりど》の間に、女房少々臥したり。〈平家公達草紙〉

① 大急ぎで行く途中に
② ようやく出かけて行くと
③ 注意深く出ていくときに
④ そっと行くと

〈中央大〉**解答：④**

問 傍線部を最適な形に活用させよ。

4 その世には、かくこそ侍りき〈徒然草〉

〈中京大〉**解答：しか**

問 空欄に入る語として適当なものを次の中から一つ選べ。

5 稗史野乗《やじやう》の人情を写すには、すべて俗語に拠らざれば、［　　］成しがたきものなればこそ、〈本朝水滸伝を読む并批評〉

*野乗…「野史」「外史」に同じ。民間で伝えられた信用のおけない歴史伝承のたぐい。

① ゆめゆめ　② つゆ
③ よも　④ え

〈神奈川大〉**解答：④**

問 次の和歌に用いられている修辞法として最も適当なものを選べ。

6 のどかなる日影に冬を忘れ花時も小春の名にや咲くらむ〈遊角筈別荘記《つのはずのべつさうにあそぶのき》〉

① 「のどかなる」は、「日影」の枕詞である。
② 「のどかなる日影に冬を」は、「忘れ花」の「忘れ」を導く序詞である。
③ 「忘れ」は、「冬を忘れ」と「忘れ花」の掛詞である。
④ 「日影」と「忘れ花」と「小春」が縁語である。

〈龍谷大〉**解答：③**

問 句の季節の組み合わせが誤っているものを次の中から一つ選べ。

7
① ほろほろと山吹ちるか滝の音 ―― 夏
② 痩蛙まけるな一茶是に有り ―― 春
③ 荒海や佐渡に横たふ天の河 ―― 秋
④ 月天心貧しき町を通りけり ―― 秋
⑤ 幾人か時雨駆け抜く瀬田の橋 ―― 冬

〈専修大〉**解答：①**

問 傍線部の文法的説明として最も適当なものを次の中から一つ選べ。

8　その後、正道を申せし人足の事を、ひそかに尋ねられしに、千馬之介《ちばのすけ》が筋目、歴々の武士にて、千馬孫九郎といへる者なるが、子細あって二代まで身を隠し、民家に紛れて住みける。

〈武家義理物語〉

①　格助詞　②　完了の助動詞「ぬ」の連用形
③　形容動詞連用形の活用語尾　④　接続助詞

（学習院大）解答：③

9　上、今はいかで降りなむとのみぞ思さるるうちに、永観二年になりぬ。

〈栄華物語〉

①　強意の係助詞
②　希望の終助詞
③　打消の助動詞＋勧誘の助動詞
④　強意の助動詞＋意志の助動詞
⑤　動詞の活用語尾＋推量の助動詞

（駒澤大）解答：④

10　『最後の除目《ぢもく》行ひにまゐりてはべりつるなり』

〈大鏡〉

①　四段活用の動詞
②　形容動詞の活用語尾
③　断定の意味を表す助動詞
④　推定・伝聞の意味を表す助動詞
⑤　存在・所在の意味を表す助動詞

（國學院大）解答：③

問 傍線部の意味として最も適当なものを一つ選びなさい。

11　万里小路大納言の参らせられたる、赤鳥のいしさかなるが、毛色も美しきを賜はりて、空局《あきつぼね》に誇らかして置きたるを、盛《もり》有《あり》といふ六位が、「その鳥、きと参らせよ」と言ふ。構へて鳥などに合せらるまじき由、よくよく言ひて参らせつ。

〈弁内侍日記〉

＊いしさか…石のようにとさかが固い、という意味。

①　絶対に他の鳥たちと闘いをさせなさらないようにと、よくお願いして差し出した。
②　どうか他の鳥たちと比べることなどをなさらないようにと、強く言い残してから参上した。
③　決して他の鳥たちと一緒に飼うことがないようにと、強く言い残してから参上した。
④　決して他の鳥たちと鳴合せをさせられることがないようにと、よくお願いして差し出した。

（南山大）解答：①

問 傍線部の解釈として最も適当なものを一つ選びなさい。

12　このこもいかに思ふにかあらむ、うちつぶして泣きゐたり。

〈蜻蛉日記〉

①　どれほど思っていたことか
②　どのように思ったらよいのだろうか
③　どれほどの思いがあるのだろうか
④　どのように思っているのだろうか

（日本大）解答：④

漢文基礎

訓読の仕方や返り点など、漢文の導入にあたる項目についてまとめました。基礎を盤石にすることでケアレスミスをなくし、得点源を着実に増やそう。

◆訓読のしかた

漢文の訓読には、訓点(送り仮名・返り点・句読点)が用いられる。

送り仮名

漢字の右下（再読文字の二度目の読みは左下）に片仮名で記す。

① **文章上必要な助詞・助動詞に当たるものを補う。**

例 月 下ノ 門

② **文語文法に従い、歴史的仮名遣いで書く。**

例 受ク 笑フ

③ **用言（活用語）は活用語尾を送る。**

例 読ム 急ナリ

④ **副詞・接続詞は最後の一字を送る。**

例 乃《すなは》チ 若《も》シ

⑤ **他品詞から転じた語は、元の品詞の語尾から送る。名詞から動詞に転じた語は、名詞以外の部分を送る。**

例 行《おこな》ヒ（「ヒ」が元の動詞「行ふ」の活用語尾の部分）
雪《ゆき》フル（「雪」が名詞、「フル」で動詞に転じている）

返り点

漢文を日本の文章の語順に変えて日本文として読むために、漢字の左下に付ける。

① **レ点　すぐ下の一字から返って読む。**

② **一・二点　二字以上を隔てて返って読む。三点以上もある。**

例 賈《か》[1] 島《たう》[2] 赴キテ㆑[4] 挙ニ[3]　〈唐詩紀事（推敲）〉

例 臣[1] 来タリテ[2] 過グ㆓[5] 易《えき》[3] 水《すい》ヲ㆒。[4]　〈戦国策（漁夫之利）〉

③ **上（・中）・下点　一・二点を挟んで上に返って読む。**

例 客《かく》ニ[1] 有リ㆘[7] 能《よ》ク[2] 為ス㆓[5] 狗《く》[3] 盗《たう》ヲ㆒[4] 者㆖。[6]　〈十八史略（鶏鳴狗盗）〉

④ **一レ点・上レ点　レ点と一・二点、上・下点との複合。レ点に従って一字返ってから、一・二点、上・下点に従って返って読む**

例 欲ス㆓[5] 改メテ㆑[2] 推ヲ[1] 作《な》サント㆒㆑[4] 敲ト。[3]　〈唐詩紀事（推敲）〉

※レ点は、一レ点、上レ点のように他の点の最初の点とのみ結びつく。

書き下し文

訓読した漢文を日本の文語文で表記したもの

① **送り仮名の片仮名はそのまま平仮名に直す。**

② **読まない漢字（置き字）は書かない。**

例 而・于・於・乎・焉・矣・兮

③ **助詞・助動詞に当たる漢字は平仮名に直す。**

④ **再読文字は、初めは漢字で、二度目の読みは平仮名で書く。**

⑤ **会話文・引用文の最後は、「―。」と。の形にする。**

問 傍線部は「へいかはよくじゅうまんにしょうたるにすぎず」と訓読する。この訓読通りに返り点を付しているものを次の中から一つ選べ。

1 信曰《ハク》陛下不過能将十万 〈史記〉

① 陛下不レ過三能将二十万一
② 陛下三不レ過二能将一十万
③ 陛下三不レ過能将二十万一
④ 陛下不レ過三能二将一十万
⑤ 陛下不三過レ能将二十万一

（中京大）解答：①

問 傍線部は「其の以て王たらしむる能はざるを惜しむなり」と訓読する。この訓読通りに返り点を付しているものを次の中から一つ選べ。

2 故《ニ》孔子曰《フハ》二小《ナル》哉管仲之器《ト》一、蓋《シ》善《よみスルモ》三其《ノ》遇《フタ》二桓公《ニ》一、惜其不能以王也。 〈新序〉

① 惜二其不一レ能二以王一也
② 惜四其不三能二以王一也
③ 惜下其不上レ能二以王一也
④ 惜丁其不丙能乙以王甲也
⑤ 惜三其不レ能二以王一也

（國學院大）解答：①

問 傍線部は「あへてたっときをもっておごらず」と訓読する。この訓読通りに返り点を付しているものを次の中から一つ選べ。

3 尭《ノ》二女不敢以貴驕、事《ヘテ》二舜《ノ》親戚《ニ》一、甚《ダ》有二婦道一。 〈史記〉

① 不三敢以二貴驕一
② 不レ敢以二貴驕一
③ 不レ敢以レ貴驕
④ 不二敢以レ貴驕一
⑤ 不二敢以レ貴一レ驕

（早稲田大）解答：②

問 傍線部は原典の漢文表記を書き下したものである。このような読み方をするための返り点が施されているものを、次の中から一つ選べ。

4 漸く湿《うるほ》へる土泥を見ては
決定《けつぢやう》して水に近づきたりと知る 〈十訓抄〉

① 漸見二湿土一レ泥
② 漸レ見レ湿土泥
③ 漸見レ湿二土泥一
④ 漸見二湿土泥一
⑤ 漸三見湿二土泥一

（関西学院大）解答：④

問 傍線部を書き下すと「其の真を失ふを笑ふ所以なりと」となる。このように読むために返り点をつけよ。

5 所以笑其失真。 〈図画見聞誌〉

（法政大）解答：所三以笑二其失一レ真

漢文語彙・訓読

複数の読みがある漢字は、読み方によって意味が異なるので注意しよう。再読文字は、書き下し文や解釈の重要なポイントなので、全種類覚えてしまおう。

重要漢字・複合語

□ **為**
❶つくル（＝作る）　❷なス（＝行う）
❸をさム（＝治める・治療する）　❹―なル（＝―となる）
❺―たリ（＝―である）　❻ためニ（＝―のために）

□ **蓋**
❶おほフ（＝覆う）　❷けだシ（＝思うに・たぶん）
❸なんゾ―［セ］ざル（＝どうして―しないのか、―すればよい）

□ **見**
❶みル／みユ（＝見る・会う／見える・わかる）
❷まみユ（＝お目にかかる）　❸―［セ］る・らル（＝―される）
❹あらはル・あらはス（＝現れる・現す）

□ **自**
❶みづから（＝自分から）　❷おのヅカラ（＝自然に）
❸―より（＝―から）　❹―よリス（＝―からする・―から始まる）

□ **爾**
❶なんぢ（＝君・あなた）　❷しかリ（＝そのとおり）
❸―のみ（＝―だけだ）

□ **如**
❶ごとシ（＝―のようだ）　❷しク（＝及ぶ）
❸ゆク（＝行く）　❹もシ（＝もし―ならば）

□ **謂**
❶いフ（＝言う・話す）
❷おもフ・おもヘラク（＝思う・思うことには）

□ **能**
❶あたフ（＝―できる）　❷よク（＝―できる）

□ **与**
❶ともニ・ともニス（＝いっしょに・いっしょに行う）
❷と（＝―と）　❸よリ（＝―より）

□ **所以**
❶ゆゑん（＝―の理由・―の手段・―するためのもの）

再読文字

□ 未《いまダ》《ず》二―［セ］一
読 いまダ―［セ］ず
意 まだ―しない。

□ 将《まさニ》《す》二―［セ］ント一
読 まさニ―［セ］ントす
意 ―しようとする。―するつもりだ。

□ 且《まさニ》《す》二―［セ］ント一
読 まさニ―［セ］ントす
意 ―しようとする。―するつもりだ。

□ 当《まさニ》《ベシ》二―［ス］一
読 まさニ―［ス］ベシ
意 ―すべきである。きっと―のはずだ。

□ 応《まさニ》《ベシ》二―［ス］一
読 まさニ―［ス］ベシ
意 きっと―だろう。―すべきである。

□ 宜《よろシク》《ベシ》二―［ス］一
読 よろシク―［ス］ベシ
意 ―するのがよい。

□ 須《すべかラク》《ベシ》二―［ス］一
読 すべかラク―［ス］ベシ
意 ―する必要がある。

□ 猶《なホ》《ごとシ》〔由〕二―ノ［スル］ガ一
読 なホ―ノごとシ・なホ―［スル］ガごとシ
意 ちょうど―のようだ。

□ 盍《なんゾ》《ざル》〔蓋〕二―［セ］一
読 なんゾ―［セ］ざル
意 どうして―しないのか（―すればよい）。

漢文句形

漢文を読解するうえで決して欠かせないのが句形の習得
句形に基づいて、文章をしっかりと読む姿勢を身につけていこう。

否定形

不《ず》㆓常《つねニハ》～[セ]㆒
読 つねニハ～[セ]ず　＊部分否定形
意 いつも～するとは限らない。

不《ず》㆓復《まタ》～[セ]㆒
読 まタ～[セ]ず　＊部分否定形
意 決して～しない。二度とは～しない。

無《なシ》〔莫〕㆑不《ざル(ハ)》㆓～[セ]㆒
読 ～[セ]ざル(ハ)なシ　＊二重否定形
意 ～しないこと〔もの〕はない。

無《なシ》〔莫〕㆑非《あらザル(ハ)》㆓～ニ㆒
読 ～ニあらザル(ハ)なシ　＊二重否定形
意 ～でないこと〔もの〕はない。

疑問形

何《なん》為《すレゾ》〔胡為〕～[スル]
読 なんすレゾ～[スル]
意 どうして～か。

幾《いく》何《ばく(ゾ)》〔幾許〕
読 いくばく(ゾ)
意 どれくらいか。

～何如《いかん》〔何若〕
読 ～いかん
意 ～はどうである〔どのよう〕か。

～如何《いかん(セン)》〔奈何・若何〕
読 ～いかん(セン)
意 ～はどうしたらよいか。

反語形

何《なんゾ》〔胡・奚〕不《ざル》㆓～[セ]㆒
読 なんゾ～[セ]ざル
意 どうして～しないのか、～すればよい。

如《い》〔奈・若〕㆓～ヲ㆒何《かんセン》
読 ～ヲいかんセン
意 ～をどうすればよいか、いや、どうしようもない。

豈《あニ》～[セ]ンヤ〔哉・乎・邪〕
読 あニ～[セ]ンヤ
意 どうして～だろうか、いや、～ない。

独《ひとリ》～[セ]ン乎《や》〔哉〕
読 ひとリ～[セ]ンや
意 どうして～だろうか、いや、～ない。

詠嘆形

嗚《あ》呼《あ》
読 ああ
意 ああ(～だなあ)。

不《ず》㆓亦《また》～[ナラ]㆒乎《や》
読 また～[ナラ]ずや
意 なんと～ではないか。

豈《あニ》不《ず》㆓～[ナラ]㆒哉《や》
読 あニ～[ナラ]ずや
意 なんと～ではないか。

使役形・受身形

使《しム》〔令・教・遣〕㆓Aヲシテ B[セ]㆒
読 AヲシテB[セ]しム
意 AにBさせる。

命《めいジテ》㆑Aニ B[セ]シム
読 AニめいジテB[セ]シム
意 Aに命令してBさせる。

見《る(らル)》〔被・所・為〕㆓～[セ]㆒
読 ～[セ]る〔らル〕
意 ～される。

A[セ]ル〔ラル〕㆓於〔乎・于〕Bニ㆒
読 BニA[セ]ル〔ラル〕
意 BにAされる。

封《ほうぜラル》〜ニ

読 〜ニほうぜラル

意 〜を領地として与えられる。

為《なル》AノB所《ところト》[スル]

読 AノB[スル]ところトなル

意 AにBされる。

仮定形

如《もシ》〔若・向使〕〜バ

読 もシ〜バ

意 もし〜ならば

苟《いやしクモ》〜

読 いやしクモ〜バ

意 もし(かりにも)〜ならば

縦《たとヒ》〔仮令〕〜トモ

読 たとヒ〜トモ

意 たとえ〜としても・かりに〜であっても

限定形・累加形

唯《たダ》〔惟・但・只・徒・祇・特〕〜ノミ

読 たダ〜ノミ

意 ただ〜だけ

〜已《のみ》〔耳・爾・而已・而已矣〕

読 〜のみ

意 〜だけだ。

不《ず》唯《たダニ》〔独《ひとリ》〕〜ノミナラ

読 たダニ(ひとリ)〜ノミナラず

意 ただ〜だけではない。

豈《あニ》惟《たダニ》〔徒〕〜ノミナランヤ

読 あニたダニ〜ノミナランヤ

意 どうしてただ〜だけだろうか、いや、〜だけではない。

何《なんゾ》独《ひとリ》〜ノミナランヤ

読 なんゾひとリ〜ノミナランヤ

意 どうしてただ〜だけだろうか、いや、〜だけではない。

比較形・選択形

AハC於〔于・乎〕Bヨリ(モ)

読 AハBヨリ(モ)C

意 AはBよりもCだ。

莫《なシ》如《しクハ》〔若〕Aニ

読 Aニしクハなシ

意 Aに及ぶもの(こと)はない。

莫《なシ》A[ナル]ハ焉《これヨリ》

読 これヨリA[ナル]ハなシ

意 これよりAなもの(こと)はない。

寧《むしロ》A[ス]トモ、無《なカレ》B[スル](コト)

読 むしロA[ス]トモ、B[スル](コト)なカレ

意 いっそAしても、Bするな。

Aハ孰《い》与《づレゾ》〔孰若〕Bニ

読 AハBニいづレゾ

意 AはBと比べてどうか。

抑揚形

AハB。(而)《しかルヲ》況《いはンヤ》Cヲ乎《や》。

読 AハB。(しかルヲ)いはンヤCヲや

意 AはBだ。ましてCの場合はなおさら(B)だ。

Aスラ且《かツ》〔尚《なホ》・猶《なホ》〕B。(而)《しかルヲ》況《いはンヤ》Cヲ乎《や》。

読 Aスラかツ(なホ)B。(しかルヲ)いはンヤCヲや。

意 AでさえBだ。ましてCの場合はなおさら(B)だ。

願望形

請《こフ》〜[セ]ン・[セヨ]

読 こフ〜[セ]ン・[セヨ]

意 どうか〜させてください。どうか〜してください。

冀《こひねがハクハ》〔庶・庶幾〕〜[セ]ン・[セヨ]

読 こひねがハクハ〜[セ]ン・[セヨ]

意 どうか〜させてください。どうか〜してください。

問 傍線部の読みとして最も適当なものを、次の中から一つ選べ。

1 故《ニ》孔子曰《フハ》二小《ナル》哉管仲之器《ト》一、蓋善《よみスルモ》三其《ノ》遇《フヲ》二桓公《ニ》一、惜《シム》二其《ノ》不《ルヲ》レ能《ハ》二以《テ》王《タラシムル》一也。 〈新序〉

① もし　② けだし　③ なんぞ
④ すべからく　⑤ おもへらく

（國學院大）解答：②

2 未旬日、范以《テ》二公*差《ヲ》一出《ツルニ》、妻観《みテ》レ雀《ヲ》嘆《キテ》曰《ハク》、「以《テ》二吾一人《ヲ》一、残《そこなフコト》二物《ノ》命《ヲ》一至《ルハ》レ百《ニ》、甚不仁也。吾寧死、安忍為此」。開《キテ》レ籠《ヲ》放《ツ》レ之《ヲ》。夫帰《リ》、怒《リテ》責《メ》二其《ノ》妻《ヲ》一、妻《モ》亦不レ悔《イ》。已而病差。 〈庚巳編〉

*公差…公務による出張

① いまだじゅんじつにして
② いまだじゅんじつならずして
③ いまだじゅんじつならざるか
④ いまだじゅんじつなるべくして
⑤ いまだじゅんじつならざらんや

（立正大）解答：②

問 傍線部の読みを、全てひらがなで記せ。

3 明《めい》大《イニ》驚《キテ》曰、「鎧将《ニ》レ販《ハント》二於蘇《ニ》一。独《リ》吾候《うかがヒ》レ之《ヲ》、利《もとメ》二其貲《たからヲ》一、故《ゆゑニ》殺レ之耳《ト》」。 〈増広智嚢補〉

*蘇…地名。

（中央大）解答：**のみ**

問 傍線部の書き下し文として最も適当なものを、次の中から一つ選べ。

4 『彼、使下不学之人居中政職上則必恥レ受二其制一。我、不学の人爾《しか》く政職に居ると雖も、下亦其の制を受くるを恥ぢず。彼難く我易き所以なり』と。 〈先哲叢談〉

① 不学にして人を政職に居らしめば、則ち必ず其の制を受くるを恥ぢん。
② 不学は之れ人をして政職に居らしめ、則ち必ず其の制により恥を受く。
③ 不学の人をして政職に居らしめば、則ち必ず其の制を受くるを恥づ。
④ 不学の人を使ひて政職に居らしめば、則ち必ず其の制を受けて恥づ。
⑤ 不学の人の政職に居て使はば、則ち必ず其の恥を受けて制せらる。

（成蹊大）解答：③

問 傍線部の解釈として最も適当なものを、次の中から一つ選べ。

5 当《リ》二此之際《ニ》一、有《リテ》二真主一駆《く》駕《がシテ》而用《ヒバ》レ之《ヲ》、取《ルコト》二天下《ヲ》一如《キ》レ反《スガ》レ掌《ヲ》耳。 〈十八史略〉

① 手のひらをかえすように態度を変えるのです
② 手のひらをかえすように簡単なことです
③ 手のひらでしっかりつかまなければなりません
④ 手のひらをかえすように裏切られてしまいます
⑤ 手のひらからすぐに失われてしまいます

（國學院大）解答：②

文学史の出題は、そのまま作者や著者を問う形式はもちろん、いくつかの作品を成立順に並べたり、ある作品の前後に書かれたものを問うたりする問題も出題されるので、流れをしっかりおさえておこう。

上代【奈良時代】

- 712 歴史 古事記《こじき》 太安万侶《おおのやすまろ》
- 720 詩集 日本書紀《にほんしょき》 舎人親王《とねりしんのう》ら
- 751 歴史 懐風藻《かいふうそう》
- 歌集 万葉集《まんようしゅう》

中古【平安時代】

- 説話 日本霊異記《にほんりょういき》 景戒《きょうかい》
- 905 歌集 古今和歌集《こきんわかしゅう》 紀貫之《きのつらゆき》ら
- 物語 竹取物語《たけとりものがたり》
- 物語 伊勢物語《いせものがたり》
- 日記 土佐日記《とさにっき》 紀貫之《きのつらゆき》
- 物語 大和物語《やまとものがたり》
- 物語 平中物語《へいちゅうものがたり》
- 日記 蜻蛉日記《かげろうにっき》 藤原道綱母《ふじわらのみちつなのはは》
- 随筆 枕草子《まくらのそうし》 清少納言《せいしょうなごん》
- 日記 和泉式部日記《いずみしきぶにっき》 和泉式部《いずみしきぶ》
- 物語 源氏物語《げんじものがたり》 紫式部《むらさきしきぶ》
- 歴史 栄花（華）物語《えいがものがたり》
- 日記 更級日記《さらしなにっき》 菅原孝標女《すがわらのたかすえのむすめ》
- 歴史 大鏡《おおかがみ》
- 説話 今昔物語集《こんじゃくものがたりしゅう》
- 歴史 今鏡《いまかがみ》
- 歌集 山家集《さんかしゅう》 西行《さいぎょう》

中世【鎌倉・室町時代】

- 歴史 水鏡《みずかがみ》
- 1205 歌集 新古今和歌集《しんこきんわかしゅう》 藤原定家《ふじわらのさだいえ》ら
- 随筆 方丈記《ほうじょうき》 鴨長明《かものちょうめい》
- 説話 宇治拾遺物語《うじしゅういものがたり》
- 軍記 平治物語《へいじものがたり》
- 軍記 平家物語《へいけものがたり》
- 1252 日記 十訓抄《じっきんしょう》 六波羅二臈左衛門入道《ろくはらにろうざえもんにゅうどう》？
- 日記 十六夜日記《いざよいにっき》 阿仏尼《あぶつに》
- 1283 説話 沙石集《しゃせきしゅう》 無住《むじゅう》
- 日記 とはずがたり 後深草院二条《ごふかくさいんのにじょう》
- 随筆 徒然草《つれづれぐさ》 兼好法師《けんこうほうし》
- 歴史 増鏡《ますかがみ》
- 評論 風姿花伝《ふうしかでん》 世阿弥《ぜあみ》

近世【江戸時代】

- 1688 浮世草子 日本永代蔵《にっぽんえいたいぐら》 井原西鶴《いはらさいかく》
- 1689 紀行文 奥の細道《おくのほそみち》 松尾芭蕉《まつおばしょう》
- 1703 浄瑠璃 曽根崎心中《そねざきしんじゅう》 近松門左衛門《ちかまつもんざえもん》
- 1793 随筆 玉勝間《たまかつま》 本居宣長《もとおりのりなが》
- 1802 滑稽本 東海道中膝栗毛《とうかいどうちゅうひざくりげ》 十返舎一九《じっぺんしゃいっく》
- 14 読本 南総里見八犬伝《なんそうさとみはっけんでん》 曲亭《きょくてい》（滝沢《たきざわ》）馬琴《ばきん》

近代【明治時代】

年	ジャンル	作品	作者
1890	小説	舞姫《まいひめ》	森鷗外《もりおうがい》
1891	小説	五重塔《ごじゅうのとう》	幸田露伴《こうだろはん》
1893	評論	人生《じんせい》に相渉《あいわた》るとは何《なん》の謂《いい》ぞ	北村透谷《きたむらとうこく》
1895	小説	たけくらべ	樋口一葉《ひぐちいちよう》
1897	小説	金色夜叉《こんじきやしゃ》	尾崎紅葉《おざきこうよう》
1900	小説	高野聖《こうやひじり》	泉鏡花《いずみきょうか》
1901	詩集	若菜集《わかなしゅう》	島崎藤村《しまざきとうそん》
1901	歌集	みだれ髪《がみ》	与謝野晶子《よさのあきこ》
1905	詩集	海潮音《かいちょうおん》	上田敏《うえだびん》
1906	小説	破戒《はかい》	島崎藤村《しまざきとうそん》
1907	小説	蒲団《ふとん》	田山花袋《たやまかたい》
1908	小説	あめりか物語《ものがたり》	永井荷風《ながいかふう》
1908	小説	三四郎《さんしろう》	夏目漱石《なつめそうせき》
1908	歌集	海《うみ》の声《こえ》	若山牧水《わかやまぼくすい》
1909	詩集	邪宗門《じゃしゅうもん》	北原白秋《きたはらはくしゅう》
1910	説話	遠野物語《とおのものがたり》	柳田国男《やなぎだくにお》
1911	小説	お目出《めで》たき人《ひと》	武者小路実篤《むしゃのこうじさねあつ》
1911	小説	或《あ》る女《おんな》	有島武郎《ありしまたけお》

近代【大正時代】

年	ジャンル	作品	作者
1914	詩集	道程《どうてい》	高村光太郎《たかむらこうたろう》
1916	小説	高瀬舟《たかせぶね》	森鷗外《もりおうがい》
1917	小説	城《き》の崎《さき》にて	志賀直哉《しがなおや》
1917	詩集	月《つき》に吠《ほ》える	萩原朔太郎《はぎわらさくたろう》
1920	小説	杜子春《とししゅん》	芥川龍之介《あくたがわりゅうのすけ》
1921	小説	暗夜行路《あんやこうろ》	志賀直哉《しがなおや》
1924	詩集	春《はる》と修羅《しゅら》	宮沢賢治《みやざわけんじ》
1925	小説	檸檬《れもん》	梶井基次郎《かじいもとじろう》

近代【昭和時代】

年	ジャンル	作品	作者
1925	小説	伊豆《いず》の踊子《おどりこ》	川端康成《かわばたやすなり》
1929	小説	蟹工船《かにこうせん》	小林多喜二《こばやしたきじ》
1935	小説	雪国《ゆきぐに》	川端康成《かわばたやすなり》
1941	小説	菜穂子《なおこ》	堀辰雄《ほりたつお》
1942	小説	山月記《さんげつき》	中島敦《なかじまあつし》
1942	評論	無常《むじょう》といふ事《こと》	小林秀雄《こばやしひでお》
1942	小説	細雪《ささめゆき》	谷崎潤一郎《たにざきじゅんいちろう》
1943	評論	堕落論《だらくろん》	坂口安吾《さかぐちあんご》
1946	小説	斜陽《しゃよう》	太宰治《だざいおさむ》
1948	小説	人間失格《にんげんしっかく》	太宰治《だざいおさむ》
1956	小説	金閣寺《きんかくじ》	三島由紀夫《みしまゆきお》
1965	小説	黒《くろ》い雨《あめ》	井伏鱒二《いぶせますじ》

チェック問題

次のそれぞれに答えよ。

問1 **『古今和歌集』の撰者の一人として適切なものを一つ選べ。**

① 在原業平　② 小野小町　③ 紀貫之　④ 僧正遍昭

(京都産業大) **解答：③**

問2 **『更級日記』ともっとも近い時期に成立した作品を次の中から一つ選べ。**

① 土佐日記　② 平家物語　③ 十六夜日記　④ 宇治拾遺物語　⑤ 日本永代蔵

(京都外国語大) **解答：①**

問3 **歴史物語の成立を古い順番に並べたものとして適当なものを、次の中から一つ選べ。**

① 大鏡　今鏡　増鏡　水鏡　② 今鏡　大鏡　増鏡　水鏡
③ 大鏡　今鏡　水鏡　増鏡　④ 今鏡　大鏡　水鏡　増鏡

(学習院大) **解答：③**

問4 **平安時代とは異なる時代に成立した作品を、次の中から一つ選べ。**

① 凌雲集　② 拾遺和歌集　③ 今鏡　④ 十六夜日記　⑤ 落窪物語

(駒澤大) **解答：④**

問5 **『十訓抄』と同じジャンルの作品を次の中から一つ選べ。**

① 徒然草　② 今昔物語集　③ 平家物語　④ 方丈記　⑤ 御伽草子

(愛知大) **解答：②**

問6 **江戸時代の作品を次の中から一つ選べ。**

① 和漢朗詠集　② 更級日記　③ 方丈記　④ 曽根崎心中　⑤ 万葉集

(成蹊大) **解答：④**

問7 **二葉亭四迷の作品を次の中から一つ選べ。**

① 浮雲　② 行人　③ 舞姫　④ 破戒　⑤ 友情

(国士舘大) **解答：①**

問8 **永井荷風の作品を次の中から一つ選べ。**

① 武蔵野　② 高瀬舟　③ あめりか物語　④ 明暗　⑤ 破戒

(国士舘大) **解答：③**

問9 **坂口安吾の作品を次の中から一つ選べ。**

① 芸術と実生活　② 様々なる意匠　③ 堕落論　④ 風俗小説論　⑤ 文学論

(学習院大) **解答：③**

問10 **作品と作者とその説明の組み合わせが誤っているものを次の中から一つ選べ。**

① 新撰髄脳——藤原公任——形式主義的な詠作を排し、調和的な歌に理想を求めた平安中期の歌論書である
② 愚管抄——慈円——能の歴史、大和と近江の芸風の相違、能の批評などを述べた能楽論書である
③ 古事記伝——本居宣長——「古事記」について実証的に研究、解釈した注釈書である
④ 厭世詩家と女性——北村透谷——「恋愛は人世の秘鑰《ひやく》なり」という冒頭を持ち、恋愛至上主義を表明した評論である
⑤ 無常といふ事——小林秀雄——「平家物語」「徒然草」などの中世文学について論じた評論集である

(専修大) **解答：②**